BIBLIOTHÈQUE
DE PHILOSOPHIE CONTEMPORAINE

ÉTUDES
DE
MORALE POSITIVE

PAR

GUSTAVE BELOT

Professeur de philosophie au lycée Louis-le-Grand.

EN QUÊTE D'UNE MORALE POSITIVE
L'UTILITARISME ET SES NOUVEAUX CRITIQUES
LA VÉRACITÉ — LE SUICIDE
JUSTICE ET SOCIALISME — CHARITÉ ET SÉLECTION
LE LUXE
ESQUISSE D'UNE MORALE POSITIVE

PARIS
FÉLIX ALCAN, ÉDITEUR
LIBRAIRIES FÉLIX ALCAN ET GUILLAUMIN RÉUNIES
108, BOULEVARD SAINT-GERMAIN, 108
—
1907

ÉTUDES
DE
MORALE POSITIVE

ÉTUDES
DE
MORALE POSITIVE

PAR

GUSTAVE BELOT

Professeur de philosophie au lycée Louis-le-Grand.

EN QUÊTE D'UNE MORALE POSITIVE
L'UTILITARISME ET SES NOUVEAUX CRITIQUES
LA VÉRACITÉ — LE SUICIDE
JUSTICE ET SOCIALISME. — CHARITÉ ET SÉLECTION
LE LUXE
ESQUISSE D'UNE MORALE POSITIVE

PARIS
FÉLIX ALCAN, ÉDITEUR
LIBRAIRIES FÉLIX ALCAN ET GUILLAUMIN RÉUNIES
108, BOULEVARD SAINT-GERMAIN, 108
—
1907
Tous droits de traduction et de reproduction réservés.

AVANT-PROPOS

Nous réunissons ici quelques études qui, à l'exception d'une seule[1] ont paru à des dates très différentes en divers recueils. Nous n'y avons, autant que possible, apporté que des modifications de détail et de simples corrections de forme, afin de ne pas en altérer la physionomie originelle. L'ordre que nous avons adopté est tout à fait étranger à l'ordre chronologique; il nous a paru préférable de suivre un plan plutôt conforme au rapport naturel des idées. Nous avons donc placé en tête les articles où sont traitées les questions les plus générales, les questions de méthode et de principes.

Les chapitres suivants fournissent des vérifications et des applications caractéristiques. L'étude de la *Véracité* permet de confronter les principes d'une morale sociale avec ceux d'une morale qu'on essayerait de fonder exclusivement sur la Raison, et pour laquelle la véracité serait nécessairement non pas seulement une vertu, mais l'essence même de la vertu. Le respect, intérieur et extérieur, de la vérité est assurément le devoir ou le sentiment le plus réfractaire à la conception purement sociale de la moralité; sa réduction aux principes proposés était donc une contre-épreuve indispensable et décisive. De même, bien que d'une autre manière, la question du *Suicide* constituait un point critique et crucial pour la morale sociale; l'examen de cette délicate question nous conduit, si nous ne nous trompons, à

---

[1]. Le chapitre sur *le Suicide*.

reconnaître combien sont verbales et fragiles les solutions qu'on essaye d'en donner en se plaçant à un point de vue soit purement individuel, soit purement impersonnel et métaphysique, et combien il est nécessaire, pour approcher d'une réponse satisfaisante, de se placer au point de vue social, et de se demander non pas si le suicide est condamnable ou permis, s'il est lâche ou méritoire au regard de l'individu, mais seulement si une société où le suicide se produit n'est pas une société mal portante, et si une société qui le tolérerait sans aucune résistance ne serait pas une société absurde. C'est la même idée qui domine notre étude sur le *Luxe* et qui en est ici la raison d'être; car il est impossible de dire du luxe s'il est moralement bon ou mauvais, de la part de l'individu, par rapport à l'ordre économique établi, tandis qu'il est jusqu'à un certain point aisé de dire ce que vaut cet ordre économique lui-même en tant qu'il rend inévitable et même presque désirable certaines formes de luxe que nous sentons confusément, ou même que nous voyons clairement, être préjudiciables à l'équilibre social et à une réelle justice.

Dans les chapitres parallèles, enfin, intitulés *Justice et socialisme*, *Charité et sélection*, nous avons surtout opposé le point de vue social, non plus au point de vue de l'individualisme métaphysique, mais au point de vue naturaliste. Dès longtemps notre souci dominant a été celui de maintenir la spécificité de l'idée morale et il nous a paru nécessaire de ne la laisser pas plus absorber par certaines conceptions pseudo-scientifiques que par des spéculations métaphysiques. La moralité tient à la fois de l'idéal et du réel. Les premières tendent à méconnaître son idéalité, les secondes sa réalité. Si la morale est, comme nous le croyons, constituée *par* l'humanité *pour* l'humanité, elle ne se découvre pas plus dans une spéculation étrangère à l'expérience sociale que dans une science de la nature infra-humaine.

On reconnaîtra que ce désir de maintenir et de concilier

dans l'idée d'une morale positive la part du fait et celle de l'idéal est la pensée directrice de nos conclusions. Nous avons essayé d'y reprendre sous une forme systématique, un ensemble d'idées, tout d'abord élaborées séparément et sans esprit de système, mais dans lesquelles nous espérons qu'on trouvera, avec quelque progrès peut-être dans la maturité de la pensée, une réelle unité de doctrine. Nos convictions se sont faites, comme il est bon, en partant de l'expérience et des vérités particulières, non en partant d'un système, qui, pour positif qu'il se prétendrait quant au contenu, n'en serait pas moins alors aprioristique et dogmatique au point de vue de la méthode. On se ferait illusion, à notre avis, si, sous prétexte que telles et telles sont les exigences de « la Science », on imposait à la morale des déterminations empruntées telles quelles à la pratique et aux traditions d'études très différentes, et, en ce sens également, il importe de maintenir la spécificité de la morale. Sans doute il est naturel et parfois opportun que la science à faire s'inspire de la science faite, surtout quand il s'agit de résister aux préjugés anticritiques, aux inspirations de la routine, aux séductions de l'imagination ou de la dialectique. Mais on sait aussi à quelles réadaptations la méthode scientifique s'est vue constamment obligée, pour se conformer aux conditions propres de chaque sorte d'études, pour en éliminer des préconceptions injustifiées, comme pour permettre de reconnaître et de recueillir tous les éléments de la vérité.

C'est le moment d'expliquer pourquoi nous avons adopté ici le terme de morale positive qui, nous le reconnaissons, n'est pas sans inconvénients. Le plus visible est qu'on soit exposé à comprendre « positiviste ». Certes il y a, selon nous, beaucoup de vérité et dans la manière dont A. Comte aborde le problème moral, et dans les solutions particulières qu'il propose des problèmes moraux [1]. Il est à peine besoin de dire,

[1]. Cf. notre étude sur *La Morale positiviste et la conscience contemporaine* (*Revue philosophique*, décembre 1904).

cependant que le terme positif n'est pas appliqué ici comme l'étiquette d'une école, et que son adoption ne signifie pas l'acceptation d'une doctrine toute faite. On reconnaîtra même que, par la place que nous faisons à l'esprit critique et à l'idée de contrat, nous nous écartons nettement du positivisme pur. Du positivisme, il plaît à M. Brunetière de ne retenir que ceci : que la question morale est une question religieuse. Mais on pourrait en retenir aussi bien cette autre vérité qu'aucune religion même et à plus forte raison aucune morale n'est désormais possible ou du moins ne peut remplir sa fonction qu'à condition de rester sur le terrain de l'expérience commune au lieu de s'aventurer sur celui des croyances transcendantes. Les croyances religieuses courantes ne produisent plus aujourd'hui que malentendus et divisions, et la positivité est définie avant tout par Comte comme le domaine du « bon sens universel ». Seulement, suivant nous, la vraie positivité — et en cela nous nous écartons de Comte et surtout de certains de ses héritiers — consiste à penser par soi-même, dans un contact direct avec la réalité, en supprimant autant que possible le prisme qu'interposent, entre elles et nous, les catégories d'origine sociale, les concepts traditionnels tout faits, véritables formes à priori d'un entendement de formation secondaire, héritées de l'imagination collective ou d'un empirisme pré-critique.

Mais il nous a semblé que le terme de « positif » était suffisamment passé dans la langue courante pour être employé dans son sens intrinsèque, et que c'était encore ce terme qui prêtait le moins au contre-sens, en indiquant au moins tout d'abord avec netteté qu'il s'agissait d'une morale indépendante de toute religion et de toute métaphysique. Tous les autres termes auxquels il nous aurait été possible de songer eussent été entachés d'une plus grave inexactitude ou exposés à des malentendus encore plus fâcheux.

Par celui de « Morale sociale » on aurait pu croire que nous désignions non une morale fondée sur les conditions de la vie sociale et sur l'idée de société, mais seulement une partie, un domaine spécial de la morale. Une « morale rationnelle » s'oppose couramment à une « morale empirique », et bien qu'au sens large du mot, la morale que nous présentons nous semble évidemment rationnelle, c'eût été tromper radicalement le lecteur sur nos intentions que de lui laisser croire un instant qu'elle fût *a priori*.

Plus précise enfin, l'expression de « morale scientifique », dont on abuse, ne nous a paru que plus fallacieuse, et son exclusion s'imposait à qui ne veut pas promettre ce qu'il se sait incapable, ce qu'il croit même impossible de tenir. Sans doute il est possible, comme nous le montrerons, d'apporter dans l'étude de la morale et dans la moralité elle-même quelque chose de ce qui constitue l'esprit scientifique. Mais d'une part la morale comporte un élément pratique, une finalité, qui est absolument irréductible à la connaissance pure et à plus forte raison à la vérité scientifique; d'autre part la morale est même très loin suivant nous de pouvoir devenir scientifique dans le sens très clair où la médecine peut l'être, puisque d'abord les connaissances sur lesquelles la pratique morale s'appuie n'ont peut-être pas en elles-mêmes la précision et la fixité que les sciences physico-chimiques et physiologiques offrent à l'application médicale, puisque surtout le rapport de la connaissance et de l'action dans le domaine moral n'est pas comparable, en toute rigueur, à ce qu'il est dans les techniques qui s'appuient sur les sciences de la nature [1]. Il ne suffit pas pour lever ces difficultés d'incriminer les « habitudes d'esprit » de ceux qui les aperçoivent, comme les théologiens taxaient « d'opiniâtreté » ceux qui ne parvenaient pas à partager leur foi. Il faudrait répondre directement à des objections qui n'ont point leur source dans un parti pris de la routine, mais dans un examen direct des choses ; il faudrait surtout établir *in concreto*

---

1. V. *En quête d'une morale positive*. 2ᵉ partie, § 4.

l'applicabilité de la conception que l'on propose d'une science des mœurs et d'une technique morale qui s'y appuierait. Nous ne voyons pas qu'on ait guère fait ni l'un ni l'autre [1], et l'on avoue en fin de compte, en répondant à ceux qu'on accuse d'être dupes de leur impuissance à « modifier leur attitude mentale » et de leur confiance dans la « méthode dialectique », que l'analogie sur laquelle on s'appuie « reste jusqu'à présent presque purement idéale ». Il nous paraît pour notre compte plus conforme au véritable « esprit scientifique » de maintenir des réserves inspirées par l'examen des faits, alors même qu'elles auraient pour conséquence de restreindre, selon les exigences d'une critique vraiment exempte de préjugés, le caractère scientifique attribuable à la morale. C'est pourquoi nous avons sans hésitation écarté le terme de « morale scientifique ».

Mais à supposer même qu'aucune difficulté ne compromît la validité intrinsèque d'une telle idée, on reconnaît unanimement, chez ses partisans comme chez ses adversaires, combien on est loin de pouvoir la mettre en œuvre. C'est au contraire un premier pas nécessaire, et dès à présent faisable, que d'esquisser et peut-être même de constituer une morale affranchie de toutes les incertitudes de la métaphysique et des dogmes religieux, c'est-à-dire une morale positive. Soyons donc modeste et tâchons de travailler à l'œuvre qui apparaît immédiatement possible puisqu'elle est, en tout état de cause, la condition inévitable de l'autre, plus lointaine et plus définitive, que l'on attend de l'avenir. Si ce n'est qu'une étape, c'est du moins celle qui se propose tout d'abord à nos pas encore mal assurés. Aucune école plus que l'école sociologique n'a insisté — que l'idée soit vraie ou fausse — sur la lenteur des évolutions sociales et leur continuité, sur la corrélation des croyances d'une société avec son organisation, sur l'impossibilité pour

---

[1]. M. Lévy-Bruhl, dans son récent article de la *Revue Philosophique*, juillet 1906, où il répond à ses différents critiques.

un homme de n'être pas de son temps. Aucune ne serait donc moins en droit de reprocher à notre tentative de s'adapter en quelque mesure à des idées encore vivantes, d'ailleurs soumises à la critique, à l'état réel des consciences, d'ailleurs conviées à réfléchir et à se rectifier. Il y aurait une nuance de vanité et de pharisaïsme intellectuel de la part de celui qui, à force d'insister sur la ténacité des préjugés qu'il choque et des habitudes d'esprit qui lui résistent, donnerait à entendre que la nouveauté de ses idées fait une révolution dans la science et qu'on ne les critique que faute de les pouvoir comprendre. De telles prétentions sont fort éloignées de notre pensée. Nous serions heureux si seulement nous pouvions aider, en y participant, à un mouvement déjà commencé dans les esprits. Ce serait déjà suivant nous, un assez difficile, mais bien désirable progrès dans le sens de l'accord des esprits, et de l'harmonie pratique des volontés, si, à défaut d'une certitude sociologique que nous ne pouvons ni fournir ni promettre, on en venait simplement à reconnaître avec nous l'humanité autonome, maîtresse de fixer la destinée qu'elle se choisit et créatrice de plus en plus consciente des règles qui lui paraîtront le plus propres à en assurer l'accomplissement.

ÉTUDES
DE
MORALE POSITIVE

I

EN QUÊTE D'UNE MORALE POSITIVE

INTRODUCTION

On pourrait avec beaucoup de vérité appliquer la loi des trois états à l'évolution de la morale dans nos milieux européens et chrétiens. D'abord à peu près exclusivement théologique, elle est devenue, et elle est très généralement restée métaphysique. Presque partout, là du moins où, non contente des formules traditionnelles et des dogmes du catéchisme, elle aspire à se comprendre et à se réfléchir elle-même, dans les livres des purs philosophes ou dans l'enseignement des professeurs, c'est d'ordinaire à une doctrine métaphysique qu'elle s'arrête.

Mais on peut dire que la pensée contemporaine et presque la conscience publique elle-même sont aujourd'hui en quête d'une morale positive, et qu'un effort s'y produit dans ce sens, comparable, et sans doute connexe, au travail de laïcisation qui se poursuit, surtout en France, depuis quelques décades. Les entreprises mêmes qui au premier abord semblent purement destructives, comme l'immoralisme d'un Nietzsche, et qui reflètent en partie, en partie stimulent la conscience commune, ne sont peut-être en réalité que les symptômes les plus aigus et les plus révolutionnaires de ce besoin moral. Car une morale plus positive, nous le verrons, sera une morale plus autonome, et l'immoralisme n'est guère au fond qu'une affirmation à la fois intempérante et indéterminée d'autonomie.

Aussi certaine toutefois est la réalité de ce besoin, aussi difficile est la claire définition de son objet. Sur ce point, comme sur tant d'autres, notre désir confus précède l'idée claire de ce qui pourrait le satisfaire. Non seulement une morale positive est loin d'être encore formulée, qui réponde vaille que vaille à notre aspiration, mais on s'aperçoit à l'examen qu'il n'est pas aisé de déterminer, même formellement, ce que pourrait être une telle morale, ni de s'entendre sur les caractères qui lui vaudraient la qualification de positive.

Ce qu'est une science positive et à quel titre elle le sera, on peut encore, si gros que soit le problème, le dire avec quelque clarté. Qu'on accepte l'idée étroite et assez superficielle que le Comtisme nous donne de la positivité, ou qu'on l'entende de la manière plus subtile et plus approfondie qui nous a été proposée plus récemment, ou de toute autre manière, il restera toujours, pour caractériser la vérité, quelque objectivité, quelque nécessité, quelque donnée expérimentale ou quelque ordre rationnel qui la rendent indépendante des fantaisies de l'imagination individuelle. A tout le moins une science vraie sera-t-elle définie : celle qui réussit. Mais qu'est-ce qu'une morale qui réussit ? A quoi doit-elle réussir et quand dira-t-on qu'elle aura réussi ? Une hypothèse ou une théorie se vérifient. Qu'est-ce que *vérifier une morale* et, qui plus est, une morale serait-elle condamnée parce qu'elle ne serait pas vérifiée ? Tout ce qui peut se vérifier, dans le domaine de la pratique, c'est l'appropriation du moyen à la fin. Mais la fin elle-même, comme telle, ne saurait être vérifiée. On pourra dire qu'un précepte réussit, parce qu'on suppose admise la volonté d'un certain résultat. Mais cette volonté même, de quelle nature peut en être la justification ? Le mot de vérification n'aurait même plus ici de sens.

Comme nous le montrerons plus loin, il y a une telle hétérogénéité entre la volonté et l'entendement, entre le désir qui vient de nous et la vérité qui s'impose à nous, entre le bien et le vrai, que, à y bien regarder, on ne sait trop ce qu'on peut vouloir dire en parlant d'une *morale vraie*.

Mais alors, du même coup, que signifie l'idée d'une morale positive ? Nous entrevoyons que pour lui donner un sens nous allons être obligés de dissocier, ou du moins de distinguer nettement la théorie et la pratique, la connaissance et l'action.

Une morale positive le sera-t-elle d'abord en ce sens que renonçant à toute *vérité*, à toute prétention de justifier ses fins, elle ne viserait qu'à être « pratique », et n'aspirerait qu'à organiser fortement l'éducation dans le sens des fins admises ?

Elle se réduirait alors à une simple discipline sans autre prétention que de former de bonnes habitudes et de cultiver de bons sentiments. Elle tiendrait pour bon ou mauvais, sans critique, tout ce que la tradition, les mœurs régnantes, les convenances communes donnent pour tel. Certes, si l'on passait à diriger ainsi le cœur et la volonté de l'enfant tout le temps, si l'on y mettait tous les soins habiles et patients, que l'on consacre à faire pénétrer dans son esprit un dogme qui lui est inaccessible, et qu'on imagine être la base nécessaire d'une instruction morale ultérieure, une telle éducation, selon toute vraisemblance, atteindrait plus sûrement le but ainsi directement poursuivi, et obtiendrait des résultats plus durables que celle où l'on se croit obligé à faire un pénible détour théologique ou métaphysique. L'expérience de cette éducation morale parfaitement indépendante des dogmes, mais aussi adroite ou aussi méthodique que l'autre, n'a été que très exceptionnellement tentée et en ce sens une morale *pratiquement positive* est encore chose inconnue dans nos milieux. Le succès très restreint, au point de vue pédagogique, des Sociétés de culture morale en Allemagne, en Angleterre, et même en Amérique, montre assez combien nos sociétés sont encore peu disposées à généraliser les tentatives faites en ce sens.

Mais enfin, la morale, réduite ainsi à un art pédagogique, serait-elle vraiment une « morale positive »? Sans doute, elle serait, par hypothèse, débarrassée de théologie et de métaphysique, mais son contenu n'aurait pas acquis pour cela cette sorte de vérité et de certitude raisonnée que l'on requiert avant tout en demandant la constitution d'une morale positive. Un art tout empirique, recevant sans contrôle de la tradition et de l'opinion, plus complètement encore que toutes les autres techniques, l'indication de ses propres fins et même, inévitablement, d'une partie de ses moyens, aurait sans doute sa valeur, mais ne mériterait évidemment pas, dans sa pleine acception, la qualification de positif. La science positive ne peut se distinguer de la théologie et même de la métaphysique que parce que, à l'aide de quelque faculté, au moyen de quelque méthode que ce soit, elle peut se constituer indépendamment de la simple tradition, et s'affirmer autrement que comme une simple opinion collective. Or cette tradition et cette opinion seraient précisément ici nos seuls points d'appui. De tous les caractères par lesquels A. Comte lui-même définit la positivité, cette technique morale ne présenterait guère que celui de l'utilité ; et encore cette utilité serait-elle sujette à discussion, puisque cette morale ne ferait que consacrer, sans en critiquer la valeur, une manière de sentir et d'agir commune ; or celle-ci, qui plus est, est issue en grande partie de la pensée théologico-métaphysique elle-même, dont il est bien difficile, par conséquent, de la séparer. Dans l'idée de positivité entre nécessairement l'idée d'une certaine vérité dûment établie et « démontrable », en un sens large du mot, tout au moins l'idée d'une approximation rationnelle d'une telle vérité. C'est d'ailleurs sur le terrain de la connaissance, de la pensée théorique, de l'explication des choses, en d'autres termes de la vérité, que s'est tout d'abord formulée la distinction entre les formes théologique, métaphysique et positive de la pensée. Bien que cette distinction puisse rayonner au delà de ce domaine, elle ne pourrait être ni conçue ni définie si l'on ne commençait par se placer au point de vue du savoir.

Ainsi, une morale purement pratique serait nécessairement hétéronome, et par suite, loin de répondre à ce que nous cherchons sous le nom de morale positive, nous ferait bien vite retomber dans les difficultés mêmes qui rendent cette recherche nécessaire. C'est ce que prouve bien l'exemple de nos néo-fidéistes contemporains. Inspirés tout d'abord par la préoccupation de maintenir certaines formes traditionnelles de la moralité, ils en viennent naturellement, faute d'une philosophie morale positive, à se faire, au nom de la pratique, les apôtres de croyances qu'ils ne partagent plus guère, parce que ces croyances sont, en fait, celles qui jusqu'ici ont servi de point d'appui à cette moralité ; ou, qui plus est, ils croient pouvoir fonder une affirmation de vérité sur un besoin pratique, ce qui est, quoi qu'on en ait dit, le renversement de toute méthode scientifique, disons mieux, de toute pensée loyale.

Faudra-t-il donc inversement, pour obtenir la positivité en morale, concevoir la morale comme une *pure science* sans visées pratiques ? C'est l'autre branche de l'alternative, et cette idée nous est en effet proposée. Une morale ne peut être scientifique, dira-t-on, qu'à la condition de se tenir sur le terrain de la connaissance pure. On renoncera à rien prescrire pour se contenter de décrire ou d'expliquer. On constituera non une morale positive (car comment conserver alors une telle désignation où l'usage de la langue enferme forcément l'idée d'une règle d'action ?), mais une histoire des mœurs ou une physique des mœurs. La notion d'une morale à la fois pratique et vraie, à la fois prescriptive et démontrable, imposant du même coup ses théories à la raison et ses ordres à la volonté serait une notion bâtarde et inconsistante qu'il faudrait supprimer et que la métaphysique seule, grâce à l'ambiguïté de ses principes et à son caractère vague, pourrait avoir la prétention de maintenir. Rigoureusement parlant, « il ne peut pas plus y avoir une science immorale qu'il ne peut y avoir une morale scientifique », comme l'écrivait récemment M. Poincaré[1]. Une morale ne pourrait devenir scientifique qu'à la condition de n'être plus une morale,

---

1. *L'Université de Paris* du 1ᵉʳ juin, cité *Rev. de Morale et de Métaphysique*. juillet 1903.

mais une science. De cette science on pourra seulement, en vue de la pratique, essayer de tirer le parti qu'on voudra et utiliser les résultats dans une technique correspondante. Telle est en effet la conception que nous propose M. Lévy-Bruhl.

Ainsi nous aboutirions à reconnaître que rigoureusement parlant il n'y aurait pas de morale positive, c'est-à-dire de doctrine comportant à la fois et dans un même système d'idées une justification positive des fins et une détermination scientifique des moyens. Il y aurait simplement d'une part une pure connaissance, d'autre part une simple technique. Mais alors une double question se posera. D'une part, une pure science des mœurs est-elle aisément concevable, et peut-elle dans sa constitution, sa méthode et ses conditions, être entièrement assimilée aux sciences de la nature qui guident les autres techniques ? D'autre part, où la technique fondée sur cette science, comme la médecine sur la physiologie, puisera-t-elle l'indication des fins qu'elle poursuivra ? Sera-t-elle réduite à servir le plus efficacement possible les routines sociales, la finalité morale traditionnelle dans toutes ses formes contingentes et variables, sera-t-elle un simple organe plus ou moins perfectionné d'un conservatisme hétéronome ? Mais alors nous retomberions à peu près dans la simple pédagogie morale dont nous parlions d'abord, et nous retrouverions les mêmes difficultés. — Ou bien cette science même nous fournira-t-elle quelque moyen de rationaliser aussi la détermination des fins morales, quelque méthode vraiment positive pour juger au point de vue de la valeur, et par conséquent au point de vue pratique, les fins qui se proposent à l'activité morale des hommes ? Mais alors que devient la séparation que l'on voulait établir entre la science et la pratique ?

En somme la question est de savoir si les relations de la connaissance de l'action se présentent, dans le domaine moral, exactement sous les mêmes formes que nous leur découvrons dans les autres techniques, ou si au contraire elles n'offrent pas ici des caractères tellement originaux que la notion d'une technique morale soulèverait de grosses difficultés et ne fournirait qu'une solution formelle, provisoire et partielle du problème que nous nous sommes posé.

I. — LA MÉTAPHYSIQUE

Avant toutefois d'aborder directement cette question, il conviendrait d'établir l'impuissance réelle de la spéculation *a priori* à la résoudre et à constituer une « morale théorique ». La démonstration de M. Lévy-Bruhl sur ce point pourrait sembler suffisante pour nous dispenser d'y revenir. Elle est, croyons-nous, juste dans ses grandes lignes et persuasive dans sa forme. Peut-on dire qu'elle soit au même degré probante ? Il me semble nécessaire de suivre plus docilement, je dirais volontiers, plus naïvement les métaphysiciens sur leur propre terrain, pour bien montrer par où pèchent leurs prétentions en morale. Il faut consentir à faire de la métaphysique pour empêcher d'une façon décisive les empiétements de la métaphysique, en se plaçant à son propre point de vue. Εἰ μὴ φιλοσοφητέον, ἔτι φιλοσοφητέον. Une analyse critique du rôle que l'on prétend donner en morale aux concepts métaphysiques et à la méthode à priori n'aura peut-être pas toute l'élégance d'une étude historique et psychologique, ni même peut-être autant d'influence sur le jugement de la plupart des lecteurs. Elle n'en semble pas moins indispensable en dernier ressort, et seule rigoureusement topique.

La pensée métaphysique revêt deux formes principales : elle est ontologique et dogmatique ; ou bien simplement formelle et critique. Distinguons pour plus de commodité ces deux formes de l'apriorisme en morale, bien qu'en réalité les concepts de la philosophie ontologique tendent de plus en plus à jouer un rôle purement formel qui a toujours été leur vraie raison d'être pour le pur philosophe, distingué du croyant.

§ 1. — Stérilité de la métaphysique

D'une morale fondée sur une métaphysique, dans le sens ontologique du mot, nous trouverons un spécimen assez approprié à notre discussion dans le livre récent de M. Dunan [1]. Non seulement, en effet, l'auteur s'est fait connaître par ses écrits antérieurs comme un métaphysicien fort estimable, mais sa pensée, tant au point de vue métaphysique qu'au point de vue moral, est empreinte d'une certaine largeur et d'une réelle modération. Quoiqu'elle se maintienne dans la ligne générale du spiritualisme, elle est exempte de certaines étroitesses qui n'ont que trop souvent discrédité la critique spiritualiste ou même kantienne des doctrines empiriques. Sa métaphysique se réduit, pourrait-on dire, au strict minimun ; et en outre, loin d'être systématiquement hostile à toute doctrine d'immanence, elle pense pouvoir concilier, dans l'idée de la vie, l'immanence et la transcendance : « l'immanence nécessaire à la morale » si l'on veut maintenir « l'autonomie de la volonté humaine », avec la transcendance qui exprime la dépendance du relatif à l'égard de l'absolu [2]. Ce qu'il faudrait reprocher

1. *Essai de philosophie générale*, 3ᵉ fascicule, chez Delagrave.
2. Cf. *op. cit.* p. 657.

à Kant, ce n'est pas le Noumène, mais le Noumène séparé [1]. Nous ne trouvons donc plus ici cette peur du panthéisme qui travaillait l'École cousinienne, et qui ferait aujourd'hui sourire plus d'un de nos contemporains. Notre temps, sans doute parce qu'il est suffisamment vacciné, ne se préoccupe plus au même degré de filtrer minutieusement les doctrines pour y découvrir et y dénoncer le virus panthéistique.

Une autre peur, qui a constitué chez les spiritualistes il y a un demi-siècle, une véritable *phobie* philosophique, c'était la peur de l'eudémonisme, la *phobie* du bonheur en morale. M. Dunan s'en montre encore tout à fait indemne : « La morale, écrit-il [2], a précisément pour objet de nous montrer le chemin qui conduit au véritable bonheur ; ce qui serait inutile si nous n'avions pas les appétits et les passions qui nous en détournent. » Il est même équitable de remarquer, en passant, combien dans ces dernières lignes, notre moraliste est plus près de la vérité morale et psychologique que ne l'est Kant dans ce passage de sa discussion, si étroite et même si sophistique, de l'eudémonisme, où il déclare absurde de prescrire le bonheur sous prétexte que chacun le désire naturellement ; critique doublement vicieuse : car d'un côté l'eudémonisme n'émet pas la prétention, toute kantienne, de prescrire impérativement sa règle, et d'un autre côté il est d'une vérité banale (Kant le reconnaît lui-même ailleurs) et d'une psychologie vraiment élémentaire que tout en désirant le bonheur, les hommes sont bien éloignés, pour la plupart, de faire volontiers et d'eux-mêmes ce que pourtant ils *savent* le plus propre à les y conduire.

1. P. 713.
2. P. 681.

Par cela même que l'eudémonisme n'est pas exclu, une place est faite aussi au naturalisme. Le devoir doit se rattacher à la nature sous peine d'être aussi impossible à concevoir qu'à prouver, et ainsi le rapport entre le devoir et le bonheur est réellement analytique. Pour tout dire enfin, on en revient ici très franchement à la « morale antique [1] ».

Panthéisme, eudémonisme, naturalisme, ces monstres autrefois si redoutés de notre spiritualisme, paraissent donc aujoud'hui assez inoffensifs. Il y avait intérêt à le remarquer parce que, s'il en est ainsi les plus ordinaires et les plus graves — moralement du moins — des préjugés qui, en général, asservissent la morale à la métaphysique sont ici hors de cause. C'est en effet le plus souvent parce que la morale se présente en apparence comme une discipline imposée du dehors à la volonté individuelle, qu'on la veut transcendante à l'humanité même et par suite hétéronome ; c'est parce que le principe du bonheur fait constamment craindre une rechute dans l'égoïsme qu'on cherche un point d'appui dans la métaphysique, et qu'on fait appel à un autorité divine capable d'imposer à l'homme un *devoir* sans consulter son *vouloir* ; et c'est enfin parce que la moralité exige, en fait, une constante correction de la nature, qu'on commet le sophisme de requérir pour elle un principe surnaturel. On voit qu'ici, au contraire, ces craintes seront étrangères au maintien des principes métaphysiques, qui dès lors nous apparaîtront à peu près dans toute leur pureté, imposés, s'ils le sont, par des exigences proprement philosophiques. Si même on demande une morale fondée sur la métaphysique et non pas une métaphysique étayée sur une morale, c'est précisément parce

---

1. P. 712 et 654.

que la méthode de Kant, en appelant la conscience morale à la défense des postulats restés indémontrables pour la raison spéculative, ferait en quelque sorte violence à la véritable liberté de la pensée philosophique [1]. Nous pouvons donc juger la métaphysique morale dans sa valeur propre et en dehors de toute altération compromettante de ses fonctions véritables.

Demandons-nous donc tout d'abord quel rôle, ainsi épurée, elle va jouer dans la morale [2].

Avant tout, elle aura la prétention de la fonder et ensuite de la déterminer; mais dès lors, avant même de savoir si elle le pourra, et comment, nous pourrons poser une question préalable. Si la métaphysique fonde la morale, c'est donc qu'elle la ferait pour ainsi dire surgir. Elle fournirait le point de vue en dehors duquel l'idée même d'une morale ne saurait apparaître à l'esprit. Or cela revient à dire que le métaphysicien moraliste pose *a priori* sa définition de la morale. Mais quel que soit dès lors son système métaphysique, quelle que soit la manière dont il prétendra en déduire une règle de vie, on aura toujours le droit

---

1. Dunan, *op. cit.*, p. 655.

2. Il est donc clair que nous n'attaquerons point la métaphysique en elle-même, ce qui serait d'ailleurs ici hors de propos, mais seulement son intervention en morale. M. Dunan, dans la réponse qui a paru au moment même où nous corrigions les épreuves de ce livre (*Revue de métaphysique et de morale*, sept. 1906, p. 652) nous prête cette double thèse : 1° Il n'existe pas de métaphysique ; 2° s'il en existait une, elle ne pourrait servir à fonder une morale. Nous ne souscririons nullement à la première de ces thèses, à moins qu'on ne l'entende seulement d'une métaphysique ontologique que M. Dunan déclare écarter lui-même. Mais tandis qu'il établit longuement la légitimité d'une *certaine* métaphysique, légitimité que nous sommes tout disposé à admettre ou tout au moins à examiner et que nous n'avons en tout cas nullement mise en cause ici, il ne répond rien de topique à la critique précise que nous avons faite de l'intervention d'une métaphysique quelconque en morale, et surtout de la tentative de déduire une morale, *la* morale, d'une métaphysique.

de rejeter ou de contester sa définition de la morale : elle sera en effet tout arbitraire. A priori, en toute rigueur, le métaphysicien ne sait même pas ce que c'est qu'une morale, ni s'il y en a une. Aussi lorsque, après avoir imaginé quelque idéal, quelque souverain bien, d'ailleurs assez vaguement défini, il vient nous dire : « Voici une morale, voici *la* morale », nous avons le droit de lui demander au nom de quoi il identifie son invention philosophique, si plausible soit-elle, avec ce qu'on appelle, dans le langage vulgaire, *la moralité*. C'est que, en effet, en vertu de la méthode suivie, et indépendamment même du contenu de la doctrine métaphysique, cet idéal, ce principe, ou ce Dieu est, ou plutôt est censé être, directement éclos du cerveau du penseur ; mais la moralité est un fait spontané, une synthèse psychologique et sociale complexe qui n'est point à inventer, mais simplement à reconnaître, à expliquer, à interpréter. Notre impuissance à dire ce qu'elle est, impuissance qui provient précisément de la complexité originale du fait, ne nous autorise pas à remplacer une définition empirique et une analyse concrète par une définition constructive, ni à en emprunter le nom consacré d'un fait social naturel pour désigner le produit d'une spéculation individuelle plus ou moins libre et arbitraire. La moralité est un fait donné dans l'expérience humaine antérieurement à tous les systèmes auxquels elle peut servir de prétexte et qui par conséquent n'ont pas le droit de dire qu'elle soit ceci ou cela, à moins de montrer que, *dans la réalité*, c'est là précisément ce qui la constitue ; or l'observation seule permet de dire ce qu'elle est en effet. C'est peut-être parce qu'elle oublie constamment ce point de départ à prendre nécessairement dans l'expérience sociale, cette obligation de considérer d'abord le fait moral à l'état spontané, avant d'essayer même de le rectifier et de l'idéaliser, cette nécessité de montrer la correspondance exacte entre ce fait et l'interprétation philosophique proposée, que la morale spiritualiste s'est toujours trouvée conduite, à peine énoncées quelques vagues définitions, à discuter d'emblée les *systèmes* de morale. Les théories des philosophes sur la moralité l'ont beaucoup plus occupée que le *fait réel* correspondant. Or ces théories, pour la plupart d'origine antique, issues de spéculations abstraites sur le souverain bien, sont naturellement étrangères à toute idée d'une observation méthodique et scientifique. A cet égard, et malgré le caractère « empirique » de son contenu, la morale d'un Aristippe est, quant à la méthode, presque aussi a priori que celle d'un Platon, tout aussi étrangère au souci — qui eût pourtant été assez conforme à la méthode socratique — de savoir par analyse psychologique et sociologique *en quoi consiste* ce que, en fait, on appelle moralité. Ces vieilles doctrines ne pouvaient guère, après avoir aperçu et distingué sommairement par l'intuition le fait moral, que construire dans le vide, à côté du fait, une théorie qui le dénaturait en prétendant l'expliquer. La plupart de nos théories modernes n'ont fait à leur tour que greffer de nouvelles spéculations sur le développement ou la critique des premières. Il s'est ainsi formé, à la source des philosophies antiques, un courant de « Morale philosophique » de plus en plus étrangère à la réalité, et réduite à d'assez vaines discussions d'école ; et c'est là presque uniquement ce que nous avons accoutumé, dans notre enseignement d'appeler la « Morale ».

Sans doute ces spéculations ne sauraient être purement arbitraires. Le philosophe peut toujours avoir des arguments sérieux en faveur de l'idéal qu'il me propose. Il ne manquerait pas de bonnes raisons pour me donner, comme Souverain Bien, la science, comme règle de vie, la recherche du vrai. Il en aurait encore, et de très séduisantes, s'il préférait proposer à mon culte et à mon amour la Beauté. La Vie, l'Unité seront encore des formules plausibles. On pourra aussi énoncer comme l'objet d'une volonté sage la symbolisation de l'intelligible dans le sensible, la volonté pure, la suppression du vouloir-vivre, l'anéantissement du désir, l'immobilité, le Nirwana, que sais-je encore ? Je demanderai toujours qu'on me prouve que c'est bien là ce qui constitue la moralité. Kant nous dit : L'obéissance a la forme d'une loi universelle, voilà la moralité. Le spiritualiste nous dit : La perfection, la réalisation la plus complète de l'essence vraie de l'homme, voilà la moralité. Un autre nous dit : C'est la vie en Dieu. Je n'en sais rien ; et c'est un acte de foi que l'on me demande. La moralité est quelque chose de déterminé, d'existant : qu'on me montre qu'elle est *cela*. Elle est peut-être cela, elle est peut-être tout cela, elle peut aussi n'être rien de tout cela. Il ne suffit pas qu'un idéal m'agrée, satisfasse à quelques égards ma raison ou ma sensibilité pour que je lui applique le terme de moralité. Les raisons les plus fortes qu'on pourra me donner en faveur de cet idéal ne sauraient le moins du monde dispenser de cette démonstration : qu'il mérite bien le nom spécifique de moralité. Si, par exemple, on me démontrait qu'il ne peut rien y avoir de plus précieux, de plus respectable, de plus éternel, de plus saint, de plus universel, de plus digne de tout effort humain que la vérité, on n'aura pas plus établi qu'elle constitue la moralité que si, pour prouver que le soleil est sphérique, on s'évertuait à établir qu'il est brûlant. On pourra même parvenir à me faire mettre la la vérité au-dessus de la moralité, quelle qu'elle soit, mais non pas à me faire prendre l'une pour l'autre [1]. Cet oubli de la spécificité du fait moral est peut-être le vice le plus radical de presque toutes les théories actuellement répandues, même de celles qui affectent une allure naturaliste ; et cet oubli ne peut guère, historiquement du moins, s'expliquer que par le caractère purement dialectique et constructif des théories morales primitives dont la tradition pèse encore sur nos esprits.

Ici se poserait une grave question, que je dois aborder plus loin : Pourquoi, à tout prendre, le philosophe n'aurait-il pas le droit d'engendrer, en toute autonomie, un idéal de sa façon et de *faire exister* une morale, comme le géomètre fait exister la pseudo-sphère, sans s'occuper de savoir si elle existe dans la nature ; une morale à lui, qui n'aurait rien de commun avec la morale de tout le monde, que d'être une règle de vie? Pourquoi serait-il tenu de savoir qu'en dehors de lui il y a une certaine règle de vie sous le nom de moralité, et de l'accepter comme valable, alors qu'elle n'est pas engendrée par sa raison ? Pourquoi lui refuserait-on la liberté de résoudre à sa façon, sans consulter l'histoire ni la sociologie, un problème qui, en somme, se pose malgré tout *directement* à lui, par le seul fait qu'il

---

[1]. C'est ce que méconnaît, dans sa très curieuse étude sur l'*Immoralité de l'Art* (Revue philosophique, déc. 1904, p. 554), M. Paulhan, lorsqu'il écrit : « Lorsqu'on combat la morale, c'est... au nom d'elle-même... Dire qu'il ne faudrait plus de Morale, par exemple, c'est dire qu'il en faut une puisqu'on supprimerait la morale au nom de quelque chose qui, par hypothèse, vaudrait mieux qu'elle, ce qui en ferait le principe d'une morale nouvelle ». M. Paulhan ne peut poser cette thèse que s'il part d'une définition aprioristique de la morale, définition qui laisse naturellement échapper tout ce que le fait moral peut avoir de spécifique pour ne laisser subsister que l'idée générale et formelle d'un Bien ou d'une Règle suprêmes, l'idée très indéterminée de « ce qui vaut mieux ». Mais la moralité c'est « ce qui vaut mieux » *à un certain point de vue*. C'est ce point de vue qu'il faut déterminer, par une induction régulière.

est une activité et une raison : Que dois-je faire, absolument ? C'est bien là en effet la difficulté finale, qui résulte de l'opposition entre l'ordre social, les catégories traditionnelles de la pensée ou de l'action, et l'imprescriptible autonomie de la pensée et de la volonté individuelles ; antithèse d'autant plus aiguë et plus frappante que l'évolution, tant sociale que scientifique, paraît justement en avoir accentué et fortifié simultanément les deux termes : l'importance du groupe social et les droits de la personne morale. La métaphysique morale ne serait, à ce point de vue, que le refuge toujours menacé, mais toujours maintenu d'étape en étape, du droit de chaque personne à poser son idéal propre. Ce qu'elle aurait de précieux, ce serait moins la vérité spéculative de son contenu, que cette indépendance même impliquée dans sa méthode. La métaphysique aurait alors ce caractère individualiste que lui prête Comte. L'*a priori* serait, sans que peut-être on s'en aperçoive, moins la formule d'une pensée nécessaire et l'affirmation d'une dépendance que la manifestation d'une volonté libre, et prendrait ainsi, plus ou moins inconsciemment, une portée psychologique et morale juste opposée aux apparences.

Il n'est pas encore temps d'examiner à fond cette question, qui en morale apparaît comme la question-limite. Pour l'écarter ici provisoirement, deux remarques suffisent. C'est, d'abord, que la forme métaphysique n'est nullement une condition nécessaire de l'affirmation de cette autonomie morale de la personne, alors même que cette affirmation devrait être maintenue ; elle n'en serait qu'une forme accidentelle et contingente, peut-être plus compromettante que vraiment utile. — C'est ensuite, que cette méthode de l'apriorisme moral, au fond si téméraire, si révolutionnaire, j'allais dire si anarchique, n'a jamais en fait été mise qu'au service des doctrines les plus traditionnelles et les plus prudentes, j'allais dire les plus conservatrices. Et cela n'a rien d'étonnant : car si, par un certain côté la métaphysique est le domaine des belles aventures intellectuelles, et parfois des trouvailles du génie, elle est aussi le terrain vague où la tradition dépose les résidus de l'imagination religieuse des collectivités. C'est peut-être la raison qui a empêché à la fois de reconnaître ce qui ferait l'intérêt moral de cette spéculation, et d'en apercevoir la médiocre consistance philosophique.

A vrai dire, en effet, il y a longtemps que cette prétention, inhérente à la méthode *a priori*, de créer de toutes pièces la morale, aurait été remarquée et aurait paru insoutenable, si précisément, par des accommodations presque instinctives, ou par des raccords plus ou moins habiles, quelquefois par un rapiéçage vraiment trop visible, comme il arrive chez Kant, les moralistes de cette catégorie ne faisaient presque toujours rentrer dans leur système ce que la moralité commune attend de toute morale. Ainsi l'audace de la méthode se trouve voilée par la banalité des résultats. La remarque est vieille et reste vraie en gros, que, pour les mêmes raisons que la « vraie morale se moque de la Morale », les systèmes les plus divergents dans les principes affichent le plus souvent des conséquences identiques et se piquent même de justifier la conscience commune, pour être mieux justifiés par elle. C'est qu'en effet celle-ci est donnée ; elle est le terme assigné d'avance à ces spéculations, terme que le métaphysicien, à travers des détours plus ou moins savants, se donne plus ou moins inconsciemment pour tâche d'atteindre. Sa méthode est une fiction. Elle affecte de découvrir la moralité par la seule réflexion, ou même de lui donner l'existence ; en réalité elle ne fait guère que l'éclairer d'une lumière artificielle, après l'avoir soustraite au grand jour de l'expérience.

Cette fiction méthodologique, objectera-t-on, n'a rien d'exceptionnel ni d'inacceptable. A n'en considérer que la forme, en effet, elle rappelle l'emploi scientifique de l'hypothèse. Comprendre les phénomènes, c'est être en état de les reproduire, au moins idéalement ; comprendre l'univers, c'est le reconstruire et s'ériger, par fiction, en créateur. Mais pour qu'une telle méthode soit valable, deux conditions, quant au fond, sont nécessaires. Il faut d'abord que le contenu de l'hypothèse ait toute la précision, toute la richesse nécessaires pour qu'une dérivation étroite et déterminée, une déduction à la fois rigoureuse et adéquate en compréhension à la question posée, puissent conduire de l'hypothèse à la réalité observée qu'on prétend retrouver et refaire ; il faut ensuite que, par cela même, en raison de la multiplicité des coïncidences qu'elle suppose, la réussite de l'hypothèse devienne un véritable miracle, si elle n'est pas vraie, et que par là surtout soient éliminées les hypothèses différentes. Autrement l'on retomberait dans cette méthode enfantine que signalait dernièrement M. K. Groos [1], et qu'il rapproche précisément de certaines hypothèses philosophiques, le procédé du mythe explicateur : un fait constaté est expliqué par un mythe arbitrairement imaginé entre mille autres possibles, et jamais critiqué dans son contenu propre. Pourquoi, se demande le Peau-Rouge, les différentes races d'hommes ? C'est que le Créateur ayant pris de l'argile pour créer l'homme, la mit au four. Le premier exemplaire ne fut pas assez cuit : ce fut l'homme blanc. Le second reçut un coup de feu : ce fut le nègre. Le troisième enfin

---

1. Das Seelenleben des Kindes ; cf. *Rev. philos.*, juillet 1904, p. 94.

fut cuit à point, ce fut l'homme par excellence, l'homme réussi, le Peau-Rouge, naturellement.

Ces conditions, que l'hypothèse scientifique la plus aventureuse et la plus incomplète réalise toujours à quelque degré, ne sont nullement satisfaites par les hypothèses des moralistes métaphysiciens. Ne pouvant se justifier par leur exacte et exclusive correspondance avec les faits moraux réels, et empêchées, d'ailleurs, d'employer cette méthode dans la mesure même où elles se placent non sur le terrain du réel, mais sur celui de l'idéal, les métaphysiques sont réduites à rechercher pour leurs hypothèses une sorte d'évidence, de clarté, de nécessité intrinsèques qui les imposent à notre esprit. Mais ces hypothèses ne peuvent obtenir cette sorte d'évidence qu'en se réduisant à des principes si généraux, qu'ils touchent à la tautologie, et que par suite il devient impossible de conduire à bien cette déduction complète dont nous parlions et qui les justifierait comme des hypothèses scientifiques. Elles ne peuvent réussir ni même chercher à embrasser la *compréhension* entière de l'idée morale ; car leur origine serait alors trop visiblement empirique. Mais elles prétendent s'élever à un principe dont l'*extension* soit telle qu'il soit impossible d'y échapper, et qu'on soit obligé de l'admettre dès qu'on pose l'idée d'une activité quelconque. Dès lors, par cela même qu'il présidera à toute activité, il n'aura aucun caractère proprement moral, si ce n'est par ce qu'il empruntera subrepticement à l'expérience. Il pourra servir à la rigueur à distinguer une activité absurde d'une activité conséquente, mais nullement à distinguer une activité morale d'une activité immorale ou moralement indifférente. Il sera par conséquent impropre à fonder une morale quelconque.

A ce point de vue, le Bien des spiritualistes platonisants,

« le bonheur » même des empiristes à la façon de Stuart Mill, sont des principes tout aussi formels que celui de Kant. Qu'est-ce que le Bien, sinon la fin, le terme de l'action en général ? Qu'est-ce que le Bonheur, sinon le sentiment du sujet, en tant qu'il se voit approcher de sa fin ? Le Devoir sinon la règle qu'on s'impose pour atteindre une fin (en général) et qui est de ne pas vouloir contradictoirement ? Ces « principes », dont le conflit a rempli des pages des traités classiques et des volumes de polémiques sont donc en réalité à peu près équivalents. Ils ne se distinguent que par abstraction, chacun d'eux ne désignant qu'un point de vue sur l'action ; ils sont en tout cas inséparables, ils coexistent forcément dans toute action. Il serait absurde, *in abstracto*, de concevoir une volonté qui ne voulût pas sa fin comme un bien, qui pût l'atteindre en se contrecarrant elle-même et ne fût pas heureuse de l'avoir atteinte. Mais ni le Bien n'est *un* but défini, ni le Bonheur *un* motif, ni le Devoir *une* règle. Ainsi tous ces principes sont évidents si l'on veut, et qui, plus est, ils le sont non pas indépendamment les uns des autres, mais d'une seule et même évidence commune. Mais ils ne sont évidents qu'à force d'être vides, et les problèmes que ces termes ont fait surgir n'ont aucune existence scientifique.

Nous justifierons mieux cette critique en examinant ce que demande à la métaphysique, ce que reproche à l'empirisme un spiritualiste indépendant comme celui que nous citons plus haut.

Ce qu'il attend de la métaphysique, c'est simplement l'affirmation d'un principe d'Unité ; ce qu'il reproche à l'empirisme, c'est la négation d'un tel principe. « Supprimez l'Absolu, comme le fait l'empirisme, chacune des existences relatives apparait complètement isolée de toutes les autres, de sorte qu'on ne voit même plus la possibilité d'un rapport entre elles. » « Spinoza voyait mieux les choses, et c'est le grand mérite de sa doctrine de mettre toujours Dieu entre deux êtres finis[1]. » Mais qu'a-t-on établi ou du moins formulé en posant ici l'Absolu ? Rien de plus, sinon la réalité ou la possibilité de rapports entre les êtres particuliers. On a exprimé simplement ceci : qu'ils appartiennent à un même monde et ne peuvent par suite agir sans prendre un point d'appui au dehors, ni sans déterminer des retentissements illimités de leurs actes. Sans doute cette thèse générale a sa valeur, que nous ne prétendons nullement méconnaître. Il est clair que pour qui *nierait* l'unité de l'univers, la solidarité de ses parties, la science serait inconcevable. De même il n'y aurait plus place dans un tel univers pour une action réglée, ni par conséquent pour aucune morale en particulier ; car si toute activité était enfermée en elle-même, à la fois indépendante et inefficace, en sorte que chaque action commençât absolument avec une volition particulière, et s'y terminât absolument, toute raison d'être d'une morale disparaîtrait. C'est même une vérité qu'il serait bon souvent de rappeler, non pas aux empiristes, mais plutôt précisément à certains métaphysiciens portés à concevoir chaque personne morale, chaque volonté, et presque chaque volition, comme un absolu qui pourrait agir avec une entière spontanéité et qu'on devrait *juger* strictement en lui-même. Ce sont eux, ce sont les réalistes spiritualistes, qui, en posant des âmes absolument séparées et absolument libres, méritent le mieux le reproche de poser la multiplicité absolue et de supprimer tout fondement des relations. — Mais, cette concession faite, que

---

[1]. Dunan, *op. cit.*, p. 670 et 673.

tirera-t-on de cette affirmation de l'unité des choses en un principe supra-phénoménal ? On aura affirmé un fondement aux relations, c'est-à-dire l'intelligibilité ou l'existence des relations. On n'aura rigoureusement rien fait pour déterminer la nature et les formes de ces relations en fait, ni pour en apprécier la valeur en droit.

On peut aller plus loin. Si l'on peut admettre que les Cartésiens, Malebranche et Leibniz, peut-être encore plus que Spinoza[1], ont pu avoir raison, comme métaphysiciens, de mettre l'être absolu entre deux êtres finis quelconques, la critique montre aisément que ce n'est là que la moitié de la vérité sur laquelle, au point de vue même de la métaphysique, la science ou l'action pourraient être « fondées ». C'est précisément un des aspects les plus remarquables de la Relativité que si l'affirmation de l'Unité, de l'Absolu est nécessaire à la possibilité de la science, cependant maintenue seule, sans le contrepoids de l'affirmation inverse, elle tendrait aussi bien à la rendre impossible. Tout se tient, aucune réalité n'est indépendante, aucun phénomène n'est isolable ; aucune cause n'est gratuite, non plus que stérile ; toute chose particulière fait partie d'autre chose, et ni dans le temps ni dans l'espace il n'est possible d'enclore une existence quelconque comme d'une muraille impénétrable qui puisse la soustraire à l'action de tout le reste de l'univers, ni soustraire l'univers à son action. Voilà sans doute une première condition pour qu'il y ait science *possible*. Mais la science ne peut commencer à devenir *réelle* que du jour où l'on aura inversement reconnu la nécessité et la

---

1. Voir en particulier *Éthique*, I, Prop. 28 ; Tout objet individuel, toute chose, quelle qu'elle soit, qui est finie et a une existence déterminée, ne peut exister ni être déterminée à agir si elle n'est déterminée à l'action par une cause, laquelle est aussi finie et a une existence déterminée... et ainsi à l'infini.

possibilité de fractionner l'univers, qualitativement ou quantitativement ; ou au lieu de dire : Tout tient à tout, on aura compris que *ceci* tient à *cela* et non à autre chose. Et c'est ce que Spinoza ne comprenait pas moins bien. Il faut opérer la *division du travail causal dans la nature* et établir les causes véritables par l'élimination des circonstances indifférentes. Il faut en venir à appliquer, dans toute l'étendue de la science, le procédé des *systèmes fermés*, à utiliser par rapport à des *groupes isolés* d'êtres ou des phénomènes, des catégories, des formes de relation issues précisément d'une affirmation de *solidarité universelle*[1]. C'est peut-être ce qui a constitué la vue de génie de Galilée en mécanique. C'est pour avoir méconnu cette condition fondamentale de la connaissance scientifique, que les Stoïciens au contraire, dont les conceptions déterministes étaient pourtant si rationnelles, se trouvaient amenés par leur théorie de la Συμπαθεία universelle, à justifier les superstitions divinatoires les plus absurdes. C'est enfin pour avoir affirmé la cause première aux dépens des causes secondes que sur tant de points la pensée théologico-métaphysique, dans l'ère chrétienne, ou bien a paralysé la science, ou l'a poussée vers l'athéisme.

Des observations parallèles sont applicables aux mêmes conceptions métaphysiques transportées à la base de la morale. Que soit nécessaire le sentiment de l'Unité du principe des choses, c'est-à-dire, au bout du compte, l'affirmation des interdépendances universelles, par suite le sentiment corrélatif de notre dignité comme éléments d'un système qui nous dépasse infiniment, et celui de notre responsabilité relativement aux répercussions indéfinies de nos

---

1. V. notre article *Science et pratique sociales* (*Rev. Philos.*, février 1895, p. 197 sqq).

moindres actes, on l'admettra volontiers. Maintenez pourtant cette idée toute seule, à l'exclusion de l'idée inverse, vous aurez peut-être supprimé la morale plutôt que vous ne l'aurez fondée. Celle-ci en effet n'apparaît véritablement que si un agent déterminé est considéré, fût-ce en vertu d'une sorte de fiction relative et provisoire, comme la cause propre d'effets définis. Noyé dans l'infini, l'être moral disparaît. Il n'est plus qu'un moment de transition, un lieu de passage, un point d'intersection des actions infinies de la nature. Il est agi, il n'agit plus ; il se repose dans le quiétisme ou s'abandonne à la fatalité. D'ailleurs tout deviendrait indifférent et insignifiant au regard de l'infini. Une ironie transcendante pourra logiquement remplacer le sens du « sérieux » de la vie. Renan l'a fait plus d'une fois sentir et, après lui, on sait avec quelle grâce, M. Jérôme Coignard. En face de l'infini nous devenons irresponsables, et inversement des responsabilités poussées à l'infini deviennent pratiquement nulles. Que l'on veuille bien considérer l'usage du mot Dieu dans le vocabulaire de la politique, et surtout de la politique internationale, et l'on verra qu'il sert à justifier toutes les causes, à couvrir toutes les violences, à motiver toutes les prétentions, à nier tous les droits. Ici encore c'est en fermant, d'une manière plus ou moins provisoire ou conventionnelle d'ailleurs, un système de réalités évidemment toujours ouvert, qu'on peut arriver à décider et à juger l'action, comme à déterminer l'affirmation. Pour parler un langage plus concret et plus simple, la moralité ne peut commencer que là où l'on s'est donné une tâche définie à remplir, où l'on a cessé de trop compter sur Dieu, où l'on a remplacé l'espérance : « Le ciel t'aidera », par le devoir : « Aide-toi », et surtout : « Aide les autres. » Il faut des responsabilités limitées, des solidarités directes et définies entre des personnnes définies ; il faut arriver à aimer les hommes en eux-mêmes et pour eux-mêmes et non pas seulement en Dieu et pour Dieu[1].

Intercaler Dieu entre deux êtres finis, c'est donc faire évanouir toute détermination des rapports qui peuvent les unir soit dans le jugement, soit dans l'action. C'est remplacer la réalité des relations par l'idée abstraite de Relation. C'est mettre toute chose sur le même plan, et installer l'indétermination là où l'on veut qu'il y ait jugement, et l'indifférence là où il s'agit de trouver des motifs de préférence et d'action. Le vrai point de vue de la science, comme de la morale positive, exige donc bien la suppression de tout intermédiaire de ce genre[2].

Reprochera-t-on du moins, inversement, à l'empirisme de méconnaître la possibilité même de ces rapports et de rendre toute science et toute pratique inintelligibles? C'est en effet le reproche que lui adresse la philosophie aprioristique. Suivant elle, l'empirisme rend toute morale impossible en supprimant toute solidarité métaphysique des êtres, en posant chaque être particulier comme un absolu. « Entre l'égoïsme absolu et l'absolu désintéressement, nous dit-on, il n'y a pas de moyen terme. » Allons plus loin. L'égoïsme

---

1. Non pas sans doute que cette dernière formule n'ait un sens très intelligible et très précieux : notre amour d'autrui ne doit pas plus être individualiste que notre amour de nous-mêmes. C'est en fonction de l'ensemble de la société — ou de l'Humanité, si possible — que nous devons aimer chaque personne, y compris même la nôtre, et non pas aux dépens de l'ensemble. Mais ici encore, comme on le voit, la formule métaphysique ne prend véritablement un sens que si on la considère comme la *limite* d'un système concret de rapports définis.

2. Le déclarer, est-ce d'ailleurs être infidèle au principe d'unité que nous avons accordé aux métaphysiciens ? En aucune façon. C'est au contraire en revenir à la véritable philosophie de l'Immanence, et à la véritable formule de l'Idéalisme. *Intercaler* Dieu, c'est encore le concevoir à la façon du Réalisme, qui fait de Dieu un être particulier, séparé, et qui ne peut dès lors que séparer les êtres qu'il est censé devoir unir.

lui-même n'est possible que par l'unité Individu, et cette unité est tardivement et incomplètement réalisée. C'est une étape, qui suppose avant elle un long progrès. Bien peu d'hommes même y arrivent en réalité, et aucun absolument. Un puissant égoïsme est une chose aussi rare, sinon aussi précieuse, qu'une forte vertu, et ce n'est pas un bien gros paradoxe de dire qu'il exigerait une maîtrise de soi, une énergie de caractère que la vertu est loin de toujours requérir. Au fond, il n'est pas beaucoup plus « naturel » que le désintéressement, et c'est bien à tort, comme l'a montré M. Simmel, qu'on le croit primitif et proprement instinctif. *Abstine et sustine* est une devise qui lui conviendrait déjà. C'est donc en réalité bien au-dessous de l'égoïsme qu'une doctrine d'irrationalité et d'anarchie nous conduirait, car cette philosophie est, sans métaphore comme sans déclamation, dissolvante.

Il n'y a aucune raison métaphysiquement de s'arrêter à une unité moyenne comme l'individu, la société ou même l'humanité. Si l'on pose en principe la subordination de la partie au tout, il faudra, comme le spiritualiste, pousser dans ce sens jusqu'à l'Absolu. Si au contraire on professe la philosophie inverse, c'est qu'on nie, en fait ou en droit, la marche nécessaire de la Pensée ou de l'Action dans le sens de l'Ordre et de l'Unité, et alors on n'a aucune raison de mettre une synthèse quelconque au-dessus des éléments. Il faudra redescendre à la limite de la division, et nier ainsi toute règle pratique comme toute pensée, disons mieux : toute réalité ; ce qui constitue la réfutation par l'absurde d'une telle philosophie.

Une dialectique de ce genre est assurément plausible. Mais quel adversaire atteint-elle ? Est-ce le partisan d'une morale expérimentale et positive ? Il est évident que non.

L'empirisme qu'elle condamne serait en réalité lui-même une métaphysique, dont le propre serait de s'orienter vers le terme absolu de l'Analyse, comme la métaphysique idéaliste se tourne vers le terme absolu de la Synthèse. C'est une métaphysique négative si l'on veut, mais enfin une métaphysique à laquelle une science positive comme une morale positive peuvent et doivent rester étrangères. En la réfutant, on n'a nullement montré que la morale dût reposer sur la métaphysique, ce qui était la question, mais qu'elle ne pouvait pas reposer sur celle-là [1]. Que l'empirisme, en effet, se plaçant autrefois nécessairement sur le terrain de ses adversaires métaphysiciens, ait été une sorte de métaphysique à rebours, une ontologie obstinée à la tâche de dissoudre l'être, une critique travaillant à supprimer la pensée, qu'enfin il ait été une philosophie proprement dite et non une simple détermination et une simple adoption du point de vue de la science et de l'expérience scientifique, cela est parfaitement exact. L'histoire même montrerait qu'il a souvent été en flagrante opposition, par ses doctrines et par ses résultats, au véritable esprit scientifique. Mais un tel empirisme n'est peut-être plus qu'un souvenir. L'expérience pure, telle qu'il la définit, n'est absolument pas expérimentée. Le fait brut, qu'il met à la base de la connaissance, est une conception, non un fait. Le développement des sciences objectives comme l'analyse psychologique ont fait également justice de pareilles notions. Il n'est pas trop hardi de prétendre que cet empirisme disparaît,

---

1. Encore pourrait-on soutenir que, subjectivement, elle pourrait être un remède à l'égoïsme qu'on l'accuse trop aisément de fortifier. Car en dissolvant l'unité et l'identité du moi, elle enlève à l'égoïsme tout « fondement » et, contre elle, le Spiritualisme sera obligé, tant au point de vue psychologique qu'au point de vue moral, de reconstituer et de consolider l'Individu et de restaurer ainsi la possibilité de l'égoïsme avant de pouvoir pousser plus avant dans le sens de l'unité.

qu'il a déjà disparu. La chose, l'idée, le mot ont fait leur temps. Véritablement, que reste-t-il en face des métaphysiques quelles qu'elles soient? Il ne reste plus que la science même, aussi indépendante des philosophies empiristiques négatives que des ontologies dogmatiques. Si la métaphysique veut survivre, elle ne le peut, croyons-nous, qu'en renonçant à l'ontologie, chimérique superposition d'une réalité inaccessible aux réalités données, pour se borner à la théorie même de la pensée et de la vérité scientifique. De même l'empirisme, comme philosophie, doit faire place nette à la science positive seule, qu'il n'a pas le moindre droit de revendiquer comme sienne. Et la critique avec la science, se complétant l'une l'autre, peuvent faire très bon ménage ; l'ontologie et l'empirisme ne le pouvaient pas. Scellons leur double tombe d'une même pierre, celle que Kant leur avait dès longtemps préparée.

Quant à une morale positive, si elle est possible, s'il est possible du moins de définir une attitude qui soit en morale ce qu'est l'attitude scientifique dans la connaissance elle sort absolument indemne de toute cette polémique. On persiste trop souvent en particulier, à croire que, dans la morale positive, le passage de l'égoïsme à l'altruisme est une sorte de déduction *in abstracto*, une transition logique d'un « principe » à un autre « principe ». C'est contre une telle déduction que Kant tout le premier, ensuite Jouffroy, et Guyau enfin dans l'ouvrage qui inaugura sa précoce carrière philosophique, ont dirigé des critiques en apparence assez fortes. Il faut avouer que chez quelques-uns de ses premiers représentants modernes, l'utilitarisme a pu prêter à cette interprétation et à cette critique. Mais la morale de l'expérience ne prétend plus *déduire* l'altruisme, elle veut seulement l'expliquer et en montrer le rôle nécessaire. Elle se présente comme *directement* sociale dans ses origines comme dans sa fonction. Elle ne commet plus la faute, à la fois psychologique et sociologique, de se représenter l'individu comme un absolu en face d'autres individus donnés au point de départ. Elle sait que l'individualité pure est un terme limite, et non une réalité immédiate, et que même une telle idée, loin de correspondre à un fait primitif, ne peut surgir qu'au cours du très lent progrès grâce auquel la personnalité distincte se constitue et le sentiment de l'autonomie individuelle se forme. Ce n'est pas aujourd'hui, avec la sociologie réaliste, avec la politique sociale-démocratique, avec la morale solidariste que nous sommes exposés à l'oublier. Une morale positive n'a pas à rechercher, s'il y en a, les fondements métaphysiques des rapports interindividuels, des faits de sympathie, ni de la cohésion sociale. Mais elle n'a davantage aucune raison de méconnaître ces faits, et elle a le droit strict de les faire entrer en ligne de compte. Dans l'individu, l'expérience suffit parfaitement et même réussit seule à établir des rapports de conditionnement et de surbordination ou de solidarité entre les fonctions, et le point de vue expérimental ne nous réduit nullement à les mettre toutes sur le même plan [1] ; de même l'expérience (dès qu'on ne prend plus ce mot dans le sens métaphysique où il ne désigne qu'une limite insaisissable, un mode de connaissance élémentaire qui n'est en fait expérimenté nulle part), l'expérience réelle de la vie sociale doit contenir et contient en effet tous les éléments nécessaires pour comprendre sociologiquement et concevoir moralement l'organisation de la vie en société. Il y aurait une bien

---

1. Contrairement a ce qu'indique Dunan, *op. cit.*, p. 679.

singulière illusion à penser que par son coup de baguette magique une métaphysique fait surgir ou disparaître des faits comme la solidarité ou le désintéressement, ou même en fait apparaître ou évanouir la valeur.

A aucun degré je ne puis donc voir que la métaphysique ait établi la nécessité ni même la réalité de son rôle à la base d'une morale, ni par conséquent qu'elle ait ruiné *a priori* l'idée d'une morale positive.

§ 2. — Fausse position de la critique

Mais, objectera-t-on, l'expérience ne peut cependant fournir qu'un jugement assertorique, et la morale a besoin d'un jugement de valeur. Admettons, dira le criticiste, qu'une conception ontologique soit inutile à la morale; si elle l'est, c'est précisément parce qu'elle ne peut dépasser le jugement assertorique, et ne fait que superposer des *faits transcendants* aux faits d'expérience. Il faut pourtant bien arriver à trouver le Droit au delà du Fait. Une critique est finalement nécessaire pour distinguer, dans le réel ou même dans le possible, ce qui est normal de ce qui ne l'est pas. Être réel, c'est le caractère commun et égal de tout ce qui est donné par l'expérience, et par conséquent le jugement de valeur porté sur ces données ne saurait en émaner. L'existence même de la *réflexion* suppose des critères qui ne peuvent être empruntés à l'expérience[1], puisque le fait même de les choisir dépasserait en tout cas celui de les découvrir. Il y aurait donc au moins besoin, à la base de toute morale, d'une critique analogue à celle de la connaissance. Lorsque Kant parlait d'une métaphysique des mœurs, par opposition à la physique

---

1. Cf. Cantecor, *Revue philosophique*, avril 1904, p. 382.

des mœurs, il entendait surtout exprimer cette opposition essentielle du droit et du fait, et l'impossibilité de réduire à l'unité deux opérations aussi différentes que celle d'apprécier ou de prescrire, et celle de constater ou de décrire. Nous voilà donc en présence d'un retour offensif de l'apriorisme métaphysique sous la forme plus modeste et plus forte d'une simple critique, et d'une justification plus plausible, semble-t-il, de son intervention en morale.

Quelle est, tout d'abord la raison essentielle de ces nouvelles prétentions de l'apriorisme ? Elle réside peut-être, au fond, dans une sorte d'assimilation entre la vérité et le bien, la science et la morale, la raison considérée dans ses fonctions théoriques et cette même raison dans ses fonctions pratiques qu'on prend indûment la licence d'appeler *morales*. Cette assimilation n'est d'ailleurs pas nouvelle ; elle a toujours été dans la pensée des métaphysiciens, et elle a simplement suivi, en passant de la forme ontologique à la forme critique, les transformations de la pensée métaphysique. On disait, avec la théologie chrétienne, que Dieu est à la fois la loi qui commande à nos volontés et la lumière qui éclaire nos intelligences ; le Platonisme faisait de l'idée du Bien la source commune de l'ordre qui constitue le Réel ou le Vrai, et de l'ordre qui constitue le Juste. On dit plus volontiers aujourd'hui, en termes moins ontologiques, que c'est une seule et même Raison qui est à la fois spéculative et pratique. C'est en ce sens peut-être que le mot de Schopenhauer, injuste sous certains rapports [1], reste historiquement exact : l'impératif catégorique, c'est la voix du Sinaï. La Raison en effet *mutatis mutandis*, remplit ici la double fonction

---

1. Voir sur ce point Delbos. *Philosophie pratique de Kant*, p. 353 (Paris, F. Alcan).

traditionnelle de la divinité, d'être à la fois une existence supérieure que l'on affirme et une autorité que l'on respecte. Sans doute ces changements de formule ont leur intérêt. Ils attestent pourtant qu'on se contente de transposer, selon les exigences de chaque doctrine et les habitudes de chaque temps, un problème qu'on devrait faire disparaître lui-même comme artificiel ou mal posé. Ce problème est celui-ci : trouver un Bien qui s'impose avec une sorte d'*évidence* et de *nécessité* à la façon d'une vérité, un Bien qui puisse être prouvé, ou mieux se passer de preuve parce qu'il serait premier ; trouver en un mot, un Bien qui soit vrai, un devoir qui soit certain, *et qui s'impose à la volonté par cela même qu'il se serait d'abord imposé à l'intelligence*. Nous avons déjà dit combien ce problème était peu intelligible et indiqué que si l'on échoue à le résoudre, c'est qu'en réalité on échoue à le poser valablement.

C'est toutefois de cette manière de comprendre ou, du moins, d'imaginer et de sentir le problème moral que naît l'idée de mettre une critique et des principes rationnels à la base de la morale.

Cette idée d'une critique morale *a priori* paraît doublement attaquable. En premier lieu les difficultés qui suscitent le problème critique lorsqu'il s'agit de la connaissance n'existent pas au même titre lorsqu'il s'agit de la pratique ; en second lieu, inversement, dans la mesure où le parallélisme peut être établi entre la connaissance et l'action on peut dire qu'il n'aboutit nullement à la doctrine que Kant a formulée, mais bien plutôt au renversement de cette doctrine.

Nous disons d'abord que le problème critique n'a point les mêmes raisons d'être sur le terrain de l'action que sur celui de la connaissance.

Pourquoi la nécessité d'une critique peut-elle être affirmée en ce qui concerne la science ? Il en est deux raisons essentielles et connexes. D'une part il y a, entre la nature que nous n'avons pas créée et les exigences de notre esprit, un accord qu'il faut de toute façon expliquer, dût-on l'expliquer finalement comme un produit de l'expérience même qui aurait modelé la pensée. D'autre part la science n'atteste pas simplement l'accord de l'esprit et des choses, mais l'accord spontané des esprits entre eux sur le terrain de la rationalité, en dehors de toute entente extérieure et conventionnelle.

Sur le premier point, l'accord des esprits et des choses, on peut légitimement se demander avec Kant comment une mathématique, comment une physique sont possibles, comment l'espace réel vérifie, au moins sensiblement, nos déductions constructives, comment nous sommes assurés que la nature présentera le degré de régularité et de fixité sans lequel aucune connaissance scientifique n'en serait possible. L'empirisme le plus étroit ne peut se contenter de répondre par le succès de la science, car c'est ce succès même qui est l'objet du problème, et qui constitue le fait à expliquer. Et c'est peut-être un problème métaphysique, mais non pas de ces problèmes métaphysiques entièrement factices et arbitraires, comme certains problèmes ontologiques transmis par la tradition, et dont les termes initiaux ne sont rien de plus que des produits de l'imagination spontanée de l'humanité ; c'est au contraire un problème réel, immanent à la pensée même, et positif si l'on veut, en ce sens du moins que la positivité même en est l'objet.

Un tel problème a-t-il son corrélatif lorsqu'il s'agit non plus de la science, mais de l'action ? Nous ne le voyons pas. Car dans la connaissance une nature nous est donnée, que nous n'avons pas faite, et c'est pourquoi, bien qu'il soit chimérique de prétendre déterminer entièrement *a priori* et par simple réflexion les catégories, un minimum d'hypothèses et de théorie est nécessaire pour comprendre comment cette nature qui nous semble extérieure se prête à notre science et à nos catégories. Mais pour la philosophie de l'action, il s'agit, non d'un ordre donné, mais d'un ordre à faire, non d'une nature qui préexiste et qu'il faut pénétrer du dehors, mais d'un monde à créer, qui va en quelque sorte s'épanouir du dedans et éclore grâce à notre effort. Pour la pure réflexion, subjectivement et en dehors du point de vue expérimental, il n'y aurait pas même à se demander s'*il y a* une règle de conduite ; en définitive il y en aura une, si l'homme veut qu'il y en ait une. Quelle est l'unique question critique qui pourra subsister sur ce point? C'est la question de savoir si d'une manière générale l'action est possible dans le monde, dans la nature. Or elle le sera dès que la nature présentera de l'ordre et des lois sur lesquelles nous puissions compter. Mais cela ne constitue pas l'objet d'une critique nouvelle, car c'est la question même que la Critique de la Raison spéculative aura résolue. Une activité est possible dans un monde dont la science est possible ; un ordre est possible à susciter et à développer dans une nature dont l'ordre et la régularité sont la loi fondamentale.

Considérons ensuite l'accord des esprits individuels dans la pensée rationnelle. On l'expliquera peut-être finalement d'une manière tout empirique, mais le problème n'en est pas moins inévitable de comprendre pourquoi, en présence d'une démonstration géométrique rigoureuse, nous avons la certitude qu'elle vaudra pour tous ceux qui la saisiront, ou pourquoi deux chercheurs travaillant d'une manière absolument indépendante la même question mathématique lui trouvent la même solution. Mais l'accord des volontés ne suscite aucun problème philosophique analogue. Car il n'est nullement nécessaire ici, comme dans le premier cas, de considérer cet accord comme préétabli. Il se produit au cours même de l'action. Nous voyons cette harmonie se réaliser graduellement par voie soit d'adaptation progressive et d'interaction mutuelle, soit même de contrat et de convention. Elle est visiblement un résultat obtenu peu à peu et par tâtonnements. Elle devient par cela même une fin ; mais cette fin il n'est nullement nécessaire de la considérer comme posée *a priori* (cela aurait-il même un sens ?) car nous la voyons se proposer en quelque sorte d'elle-même par suite de la rencontre des volontés qui se meuvent sur un même terrain, et même s'imposer en dernière analyse comme une nécessité de la poursuite de toutes les autres fins ; la vie en société est en effet, et de plus en plus, la condition et le moyen de toutes les fins, quelles qu'elles soient. La vraie question sera simplement de savoir *comment* la réaliser. L'accord des volontés ne suscite donc véritablement aucun problème critique comparable à celui que pose l'accord fondamental des esprits dans la science. Celui-ci, peut-on dire, est initial, l'autre est terminal.

Ainsi de quelque façon qu'on envisage la question, il semble bien qu'on soit dupe de la vieille formule qui juxtapose et identifie presque le Bien et le Vrai, lorsque par un instinct non critiqué de parallélisme, on prétend poser une critique à la base de la philosophie de l'Action comme à la base de la philosophie de la Science. A plus forte raison ce parallélisme serait-il en défaut si au lieu de parler de la philosophie de l'action en général, comme nous avons consenti à le faire dans ce qui précède, on parlait de la Morale au sens précis du mot.

Mais essayons maintenant de nous placer sur le terrain où le Kantisme prétend nous amener, et demandons-nous si, pour qui suivrait d'une façon plus rigoureuse le parallélisme établi entre la Raison théorique et la Raison pratique, la plupart des thèses caractéristiques de la morale kantienne ne devraient pas tomber. L'apriorisme, sous la forme même que la critique kantienne fait surgir, devait conduire, suivant nous, à de tout autres résultats que ceux où Kant pense arriver.

Dans quel sens d'abord un rationalisme critique pourra-t-il admettre que la Raison pure a un usage pratique ? Cette prémisse fondamentale de la morale kantienne peut être admise, dans un certain sens très légitime et presque évident, où non seulement elle n'entraîne pas l'acceptation de toute la morale kantienne, mais nous aide au contraire à sentir en quoi celle-ci est infidèle à l'esprit de la critique et dépasse la portée légitime de son principe essentiel. Que la raison soit et doive être pratique, cela ne peut signifier, en toute rigueur, rien de plus que ceci : du moment qu'il existera une pratique, une activité réfléchie, elle aura nécessairement pour forme la constitution d'un *ordre*. Reconnaître ou découvrir un ordre, voilà la raison dans sa fonction spéculative ; établir un ordre ou y tendre, voilà la raison dans sa fonction pratique. Voilà bien *ce qu'il est impossible de ne pas affirmer, dès qu'on affirme quoi que ce soit, ou de ne pas vouloir dès qu'on veut.* En ce sens, il est exact que toute « réflexion », aussi bien dans l'ordre de la pensée que dans l'ordre pratique, sous-entend l'acceptation d'un tel principe, et par conséquent l'appel à la raison. Le passage du fait au droit n'offre donc rien de mystérieux. Mais il postule, au delà du simple repos de l'esprit, de cet état immobile et statique que constitue le jugement assertorique pur, l'activité et la fonction dynamique de la pensée, s'efforçant d'organiser les faits et d'unifier leur multiplicité. La Raison est donc bien en ce sens une sorte de vouloir et la volonté une sorte de raison. L'opération par laquelle nous posons des jugements de valeur ne diffère pas, à ce point de vue, *dans sa forme*, de celle par laquelle nous constituons la science ; et ainsi la Raison est bien pratique. Dès que nous prétendons juger la valeur d'une action, c'est que nous essayons de la faire entrer dans un système : est appelé bon ce qui s'intègre, mauvais ce qui ne peut s'intégrer à l'ensemble déjà constitué ou admis. La distinction du droit et du fait répond donc bien à la distinction de la raison et de l'expérience, de la forme et de la matière, de l'ordre et des éléments ordonnés. Mais c'est évidemment à la condition que, conformément au véritable esprit de la philosophie critique, on ne fasse pas de la raison une sorte de révélation transcendante à l'expérience, et d'après laquelle on prétendrait, du dehors, régler la valeur de l'expérience; opération qui semblerait aussi absurde que de soigner une maladie en se fondant sur les phases de la lune. C'est en se rapprochant de l'*immanence* qu'on s'approchera de la *rationalité*. Le progrès de la pensée scientifique, comme celui de la pensée pratique, semble avoir toujours consisté à substituer des raisons *intrinsèques* de juger et des motifs *intrinsèques* d'agir aux raisons et aux motifs tirés de considérations entièrement étrangères à la question [1]. Le navigateur antique pour se décider à partir en mer consultait les entrailles d'une victime ; nous consultons le baromètre.

---

[1] Cf. notre *Conclusion, Propos.* 5.

Mais si l'on s'en tient à cette conception, seule conforme au rationaliste critique, on sera précisément amené à abandonner la plupart des thèses kantiennes en morale.

D'abord de la doctrine de l'usage pratique de la raison pure, Kant n'avait nullement le droit de faire sortir une morale, mais seulement une sorte de logique générale de l'action. La forme rationnelle, en effet, ne définit pas plus l'activité morale que l'activité industrielle ou même l'activité esthétique. L'accord de la volonté avec elle-même n'offre aucun caractère spécifiquement moral. Il apparaît donc à la critique la plus simple que la moralité est définie, non comme le veut Kant, par sa forme, qui lui est commune avec toute activité, mais par sa matière. C'est cette matière seule qui permet de dire en quoi une action morale diffère de la fabrication du savon, en quoi le remords se distingue du mécontentement qu'on éprouve d'avoir commis une maladresse, et comment le devoir moral n'est pas de même nature que l'obligation de mettre une cravate. Le dogmatisme moral si souvent reproché à Kant, et en particulier par M. Fouillée, consiste donc moins dans l'affirmation non critiquée de la Raison Pratique, mais dans l'identification tout arbitraire de cette Raison Pratique avec la moralité. La moralité, c'est un système défini d'idées et de sentiments d'un caractère très déterminé, dès longtemps organisé dans l'humanité, quoique le contenu en soit très variable. Un tel système ne peut être découvert dans la raison. C'est comme si l'on prétendait découvrir le cheval dans l'idée générale d'être vivant. Le dogmatisme de Kant, conformément d'ailleurs au sens que lui-même donne à ce mot, consiste essentiellement dans la substitution subreptice d'une intuition à une forme, dans l'identification établie entre une donnée psychologique brute et un principe rationnel, dans le fait de prendre et d'accepter un produit tout fait de la pensée empirique comme la révélation d'une vérité première en droit. Or Kant fait-il autre chose lorsqu'il appelle devoir, obligation morale, etc., une forme abstraite d'ordre, d'unité, d'universalité, ou plutôt de nécessité [1] qui est applicable à *toute* activité ? C'est faire entrer dans le cadre indéterminé de la rationalité les produits d'une longue expérience sociale et d'une lente évolution psychologique. On a souvent dénoncé, dans le détail de certaines formules kantiennes, dans le principe de « l'humanité fin en soi », dans la règle même de l'universalisation des maximes, l'intrusion de concepts empiriques et sociaux. On ne paraît pas s'être aperçu que la faute remontait beaucoup plus haut ; on a laissé passer le sophisme radical consistant dans l'emploi même du mot de moralité et des termes connexes pour désigner les résultats d'une analyse tout abstraite. On pouvait très bien dispenser Kant de démontrer que la raison a un usage pratique, et on lui a réclamé cette démonstration. Mais il devait démontrer que la raison pratique était un principe *moral*, et l'on n'a jamais pensé à le lui demander. Cette démonstration était évidemment impossible puisqu'il est absurde qu'un principe dont toute la force est de s'imposer comme une condition formelle première de *toute* activité fût en même temps le principe, adéquat *en compréhension*, d'une forme *spéciale* d'activité. Après sa démonstration de l'usage pratique de la raison, l'énonciation de la loi de l'universalisation des maximes, Kant se contente d'écrire : « La raison pure est par elle-même pratique et donne à l'homme une loi universelle *que nous appelons*

---

1. Car encore faut-il remarquer que sans l'idée empirique d'une pluralité de consciences en société, la notion d'universalité ne naîtrait même pas.

loi morale. » C'est dans cette courte incidente : « *Welches wir Sittengesetz nennen* », que réside le paralogisme premier et fondamental de la Critique de la Raison pratique. C'est à ce moment précis que passe la muscade [1].

Ce même dogmatisme se manifeste sous l'aspect inverse dans l'attribution au fait proprement moral du caractère absolu attribuable seulement à la Raison formelle. La Conscience impossible à acquérir, inamissible, infaillible, incorruptible que Kant nous attribue *en fait*, c'est la Raison pure pratique transformée en réalité psychologique actuelle. C'est la substitution d'un intuitionnisme psychologique à l'idéalisme critique ; c'est « l'empirisme de la Raison pure ». Kant avait peut-être le droit de dire : voilà ce qu'il *faudrait* que la conscience fût, voilà vers quelle *limite* elle doit tendre pour aller dans le sens de la Raison. Mais prétendre que c'est déjà fait, que la limite est atteinte, que tous les hommes possèdent en fait et définitivement une telle conscience, c'est abandonner l'esprit de la philosophie critique avec une désinvolture aussi choquante que si, après avoir établi les règles du syllogisme, on en venait à prétendre que tous les hommes possèdent un jugement infaillible et un raisonnement impeccable.

A chaque instant d'ailleurs on sent l'effort que Kant est obligé de faire pour franchir l'abîme qui sépare nécessairement les faits *moraux* des principes abstraits qu'il présente comme l'équivalent ou l'expression philosophique de ces faits. Sa prétention constante est de n'être que l'interprète de la moralité telle qu'elle existerait réellement, et de la conscience la plus vulgaire ; et en même temps il prétend la découvrir par des méthodes auxquelles cette conscience n'a jamais songé. En maint endroit il s'appuie sur

---

[1]. *Kritik der Prakt. Vernunft*, Hartenstein, VIII. 33.

la conscience commune : il oppose la clarté de ses déclarations, l'universelle acceptation de ses décisions à l'obscurité et à l'incertitude des règles de la prudence et des conseils de l'habileté. « Ce qu'il y a à faire d'après le principe de l'autonomie du libre arbitre, l'entendement le plus ordinaire le perçoit sans peine et sans hésitation... Juger ce qu'il y a à faire d'après cette loi ne doit donc pas être d'une difficulté telle que l'entendement le plus ordinaire et le moins exercé ne sache s'en tirer à merveille, même sans aucune expérience du monde[1]. » Mais cette clarté et cette évidence sont tout intuitives, la force de ces décisions a un caractère tout impulsif ; il n'y a là que la confiance dans l'habitude et l'automatisme de l'irréflexion. C'est l'évidence avec laquelle le catholique sent qu'il doit faire une génuflexion devant l'autel, le sujet qu'il doit se découvrir devant le roi. Il n'y a rien là d'une clarté de la raison. L'instant d'après, Kant nous propose de ces faits soi-disant si clairs, une interprétation fondée sur des concepts tellement abstrus que non seulement la conscience commune ne les a jamais entrevus, mais que le philosophe lui-même se demande s'il est bien sûr de les saisir, et renonce à en établir le caractère proprement moral. Et lui-même s'arrête un instant devant leur étrangeté et leur caractère paradoxal, redoutant que ses conceptions ne soient prises pour des « chimères de haut vol [2] ». Kant oscille ainsi constamment entre l'acceptation de l'intuition morale vulgaire et les constructions philosophiques les plus étrangères, parfois les plus contraires à cette intuition ; et il essaye de confisquer la clarté et la certitude

---

1. *Kritik der Prakt. Vernunft*, Hartenstein. p. 39, trad. Picavet, p. 62.
2. Ein Verdacht entspringen muss dass vielleicht... blos hochfliegende Phantasterei ingeheim zu Grunde liege. *Grundlegung der Metaph. der Sitten*. 1re partie, Hartenstein, 1. V. 242.

toute pratique de la conscience spontanée au profit de ses concepts métaphysiques. Comme la chauve-souris de la fable, il change de figure et de langage. Aux simples braves gens à qui il suffit de voir leur conscience édifiée et assurée : « Je suis souris, vivent les rats ; je suis comme vous une humble conscience qui se contente de réfléchir et d'essayer de se justifier ; ma morale ne demande rien que ne comprennent et n'acceptent la « conscience commune » et l' « entendement le plus vulgaire ». « Il n'est rien de si dangereux que ces extravagances du génie qui, ainsi qu'il arrive aux partisans de la pierre philosophale promettent des trésors imaginaires et en gaspillent de véritables... Forger des mots nouveaux là où la langue ne manque pas d'expressions pour des concepts donnés, c'est prendre une peine puérile pour se distinguer de la foule[1]. » Mais justement on peut se demander si Kant n'a pas, à l'inverse, abusé de vieux mots respectés pour désigner des idées nouvelles auxquelles ils ne conviennent guère et, à sa façon, « cousu une pièce neuve sur un vieil habit ». Aux métaphysiciens désireux de planer sur les sommets et de monter vers l'absolu : « Je suis oiseau, voyez mes ailes ; considérez mon formalisme, ma notion de l'autonomie, d'une loi commandant par sa seule forme et n'ordonnant rien de plus que cette forme même, ce que l'expérience vulgaire n'a certes jamais vu ; voyez ma notion de la liberté, « aussi indispensable qu'incompréhensible ». Et rien peut-être n'explique mieux que cette double figure du kantisme moral, l'engouement dont a joui chez nous ce système, obscur en somme et souvent très mal compris, l'espèce de monopole qui lui a été longtemps accordé comme fournisseur de morale officielle ; c'est qu'il parais-

1. *Kritik der Prakt. Vernunft.* Hartenstein, p. 10 et p. 169.

sait capable de satisfaire à la fois le besoin de profondeur et de nouveauté des professeurs avides de « transcendental » et les scrupules très conservateurs de la bourgeoisie bien pensante.

Un des points sur lesquels cette confusion systématique de la morale et des produits de l'élaboration métaphysique s'aperçoit le mieux, et dérange le plus visiblement la vraie logique du système, c'est la fréquente identification de tel impératif déterminé de la morale courante avec l'impératif catégorique. Kant transporte à des prescriptions telles que : « ne mens pas, ne te tue pas », le caractère absolu de l'impératif indéterminé et vide de la Raison pratique. Sa théorie devait exclure, loin d'impliquer, l'idée qu'aucun impératif déterminé, ni par conséquent aucun impératif réel pût être absolu. Kant, il est vrai, croit pouvoir l'admettre, parce qu'il croit découvrir, par une simple opération logique, analytique, une forme pure dans une matière proposée à l'action, et faire passer à cette matière le caractère absolu de la forme pure. Mais il y a là une évidente illusion, plus d'une fois dénoncée d'ailleurs, mais peut-être pas dans ce qu'elle a de plus radical. Entre A et non-A, termes abstraits et vides, il peut y avoir proprement contradiction. Mais entre l'affirmation que la terre est ronde, et la théorie de la forme tétraédrique de la terre, il n'y a pas de contradiction parce qu'aucune de ces deux affirmations, portant sur une réalité complexe, n'est absolue ni logiquement rigoureuse. On ne peut dire du mensonge qu'il soit contradictoire *en soi* puisque aussi bien il se produit. Tout ce qu'on peut dire c'est que sa « généralisation » sociale (et non pas son universalisation logique) ne serait pas empiriquement possible au delà de certaines limites ; que cette *extension* pratique du mensonge *tend* elle-même sans cesse à le refréner. Mais il n'y a pas plus de contradiction intrinsèque là dedans que dans ce fait physique : un courant qui passe dans un conducteur tend à l'échauffer, et cet échauffement même tend à empêcher le courant de passer puisqu'il diminue la conductibilité du métal. Qu'il s'agisse ici de *symbole* et non de *schème*, et de l'application d'une loi de la raison, non à une réalité donnée, mais à une action proposée [1], cela ne permet en aucune façon d'échapper à la difficulté, puisque la matière du devoir restant empirique ne peut jamais, même idéalement, comporter d'une façon *absolue* l'application ni l'exclusion d'une forme pure. La *réalisation* est logée ici aux mêmes enseignes que la *réalité* ; et la théorie du symbolisme est ici, plus évidemment encore que celle du schématisme, un véritable bouche-trou dans la doctrine.

Mais on peut aller plus loin. Accordons que le mensonge — comme fait social — *tend* en effet à se condamner à se rendre lui-même impossible *en général;* et c'est tout ce qu'on pourrait dire du *mensonge en soi*, du mensonge pour le mensonge. Mais, en dehors de cas pathologiques qui relèvent plus du médecin que du moraliste, il n'y a pas ou il n'y a guère de mensonge en soi, de mensonge pur. On ment par intérêt, on ment par humanité. Sur quoi donc faut-il faire l'épreuve de l'universalisation ? Kant paraît assez embarrassé de nous le dire exactement. C'est la maxime, nous dit-il, qui doit pouvoir être universalisée. Mais qu'est exactement la maxime ? Est-ce la *règle* elle-

1. V. sur ce point Delbos, *Philosophie pratique de Kant*. p. 463. Paris, F. Alcan. Il nous semble qu'il ne faut pas accorder une importance excessive à ces distinctions scolastiques et souvent artificielles léguées par Kant et qu'il hérite lui-même en partie de la tradition. Qu'on s'y attache quand il s'agit d'être historien exact de sa pensée, cela est très légitime. Mais ce n'est pas une raison pour s'y enchaîner quand on pense pour son propre compte.

même : mentir ou ne pas mentir ? Non, d'après les définitions mêmes qu'il donne de la maxime [1], et d'ailleurs on ne voit guère aucune sorte d'*action* qu'on puisse absolument universaliser, même parmi celles qu'on accordera les meilleures : exercer la charité, mourir pour sa cause. Ce sera donc le *motif :* mais alors la possibilité d'ériger en loi universelle l'amour mutuel des hommes les uns pour les autres autorisera-t-elle le mensonge *par humanité ?* Quand je mens par humanité, c'est seulement à *la règle de ne pas mentir en général* que je fais une exception en ma faveur (ou plutôt en faveur d'autrui), et je fais d'ailleurs la même exception universellement *pour tous les cas semblables.* Mais cette interprétation est visiblement contraire aux vues de Kant et nous ramènerait bien près des « directions d'intention » et de la thèse qui justifie les moyens par la fin. D'une manière générale, dans l'analyse de ses exemples à l'appui de sa formule de l'universalisation des maximes, Kant introduit par abstraction une coupure tout à fait arbitraire entre les éléments constitutifs d'une action réelle. Peut-on concevoir, se demande-t-il, une nature où le mensonge, le suicide seraient érigés en lois universelles ? Et avec quelque vraisemblance, il répond négativement. Mais ni le suicide ni le mensonge ne sont jamais voulus en eux-mêmes, d'une volonté directe. Il faudrait donc se demander : le mensonge *par* nécessité de conservation, le suicide *par* désespoir de remplir mon idéal de vie, etc., pourraient-ils être conçus comme lois d'une *nature ?* Or cette possibilité est si peu contestable que la nature réelle est bien près de comporter de telles lois. Est-ce que la ruse ou la tromperie par nécessité de conservation individuelle ou sociale n'est

---

[1]. *Grundlegung der Metaph. der Sitten*, Hartenstein, p. 248 et 269; trad. Lachelier, p. 23 et 53 : il la définit : le principe subjectif du vouloir.

pas un fait général dans l'animalité et dans l'humanité[1] ? Est-ce que, en supprimant des êtres faibles, arrivés à un certain degré de misère physiologique ou de détresse sociale, le suicide ne pourrait pas fonctionner comme une loi de sélection ? Est-ce que d'autre part, en tant qu'il exprime la volonté de vivre suivant un certain idéal et sous réserve d'un certain niveau de l'existence, le suicide ne traduit pas, sans la moindre incompatibilité avec la *stabilité* de la nature, une certaine loi de progrès qui lui est peut-être aussi essentielle ? Mais, objecte Kant, une nature où l'on pourrait mettre fin *arbitrairement* à sa vie serait une nature impossible, et « un pareil arrangement ne serait pas un ordre de chose durable[2]. » D'accord. Mais aussi un pareil *arbitraire* n'existe-t-il pas. On ne se tue pas en général sans des motifs assez forts ! Une telle apparence d'arbitraire ne résulte que de votre abstraction, qui sépare le suicide *en soi* de la volonté réelle dont le suicide n'est que le *moyen* ; peut-être encore résulte-t-il de votre parti pris, qui constitue une véritable pétition de principes, de considérer comme arbitraire tout ce qui n'est pas voulu au nom de la pure forme rationnelle[3]. Kant raisonne finalement ici comme un physicien qui voudrait ériger en loi universelle « l'ébullition à 100° » sans considérer ni quel est le liquide en cause, ni sous quelles conditions déterminantes il entre en ébullition. Où pourrait alors être la loi ? Et dira-t-on que l'ébullition est livrée à *l'arbitraire* parce qu'elle varie avec le liquide, la pression, etc. ?

La maxime, est-ce donc suivant les termes mêmes de Kant « la nécessité de se conformer à la loi » ? Mais alors

1. V. plus loin notre étude sur la *Véracité*.
2. V. Delbos, *Philosophie pratique de Kant*, p. 360, n. 2.
3. Cf. *ibid.*, p. 425.

la règle de l'universalisation tourne dans un cercle, et elle devient incapable de rien nous apprendre. Elle devient inutile ; car elle visait précisément à déterminer *ce qui* est conforme ou contraire à la loi. Il reste donc que ce critérium de l'universalité, en tant que simple formule de rigueur logique, que simple exclusion de l'inconséquence, ne peut jamais — ce qui était d'avance évident — trouver dans aucun cas particulier, ni même dans aucune règle générale d'action son application rigoureuse et absolue. Aucun impératif *réel* ne pourra donc bénéficier intégralement du caractère *absolu* de la prescription souveraine et formelle de la raison. Il n'en bénéficiera, même si on le juge au point de vue de la seule *forme*, que *dans la mesure* où cette forme rationnelle de la conséquence ou de l'universalité pourrait s'y découvrir; et du moment qu'un tel impératif a un contenu, il ne peut comporter cette forme que d'une manière *approximative* et *incertaine* à la fois. C'est donc par un flagrant illogisme que Kant peut admettre le caractère catégorique d'aucune prescription réelle, et l'existence réelle d'une prescription catégorique. Il était dans la vérité lorsqu'il reconnaissait[1] qu'aucun exemple ne peut prouver l'existence d'une action morale telle qu'il la définit. Mais ce n'était pas assez dire. Ce qu'il devait reconnaître, c'est que l'impératif catégorique, fût-il admis au point de vue transcendental, c'est-à-dire comme *forme-limite*, ne saurait sans absurdité être transporté dans la réalité empirique, dans l'ordre psychologique ou l'ordre social.

Une telle conclusion était croyons-nous, la plus conforme à la position même du rationalisme critique, et, qui plus est, elle ouvrait aux idées morales, à l'effort, au véritable idéa-

---

1. *Grundlegung*, Hartenstein, p. 253 et 267; trad. Lachelier, p. 32 et 51.

lisme pratique une carrière que leur ferme, dans son impatience à tenir un absolu réalisé, le dogmatisme kantien. C'était donner une valeur dynamique, une puissance de progrès indéfini à des princiqes qu'on réduisait à l'état statique de chose toute faite et immobile. Ici encore, si le parallélisme de la science et de l'action eût été plus exactement compris, une faute grave eût été évitée, et le rationalisme critique, au lieu de devenir un obstacle à l'avènement de la morale positive, en fût devenu le meilleur auxiliaire, comme il a été celui de la recherche vraiment scientifique. Il ne vient à l'idée d'aucun penseur imbu de l'esprit du kantisme que le principe de causalité, dans sa généralité abstraite, soit une loi déterminée de la nature qu'on puisse actuellement trouver réalisée dans un ordre quelconque de faits réels. Ce n'est pas une loi physique du même ordre que les lois d'Ampère ou de Coulomb. C'est en réalité l'expression de la *méthode* générale qui nous prescrit de diminuer sans cesse l'hiatus des causes et et des effets, d'approximer toujours davantage l'adéquation quantitative des conditions et du conditionné. L'identité, l'unification absolue, nécessairement exclue par la nature même de tout problème physique, est seulement une règle directrice que le physicien suit, instinctivement ou consciemment, sachant très bien d'ailleurs que l'expérience seule lui permettra de dire sous quelle forme, à quel point de vue, dans quelle mesure l'identification des effets aux causes pourra se formuler. L'impératif catégorique de l'esprit scientifique est ainsi dans sa méthode et jamais dans ses conclusions. Ne voit-on pas les récentes recherches méthodologiques émanées d'hommes de science confirmer cette idée, en nous montrant la science à la fois de moins en moins dogmatique dans ses affirmations et ses théories particulières, et de plus en plus confiante dans ses droits fondamentaux et son développement continu ? C'est donc au véritable esprit du criticisme, qui est celui d'un rationalisme relativiste que Kant, dans sa spéculation morale, se serait montré infidèle.

Le formalisme kantien et la théorie de l'autonomie de la volonté donnent prise à des critiques analogues. Rétablissons encore ici la comparaison de la science et de la pratique, et l'illogisme de la doctrine sera mis à nu. Kant veut que le principe qu'il appelle abusivement *moral*, nous détermine par sa *seule* forme, et ce qu'il appelle l'autonomie de la volonté, c'est ce mode même de détermination. C'est comme si l'on demandait qu'un jugement réel, une conclusion déterminée résultât du seul principe de contradiction, sans l'intervention d'aucune prémisse. « Je relie *a priori*, écrit Kant [1], l'acte à la volonté sans aucune condition tirée d'une inclination quelconque.... C'est donc une proposition pratique qui ne déduit pas la volition d'un acte analytiquement d'une autre volition présupposée (car nous n'avons pas une volonté si parfaite) [sous-entendu : qu'elle puisse ainsi contenir dans sa compréhension tous les actes bons] mais *la rattache immédiatement* au concept du Vouloir en tant qu'être raisonnable, comme quelque chose qui n'y est pas compris. » C'est donc un jugement pratique synthétique *a priori*. Mais qu'est-ce que cette synthèse, ce rattachement sans déduction, si ce n'est la formule savante de l'arbitraire et de l'illogique? Ailleurs [2], plus soucieux de respecter les formes traditionnelles et scolastiques, Kant présente le principe « moral » comme la majeure d'un syl-

1. *Grundlegung*, Hartenstein, p. 268, note.
2. *Kritik der Prakt. Vernunft*. Examen critique de l'Analytique. Hartenstein, VIII, p. 95. Picavet, p. 164.

logisme, dont la mineure énoncerait les différentes actions subsumées sous ce principe comme bonnes ou mauvaises, pour aboutir à une conclusion qui serait la détermination de la volonté. Mais quand a-t-on vu le principe de la raison (l'axiome d'identité) servir de majeure au syllogisme de la connaissance ? Qui ne voit qu'alors un tel syllogisme n'ayant en fait, qu'une prémisse, ne pourrait conclure, à moins de se réduire à une tautologie ? En réalité on conclut *conformément* au principe de non-contradiction, mais ce principe, qui régit tous les syllogismes, n'entre dans aucun comme prémisse. C'est lui sans doute qui fait la validité du raisonnement, mais *tout ce qui est affirmé* par la conclusion est tiré de *ce qu'affirment* les prémisses. C'est dans le contenu des énonciations posées que réside toute la preuve quant au contenu de la conclusion. Mieux suivi, le parallélisme de la Raison pratique et de la Raison spéculative devait donc conduire Kant à déclarer, conformément à la réalité psychologique, mais contrairement à sa théorie du formalisme et de l'autonomie, que *par lui-même* le principe formel de la Raison, ne pouvait jamais déterminer la moindre volition et que toute la justification d'une *décision réelle* de la volonté résidait dans les prémisses concrètes de l'action. Ces prémisses sont d'abord la volonté antécédente, plus générale, mais réelle et non formelle, qui est la majeure (je veux la santé), ensuite la connaissance scientifique des causes qui peuvent produire l'effet désiré dans ce cas particulier (le remède) et ces prémisses déterminent *intégralement* et doivent déterminer *seules* la conclusion, qui est la volonté conséquente (l'acceptation de l'ordonnance). Sans doute c'est encore la règle formelle de l'accord de la volonté avec elle-même qui est le ressort nécessaire de ce raisonnement pratique ; mais à lui seul il ne me fera rien vouloir, et quelque régulier que soit mon raisonnement, ma conclusion pratique, le précepte que j'observe, ne pourra jamais valoir que ce que valent mes prémisses. Si ma volonté initiale est condamnable, ou si ma connaissance des moyens est imparfaite, ma conclusion pratique est viciée. Les principes formels de la Raison pratique ou théorique qui commandent l'accord de la Volonté ou l'accord de la Pensée avec elles-mêmes, sont des rois constitutionnels. Ils règnent, mais ne gouvernent pas. Ils donnent ou refusent leur signature, mais ne font ni ne motivent les décrets.

Ainsi le formalisme kantien, sous sa forme précise, n'est pas seulement un insoutenable paradoxe psychologique, il est à l'envers de toute logique ; il marche à l'encontre des directions de la raison pure considérée comme principe commun de la pensée et de l'action. Le rationalisme critique devait exclure le formalisme comme il devait exclure l'impératif catégorique, loin d'y conclure. Il devait conduire à traiter la morale — puisque aussi bien la morale n'est qu'une partie ou un aspect de la pratique en général — comme une technique *sui generis*, analogue, quant à sa forme, à toutes les techniques, différente seulement quant à la matière. C'est le renversement de la fameuse distinction de l'impératif hypothétique et de l'impératif catégorique, c'est la négation de toute métaphysique morale, et c'est virtuellement la possibilité de construire une morale positive.

De cette façon et de cette façon seulement se trouve éliminée la difficulté dont nous étions partis : de faire du bien un objet de preuve et de science. Insoluble s'il s'agit d'un bien absolu, d'une fin dernière, d'un impératif catégorique, elle trouve une solution on ne peut plus simple, plus claire, plus conforme à toutes les analogies, du côté de l'art comme du côté de la science, si l'on prétend seulement, comme dans les techniques, démontrer un *précepte* pratique en postulant une *volonté* préexistante, en s'appuyant sur une *vérité* positive, et arriver ainsi à quelque bien partiel et relatif par quelques prescriptions conditionnelles.

Sans doute, on substitue ainsi l'Entendement à la Raison pure. Objection toute scolastique : cette substitution n'est-elle pas conforme au mouvement de la pensée contemporaine, devenue positive sans cesser d'être rationelle? Suivant la voie même ouverte par le criticisme, elle n'admet plus guère la métaphysique comme un domaine autonome de pensée, ni la connaissance *a priori* comme un mode indépendant de connaissance, ni la raison séparée de la science.

Mais cette solution, qui a sur toutes les doctrines *a priori* l'incontestable supériorité d'une parfaite clarté en théorie, ne rencontre-t-elle pas dans l'application de nouvelles difficultés, et remplit-elle d'autre part l'idée qu'on peut se faire et qu'on se fait en général d'une morale ? La morale positive ainsi *conçue* peut-elle aisément *se réaliser*, et peut-elle *suffire* ? C'est ce qui nous reste à examiner.

II. — LA SCIENCE : MORALE ET SOCIOLOGIE

Nous avons essayé de montrer que la Métaphysique, soit sous sa forme ontologique, soit sous sa forme critique, ne pouvait nous fournir, *par elle-même*, aucune solution spécifique du problème moral, posé en réalité en dehors d'elle, par les conditions empiriques de la vie humaine, et ne faisait que greffer sur ces données des spéculations dépourvues de tout caractère proprement moral.

Mais nous avons établi surtout que la pensée métaphysique à laquelle, sous sa forme critique, nous sommes très éloignés de refuser toute valeur, n'autorisait nullement une fin de non recevoir opposée à l'idée d'une morale positive ; qu'au contraire le rationalisme, dès qu'il cesse d'être dogmatique et renonce à la vieille illusion, encore sensible dans le kantisme, d'une sorte de révélation, devait nous conduire à rectifier l'idée qu'on doit se faire des relations de la connaissance et de l'action en morale, en conformité avec les analogies tirées de toutes les autres formes de la pratique et de la technique humaines [1].

« La connaissance sociologique, écrivions-nous il y a plus de dix ans [2], peut être efficace et applicable à l'action sans cesser d'être scientifique ; et les conditions qui s'imposent à la sociologie comme science sont parallèles plutôt qu'opposées à celles qu'exige l'action politique et morale. Alors nous ne serions plus en présence de ce fait singulier : la science dans l'ordre physique devenue le plus puissant

---

1. Telle était en particulier l'unique prétention de notre critique de la morale kantienne. On ne la jugerait pas avec équité, si l'on voulait y voir une tentative, — peu utile à renouveler — pour *réfuter* ce système *dans son ensemble*. Notre intention était bien différente, étant à la fois plus limitée et moins négative. Car essayer de nous rendre compte du rôle qu'il est possible d'assigner à la raison dans son usage pratique, et montrer que cette idée comportait précisément une interprétation positive dans le sens de l'assimilation de la morale à une technique, c'est tout ce que nous voulions faire pour le moment, et c'était moins réfuter que remettre en service l'idée kantienne.

2. Science et pratique sociales, *Rev. Philosophique*, février 1895, p. 196. Cf. *L'Education dans l'Université*, p. 231 : « La morale est aussi une science de moyens. » M. Fouillée écrivait aussi (*Critique des syst. de morale*, p. 83) : « La mécanique est une application des mathématiques aux machines... La morale est une application de la psychologie, de la sociologie, de la cosmologie et de la métaphysique à la conduite de l'homme. » Mais nous regrettons ces deux derniers mots qui compromettent bien la valeur et la clarté de l'idée. Cette idée d'une technique fondée sur une science sociale est d'ailleurs celle qu'a dès longtemps développée l'école de la « Science sociale » de H. de Tourville et M. Demolins.

auxiliaire de l'action, et dans l'ordre social se mettant en travers de l'action. Sans doute cette discordance n'a rien de fortuit ni d'inexplicable. La science sur laquelle s'appuie l'industrie s'applique à la nature extérieure tandis que la pratique correspondante à l'homme pour fin ; au contraire, dans l'ordre moral et politique, c'est l'homme qui est à la fois objet de science, moyen et fin de l'action ; c'est sur lui-même qu'il est appelé à agir selon la connaissance qu'il aura de lui-même.

« Ne peut-on malgré cela espérer qu'il s'établisse entre la politique et la sociologie un rapport à peu près semblable à celui qui s'est révélé si fécond entre l'industrie et les sciences de la nature; qu'ici également le savoir fonde le pouvoir au lieu de l'annihiler, qu'enfin on soit en droit de considérer la morale et la politique comme une science appliquée, comme l'industrie qui ferait les hommes utiles et les sociétés prospères ? »

Il nous reste à examiner si cette idée d'une morale ramenée à une technique sociale, idée obtenue jusqu'ici par voie d'élimination, cadre avec les conditions de l'action humaine, et si, même reconnue vraie à titre de méthode, elle ne rencontre pas, dans l'application, des bornes nécessaires à reconnaître et qu'impose la nature propre de la technique ainsi définie.

§ 1. — L'idée d'une technique morale

L'incroyable lenteur de tout progrès dans les idées où la pratique est engagée, l'état de stagnation de l'enseignement si délicat de la morale, plus timide et plus traditionaliste encore que tout autre, ont contribué ici, avec le talent et la lucidité d'un écrivain auquel on ne peut refuser de remarquables facultés de composition, d'exposition et de simplification, à donner à cette idée d'une technique morale un retentissement peut-être disproportionné avec la nouveauté de l'idée, et surtout avec le développement des moyens offerts pour la mettre en œuvre. C'est en effet surtout une description ample et précise des applications possibles de de l'idée qui eût constitué ici une nouveauté véritablement instructive ; et ce sont des aperçus de ce genre qui nous sont presque absolument refusés jusqu'à présent. Descartes a fait une révolution en physique, non en reprenant, vingt-deux siècles après Pythagore, l'idée toute schématique d'une nature soumise aux lois du nombre, mais en découvrant le biais par où la nature pouvait être exprimée mathématiquement.

Prise en elle-même, l'idée d'une morale identifiée à une technique, bien qu'elle ait été, en effet, singulièrement perdue de vue par la pensée moderne, est une idée bien ancienne. N'était-ce pas déjà, sous une forme d'ailleurs condamnée à rester vide, l'idée de Socrate? M. Espinas a montré quel essor avaient pris, à l'époque des sophistes, la constitution de techniques de toutes sortes et la composition de traités pratiques correspondants. L'enseignement rhétorique et moral des Sophistes se rattache à ce mouvement. Socrate, tout en modifiant la conception d'une telle science, se place en somme sur le même terrain, comme en fait foi sa définition de la vertu-science, et surtout sa continuelle comparaison de la morale avec la médecine, l'architecture, l'art naval, etc. Idée confuse encore, il est vrai, puisque la transition entre la connaissance et l'action est supposée immédiate, non seulement en morale, où cela nous étonne, mais aussi dans les autres techniques, où la chose n'est pas plus exacte, quoique nous l'acceptions plus aisément.

Plus nette et plus profondément analysée est l'idée d'une technique morale chez Aristote. Non seulement sa tendance est caractéristique, de maintenir la morale sur le terrain de l'expérience et de l'arracher aux généralités métaphysiques et même aux dogmes théologiques où Platon l'avait compromise ; mais grâce à son analyse du syllogisme pratique[1], il sépare nettement la connaissance du désir, et reconnaît l'impossibilité de démontrer les fins. D'une manière expresse il déclare que la délibération ne porte pas sur les fins, mais sur les moyens[2] et que la politique non plus qu'aucune science ni aucun art n'établit que sa fin soit un bien[3], ce qui signifie bien que les fins sont supposées admises et que la science ne fournit que les moyens. Que peut-on dire de plus net pour établir le caractère bâtard et inconsistant de l'idée d'une « science normative » ? Déclarer enfin que la morale est une « partie » de la politique, et que la politique est architectonique par rapport à la morale[4], n'est-ce pas encore indiquer que la politique posant les fins, la morale ne détermine que les moyens d'y atteindre, et qu'elle est une technique que la politique mettra en œuvre ?

Mais, plus près de nous, c'est au mouvement utilitaire que la morale contemporaine est redevable, sinon de la meilleure position de la question, au moins du rejet des concepts et des méthodes qui empêchaient de la bien poser. Sans doute cette philosophie morale restait encore beaucoup trop idéologique, et par suite, à certains égards, nous l'avons montré, aussi formelle que celle qu'on lui opposait.

1. *De motu anim.*, VII, 45 ; *de An.*, III, 10.
2. *Eth. Nicom.*, III, III, 16.
3. *Magn. mor.*, I, 1, 23 ; idée incontestablement aristotélicienne, quelle que soit l'authenticité de l'ouvrage.
4. *Eth. Nicom.*, I, 1.

L'empirisme anglais est assurément aujourd'hui bien dépassé et inadéquat à une conception réellement scientifique. Cependant, en jugeant la doctrine utilitaire avec autant de sévérité qu'elle l'a fait, la nouvelle école sociologique a peut-être témoigné un peu d'ingratitude.

Cette doctrine renfermait déjà en effet la réfutation très directe d'une « morale théorique » et l'acceptation implicite de l'idée d'une technique morale. Écarter, comme elle le faisait, l'idée d'un *Bien en soi*, ou celle d'un impératif commandant par lui-même, substituer, comme Bentham le cherchait, un calcul de *résultats* à une morale de *principes*, c'était bien poser la première condition d'une morale positive et dont les problèmes pussent revêtir la forme sous laquelle une science peut les accepter et peut-être les résoudre : ceci produira-t-il cela ? Kant objecte, il est vrai, aux utilitaires qu'il est absurde de *commander* aux hommes d'être heureux. Mais où a-t-il vu qu'Épicure ou Helvétius aient jamais eu cette prétention de commander, qui est la sienne et non la leur ? Les utilitaires supposent ou croient constater dans l'homme ou dans les sociétés certaines tendances, ils ne les *prescrivent* pas, et le problème se réduit pour eux, après avoir établi *inductivement* la réalité de ces tendances, à chercher les *moyens* d'y satisfaire. Il n'y a rien là que de compatible avec une méthode scientifique. Sans doute l'utilitarisme a, comme il arrive toujours, partagé quelques-unes des erreurs de méthode de ses adversaires, et abusé comme eux de l'abstraction, en parlant du Bonheur, de l'Intérêt, comme ceux-ci parlaient du Bien, du Devoir. Mais tandis que les idées sur lesquelles reposaient les théories théologiques ou métaphysiques excluaient, par leur nature même, toute autre méthode qu'une dialectique illusoire, les principes de l'utilitarisme appelaient naturellement l'emploi d'une méthode positive. Quelles que fussent les fins proposées par lui, quelque vague qu'en restât la définition, elles imposaient une *connaissance* positive de la réalité humaine, et la pratique morale devenait une véritable technique dans laquelle la forme même de l'Utilité permettait une distinction nette du savoir et du vouloir. Les théories adverses, au contraire, avaient pour effet de rendre une telle connaissance superflue, ou même impossible, et d'éliminer toute question de moyens et de procédés du problème de la pratique morale. Car leur prétention expresse était en somme de mettre la « moralité », plus ou moins subjectivement conçue, sous la dépendance *directe* de la volonté pure, et d'en faire, par conséquent, *une sorte de fin, objet à la fois de connaissance et de volition, qui ne requît, pour se réaliser, aucune condition, ni aucun moyen.* Kant n'est arrivé à son formalisme qu'en prenant, plus nettement qu'on ne l'avait fait avant lui, conscience de cette tendance, et en analysant plus profondément les conditions de cette hypothèse d'un effet qui pût être directement produit par la seule volonté[1].

C'est avec ces errements que rompait l'utilitarisme de la manière la plus décisive, par le seul fait de l'adoption d'un point de vue empirique et relativiste. Il n'a certes pas fondé une morale positive, mais il l'a rendue possible et nécessaire. Il s'est même le premier placé dans une situation où il était excusé de ne pas la fournir, puisqu'il faisait comprendre que, n'étant pas intuitive, elle ne pourrait se constituer qu'à l'aide d'une longue élaboration

---

1. Nous ne savons comment M. Lévy-Brühl dans l'article où il nous a répondu a pu croire un instant que nous acceptions pour notre propre compte une semblable idée : *Rev. philos.*, juillet 1906, p. 29. On ne trouvera rien de semblable dans les difficultés que nous opposons plus loin à une partie de ses conceptions.

scientifique. Le premier il a fait comprendre qu'une morale ne pouvait se fabriquer en l'air, comme un système métaphysique, qu'il était absurde de supposer qu'une règle morale *exacte* dût être une règle *claire*, simple, évidente, infaillible, comme le demandaient à l'envi spiritualistes et kantiens. L'Utilitarisme n'a pas non plus fondé la sociologie, mais du moins il a plus que personne contribué à faire reconnaître que la morale était essentiellement sociale ; or ce serait un progrès immense, croyons-nous, dans le sens d'une morale positive, si, en attendant une morale *sociologique* plus ou moins lointaine, tout le monde était au moins d'accord pour accepter dès à présent le point de vue d'une morale *sociale*. Peut-être le premier bénéfice à tirer de la sociologie, avant même de savoir si elle peut nous apporter un autre secours, serait-il de lui demander la preuve (et elle est de son ressort) que la morale est sociale quant à son contenu, comme elle l'est quant à ses origines.

***

Ainsi l'idée d'une morale conçue comme une technique dont les besoins humains posent les fins et dont la connaissance de l'homme et des sociétés fournirait les moyens et les procédés, est une idée dès longtemps préparée et s'il est quelque chose qui doive nous étonner tout d'abord c'est qu'elle soit encore exposée à provoquer de l'étonnement.

Mais ce n'est pas seulement dans le domaine des théories que nous en constatons le développement ; on peut dire qu'elle est saisissable dans les faits eux-mêmes. Dès que l'on se débarrasse de formules plus ou moins conventionnelles à travers lesquelles on a coutume de voir les choses, on vérifie aisément dans le concret la parole d'Aristote : on ne délibère pas sur les fins. Soit en politique, soit en morale, la plupart des problèmes qu'on discute *réellement* portent sur les moyens. Il peut y avoir, au fond de semblables discussions, de graves divergences de sentiment et de tendances, et même d'irréductibles oppositions dans l'idée que se font les interlocuteurs sur le sens véritable de la vie humaine : l'un trouvera intolérable l'intrusion de l'État dans ce qu'il appelle sa vie privée, l'autre ne saurait comprendre la prétention de l'individu à repousser le contrôle social ; l'un admettra sans peine la soumission à une autorité spirituelle extérieure, l'autre y verra le comble de l'immoralité ; l'un bornera sa vue à la vie terrestre, l'autre voudra tenir compte d'une autre vie, même dans l'organisation de celle-ci. Malgré tout, *au moment de l'action*, l'on tombe d'accord plus ou moins tacitement, sur des fins plus ou moins prochaines et le débat porte seulement sur le moyen d'y atteindre, ou encore sur le moyen de les concilier les unes avec les autres. S'agit-il du divorce ? Tout le monde admettra qu'il faut assurer l'éducation des enfants, garantir la dignité de la femme et aussi maintenir la respectabilité du mariage, la gravité des engagements qu'il implique, etc. Or les adversaires du divorce ne peuvent, sans compromettre leur cause, s'en tenir à prétendre que l'indissolubilité s'impose *en principe*, indépendamment de tous ces *résultats* ; ils sont donc nécessairement amenés à prétendre qu'elle est le meilleur *moyen* de les obtenir ou de les concilier. Le débat porte sur les effets à prévoir, plutôt que sur le but à atteindre. Supposons donc une science psychologique et une science sociale plus avancées et plus sûres que celles dont nous disposons : elles se trouveraient en mesure de le trancher avec plus d'autorité que n'en ont aujourd'hui les arguments des juristes ou des moralistes. Entre de telles délibérations et celle de deux médecins en consultation, il y a une complète analogie; ils ne délibèrent pas sur la fin générale, qui est la guérison, ni même sur cette fin plus immédiate qui est la modification de tel état pathologique reconnu d'un organe, mais sur la thérapeutique qui permettra de les obtenir ; et ils n'ont même pas toujours beaucoup plus de certitude quant aux résultats réels, que nous n'en trouvons dans le domaine moral et social.

Ainsi, dès qu'on envisage l'activité morale *à l'œuvre*, on aperçoit beaucoup plus de similitude entre ses opérations et celles des techniques scientifiques, que les théoriciens de la morale n'en veulent généralement reconnaître. A ce niveau, du moins, qui est celui de l'action immédiate, la thèse de M. Lévy-Brühl (si toutefois c'est alors encore sa thèse) ne se justifie pas seulement par des considérations théoriques ou historiques sur l'évolution des sciences ou par des espérances plus ou moins utopiques sur l'avenir de la sociologie, elle correspond à l'observation directe des faits. Si même la morale comporte cette assimilation aux divers arts, c'est beaucoup plutôt quand on l'observe ainsi dans un moment particulier de son action, que si l'on considère l'ensemble de son développement et sa situation générale dans la vie de l'humanité : à ce dernier point de vue, nous aurons d'importantes réserves à faire.

L'intérêt pratique serait ici d'accord avec la vérité des faits, pour demander que cette analogie de la morale et des techniques fût mieux reconnue. On ne saurait imaginer le tort qu'on a fait à la morale, dans la vie et dans l'enseignement, en lui conférant, non d'après une rigoureuse observation de la réalité concrète, mais pour des raisons tout *a priori*, en vertu de lointains préjugés, de théories d'école, d'intentions vagues et mal définies d'édification, une situation absolument unique et sans analogue. En l'isolant, on l'a rendue à la fois moins intelligible et moins efficace. Comme une souveraine qu'une étiquette perfidement respectueuse tient enfermée au fond de son palais, sans contact avec son peuple, ignorante de ses transformations et de ses besoins, elle a perdu la plus grande partie de l'autorité qu'on prétendait mettre hors d'atteinte. Confinée dans ses châteaux d'abstractions, elle s'est laissée dépasser par la vie qu'elle prétendait gouverner, et s'y est trouvée mal adaptée. Tout autour d'elle ont grandi des forces étrangères qui se sont fait leurs règles en dehors d'elle, et quelquefois à ses dépens, au fur et à mesure de leurs besoins. L'industrie, le commerce, la finance, l'art d'acquérir et les façons de dépenser, la vie politique, le travail scientifique ou artistique se sont développés sous des formes nouvelles et complexes, que n'avaient pas prévues et que ne permettaient guère de juger les trop simples décalogues. Chaque fonction s'est créé son code particulier, autonome, selon ses nécessités propres; et ces codes ont fini par envahir presque tout le territoire sur lequel la morale prétendait régner sans être en état de gouverner. Voyez combien, même dans cette œuvre qui certes n'est pourtant pas un produit philosophique et qu'on appelle le Code, les « principes » restent inadéquats à une réalité qui les a débordés de toutes parts. Vous lirez que « la propriété est le droit de jouir et de disposer des choses de la manière la plus absolue ». Mais tout autour de cette définition a poussé une luxuriante végétation de règles qui l'étouffent. Ce droit absolu subit mille restrictions, et en subira bien d'autres encore. Et en même temps, là où le code ne laisserait soupçonner qu'un objet très restreint sous le nom de propriété, nous voyons la propriété s'étendre en réalité aux choses les plus diverses, au nom, aux titres, aux honneurs, aux grades, aux offices, aux fonctions, aux produits de la pensée[1].

Ainsi la morale, à force de vouloir être différente du reste des règles pratiques, finit par être inapte à régler la vie. Les privilèges qu'elle a prétendu s'arroger ont tourné contre sa force réelle. Combien de fois par mois, dans sa vie normale, le plus honnête homme a-t-il à penser au « Devoir » ? L'excès de dogmatisme ne produit que le scepticisme. Beaucoup ne croient plus à la morale que verbalement parce qu'ils ont perdu l'habitude d'y croire, comme dit Pascal, par « toutes leurs pièces ». Ils y croient comme ces fidèles qui accordent à leur « salut » et au « Dieu vivant » une heure de cérémonies par semaine, et gardent le reste des sept jours, sans parler des nuits, pour leurs affaires, leurs plaisirs, ou leurs vices.

Si donc la morale doit devenir positive, la première condition est qu'elle reprenne un contact plus intime avec la vie et que, se faisant plus modeste et plus concrète, elle se fasse plus maniable et plus utile.

Elle y est naturellement amenée, si l'on envisage maintenant comment naissent les problèmes moraux qu'une morale positive aura à se poser.

Pour le bien comprendre esquissons brièvement une classification des problèmes moraux ; car c'est d'abord

---

1. Mater. *Revue socialiste*, sept. 1903, p. 341.

faute d'une classification de ce genre que l'idée d'une morale positive a tant de peine à se dégager [1].

1° Il y a d'abord des problèmes en réalité tout métaphysiques ou, plus exactement, ontologiques, comme ceux de l'existence de Dieu, de la vie future, de l'origine du mal. Ces problèmes non seulement sont radicalement insolubles, mais ils ne sont greffés sur la morale que d'une manière tout à fait accidentelle. Ils n'émanent pas de la vie et n'ont sur elle aucune influence appréciable. Le courant des idées morales et celui des idées métaphysiques sont restés longtemps étrangers l'un à l'autre et ne se sont que tardivement rejoints. L'imagination théogonique de l'humanité a procédé avec une parfaite spontanéité et en dehors de toute fin morale. C'est parce qu'elle trouvait devant elle un « autre monde » déjà constitué par l'imagination collective, que la conscience morale a dû tout d'abord s'y accommoder et ensuite l'utiliser à son profit, jusqu'au moment où les idées morales, devenues les plus fortes, devaient constituer à leur tour le principal soutien de ces représentations religieuses évanescentes. Toute représentation, individuelle ou collective, cherche des auxiliaires parmi les représentations concomitantes. Chacune cherche à se consolider en se liant avec les plus solides, et exploite à son profit toutes celles qu'elle rencontre déjà en possession d'une situation acquise. C'est en vertu de cette loi de symbiose ou de parasitisme des idées que la connexion s'établit entre la moralité et les représentations religieuses, d'une façon si intime que leur distinction devient presque impossible au point de vue purement historique.

A l'état philosophique ces problèmes ne sont évidemment

---

1. Cf. *Bulletin de la société française de philosophie*, janvier 1904, p. 14.

que l'expression d'une curiosité toute spéculative sans caractère proprement moral. Ils sont étrangers et indifférents à la conscience.

2° Au second plan, il faudrait placer ces problèmes qui sont suscités, non par des représentations de « l'autre monde » mais par l'analyse abstractive appliquée à l'action elle-même. Ce sont ces problèmes *immanents* sur le Bien, le Bonheur, le Devoir, dont nous avons déjà montré à quel point ils sont formels. Une telle analyse ne peut aboutir ni à la détermination d'une *fin* ni à la découverte d'une *règle* morale, et l'intérêt en est plutôt, en réalité, psychologique et pédagogique que scientifique ou philosophique.

3° A l'autre extrémité se placeraient les problèmes proprement casuistiques. Ceux-ci ont au contraire un caractère exclusivement et étroitement pratique. Ils ne comportent guère ni une position ni une solution scientifique, et cela, par excès de particularité, et non plus par excès de généralité. Ils portent sur des difficultés individuelles ou accidentelles qui n'ont pour ainsi dire aucune existence en dehors d'une situation, d'une action, d'un moment particuliers. Une science morale plus précise et plus pénétrante pourrait en faciliter la solution, à moins qu'elle ne les fasse parfois évanouir. Mais elle ne pourrait pas plus en fournir par avance une solution scientifique que la science médicale, devant un cas donné, ne peut dispenser le médecin de tact, de diagnostic, ni lui épargner les risques d'une décision personnelle.

4° C'est dans l'intervalle entre les deux précédentes séries de questions que se placent suivant nous les véritables problèmes d'une morale positive. Car ce sont des problèmes dont l'existence même peut être l'objet de science. Ils ne sont ni le produit des survivances religieuses ou des abstractions du philosophe, ni le résultat d'une combinaison accidentelle de circonstances éveillant les scrupules d'une conscience individuelle : ils peuvent être découverts par le sociologue dans la réalité sociale et ils ont ainsi à la fois objectivité et généralité.

Nous avons entrevu en effet que, au fur et à mesure qu'elles surgissaient, les différentes fonctions sociales s'organisaient d'une manière plus ou moins autonome, tout en s'incorporant à la vie sociale générale. Leurs règles propres se forment ainsi et se consolident, déterminant, dans un domaine plus ou mois restreint, une direction de la conduite et de la conscience. Ce sont comme les « axiomata media » de la morale, infiniment plus réels et plus importants que les « principes » des morales théoriques. Ce sont ces règles qui, d'ordinaire, prennent corps dans le Droit, et en déterminent les principales articulations. La famille, la propriété, la vie industrielle, la vie militaire, la vie politique, et les principales subdivisions de ces divers domaines acquièrent ainsi leur code propre, et entre ces codes il n'existe jamais qu'un contact partiel et imparfait ; ils n'ont guère de commun au début que leur forme de code, traditionnel ou écrit, et l'autorité sociale qui les sanctionne ; ils ne forment pas d'emblée, entre eux, un tout vraiment organique.

Ce n'est donc pas seulement en tant qu'elle est formée d'alluvions historiquement superposées, comme l'indique M. Lévy-Bruhl, que notre conscience est composite et faite d'éléments hétérogènes ; mais c'est aussi et surtout parce qu'elle est constituée de *consciences partielles* juxtaposées, corrélatives aux diverses fonctions de la vie sociale. Nous avons ainsi une conscience familiale, une conscience civique, une conscience humaine, une conscience de propriétaire ou une conscience de travailleur, une conscience professionnelle et une conscience générale, etc. Ces différentes consciences ne sont pas toujours d'accord et luttent pour la primauté. Leur lutte offre même cet intérêt que les plus étendues parmi ces consciences ne sont pas d'ordinaire les plus énergiques et qu'ainsi celles dont les droits sont les plus élevés ne sont pas celles dont la force est la plus vive.

Que le sol sur lequel nous marchons soit stratifié, nous n'avons guère d'occasion de nous en douter, si le point d'appui qu'il nous fournit est suffisamment solide. Et c'est ce qui arrive à peu près lorsqu'il s'agit de conceptions *superposées* mais qui, étant relatives à une même fonction, actuellement déterminée, ont dû se fondre et s'harmoniser aux cours des temps dans le système actuel de nos idées morales ; tels les différents éléments romains, germaniques, chrétiens de notre code familial [1]. Mais c'est lorsqu'il s'agit de régions distinctes de la vie sociale que l'incoordination peut se faire sentir. Tant que les deux systèmes n'entrent pas en communication, aucun problème ne surgit. Quand la nécessité survient de les mettre d'accord ou de les combiner, les difficultés naissent. Par exemple, le droit canon qui interdit le mariage au prêtre et le droit civil qui le permet à tout citoyen sans distinction ont pu subsister longtemps côte à côte sans conflit. Vienne à se produire le cas d'un prêtre prétendant se marier, la justice sera appelée à décider si elle doit juger en se plaçant au point de vue du statut personnel du prêtre ou au point de vue du droit civil commun, invalider ou au contraire proclamer valide le mariage [2].

---

1. Cf. *La morale et la science des mœurs*, 3ᵉ éd., p. 83, Paris. F. Alcan.
2. Cf. Mater, *Rev. socialiste*, sept. 1903, p. 337.

En 1847 la première solution l'emporte : aujourd'hui la seconde est incontestée.

La vie civile exige et développe le principe de la responsabilité individuelle, la fonction militaire tend à maintenir le principe de l'obéissance passive. Comment jugera-t-on le capitaine de vaisseau qui, malgré la certitude d'une catastrophe, accomplit une manœuvre commandée par son supérieur, le soldat qui refuse de tirer sur un compatriote en temps d'émeute, le général qui s'improvisant homme d'État et diplomate, subordonne son devoir militaire à des plans politiques plus ou moins plausibles, l'officier qui dans un coup d'État décide d'obéir à ses chefs plutôt qu'à la Constitution ? Des courants contraires viennent ainsi, par suite de circonstances spéciales, à se heurter dans la conscience collective ou dans la conscience individuelle qui la reflète, tandis que, auparavant et dans la vie normale, ils allaient parallèlement, et coexistaient sans difficulté.

Qu'arrivera-t-il de même si le développement d'un principe (nous entendons par là simplement une forme de vie sociale) tend à sa propre suppression, si par exemple la liberté commerciale aboutit à des accaparements et à des monopoles qu'on voulait précisément éviter en l'instituant, ou si la liberté de l'enseignement aboutit à établir la prépondérance d'un enseignement illibéral ?

Les principes d'économie, de prévoyance, d'ambition paternelle sont longtemps considérés comme louables sans restriction. Vienne à se révéler, comme une conséquence de leur développement excessif, le phénomène de la dépopulation française : un intérêt de groupe, militaire ou économique, réagira, et un problème moral nouveau surgira.

Le secret professionnel du médecin a pu jusqu'ici n'apparaître que comme une garantie nécessaire pour les intérêts individuels. Comment le maintenir sous la même forme et avec la même rigueur si nous venons à savoir quel danger social présentent certaines contagions ?

Et chaque fois qu'un de ces problèmes sera résolu, cette solution tendra à déterminer celle d'une foule de problèmes voisins ou analogues, et à poser ou à consolider certains principes généraux d'une portée plus ou moins étendue : notre conscience s'organise et s'unifie corrélativement à la systématisation sociale qui s'étend. C'est ainsi que la solution actuelle du problème du mariage du prêtre implique que le droit canon cède le pas au droit civil, le statut personnel au droit commun, les juridictions spéciales à la juridiction ordinaire, etc.

Ainsi, en résumé, tant que l'ensemble des poussées sociales (religieuse, économique, intellectuelle, etc.) converge vers une institution ou va dans le sens d'une même règle de vie, aucun problème n'apparaît ; c'est une *résultante sociale* incontestée, et c'est par rapport à elle qu'on tranchera les dilemmes secondaires qui se présenteront à la conscience. Des courants sociaux d'origine et de direction diverses se rencontrent-ils au contraire, ils donneront lieu comme à des remous et à des *barres* plus ou moins difficiles à franchir, jusqu'au jour où une nouvelle résultante sociale se sera établie là où tout d'abord il n'y avait que des forces séparées.

Par exemple on peut dire que la règle monogamique est un cas du premier genre dans nos sociétés. Elle est la résultante normale des habitudes ancestrales, des idées religieuses, de la proportion démographique des sexes, du besoin de clarté dans l'organisation de la parenté, des exigences de l'économie sociale ou domestique, etc. Si médiocrement respectée qu'elle soit en fait, elle n'est guère contestée en elle-même. Mais sur d'autres points, par exemple sur le divorce et sur l'égalité juridique des sexes, notre morale familiale, pourtant beaucoup plus ferme encore que notre morale économique ou politique, subit des poussées contraires. L'autonomie de la femme qui, pour des causes étrangères à la vie de famille, tend à s'établir, tend aussi à modifier les conditions et peut-être la solidité du lien matrimonial. Plus généralement l'individualisme moral et juridique modifie la situation de la femme dans le sens d'une plus grande indépendance. Si le mariage devient moins stable, que deviendra l'éducation des enfants, qu'arrivera-t-il même de la natalité ? Le mariage tardif, conséquence naturelle des nécessités militaires, de la complexité croissante de l'éducation, du devoir reconnu d'assurer une bonne préparation à la vie et une solide assiette économique à la famille, se heurte d'autre part aux dangers de la dépopulation, de la prostitution, etc.

Ainsi c'est au point de contact des différentes fonctions sociales, sur les confins des chapitres du code, que naissent les problèmes de la morale positive, et c'est ainsi qu'ils sont multiples et distincts, comme l'a montré M. Lévy-Bruhl, là où « la morale » tend d'ordinaire à ne voir *le* problème moral que dans son unité plus ou moins abstraite.

Leur multiplication et leur aggravation caractérisent les « périodes critiques » comme la nôtre. Et cela revient à énoncer cet apparent paradoxe, que les périodes critiques sont peut-être celles où le besoin d'unité et de synthèse sociale se fait le plus vivement sentir, celles où les diverses fonctions sociales se rencontrent sur un plus grand nombre de points, en même temps que l'intensité même de la vie collective rend les conflits plus intolérables et la conciliation plus urgente. L'unification politique des peuples modernes, l'activité et l'étendue des échanges, l'existence d'un organe législatif distinct qui cherche sans cesse de la besogne à faire, toutes ces causes et d'autres encore font apparaître les problèmes moraux plus nombreux et plus aigus. C'est le processus même d'intégration et de systématisation des activités sociales entre elles qui en fait ressortir les inconsistances et les exigences opposées. Les périodes dites critiques sont ainsi celles qui, dynamiquement, sont le plus organiques. Inversement les périodes dites organiques sont celles où les juxtapositions les plus irrationnelles, les coexistences les plus hétéroclites se maintiennent sans donner lieu à aucun sentiment de contradiction, parce que les divers éléments restent au dehors les uns des autres, comme il arrive souvent à l'esprit individuel lorsque, grâce à un système de « cloisons étanches », il trouve le repos dans l'incohérence. Ce sont les traditions, base de ce qu'on appelle un état organique de société qui divisent le plus non seulement les peuples, mais les diverses régions d'un même pays, tandis que, au contraire les conventions tendent à les unir et à coordonner leur activité.

Les problèmes moraux ainsi définis sont donc incontestablement des *problèmes réels*, positifs par leur objet comme par leur origine. Leur genèse est un fait social observable, leur position n'est pas plus factice que leur contenu n'est idéologique. A de tels problèmes une solution également positive est-elle possible ? C'est la question aiguë qu'il nous faut maintenant aborder.

§ 2. — La science historique des mœurs

Une première démonstration serait nécessaire en toute rigueur pour diriger une semblable recherche. Il faudrait établir de quelle science, de quelle connaissance théorique relève la morale en tant que technique. On postule, mais sans que j'en trouve nulle part la moindre démonstration, que c'est la sociologie[1]. Pourtant, avant de songer à une morale *sociologique*, il faudrait bien établir que la morale est *sociale*. Qu'elle le soit quant à son *existence*, en ce sens qu'elle est un fait humain, observable par conséquent dans les sociétés, c'est évidemment une naïveté de le dire et il n'y aurait pas lieu de s'y arrêter. Mais il n'en résulte nullement qu'elle soit sociale quant à son *contenu*, et que les règles qui la constituent, quelles qu'elles soient, soient des *règles de vie sociale*. N'a-t-on pas trop aisément passé, sans en apercevoir la différence, de cette assertion très évidente à cette thèse très contestée ? Que la sociologie soit seule en état de nous faire connaître la morale en tant que fait, des morales très diverses l'admettront. Mais qu'observera-t-elle *dans* ce fait social ? Il ne serait nullement contradictoire qu'on y observât un contenu théologique, et c'est ainsi que l'école traditionaliste prétendait établir *sociologiquement* une morale qui n'était nullement une morale *sociale*, et dans ce cas la morale ne saurait être une technique appuyée sur la sociologie. Il pourrait se faire encore que le contenu du fait moral observé par la « Science des mœurs » fût la perfection individuelle, et alors encore la sociologie serait inutile à cette morale qui, en tant que technique, aurait plutôt besoin d'un point d'appui psychologique. On pourrait enfin trouver, toujours « sociologiquement », que la morale n'a aucun contenu propre et il arriverait alors que la technique morale n'au-

---

[1]. C'est une démonstration de ce genre que nous avons tentée dans l'étude reproduite plus loin. « L'utilitarisme et ses nouveaux critiques ». 1894.

rait aucun caractère spécifique. Si, raisonnait Socrate, un bon pilote est celui qui connaît les vents et la mer, un bon médecin celui qui connaît les maladies, l'homme courageux celui qui connaît le danger, l'homme de bien *en général*, est celui qui sait *en général*. Et alors il n'y aurait plus lieu de parler d'un « art moral rationnel »; il n'y aurait plus de technique morale, mais seulement une série indéfinie de techniques spéciales. Par suite on ne pourrait pas non plus présenter la sociologie comme la base d'une telle technique. A-t-on éliminé *sociologiquement* ces différentes hypothèses ? Et si on ne l'a pas fait, a-t-on établi que la morale doive et puisse être un art fondé sur la sociologie comme la médecine l'est sur la physiologie ? De ce que la moralité est un fait social, en résulte-t-il que la morale soit une technique sociologique ? L'utilité du papier, sa fabrication et sa vente sont aussi des phénomènes sociaux ; cependant ce n'est pas la sociologie, mais la chimie, la mécanique, etc., qu'il faut posséder pour fabriquer du papier.

Enfin la morale pourrait encore être sociale en ce sens qu'elle serait une règle *commune*. Elle serait sociale uniquement par sa *forme* comme le sont les religions qui imposent à tous les *mêmes* croyances, les *mêmes* pratiques, sans que le bien de la collectivité soit nécessairement le *contenu* de ces prescriptions.

De ce que même le code moral serait *imposé par* l'autorité de la société, il ne s'ensuivrait pas que ce que la société impose ainsi soit son propre bien, tel qu'elle le conçoit ou le sent en chaque moment.

Si donc la morale est *sociale*, c'est sans doute à la sociologie de l'établir, mais elle ne peut s'instituer d'avance bénéficiaire d'une telle démonstration sous prétexte qu'elle doit en être l'instrument.

Qu'on écarte donc tout système qui prétendrait déterminer *a priori* ce qui devrait être la morale, sans observer ce qu'elle est en fait, c'est un droit qui semble incontestable dès qu'on veut se placer à un point de vue scientifique, mais cette règle de *méthode* ne saurait équivaloir à une conclusion de *doctrine*.

D'ailleurs lorsqu'on nous parle de fonder sur une science des mœurs un art moral rationnel, il faudrait, pour éviter à cet égard tout apriorisme et toute pétition de principes, nous dire ce qu'on entend par ces « mœurs ». Ce terme englobe-t-il tout ce que les hommes font? Évidemment non, quoique, tout ce qu'ils font, ils le fassent en société. A quoi donc reconnaîtra-t-on ici l'objet propre qu'on a en vue, parmi les nombreux systèmes, enchevêtrés les uns dans les autres, que forment les faits sociaux?

Il ne nous semble donc pas qu'on ait suffisamment défini ce qu'*est* la morale, non dans les théories philosophiques, qu'on a de nouveau critiquées et que nous écartons aussi comme factices, mais dans la réalité sociale, ni démontré que l' « art social rationnel » fût ce qui, au point de vue d'une pensée positive, devait y correspondre et finalement s'y substituer. Cette double détermination constitue bien un problème préliminaire où *la* morale avant de se fragmenter dans l'étude *des* problèmes moraux, trouve une première fois son unité, puisque par là serait défini *le point de vue* caractéristique de tout jugement spécifiquement moral.

* * *

Mais demandons-nous maintenant ce que serait cette « science des mœurs » sur laquelle reposerait une telle technique. Il semble que nous nous trouvions encore ici en présence d'une obscurité et d'une ambiguïté.

Tantôt M. Lévy-Bruhl, et surtout dans la première partie de son livre[1] c'est-à-dire tant qu'il s'agit de donner une idée de cette science, paraît avoir en vue une étude essentiellement historique et descriptive de cet ordre spécial de faits sociaux qu'on appelle les conceptions ou les institutions morales et juridiques d'une société ; tantôt au contraire, et surtout à la fin, c'est-à-dire quand il s'agit de faire concevoir l'utilité pratique d'une telle science, il songe plutôt à une science générale et analytique qui serait la sociologie elle-même, en tant que connaissance des lois élémentaires et fixes de la vie sociale. Or ces deux conceptions sont loin de s'équivaloir. Il semble bien que la seconde, si on la suppose réalisée pourrait, en effet, fonder une technique comme la physiologie fonde la médecine ; en revanche la possibilité d'une telle science paraîtra discutable, et en tout cas bien éloignée de nous. L'autre au contraire est une étude de faits dont l'idée ne souffre pas de difficultés radicales, et qui semble même en très bonne voie d'exécution ; en revanche on ne voit pas trop ce que la pratique pourrait en tirer. Nous aurions donc à choisir entre une science utilisable si elle était faite, mais peut-être infaisable, et une connaissance historique certainement réalisable, mais incapable de fonder la moindre technique.

Que l'histoire ne puisse fonder aucune pratique et n'ait par conséquent avec la constitution d'un « art social rationnel » que des rapports indirects, c'est ce que nous voudrions mettre d'abord en évidence.

Autant il est nécessaire, si l'on veut comprendre les rapports de la théorie et de l'action en morale, de se référer d'abord, sauf vérification, à l'analogie que nous fournissent les techniques à base scientifique, autant cette ana-

1. V. en particulier *La morale et la science des mœurs*, p. 212.

logie même nous détourne de l'idée d'une science historique et descriptive des mœurs. Nous ne voyons aucune technique mettre en usage une histoire et cette idée même est dépourvue de sens. Il y a plus, une telle notion de la science des mœurs tendrait, nous le verrons, plutôt à supprimer qu'à fonder une technique morale, puisque dans la mesure même où elle a une *histoire*, la société ne présente pas une *nature* fixe.

Quelles qu'aient été les institutions religieuses, juridiques, familiales des Grecs ou des Germains, quelles que soient celles des Kamilaroi ou des Bushmen, on ne voit pas que cela puisse nous fournir la moindre règle pratique applicable à *notre* société. Le médecin n'a que faire de savoir si l'homme a une origine simienne ; ce qui lui importe ce sont les lois physiologiques de la vie *actuelle* dans le corps humain. Celui qui veut utiliser l'astronomie à la prévision des marées, à l'orientation en mer, etc., n'a pas besoin de s'inquiéter de la *genèse* du monde solaire, mais seulement de sa constitution *présente*. Parler d'un art moral rationnel fondé sur la science des mœurs, entendue au sens que nous considérons, c'est donc un peu comme si l'on nous parlait d'une thérapeutique paléontologique.

Sans doute la complexité et la mobilité des faits humains rendent l'histoire et l'ethnologie indispensables à la science et l'on ne nous prêtera pas, nous l'espérons, l'idée de le nier[1]. Il est clair pourtant que dans la mesure où je reste sur ce terrain sans aboutir à des lois vraiment générales,

---

[1]. Il reste cependant que le point de vue proprement historique et le point de vue de la science sont en antithèse. On ne *raconte* pas comment les triangles auraient acquis leurs propriétés, on ne *démontre* pas la chute de l'empire romain. On pourrait dire que dans la classification de Comte l'ordre des sciences marque l'importance que prend à l'égard de chacune d'elles, le point de vue historique aux dépens de la certitude scientifique.

non seulement je n'obtiens aucune *règle* d'action pour un cas déterminé, mais je ne découvre aucun *moyen* d'action. Quand je saurai *pourquoi* les Chinois pratiquent les mariages précoces et aboutissent ainsi à la surpopulation, cela ne nous fournit pas plus un moyen d'empêcher cette surpopulation qu'un moyen d'accroître notre natalité; et surtout cela ne nous permet pas de découvrir si cet accroissement serait désirable pour nous. De telles connaissances restent donc à peu près à l'état de pures satisfactions de curiosité.

C'est qu'en effet la technique ne prend pas la causalité par le même bout que la science ni surtout que l'histoire. Sans doute « vere scire, per causas scire », et c'est aussi la seule connaissance utilisable. Mais, sans même parler des nuances infinies du sens de l'idée de cause, il est clair qu'une technique se demande non quelles sont les *causes* de ce qui est, mais quels seront les *effets* de ce qu'elle fait. Les deux choses semblent se confondre quand il s'agit d'une science vraiment générale et analytique comme la physique qui étudie les phénomènes, non des êtres ni des événements; mais elles se distinguent d'autant plus qu'on s'approche des objets les plus complexes et qu'on les considère dans leur réalité donnée. Dans une technique sociale les origines des croyances et des institutions importent assez peu à l'usage que nous en ferons. Le criminaliste par exemple n'a guère à se demander d'où vient le fait de la vindicte sociale et quelles sont les *causes* de l'idée de sanction; mais ce qui lui importe c'est de prévoir les *effets* de la sanction présente; ce n'est pas de savoir en vertu de quoi la pénalité *existe*, mais quelles sont les *fonctions* qu'elle peut remplir, et si elle les remplit en effet. La sanction pénale est une institution qui lui est *donnée*. Ou il n'est pas le « technicien » qu'il doit être, ou la seule question qu'il se posera sera de savoir ce qu'il peut en faire. Visera-t-il et réussira-t-il, en punissant, à réprimer, à intimider, à corriger le coupable, à indemniser la victime ? Voilà les questions que son « art rationnel » comporte. La finalité de la sanction pénale n'est pas pour lui l'objet d'une *hypothèse scientifique* (pourquoi la pénalité aurait-elle été établie ?) mais d'une *hypothèse pratique* (à quoi peut-on utilement employer la sanction ?)

C'est une des lois les plus justement formulées par M. Durkheim que les institutions se maintiennent souvent pour des raisons fort différentes de celles qui les ont fait naître. S'il en est ainsi, ce qui importe dans la pratique, ce ne sont pas les causes premières, mais les raisons *actuelles* d'une manière d'agir. Que notre droit, notre morale, nos idées sur la propriété, la famille, etc., soient sortis d'idées religieuses, cela peut-être intéressant à connaître pour les mieux *comprendre* ; mais ce qui nous importe *pratiquement*, c'est de savoir, non d'où sont sorties ces idées et institutions, mais où elles vont, si elles produisent les effets que nous attendons, et si les *raisons* au nom desquelles nous les maintenons sont confirmées par les *résultats* obtenus ou sont des prétextes illusoires inconsciemment suggérés par le besoin instinctif de les conserver. Dans le premier cas seulement, en effet, elles seront à maintenir.

Il ne nous importe même pas absolument de savoir si elles se sont produites avec ou sans finalité. La technique avec sa finalité *actuelle* les prend comme simplement *données*, comme des choses *existantes* à utiliser. Pour bien voir, il m'est indifférent de savoir si l'œil est le résultat d'un mécanisme ou d'une finalité divine, ni de suivre son évolution ontogénique ou phylogénique. Il me suffit d'en connaître la structure, et d'admettre que *sa fonction actuelle* est de voir, pour être conduit à y adapter les lunettes convenables.

Quand nous saurons que telle institution est en corrélation avec telle croyance disparue et à peine représentable pour nous, quelle sera l'application d'une telle connaissance ? Quand nous apprendrons, par exemple, que l'exogamie était l'effet (à moins qu'elle ne fût la cause...?) du tabou prononcé pour les hommes sur les femmes du même clan, et que ce tabou explique notre horreur de l'inceste, la belle avance pour la technique de notre organisation familiale ! C'est comme si l'on voulait étayer la technique des chemins de fer sur l'histoire du chariot romain ou de la chaise de poste. Aussi, après avoir expliqué historiquement les origines de l'interdiction de l'inceste par ces causes *disparues* et plutôt propres, une fois connues, à nous faire trouver un non-sens dans cette interdiction, M. Durkheim [1] n'en peut-il justifier le *maintien* que par des prévisions toutes relatives à notre mentalité *présente*, et cela par une analyse tout à fait indépendante de la question des origines, et qu'aurait pu esquisser le moraliste le plus ignorant du *totem* et du *tabou*.

On peut même se demander si les causes ainsi relevées par la « science des mœurs » sont bien toujours les *vraies causes*. Car l'étude des croyances et des sentiments moraux des diverses sociétés ne nous apprend guère que la manière dont ces sociétés se représentaient leur propre activité. On se demande si cela importe beaucoup plus à une technique sociale que n'importerait à une industrie chimique de savoir quelle idée l'alchimie se faisait des « esprits » et de la transmutation. Serait-il bien conséquent

---

1. *Année sociologique*. I, 1898, p. 63 et suivantes. Paris. F. Alcan.

d'admettre qu'il y a une « nature sociale » et d'expliquer des faits aussi objectifs et aussi généraux que l'exogamie par les idées fantastiques que peuvent s'en faire les Australiens ; et la seule connaissance utilisable ne serait-elle pas celle des nécessités, inhérentes à cette nature sociale, qui auraient déterminé la pratique de l'exogamie et détermineraient aujourd'hui le rejet de l'inceste ? De deux choses l'une : ou il y a une véritable nature sociale, et alors la science historique des mœurs est peu utile, car elle ne nous fournit que des documents superficiels et sans objectivité en comparaison de ceux que l'analyse directe du présent nous offrirait ; ou bien, si l'histoire est l'essentiel, si les véritables causes sociologiques sont les représentations plus ou moins fictives des hommes, c'est que la société n'a pas la fixité de constitution que comporte une véritable réalité naturelle, et l'idée d'une nature sociale permanente et générale ne se maintient pas ; mais alors, de nouveau, *a fortiori*, l'analyse de la société présente dans sa constitution passagère, pourra seule nous rendre pratiquement service.

Si, d'une autre manière encore, nos obligations morales n'ont aucune autre réalité que d'être la pression du « conformisme social », pas n'est besoin d'une connaissance sociologique pour les déterminer ; leur *existence* suffit ; leur *connaissance* est inutile. Si au contraire on prétend constituer une technique scientifique de la conduite, c'est qu'on peut déterminer des conditions *réelles* d'existence et de progrès des sociétés ou du moins d'une société donnée ; or ces conditions peuvent n'avoir qu'un rapport très vague avec l'idée que s'en font ces sociétés, y compris la nôtre même, quand elles nous imposent ces obligations.

BELOT.

Dira-t-on, comme on le fait souvent, que l'histoire nous rend le double service : 1° en nous faisant connaître les expériences du passé de nous donner la mesure du possible ; 2° ou, en nous révélant la direction de l'évolution, de nous fournir une règle ? Ni l'une ni l'autre assertion ne résiste à l'examen. Tout d'abord les expériences de l'histoire ne déterminent jamais la limite de ce qui est possible dans un milieu toujours très différent. On a maintes fois montré combien l'échec des expériences communistes, tentées en plein monde capitaliste est peu probant ; leur succès, avec une société composée d'un petit nombre d'adeptes convaincus, ne le serait d'ailleurs pas davantage. Et quant à la direction de l'évolution, comment l'interpréter ? Car d'abord toutes les tendances coexistent toujours dans une société donnée, autrement elles ne pourraient jamais lutter et triompher ; et ensuite la prédominance prolongée d'une tendance particulière pourrait tout aussi bien être une raison de réagir, de craindre un excès, de rétablir l'équilibre, qu'une raison de continuer dans le même sens. Ce jeu de bascule n'est-il pas constant dans l'histoire ?

Soyons plus juste : la « science des mœurs » ainsi entendue peut nous rendre un service, mais il est tout négatif. Elle détruit les illusions et nous donne de l'autorité de notre conscience un sentiment plus exact et plus modeste. En nous montrant qu'on peut « être persan » elle nous aide à devenir autres que nous ne sommes. M. Lévy-Bruhl écrit [1] : « De nos propres sentiments moraux rien ne nous surprend ni ne nous choque, puisqu'ils sont nôtres ». Cela est loin d'être si évident, et ne serait vrai que d'une conscience entièrement naïve et irréfléchie. Mais dès que la réflexion surgit, et la « science des mœurs » peut singu-

---

1. *Op. cit.*, p. 239.

lièrement y aider, l'étonnement commence. M. Lévy-Bruhl remarque lui-même avec justesse que « notre conscience morale, si nous la considérons objectivement, est pour nous un mystère [1] ». Rien de plus vrai. Que l'on songe à l'exclamation interrogative de Kant au sujet de la « racine de la noble tige » du Devoir, à l'espèce de scandale édifiant que constitue pour une morale intuitionniste le paradoxe d'une obligation qui s'impose à l'individu contre lui-même, au mot d'un Renan sur la « sublime absurdité » du sacrifice. Et dans le détail, quelle perplexité peut nous causer l'interdiction du suicide, de l'inceste, etc.

Supposons maintenant que la « science des mœurs » nous ait éclairés sur les origines de ces phénomènes et nous ait fourni une *explication* satisfaisante. L'étonnement cessera pour notre intelligence ; mais c'est alors que commencera le plus souvent l'étonnement pour notre sentiment et notre volonté. Nous avions la peine à comprendre que cela *fût*, maintenant nous aurons de la peine à continuer de le *vouloir*. Si l'explication marxiste de l'intérêt par la plus-value et le travail impayé était avérée, et universellement admise, nous n'aurions pas la base d'une technique capitaliste perfectionnée, car le capitalisme aurait virtuellement disparu. Si l'interdiction de l'inceste n'avait d'autre explication que les rêveries totémistiques du sauvage australien, autant dire que cette interdiction tomberait aussitôt expliquée, et les meilleures raisons que l'on découvrirait pour la maintenir seraient même suspectes de n'être que des prétextes inventés par un inconscient misonéisme. « La morale d'une société est toujours provisoire, nous dit-on [2] ; mais elle n'est pas sentie comme telle. » Sans

---

1. *Ibid.*, p. 211.
2. *Ibid.*, p. 144.

doute, si encore une fois cette société s'en tient à une moralité toute spontanée, mais non pas si elle se livre à la « science des mœurs », et il est contradictoire de vouloir instruire une société du caractère provisoire de sa morale, et d'espérer en même temps qu'elle ne s'en apercevra pas. Voilà donc une science qui pour rester vraie serait réduite à se taire ! Mais si elle parle elle ne peut éviter, comme on s'en flatte, d'avoir une répercussion sur son objet même, la société.

La connaissance des lois de la nature, dit-on souvent, est un levier puissant. En fait de morale, la connaissance des origines historiques, c'est plutôt la pioche du démolisseur [1]. Tant mieux peut-être ; car il y a des cas où il faut faire place nette et abattre ce qui est caduc. Mais qu'on n'imagine pas que cela nous donne de quoi rebâtir. L'histoire ne nous apprend pas à faire, mais plutôt à nous défaire. En plaçant crûment la réflexion actuelle en présence de l'irréflexion passée, la raison individuelle en face de la déraison collective, elle tend, et l'histoire des mœurs plus

---

[1]. Sous la réserve, bien entendu, des points sur lesquels l'histoire nous aide à reconnaître des conditions *permanentes* et actuellement existantes de la vie sociale. Quand on ne pense pas que la morale soit un don d'en haut, ni une révélation intérieure, on doit bien admettre que c'est la vie elle-même qui nous a appris à vivre, et l'empirisme même de la morale courante ne saurait être absolument sans fondement ni sans valeur. Mais outre que les règles morales ainsi confirmées ne sont que les plus générales et les plus vagues, il reste que la *valeur* des prescriptions ainsi expliquées par leurs origines ne peut jamais être déterminée que par la comparaison de ces origines avec le *présent*. Car seule une telle comparaison nous fera voir si les conditions de vie sociale qui ont fait adopter ces règles subsistent encore.

Remarquons surtout que si nous admettons que l'histoire des origines puisse, et utilement, faire tomber certaines règles morales déterminées, nous n'admettrions nullement qu'elle puisse avoir pour effet de dissoudre le sentiment moral en général. Au contraire, la sociologie ne peut que le confirmer : 1° en montrant sa nécessité constante et son fondement réel ; 2° en permettant précisément de le dégager du contenu accidentel et souvent absurde qu'il présente. V. plus loin, *l'Utilitarisme et ses nouveaux critiques*, p. 194 et p. 200-202.

qu'aucune autre, à supprimer ce qu'elle explique. Sa baguette de vieille fée ne rajeunit pas ce qu'elle touche, mais plutôt le fait disparaître. Parce qu'elle étudie ce qui n'est plus, l'histoire n'est pas loin de désigner ce qui ne mérite plus d'être [1]. Elle nous révèle l'irrationnel au moment où elle en rend raison. Elle fait tomber les coutumes qu'elle retrouve et tue les dogmes qu'elle ressuscite. Sa lumière fait fuir les ombres qu'elle évoque et les replonge dans la tombe d'où elles les a exhumées.

Elle nous découvre ce qu'il y a de passé dans notre présent et dénonce ce qu'il a de mort dans notre vie. Une survivance reconnue a quelque peine à survivre. La grande leçon du passé, c'est qu'il est passé et que le présent doit passer aussi. Loin donc de nous fournir un moyen d'agir ou une force pour vivre, cette science des mœurs nous aide plutôt à mourir à temps : elle enseigne au vieil homme qui est en nous l'euthanasie morale.

Tout le travail de la pratique positive reste donc à

---

1. Comme on le voit, M. Lévy-Bruhl Rev. philos., juillet 1906, p. 16, présente bien inexactement notre argumentation lorsqu'il la confond avec celle de quelques critiques, qui « accusent » l'histoire ou la sociologie de « mettre en péril la moralité ». Je n'ai rien dit de semblable, puisque au contraire je constate que cette dissolution *partielle* des idées morales, en tant qu'elles sont surannées et constituent de simples survivances, est un *service* que la sociologie historique peut rendre à la morale. Mais je maintiens qu'alors cette histoire des mœurs est hors d'état de fonder une technique morale, encore moins de maintenir telle quelle la moralité existante. Il y a loin de là, on le reconnaîtra à une « préférence sentimentale » qui se contenterait, pour réfuter une doctrine, de lui objecter que « si elle était vraie, les conséquences en seraient fâcheuses et qu'il vaut mieux qu'elle ne le soit pas ». Mon argument n'a point ce caractère « indirect » ni cette origine sentimentale, ni même cette portée toute négative qui en légitimeraient le rejet. Je demande au contraire, directement, comment une histoire des mœurs pourrait déterminer une technique morale. Je ne vois toujours pas qu'on me l'ait montré. Et en tout cela je n'ai rien dit que ce que M. Lévy-Bruhl accorde quand il écrit p. 24 : « Qui sait si l'une des formes du progrès qu'on peut espérer de la science ne sera pas la disparition de ces impératifs périmés et néanmoins respectés ».

faire. La science historique des mœurs y tourne le dos.

☆
☆ ☆

Il est vrai qu'on paraît disposé à s'en consoler assez facilement. Prenant en effet les choses par un autre biais (tant il est vrai que la portée *pratique* d'une connaissance dépend du tempérament de celui qui s'en sert et n'est pas inhérente à la connaissance même), on peut enlever à l'histoire même cette efficacité toute négative. Si, en effet, on remonte le cours de l'évolution, on peut être tenté de s'en tenir à une sorte de fatalisme à rebours, se convaincre que ce qui a disparu était condamné, et penser avec Nietzsche que ce qui est, par cela même, a fait son temps : la vie est ce qui tend à se dépasser soi-même. Descend-on au contraire ce même cours de l'évolution, on sera porté plutôt à penser que ce qui est doit être et qu'il n'y a ni raison ni moyen de le modifier. Comment la réalité sociale donnée pourrait-elle contenir de quoi la détruire, ni même impliquer une idée de sa transformation possible? Quel idéal pourrions-nous lui opposer, puisque les traits les plus précis de cet idéal sont tirés de cette réalité même [1]? Ainsi la science des mœurs, à ce point de vue, nous persuadera volontiers de rester où nous en sommes ; mieux que le douté de Montaigne, elle devient un mol oreiller pour une tête sociologique bien faite [2].

1. Lévy-Bruhl, *op. cit.*, p. 152.
2. M. Lévy-Bruhl (Article cité p. 25 et 26) entrevoit une contradiction qu'il reconnaît d'ailleurs soluble entre cette argumentation et la précédente. Mais ce n'est pas notre argumentation qui est entachée de contradiction, c'est la doctrine discutée qui présente quelque indétermination et nous avons eu soin de distinguer les points de vue dont l'adoption aboutit aux conséquences inverses. Nous ne refusons nullement de « faire crédit » à une science naissante, et encore moins lui imposons-nous de se laisser diriger par des motifs pratiques, mais nous voudrions seule-

C'est pourquoi, tandis que le disciple le plus pressé et le plus aventureux de M. Lévy-Bruhl trouve dans sa doctrine une occasion de jeter avec dédain par-dessus bord toutes les idées traditionnelles sur le mariage, la propriété, la responsabilité[1], M. Lévy-Bruhl lui-même aboutit à un véritable conservatisme. Et il y arrive d'une manière consciente et avouée, non pas seulement parce qu'il a plus d'âge, plus de modération dans les espérances ou de réserve scientifique que son jeune porte-parole, mais parce qu'en effet c'est une conséquence parfaitement naturelle de son attitude. Rigoureusement, on ne voit pas même pourquoi ce conservatisme ne serait pas absolu. Il y a, nous dit-on, solidarité entre les croyances et les pratiques irrationnelles[2]. Pourquoi irrationnelle, historiquement, puisqu'elles existent? Il est inutile de s'en prendre à des institutions que « le sentiment collectif qui y est attaché de temps immémorial rend pratiquement invulnérables ». Il est inutile d'autre part de s'attaquer aux croyances et aux sentiments qui sont une partie de la réalité sociale; car ils font corps avec elle et il faudrait commencer par la supprimer pour les modifier. Notre morale « est, à un moment donné, précisément aussi bonne et aussi mauvaise qu'elle peut être ». D'ailleurs « la représentation de l'idéal moral provoque des sentiments de vénération et d'adoration tels que toute possibilité de critique se trouve exclue d'avance[3] ».

ment qu'on nous donnât d'une telle science et surtout de l'usage qui en serait possible une idée qui eût quelque précision. C'est ce que nous avons essayé de déterminer pour notre compte dans ce qui suit.

1. A. Bayet, *La Morale scientifique*, Paris. F. Alcan. 2ᵉ éd., 1907. Voir sur ce point Darlu, *le Congrès d'Amiens et la morale scientifique. Revue politique et parlementaire*, 10 avril 1905, p. 93.
2. Lévy-Bruhl, *op. cit.*, p. 238.
3. Lévy-Bruhl, p. 198. Mais alors comment l'auteur peut-il s'étonner

Il n'y a donc qu'à laisser les choses en l'état. On nous donne bien à entendre qu'il y a des inconsistances, des dissonances, des survivances, dans la réalité sociale, et que c'est là que se placeront les corrections à faire. Mais d'abord que devient la prétendue solidarité qu'on nous disait unir à un moment donné tous les éléments de la réalité sociale ? Puis ces dissonances sont peut-être, elles aussi, constitutives et essentielles, puisqu'elles sont. La réalité s'accommode fort bien de certaines contradictions. Rétablira-t-on un nouvel impératif catégorique d'unification et de cohérence ? D'ailleurs, entre les éléments qui sont en conflit, comment savoir lequel sacrifier ? A quoi reconnaître les survivances qui doivent survivre et les survivances qui doivent disparaître, si ce n'est une vue d'avenir qui nous permet d'en juger ? Comment savoir quels changements seront une « amélioration » ? Parmi les tendances en présence, pourquoi et au nom de quoi faire un choix, faire bon accueil aux unes et sacrifier les autres ? Comment enfin « notre raison », que M. Lévy-Bruhl invoque plus d'une fois, jugerait-elle les produits sociaux, si, comme le pense M. de Roberty (plus encore que Comte), notre raison n'est elle-même qu'un produit social ? L'idée de juger la « conscience collective » ni surtout celle de la condamner ne sauraient être admises et ne devraient même pas surgir. « A supposer, ce qui n'est guère vraisemblable, que le philosophe recommandât des façons d'agir étrangères ou odieuses à la conscience générale, sa doctrine serait aussitôt rejetée. Plus probablement

que les critiques aient unanimement considéré sa doctrine comme comportant, au moins à un certain point de vue, des conclusions toutes conservatrices ? Comment peut-il écrire : « ... au contraire, tant que la science n'est pas faite, nulle institution n'a de caractère intangible et sacré » ? Art. cité. p. 28).

elle resterait tout à fait ignorée [1]. » Il est vrai qu'ici la réalité dément la théorie et que l'histoire proteste contre l'historisme. Un Socrate, un Jésus, et même plus près de nous, le Socialisme ou Tolstoï, M. Lévy-Bruhl le remarque lui-même ailleurs [2], ont été sans doute combattus, mais enfin d'abord ils ont pu apparaître, et ensuite ils ne sont pas, que je sache, restés « tout à fait ignorés » ni même tout à fait impuissants. Il reste cependant que l'historisme sociologique actuel se trouve, comme l'était déjà celui de Savigny, conduit à un conservatisme inévitable et avoué, dans lequel on ne voit pas de quel côté pourrait être abordé le problème de changer les choses. L'*idée* de les changer ne devrait pas même nous venir (et pourtant, en fait, elle nous vient); l'indication d'une *direction* à suivre dans ce changement, la connaissance d'un *moyen* de l'opérer, tout cela nous est également refusé par la science des mœurs, qui est réduite à constater les règles existantes, à constater l'autorité dont elles jouissent, comme un fait contenu dans leur existence même [3], sans pouvoir ni les justifier ni à plus forte raison les condamner [4].

Mais que devient alors la technique sociale, « l'art moral

---

1. *Ibid.*, p. 271.
2. P. 143.
3. P. 145. « Son autorité (celle de la morale d'un peuple donné) est donc toujours assurée, tant qu'elle est réelle. » Cette formule n'est peut-être que trop lumineuse.
4. On remarquera l'interversion qui semble s'être produite dans l'attitude des diverses théories. Il n'y a pas plus de vingt-cinq ans, c'étaient les morales positives et scientifiques qui passaient pour « subversives » tandis que les morales philosophiques et rationnelles ne faisaient guère, en France du moins, que revêtir l'intuition morale commune de formules plus ou moins abstraites. Aujourd'hui, comme si un certain équilibre devait se maintenir entre les forces sociales, c'est la morale aprioristique qui se tient volontiers pour révolutionnaire (cf. Cantecor, article cité, p. 387), et par compensation la morale positive qui fournit un appui au conservatisme.

rationnel », dont on nous parle sans nous donner nulle part la moindre description, le moindre exemple de ce qu'il pourrait être ? Comment peut-il en être question là où l'on paraît enlever toute prise à l'action, et supprimer jusqu'au désir même de rien faire ?

Dira-t-on que cette idée du changement viendra du progrès scientifique lui-même ? Mais outre que la science future ne sera pas plus normative que la science présente, comment susciterait-elle cette indépendance critique, s'il est vrai que « l'esprit humain se trouve toujours satisfait de la conception intellectuelle du monde, quelle qu'elle soit, qui lui est transmise[1] » ? Si l'esprit scientifique est aussi conservateur, aussi enchaîné à la tradition sociale que les sentiments pratiques, d'où viendra l'autonomie critique sans laquelle une technique sociale scientifique serait sans usage ?

On se défend, il est vrai (et cela même est presque un aveu), de tomber dans le fatalisme : « Admettre que cette réalité [sociale] a ses lois, analogues à celles de la nature physique, n'équivaut nullement à la considérer comme soumise à une espèce de *fatum* et à désespérer d'y apporter aucune amélioration. Au contraire c'est l'existence même de ces lois qui en rendant la science possible rend aussi possible le progrès social réfléchi... Quand les sciences sociales auront faits des progrès comparables à ceux des sciences physiques on peut penser que leurs applications seront aussi très précieuses[2] ». Fort bien ; mais on ne s'appuie ici que sur l'analogie de la « science des mœurs » et des sciences de la nature, pour conclure à l'analogue possibilité de techniques correspondantes. On n'a nulle part critiqué cette analogie présumée, et nous aurons à le

1. *Op. cit.*, p. 30.
2. Lévy-Bruhl, *op. cit.*, p. 154.

faire plus loin. Or pour le moment, ce qui nous frappe c'est que jusqu'ici on nous a donné de la « Science des mœurs » une idée qui est en dehors de toutes ces analogies. Cette idée semble être surtout d'établir la *solidarité historique* des phénomènes sociaux soit dans la succession, soit dans le simultané. Or toutes les sciences de la nature ont pour méthode précisément de décomposer la réalité en ses facteurs relativement simples et fixes, de diviser *le* déterminisme toujours insaisissable comme loi synthétique de la réalité concrète, en *des* déterminismes partiels ou élémentaires. C'est à cette condition seule que nous pouvons *comprendre* les choses. C'est à cette condition aussi que nous pouvons obtenir des prédictions qui sont toujours conditionnelles, et non catégoriques, qui portent sur les effets *nécessaires* de causes *supposées* et non sur des événements pris en bloc [1]. C'est par là aussi que les techniques sont possibles, et que les lois du *réel* sont en même temps utilisables pour nos *fins*, parce que la position des causes est supposée dépendre de nous, les effets seuls dépendant à leur tour de ces causes par une nécessité naturelle. Mais aucune science de la nature, et à plus forte raison aucune technique ne se place, comme on le fait ici, à un point de vue historique, où la réalité concrète apparaîtrait comme un ensemble massif où tout se tient, et *dont fait partie l'action* elle-même qui est censée devoir la modifier, *dont font partie les fins mêmes* en vue desquelles on la modifierait[2]. Or à ce point de vue, c'est en effet dans une sorte de fatalisme que l'on retombe d'une façon presque explicite, sinon avouée. Puisque nos institutions et nos juge-

---

1. Cf. notre article : Science et pratique sociales, *Rev. philosophique*, février 1893, p. 197 et suiv.
2. Nous examinons ce point spécial dans le § 3.

ments moraux se reflètent réciproquement, ceux-ci « valent précisément ce que vaut la réalité sociale dont ils sont à la fois l'expression et le soutien [1] ». Disons mieux : rigoureusement, aucun jugement de valeur ne serait plus possible et comme (on nous l'a déjà dit) notre morale est précisément en chaque instant aussi bonne ou aussi mauvaise qu'elle peut être : son existence même nous enlève toute faculté de la juger.

A ce point de vue, on conçoit encore que le sociologue juge les sociétés passées ou étrangères, parce qu'il n'en est pas membre ; encore son jugement n'est-il alors qu'en apparence un jugement de valeur, car il revient simplement à dire précisément que celui qui juge ne fait pas partie de ces sociétés et que s'il en faisait partie il jugerait autrement ; qu'enfin ces sociétés ne sont pas la nôtre et que leurs éléments constitutifs ne pourraient cadrer avec notre organisation, d'après laquelle nous la jugeons. Cet apparent jugement de valeur que nos sociologues porteront sur la morale chinoise ou sur les coutumes australiennes se réduit donc à ce jugement de fait : nous ne sommes pas Chinois ni Australiens. Mais ce n'est pas la société chinoise ou australienne, c'est la nôtre que nous pourrions songer à « améliorer ». Or c'est précisément celle-ci que nous ne pouvons plus *juger*, car notre jugement s'immobiliserait alors dans la formule : « nous sommes nous ». Notre raison, produit social, ne peut juger le milieu d'où elle dérive. L'idée d'une *amélioration* ne saurait à ce point de vue ni se définir ni peut-être même surgir. C'est en se plaçant à ce point de vue d'une réalité sociale en quelque sorte compacte et formant un système solide que M. Spencer exprime si fréquemmment cette idée, qu'en présence d'un

[1]. Lévy-Bruhl, p. 240.

mal social, au lieu de se demander ce qu'il faut faire, il faut se demander s'il y a lieu de faire quelque chose ; que tous les remèdes proposés ne font que déplacer le mal ; que, puisque tout se tient, il faudrait tout changer pour changer quelque chose ; qu'enfin il ne faut rien changer artificiellement, parce que la société n'est pas « a *manufacture*, but a *growth* ». Lorsque M. Lévy-Bruhl signale les maux qu'a souvent produits une technique empirique et non scientifique [1], il semble bien indiquer, puisque nous n'aurons pas avant longtemps une sociologie scientifique, que nous serions condamnés jusque-là à faire bien des bêtises et que mieux vaut par conséquent agir le moins possible. Mais une science sociale plus parfaite ne changerait rien à la situation, tant que l'on continuerait à se placer au point de vue de l'universelle solidarité des éléments sociaux. Il semble au contraire que, si c'est là ce qui définit la condition de la science sociale, celle-ci deviendrait d'autant plus inutile qu'elle serait plus parfaite, ou inversement que la possibilité d'une telle science serait d'autant plus marquée, qu'elle aurait pour objet des sociétés moins modifiables et dans lesquelles l'action aurait moins de place [2].

Il y a donc bien une conception historique de la « science des mœurs » qui non seulement ne saurait fonder aucune technique, mais qui, à la limite, conduirait à la rendre inutile et impossible, et selon laquelle toute notre médecine sociale irait à peine à constater la *vis medicatrix naturæ*.

1. *Op. cit.*, p. 154.
2. C'est ce que semble bien confirmer le texte que nous citons plus haut : « Tant que la science n'est pas faite, nulle institution n'a de caractère intangible et sacré. » La science, supposée faite, rendrait-elle donc les institutions intangibles et sacrées ? Comment la science établirait-elle de semblables *tabous* ? Elle n'a guère ni cette vertu ni cette habitude. Et l'histoire, nous l'avons vu, encore bien moins.

Mais une autre conception sociologique est possible. La sociologie serait alors une science analytique et explicative déterminant les lois qui unissent les facteurs élémentaires de la vie collective ; lois naturelles, objectives, fixes au moins dans les limites de l'observation possible. Une telle science serait alors vraiment analogue à la physique. L'histoire, évidemment indispensable encore, n'aurait du moins plus d'autre rôle que de fournir les documents, les *expériences* ; elle ne constituerait plus la forme même de la science et de l'explication sociologique. Les lois que l'on cherchera à déterminer seront alors des lois causales, non des *lois d'évolution* ou de croissance spontanée. Nous chercherons alors, contrairement à ce qu'indique M. Lévy-Bruhl[1], non pas seulement à *connaître*, mais à *comprendre*, à la façon de toutes les sciences positives, en pénétrant aussi loin que possible dans l'analyse des causes réelles, et de leurs rapports nécessaires et internes avec les effets, au lieu de nous en tenir à ces simples apparences tout extérieures et toutes contingentes que nous fournissent les successions ou les concomitances historiques.

Dans la mesure où une telle science serait réalisable, et dans cette mesure seulement, une technique morale pourrait être alors nettement conçue et le savoir accroîtrait réellement le pouvoir. Mais toute la critique d'une telle notion reste à faire, pour savoir dans quelle mesure et à quelles conditions l'objet propre de cette science et de cette technique, la société, comporte l'application d'une analogie tirée d'objets extrêmement différents. Ce n'est qu'une hypothèse dont il faut examiner l'applicabilité, une définition formelle qu'il s'agit de tranformer en description réelle.

---

1. *Op. cit.*, p. 120.

§ 3. — La physique sociale ; en quoi la morale est assimilable a une technique

Nous avons donc à nous demander maintenant jusqu'à quel point la morale peut être strictement *sociologique*, c'est-à-dire se réduire à l'utilisation d'une connaissance analytique et causale des sociétés (ou peut-être simplement de la société où l'action prend place) et constituer ainsi une technique qui soit à la sociologie ce que la médecine est aux sciences biologiques.

Peut-être ne pourrons-nous résoudre une telle question sans nous prononcer plus ou moins explicitement sur la nature et la valeur de la sociologie. Car si la sociologie pouvait acquérir en toute rigueur le caractère de précision, de généralité, de fixité que comportent les sciences de la nature, on ne verrait pas pourquoi il serait impossible de s'en servir comme nous nous servons de ces dernières. Ce problème de la possibilité de la sociologie dépasse pourtant en un sens la question que nous nous sommes posée, et nous n'aurions aucun goût pour le reprendre : un débat préalable sur la possibilité et la méthode d'une science à ses débuts a toujours quelque chose de formel, de scolastique ou d'académique, contre quoi, non sans raison, l'on s'est inscrit en faux, en se mettant courageusement à l'œuvre. On a toujours mauvaise grâce à venir dire à des gens qui travaillent, et nous savons avec quelle conscience scientifique, qu'ils tentent peut-être l'impossible ou que le succès est douteux. Aussi ne voulons-nous nullement recommencer ici une discussion méthodologique un peu usée, ni aborder pour lui-même et directement le problème de la valeur de la sociologie.

Mais en nous confinant dans la question que nous nous

sommes posée des rapports de la connaissance et de l'action en matière sociale, il nous sera impossible de ne pas reconnaître que si c'est peut-être en partie l'insuffisance du savoir qui gêne ici l'action, c'est encore bien plus le développement de l'action qui fait la difficulté et peut-être l'impossibilité d'une véritable science. Ailleurs la science domine l'action, au moins en ce sens qu'elle en détermine les conditions essentielles ; ici, au contraire, l'action réagit sur la connaissance au point d'en déterminer en partie les conditions, et même la possibilité ; en sorte que nous retrouverons là, sous une forme d'ailleurs entièrement positive, une sorte de « primat de la raison pratique ». Ce n'est donc pas seulement la constante intervention des préoccupations pratiques, qui, suivant la remarque courante, constitue un obstacle *subjectif* à la conception d'une vérité scientifique en matière sociale, et compromet l'impartialité, le désintéressement d'une recherche méthodique. Mais c'est la réaction constante, dans les choses mêmes, de la finalité sur la réalité, de ce que l'on fait sur ce que l'on connaît, de la volonté et de la pratique sur la nature, qui *objectivement* compromet la possibilité d'une pure vérité scientifique, empêche que l'objet même de la science reste indépendant, dans sa nature et dans son existence, de la connaissance qu'on en acquiert et de l'action qu'on y applique. Ici comme partout, nos sentiments et nos désirs peuvent altérer notre clairvoyance scientifique ; mais cette difficulté, quoique particulièrement marquée dans la recherche sociologique, ne lui est point propre et se résout à tout prendre en une affaire de discipline mentale. Ce qui constitue une difficulté toute nouvelle et toute spéciale, un obstacle inconnu aux sciences cosmologiques, et qui ne réside pas seulement dans de mauvaises habitudes d'esprit, mais dans la nature même des phénomènes à étudier, c'est qu'en matière de science sociale notre connaissance des faits, notre jugement téléologique, et la pratique qui en est la conséquence, transforment, au moins à la longue, l'objet même qu'il s'agissait de connaître et font changer la vérité qui serait à découvrir.

C'est bien là l'obstacle dès longtemps aperçu, auquel se heurte l'idée même d'une science sociologique. Mais c'est tout d'abord ce qui impose une limite trop complètement méconnue, ce nous semble, par M. Lévy-Bruhl, à l'idée d'une technique sociologique, d'un « art moral rationnel », c'est-à-dire, dans l'esprit de cet auteur, d'un art qui reposerait exclusivement et directement sur une *vérité* bien établie, et non pas sur l'idéal pratique lui-même, qu'il s'agirait seulement d'organiser. Que si cet obstacle peut être franchi, au moins aurions-nous aimé à voir comment il peut l'être ; et s'il est illusoire, au moins souhaiterait-on qu'on le fît voir et qu'on ne tînt pas simplement pour non avenue une apparence qui s'impose à l'esprit avec une telle force, et qui ressemble même plus à un fait d'expérience banale qu'à un fantôme suscité par quelque délire philosophique.

.•.

Il nous faut pourtant, en premier lieu, et pour bien circonscrire la portée de notre critique, montrer sur quel point et en quel sens la morale prend en effet l'aspect d'une technique sociale ; nous verrons mieux ainsi de quels faits d'observation, de quel aspect de la réalité une généralisation non critiquée a pu tirer une théorie beaucoup trop absolue et trop indéterminée.

Belot.

Nous avons déjà fait voir comment, d'une part, la critique des conceptions morales métaphysiques ou abstraites, comment, d'autre part, la pratique même conduisaient à l'assimilation de la morale aux techniques ordinaires. Mais il nous faut maintenant analyser de plus près les conditions dans lesquelles cette idée se trouve réellement applicable.

Deux circonstances paraissent définir essentiellement l'activité correspondant à une technique scientifique.

La première consiste dans une attitude de l'agent et elle est en ce sens d'ordre subjectif : c'est que la volonté ne se détermine que par la considération du résultat à obtenir sans qu'il soit tenu compte de la *forme* de l'activité mise en jeu, ni de la nature des moyens employés. Le chimiste qui veut obtenir de l'acide sulfurique chimiquement pur ne considérera pas si les procédés employés sont onéreux. L'industriel qui ne fabrique d'acide sulfurique que pour le vendre, et vise en somme à fabriquer du profit plutôt que de l'acide, calculera le produit net de sa production. Et l'on ne juge pas une activité technique à son *mérite*, mais à son *succès* au moins probable.

L'autre condition est plutôt d'ordre objectif ; elle consiste en ce qu'un déterminisme naturel, à vrai dire toujours plus ou moins imparfaitement connu, mais assuré au moins pendant le cours de l'action, permette à celle-ci de se diriger et d'aboutir ; il faut que l'agent puisse compter sur une *nature* ayant quelque fixité, indifférente en un certain sens à l'action qu'elle subit, et qui ne peut tomber sous sa dépendance que dans la mesure même où elle a une existence indépendante. Cette condition préside aux techniques même les plus modestes et les plus simples : le pâtre suisse qui de son grossier couteau sculpte un chamois dans un morceau de sapin doit pouvoir compter sur quelques propriétés durables du bois et de l'acier.

Dans quelle mesure ces deux conditions se retrouvent-elles réalisées dans l'activité morale ?

Que tout d'abord, sur le premier point, le kantisme ait pu soutenir que l'impératif moral se distinguait des impératifs techniques justement par son caractère formel, et résidait essentiellement dans l'observation d'une règle et non dans l'adaptation à un but, c'est ce dont une morale positive ne sera guère embarrassée. Sans reprendre ici la critique directe de l'idée de l'impératif catégorique, on trouvera bien des raisons d'ordre entièrement positif et pratique des raisons, psychologiques et sociales, pour expliquer l'apparence ainsi revêtue par l'impératif moral.

C'est d'abord, psychologiquement, l'intervention de l'habitude[1] qui surajoute aux motifs intelligents, tirés des fins même de l'acte, une impulsion étrangère, résultant d'une série d'actes passés plus ou moins analogues ; motif tout subjectif, qui se ramène finalement à un principe de moindre effort. Ainsi ce caractère d'une activité qui fait de la forme, de la règle, son unique principe d'action, caractère qu'on nous présente comme la marque d'une véritable volonté et de la force morale, se trouve réalisé d'une manière approximative précisément dans l'activité psychologique mécanisée par l'habitude et qui suit la ligne de moindre résistance.

C'est ensuite et parallèlement, l'influence de l'imitation sociale et de la coutume, qui impose, à l'individu l'obligation ou même le besoin de faire « comme tout le monde », du moins selon la règle traditionnelle et proclamée par la

---

1. On a signalé le rapprochement des mots allemands *Pflicht* et *pflegen*. Cf. Simmel, *Einleitung in die Moralwissenschaft*, p. 31.

collectivité. Là encore la forme d'activité qu'on nous présente comme essentiellement morale et autonome n'est justement imitée que par l'action la moins personnelle et la plus hétéronome, et la théorie kantienne de l'obligation se trouve plus près qu'elle ne le voudrait de l'explication empiristique qu'en peut fournir la sociologie. Inversement, le souci de l'imitation possible de nos actes par les autres, et de l' « universalisation » sociale des maximes qu'ils paraissent exprimer, pèse aussi sur chacune de nos décisions individuelles et les empêche de se régler toujours suivant ce que les Anglais appellent « *the merits of the case* » : motif de détermination très légitime sans doute et pratiquement essentiel, mais en somme tout extrinsèque, et qui disparaîtrait si tous les hommes agissaient vraiment par eux-mêmes.

Enfin, et c'est ici ce qui nous intéresse le plus, si l'activité morale s'attache à une règle plutôt qu'elle ne vise un résultat, et si en cela elle s'écarte de l'activité technique, c'est peut-être surtout à cause de l'insuffisance de nos connaissances et de l'impénétrable complexité des conditions auxquelles les résultats sont suspendus. N'étant pas assez certains des effets que nous obtiendrons, nous jugeons que le plus simple et le plus sûr est encore de nous conformer à des règles fixes, et surtout aux règles établies, qui à tout prendre ont pour elles une longue et vaste expérience ; le seul fait qu'elles se maintiennent atteste qu'elles peuvent fonctionner et leur donne une autorité qui n'est pas seulement la force subjective de l'habitude ou de la force sociale de l'imitation, mais repose objectivement sur l'épreuve qu'elles ont subie. Seulement cette épreuve est tout empirique et ne correspond à aucune science véritable ; de sorte que, ici encore, ce que la morale kantienne nous donne comme la forme supérieure de la rationalité pratique ne se trouve, dès qu'on sort des abstractions, vérifié approximativement par les faits, que comme le résidu d'un empirisme inévitable peut-être, mais à coup sûr peu satisfaisant.

A tous ces points de vue, par conséquent, non seulement les apparences « formelles » de l'impératif moral s'expliquent aisément et sans mystère métaphysique, mais on voit qu'elles correspondent principalement aux imperfections de la pratique morale, loin d'en exprimer l'essence ni la limite supérieure et idéale. Ainsi c'est *d'abord* à diminuer cet écart entre la technique et la moralité qu'il y aurait véritablement progrès, et que le moraliste devrait travailler.

C'est ce que l'on pourrait d'ailleurs essayer de prouver d'une autre manière en suivant l'évolution de l'obligation morale soit dans la collectivité, soit chez l'individu. Elle se manifeste d'abord par un « *sic jubeo* » complété par le «*sit pro ratione voluntas* » sur lequel Kant fait ses réserves. Dans la société, c'est l'autorité de la coutume et l'impératif religieux ; chez l'enfant, c'est, indépendamment même de la crainte, le prestige de celui qui commande, l'entraînement d'une sorte de suggestion. A un niveau supérieur, l'obligation cherche à se justifier déjà par une raison de « principe », par la perception d'une convenance de l'action, non à certaines fins, mais à certaines règles et formules admises. Il suffit d'entendre raisonner certains juristes purs, se référant à des textes, à des précédents ou à des axiomes de droit, véritables théologiens du Digeste ou du Dalloz, pour avoir l'impression du caractère scolastique et formel de leurs preuves ; les raisons de leur décision rappellent parfois celles du grammairien : *Pourquoi* faut-il accorder le participe ? *Parce que* le complément précède. La règle tient lieu de justification. De même l'autonomie de l'enfant grandissant qui commence à raisonner, mais manque encore d'expérience, qui peut avoir des formules et des habitudes, mais ignore encore les choses, consiste principalement à savoir faire rentrer un cas donné dans la règle qu'on lui a fournie ; et son jugement se réduit ainsi à une appréciation quasi logique de conformité ou de disconvenance. C'est à ce stade que nous nous arrêtons le plus souvent. Mais cependant au fur et à mesure que s'étend et se précise l'expérience de la vie, et qu'elle fournit une plus riche matière à la réflexion, nous jugeons de ce que nous avons à faire par ce qu'il nous est possible de prévoir des résultats de notre conduite, par l'adaptation de chacun de nos actes aux fins dont nous avons pris conscience et que nous avons acceptées. De la même façon, socialement, nous voyons que le droit et la jurisprudence elle-même ont une tendance à devenir moins formels, et à décider d'après des prévisions concrètes plutôt que d'après des formules préalables ; l' « individualisation » de la peine et des arrêts tend à s'accentuer et cette tendance n'est limitée en somme que par le danger de l'arbitraire, c'est-à-dire encore, remarquons-le bien, par une raison toute négative tirée des imperfections humaines.

L'homme qui agit vraiment par lui-même, comme celui qui juge par lui-même, c'est celui qui prend le contact le plus direct avec la réalité, sans laisser s'interposer entre lui et les choses le prisme commode des formules toutes faites. Là est la véritable autonomie, soit du jugement soit de la volonté, alors que le formalisme kantien, — dès que l'on en considère, non la définition abstraite absolue, mais les approximations empiriques, les traductions psychologiques et sociales réelles, sous la forme de règles générales et d'habitudes acceptées au préalable, — n'aboutit qu'à une autonomie partielle et souvent même tout illusoire. Ce formalisme de « la règle » peut être une utile précaution, Comte le reconnaissait, contre le danger de certains entraînements de la sensibilité. Mais il est plutôt le remède à l'insuffisance de notre volonté, à son incapacité de se mettre en harmonie directe avec le réel, qu'il n'exprime l'essence même et la perfection du vouloir.

Ainsi tout converge, dans l'observation directe des faits comme dans la critique des théories, vers cette conclusion que la forme de l'activité morale doit gagner, au moins par un certain côté, à s'approcher de celle des activités techniques. Si surtout le principal obstacle à leur assimilation réside dans l'incertitude qui pèse sur les effets de nos actes sociaux, et dans l'infinie complication de leurs répercussions à travers le temps et l'espace, il est naturel qu'on songe à dissiper cette incertitude à l'aide d'une connaissance sociologique mieux assurée, et qu'on espère résoudre ainsi la question. L'ancienne médecine, elle aussi, faute d'une science physiologique exacte, était réduite à agir par « principes », c'est-à-dire d'après des formules résultant d'un singulier mélange d'empirisme brut et de théories en l'air ; on devait soigner et l'on devait guérir conformément à *la règle*. Ne semble-t-il pas que notre activité morale soit en grande partie aujourd'hui dans une situation toute comparable, et ne peut-on espérer que grâce à une connaissance plus scientifique, elle puisse, comme la médecine, dépasser ce stade de son développement ?

Elle le pourra dans la mesure où sera vérifiée la seconde condition dont nous avons parlé, l'existence d'une « nature sociale » qui puisse fournir à la connaissance un objet défini, fixe, soumis à des lois, et par conséquent fournir aussi à l'action un point d'appui sûr et ferme.

A un certain point de vue cette condition semble également nous être donnée.

Si, en effet, l'on considère une action particulière d'un individu dans un milieu social déterminé, on peut dans une très large mesure considérer ce milieu comme obéissant à certaines lois dont le jeu est assuré. Sans doute il pourra encore être très difficile de prévoir les effets réels de l'action parce que ces lois s'enchevêtrent d'une manière extrêmement complexe et réagissent les unes sur les autres à l'infini. Mais une telle difficulté n'est pas, pour le moment, d'un autre ordre que celle à laquelle se heurte le médecin ou même le météorologiste. Il reste que, analytiquement, les effets propres de chacune de ces lois pourraient être déterminés ; toute technique doit ainsi opérer la combinaison des éléments que lui fournit la connaissance scientifique.

On pourrait être certain, par exemple, que si, actuellement, on restreignait à l'excès l'encaisse métallique de la Banque de France relativement à l'émission des billets, ceux-ci se trouveraient discrédités. On peut prévoir que si l'on frappe certains capitaux d'un impôt trop lourd, on en amènera l'exode, que si l'on majore les droits sur l'alcool ou les droits de douane au delà d'une certaine mesure, on développera la fraude, que si l'on attache à certains diplômes une exemption de service militaire, on verra affluer les candidats.

C'est qu'en effet, par rapport à l'action individuelle en un moment déterminé, le monde social et l'ensemble des forces qui en constituent la vie sont un *donné* qu'on peut connaître avec quelque précision, qu'il faut connaître si l'on veut agir avec quelque chance de succès, et dont on peut aussi escompter les réactions, avec presque autant de sûreté, au moins dans les cas les plus simples, que celles de la nature extérieure. Ce monde se trouve, pour chaque agent, constitué avant son action et indépendamment d'elle. Il le trouve tout fait, et il s'agit pour lui, à ce point de vue, non de le faire, mais de le connaître et de l'utiliser suivant sa nature propre. Son action, d'autre part, est trop faible et trop limitée, *en général*, pour influer sensiblement sur cette nature dont elle fait cependant partie. C'est ainsi que j'achète « au cours » certaines marchandises de production et de consommation courante, tant que ma propre demande est assez faible pour être négligeable par rapport à la consommation totale, et reste par suite sans effet appréciable sur le niveau de ces cours.

C'est d'ailleurs, actuellement, l'économie politique qui fournit, malgré ses imperfections, l'exemple le plus approché de ce que peut être une science sociale capable de servir de base à une technique. Étant donné un régime économique — réel ou hypothétique — on peut, avec l'approximation que comporte la complexité des phénomènes, prévoir ce qui s'y produira si notre action économique prend telle ou telle direction. L'économie politique ne me dit pas si je dois être libre-échangiste ou protectionniste, mais elle me permet de me faire une idée des effets probables de l'un ou l'autre régime. Elle ne m'enseigne pas si je dois préférer la sécurité du capital à l'importance du revenu ; mais elle m'indique qu'un intérêt très élevé n'est guère offert que là où il y a des risques sérieux à courir. Le tort de l'économie dite classique réside beaucoup moins, suivant nous, dans sa méthode analytique [1] que dans une sorte de foi qui n'a

---

1. Une science, surtout quand elle veut fonder une technique, ne peut faire autrement que de distinguer les différents facteurs d'un phéno-

rien de scientifique, et qui lui fait volontiers prendre des hypothèses méthodologiques pour l'expression de la réalité, et le mécanisme d'un régime économique actuellement dominant pour des lois éternelles et nécessaires des relations humaines.

C'est donc par rapport à une organisation sociale présente et à l'ensemble des formes d'existence qui y sont actuellement données, institutions politiques et juridiques, croyances religieuses, état de la mentalité et de la moralité elle-même, que des prévisions pratiques sont possibles et doivent entrer en ligne de compte dans l'activité morale. C'est là une vérité aujourd'hui tellement évidente, tellement imposée par la nécessité des choses, quoique méconnue encore partiellement par les théoriciens, qu'on ne peut vraiment pas s'attarder à l'établir. M. Spencer, a dès longtemps signalé les erreurs pratiques déplorables que d'excellentes intentions, mal éclairées sur le mécanisme social, ont trop souvent fait commettre. La statistique, la démographie, la science financière sont aujourd'hui les auxiliaires indispensables d'une Morale. La philanthropie, dans laquelle la générosité des sentiments et la sainteté des intentions ont longtemps paru la chose essentielle, ne peut plus se régler aujourd'hui que sur la valeur des résultats qu'une observation plus attentive des faits permet d'en attendre, soit pour ses bénéficiaires directs, soit pour la société tout entière. Toute une technique de la bienfaisance apparaît aujourd'hui comme possible et comme nécessaire,

mène, et si, dans cette analyse, elle s'aide de l'hypothèse, — sauf à vérifier ensuite, — elle ne fait rien encore que les sciences les plus rigoureuses ne fassent constamment. Je crois donc excessive la sévérité d'un des collaborateurs de M. Durkheim, M. Simiand, pour cette méthode en économie (*Année sociol.*, VIII, p. 572 et suiv.). En tout cas je ne vois pas comment une technique pourrait utiliser une science qui conserverait un caractère purement synthétique et essentiellement historique.

et l'on pourrait déjà citer quelques-uns de ses plus habiles « ingénieurs ».

Il y a plus. Ces connaissances sociales, lorsqu'elles viennent en contact avec les sentiments moraux existants, les besoins généralement éprouvés dans une société, font surgir l'idée de devoirs nouveaux et modifient les frontières des droits. Une analyse plus précise des conditions de la valeur a déjà changé et changera encore notre idée du droit de propriété, et cela au nom même de la notion préexistante de la justice. Notre patriotisme pourra s'émouvoir des constatations démographiques relatives à la dépopulation. Ainsi les connaissances sociologiques, si elles ne font pas naître la conscience, la déterminent et la précisent, parfois même la transforment en changeant son point d'application.

Peut-être même aurait-on à ce point de vue le droit d'écarter provisoirement, sinon le moyen de résoudre une des questions qui, nous le verrons, restent les plus embarrassantes pour la théorie qui assimile la morale à une technique : je veux dire la question des fins. Car enfin si une technique se contente d'établir sur une connaissance scientifique un système de moyens, c'est parce que les fins en sont posées en dehors d'elle et mises hors de toute contestation. Lorsque la médecine s'empare de la physiologie, elle sait déjà en vue de quoi elle l'utilisera, et que c'est en vue de la guérison. Mais à quel usage, demandera plus d'un critique, va-t-on faire servir la science sociale, dès que par hypothèse elle sera acquise ? C'est une question que M. Lévy-Bruhl, et pour cause, évite de susciter et de trancher ; et le reproche ne pouvait manquer de lui en être fait, car la question semble essentielle en morale et inévitable. Nous croyons, nous aussi, que la critique porte

Cependant on peut encore, en se tenant sur le terrain étroit où nous nous sommes momentanément placé, parer pour un instant le coup.

En fait, comme nous l'avons montré antérieurement, le débat moral, dans un cas déterminé, soit à l'intérieur d'une même conscience, soit entre plusieurs consciences contemporaines, porte beaucoup moins sur les fins que sur la valeur et la portée des moyens. Les fins sont immanentes à la société et l'on s'entend à leur égard beaucoup plus que ne semblent le supposer les traités de « morale théorique ». Elles changent même d'âge en âge beaucoup moins qu'on ne serait porté à le croire. En un sens une morale positive peut donc, tant qu'il ne s'agit que de régler l'action présente, se désintéresser en très grande partie de ce problème. Comme on peut être assuré qu'en général c'est la santé que nous voudrons et non la maladie, on peut espérer que, dans l'ensemble de la société, la volonté du bien ne fera pas défaut. La tâche est plus urgente de nous apprendre à le faire que de nous apprendre en quoi il consiste. Et d'ailleurs peut-on en toute rigueur concevoir une science des fins ? Nous avons déjà établi, d'accord ici avec M. Lévy-Bruhl, que cela n'avait pas de sens. Une fin, c'est ce qu'on veut ou ce qu'on désire, et cela ne saurait être l'objet de preuve. La paix n'est pas plus scientifique que la guerre. Mais en établissant plus exactement, comme elle le peut, le bilan de la guerre, le coût d'une campagne même victorieuse, la science sociale peut fortifier notre désir de paix ; et si au lieu de trancher la question de la paix ou de la guerre au nom de sentiments de gloire, d'honneur, d'ambition, nous la résolvons à l'aide d'une connaissance précise et réfléchie des conséquences, on pourra dire à bon droit que notre décision aura un caractère scientifique.

D'ailleurs, avons-nous vu, l'individu, au moment de l'action, trouve devant lui un état de choses organisé que son action ne changera pas d'emblée. Par exemple, l'intérêt du capital *existe*. L'individu peut sans doute, au nom de certaines conceptions de la justice, d'un certain idéal social, critiquer ce régime et souhaiter sa disparition. Toutefois, dans sa conduite actuelle, il est obligé d'en tenir compte, d'en prévoir les effets, de les accepter dans ses calculs. Personne, si ce n'est peut-être je ne sais quel tolstoïsant sentimental, n'aura la naïveté de croire que c'est en cessant de placer son argent ou en refusant simplement ses dividendes qu'il arrivera à modifier le régime capitaliste, et l'on sait que plus d'une entreprise philanthropique, par exemple le système anti-alcoolique dit de Gotheborg, et certaines œuvres d'habitations à bon marché, n'a réussi qu'en acceptant très modestement et très franchement le terrain fourni par ce régime, en offrant un placement solide et en distribuant des dividendes.

Le problème qui se pose à l'action immédiate est donc tout d'abord de bien connaître le système social actuel et l'ensemble des forces qu'il met en jeu. A ce point de vue — d'ailleurs très limité — on peut se dispenser de répondre à la question : Que fera-t-on de cette connaissance? A quelle fin la fera-t-on servir? Car la réponse serait simplement : On en fera *ce qu'on voudra*. La physique, la physiologie, toutes les sciences d'autant plus solidement constituées qu'elles le sont en dehors de toute préoccupation pratique, se mettent à la disposition des techniques possibles, sans avoir pour tâche de prévoir, de limiter ni de diriger les besoins qui les feront surgir. De la même manière, la connaissance du régime social, objectivement et impartialement étudié, peut être mise au service de nos divers besoins sociaux et moraux et elle leur est nécessaire. Mais elle n'a pas à les définir ni à les régenter. Renouvier pensait déjà que la nature, l'instinct, les besoins de toutes sortes suffisaient bien à susciter l'action, et que la raison n'avait qu'à la régler, non à la provoquer. L'attitude que nous expliquons ici est assez analogue, sauf qu'à l'idée d'une raison régulatrice, abstraite et formelle, dotée d'une autorité absolue et supra-expérimentale, on substitue l'idée d'une science concrète et positive, capable de fournir, non pas sans doute une règle générale (d'ailleurs bien précaire), mais des règles particulières précises en même temps que des moyens d'action. Quant aux fins, c'est-à dire aux besoins, aux aspirations, aux formes diverses de l'idéal, on peut admettre qu'elles préexistent et qu'elles ne feront jamais défaut, qu'elles se feront jour enfin selon leur valeur dans la mesure même où la connaissance, d'une part leur fournira des instruments, et d'autre part aidera à mieux distinguer le possible de l'impossible. On peut compter, surtout, sur l'espèce d'instinct de conservation des sociétés, qu'on n'a jamais vues renoncer volontairement à l'existence ni se suicider consciemment, pour être assuré qu'elles tendront toujours avec assez de force à éliminer de leur sein les éléments qui leur apparaîtraient comme destructeurs. Elles peuvent seulement, si la connaissance d'elles-mêmes leur fait trop complètement défaut, ou se faire illusion sur les dangers qu'elles croient reconnaître, ou se tromper sur les meilleurs moyens d'y parer.

Il semble donc que, au niveau du moins où nous nous sommes tenus jusqu'ici, l'analogie de la morale avec les techniques pourrait être maintenue même sur ce point essentiel déjà aperçu, nous l'avons vu, par Aristote, que les fins n'auraient pas à être démontrées. Cette attitude n'étonne au premier abord qu'en raison de notre habitude toute philosophique, ou plutôt scolaire, de demander à la morale une affirmation des devoirs et une *preuve des fins*. Mais une telle preuve est d'abord rigoureusement impossible, et d'autre part l'attitude que nous venons de décrire n'est, comme nous venons de le voir, ni inintelligible, ni si éloignée de celle qu'on observe dans la réalité.

Nous retrouvons ainsi, par une autre voie, une vérité déjà mise en évidence, une vérité qui semblerait une simple affirmation de sens commun, si nous n'avions vu combien une critique était nécessaire pour la rétablir et lui donner toute sa précision : c'est que la connaissance sociologique qui intéresse la pratique et permet de fonder une technique morale, c'est celle du système social *présent* au milieu duquel l'action prend naissance. Nous l'avons établie par opposition à une conception tout historique ou ethnologique de la science des mœurs, qui, toute tournée vers le passé ou vers les formes élémentaires de vie sociale, ne nous a paru comporter aucune application à la pratique. Il nous faut aujourd'hui la maintenir contre une sociologie plus ambitieuse qui, partie de cette connaissance purement historique et descriptive, espérerait embrasser l'avenir même de l'humanité, en posant des lois permanentes et universelles de la vie sociale. Plus ambitieuse, disons-nous, et pourtant par cela même d'autant plus timide au point de vue pratique : car elle ne nous laisse espérer que pour un avenir lointain (et cette espérance même est-elle bien justifiée ?) cette connaissance scientifique des sociétés sur laquelle se fonderait une morale vraiment rationnelle. Elle abandonne ainsi l'action présente, qui pourtant ne peut attendre, au plus complet empirisme, et aux impératifs irréfléchis de la conscience traditionnelle. On a commencé par compromettre l'autorité de ces impératifs, nous l'avons vu, en les présentant comme des survivances sans adaptation à notre présent ; et maintenant on nous met en demeure de continuer à vivre provisoirement (ce provisoire peut singulièrement se prolonger) sur ce fonds discrédité, parce qu'on n'est pas encore prêt à lui substituer une connaissance proprement scientifique.

Ainsi tandis que l'art social dont on nous propose l'idée supposerait une science très éloignée de nous, mais aussi une science permanente et fixe, il nous semble qu'une telle idée est surtout valable dans l'actuel, et par rapport à un moment déterminé de la vie mobile de chaque société.

§ 4. — Pourquoi la morale ne peut se réduire a une technique scientifique

Il est temps de le remarquer, en effet : pour justifier l'idée d'une morale conçue comme une technique, pour la montrer intelligible et applicable, nous avons dû la restreindre à des limites très étroites, et, ce faisant, nous avons singulièrement et sciemment altéré la doctrine qui nous était proposée. Nous avons dû considérer simplement l'action individuelle en face d'une masse sociale organisée qui n'est pas immédiatement modifiée par cette action même ; d'autre part nous avons dû réduire la connaissance sociologique utilisée par cette action à celle d'un mécanisme social plus ou moins déterminé, plus ou moins durable, mais en somme contingent en ce sens qu'une autre organisation, qu'un autre *régime* serait tout aussi compatible avec les conditions les plus générales de la vie en société. Or, d'une part, ces mécanismes sociaux dont il s'agit de mettre en œuvre les réactions, sont éminemment divers et variables, et surtout ils varient en fonction de la masse des actions individuelles elles-mêmes qui les mettent en jeu, et de l'usage qu'elles en font.

Ce qu'on espère, au contraire, ce qu'on demande comme base d'une morale positive, ce serait au contraire la science générale d'une « nature sociale », fixe et permanente comme la nature physique, indépendante comme elle de l'action qui s'y applique. Or c'est ici qu'il nous devient impossible de suivre et même de bien comprendre la doctrine exposée par l'auteur de La Morale et la Science des mœurs. Elle nous paraît substituer à une vue très simple et très claire des rapports entre la pratique et la connaissance sociales un insoutenable paradoxe, et se réduire, alors qu'elle ambitionne d'être positive, à une énonciation toute verbale dont on ne nous montre nulle part l'équivalent possible dans le concret.

Tout d'abord escompter la constitution d'une science des lois élémentaires de la « nature sociale » et surtout compter sur une telle science pour fonder une technique morale sûre, c'est méconnaître et la *variabilité* des organismes sociaux et l'importance de leur *spécificité*.

S'il y a une « nature sociale », elle est quelque chose de tellement général et de si indéterminé qu'elle ressemble fort à cette « nature humaine » qu'on a tant reprochée, surtout parmi les sociologues contemporains, aux philosophes du XVIIIᵉ siècle. Il ne faudrait pas, après avoir écarté comme arbitraire et chimérique le postulat de l'unité de la nature humaine [1], rétablir le postulat tout à fait analogue et encore plus difficile à accepter de la fixité et de l'universalité de la « nature sociale », ni, après avoir peut-être abusé de l'histoire, oublier ce qu'il y a d'irréductible à la science pure

1. Lévy-Bruhl, *La Morale et la Science des mœurs*, ch. III, § 1.

dans la donnée historique. C'est précisément aux sociologues et aux historiens que nous sommes surtout redevables de cette vérité, que rien n'est plus divers, plus imprévisible que les formes de la mentalité et des institutions humaines. Déjà, au point de vue purement scientifique ce serait, semble-t-il, se confiner dans d'assez pauvres généralités que de se donner pour objet cette « nature sociale » sans l'infinie variété des spécifications qu'elle comporte ; mais sans même préjuger de l'étendue de la science ainsi conçue, toujours est-il qu'au point de vue des applications pratiques, elle serait assez stérile. Ce qui importe le plus à ce point de vue, ce sont précisément les *formes spécifiques* de la mentalité et de la socialité. Déjà le même fait s'observe en biologie. Sans doute, on peut dégager quelques lois biologiques générales. Mais ce qui entre surtout en ligne de compte dans la pratique du cultivateur, de l'éleveur, du médecin, ce sont les aptitudes, les dispositions, les caractéristiques propres des organismes déterminés auxquels ils ont affaire. Deux variétés d'une même espèce se comportent très différemment. Tel animal est réfractaire à tel virus, tel autre, pourtant voisin, y est très sensible. La médecine n'a guère à faire appel aux lois biologiques générales, mais repose presque tout entière sur la connaissance de la structure et des fonctions spéciales de l'organisme humain. C'est ce système biologique spécifié qu'il lui importe d'étudier. De même, l' « art moral », pédagogique ou politique, aura surtout à tenir compte du tempérament, de la mentalité, des traditions, des institutions propres au milieu social où il s'exercera. C'est surtout de cette synthèse spéciale que les effets se feront sentir dans l'action. A cet égard, il y a déjà une différence énorme entre les techniques qui mettent en œuvre des lois physiques ou mécaniques simples, et celles qui s'appliquent à des systèmes organisés, à plus forte raison s'il s'agit de ces systèmes extraordinairement complexes et plastiques que sont les sociétés humaines. L'ingénieur qui combine une machine, aménage une chute d'eau, construit un pont, n'a affaire qu'à des *éléments* et à des lois générales qu'il peut *composer* d'une manière à peu près sûre ; l'ingénieur social, éducateur, législateur, financier, philanthrope, agit sur des *êtres* véritables, qui sans doute ne réagissent pas d'une manière fortuite, indéterminée, mais réagissent cependant beaucoup plus en vertu d'une nature acquise et de *lois secondes*, qu'en vertu d'une nature primitive et de lois élémentaires dès longtemps recouvertes par une énorme superstructure. De plus, tandis que les techniques physiques ou mécaniques peuvent prévoir avec quelque sûreté les résultantes des actions mises en œuvre par elles, parce que les diverses lois utilisées peuvent se composer sans s'altérer mutuellement, toute modification introduite dans un être organisé réagit sur l'ensemble et l'on ne peut plus procéder par simples additions ou compositions de forces. C'est une banalité de dire que dans le monde des êtres organisés le rapport de cause à effet apparaît bien rarement comme unilatéral, mais plutôt comme réciproque Une industrie plus intense, par exemple, requiert et obtient des débouchés plus étendus, mais aussi l'ouverture de débouchés nouveaux sollicite une production plus abondante.

Il est assez singulier qu'après avoir exagéré l'interdépendance des fonctions sociales, jusqu'à risquer de paralyser l'action, la nouvelle sociologie semble méconnaître sur ce point la différence profonde des techniques physiques et de la technique sociale, et compter sur la découverte de lois élémentaires et fixes de la vie sociale, sans réaction les unes sur les autres, et sur l'usage d'une causalité sociale simple et unilatérale. Il y a bien là, comme nous l'avons déjà montré, deux conceptions successives très différentes, et sous certains rapports opposées, de la science sociale, que l'on met alternativement en avant. Tantôt on insiste, au point de vue historique, sur la solidarité des fonctions sociales, tantôt, au contraire, au point de vue pratique sur la pluralité des problèmes moraux ; mais ces deux idées ne se limitent-elles pas mutuellement ? Lorsqu'il s'agit de faire entrevoir la réalité de la science sociologique et de ses résultats, on nous montre une science historique et descriptive qui serait comme la zoologie des sociétés ; mais lorsqu'il s'agit de fonder une technique sociale, on suppose au contraire, sans pouvoir d'ailleurs lui donner consistance, l'idée d'une sociologie analytique et générale, qui serait une Biologie ou même une Physique sociale.

L'idée d'une telle « physique » de la « nature sociale » amène aussi à méconnaître la variabilité de cette prétendue nature. La sociologie qu'aurait pu élaborer un Aristote au milieu d'une société universellement esclavagiste ne pourrait être ni scientifiquement vraie, ni pratiquement utilisable dans nos sociétés. Comment, malgré l'étendue de nos investigations, la sociologie que nous pouvons construire dans l'ignorance profonde où nous sommes des formes des sociétés futures, ne serait-elle pas aussi incomplète et aussi inapplicable pour ces sociétés lointaines, dont nous ne sommes pas moins incapables de nous représenter l'organisation et le fonctionnement que le Stagirite pouvait l'être de concevoir notre système industriel et capitaliste ? Déjà, quand il s'agit d'actions toutes proches, c'est avec une extrême prudence qu'il nous faut user de la connaissance sociale. Par exemple les données de la statistique constituent un des meilleurs points d'appui de la pratique sociale, comme une des bases les plus nécessaires et les plus sûres de la connaissance sociologique. Et cependant on sait qu'il n'en faut jamais tirer de conclusions que pour des périodes très limitées, et qu'il faut user d'une extrême réserve quand il s'agit d'extrapoler quelques points de courbes statistiques. Si l'on prolongeait ces courbes au delà d'une certaine région, sans égard pour les phénomènes qu'elles représentent, on leur ferait vite dire des absurdités. Sans même aller jusque-là, qui ne sait combien est précaire l'usage de statistiques trop tardivement publiées ? Pendant le temps qu'on les établit, elles ont cessé d'être vraies ; du moins elles ne le sont plus que comme fait purement historique et passé, mais non comme expression du mouvement actuel et utilisable de la vie sociale présente. C'est qu'en effet la courbe statistique ne peut se prolonger suivant la même allure que pendant le temps très limité où le phénomène qu'elle traduit n'a pas trop sensiblement altéré le milieu social lui-même dans lequel il se produit, et n'a pas ainsi modifié les conditions de son propre développement. Ne pourrait-on pas dire de même que la science sociale qu'on nous promet, pendant le temps considérable (des siècles peut-être !) qu'elle mettrait à se constituer, aurait déjà cessé d'être vraie, ou pour parler plus exactement, qu'elle courra sans cesse après son propre objet sans pouvoir jamais le rejoindre ? Elle le pourra d'autant moins, qu'*elle-même* contribue à le modifier et que la connaissance et la réalité s'entraînent mutuellement ici dans leur mouvement l'une vers l'autre.

C'est que, en effet, il n'y a pas là simplement une mobilité et un progrès, mais un progrès d'une nature bien particulière qu'il nous faut maintenant mettre en évidence.

C'est ce que nous appellerons la *récurrence*[1] de l'action et de la connaissance sociales. Il y a là une différence aussi évidente que capitale entre les techniques ordinaires et les techniques sociales, et il semble assez étonnant de voir M. Lévy-Bruhl en faire si complètement abstraction.

Tant que nous considérons les techniques qui se fondent sur la mécanique, la physique et même jusqu'à un certain point celles qui reposent sur la physiologie, nous avons affaire à une nature extérieure, posée en dehors de la finalité et de l'action humaines. Les lois constatées par ces sciences sont en elles-mêmes étrangères aux besoins humains. Elles ne sont modifiées ni par l'usage qu'on en fait, ni, à plus forte raison, par la connaissance qu'on en acquiert. En ce sens elles nous sont transcendantes, et c'est pour cela même que nous pouvons les utiliser avec sûreté. Elles nous servent dans leur fonctionnement justement parce qu'elles nous ignorent. Le rêve antique d'une nature combinée à souhait pour nous servir et faite en quelque sorte à la mesure de nos besoins n'était pas seulement un contresens au point de vue scientifique ; c'en était peut-être un au point de vue des intérêts de la pratique. Une telle nature, si l'on pouvait sans contradiction la concevoir, avec sa finalité anthropocentrique, serait peut-être plus gênante qu'utile. Elle ne satisferait certains de nos besoins qu'en nous y asservissant et ne nous laisserait pas la liberté de changer nos désirs. En y restant

---

1. M. Delbœuf a appelé jugements *récurrents* des jugements qu'on peut juger à l'aide de leur propre énonciation : par exemple la règle « qu'il n'y a pas de règle sans exceptions » comporte-t-elle elle-même des exceptions ? Nous ne trouvons pas de meilleure expression que celle de récurrence pour exprimer le rapport de réaction sur soi-même que nous allons constater dans les choses sociales.

indifférente, elle nous laisse plus de latitude pour la faire servir aux fins les plus diverses, à condition que nous sachions nous y prendre. Elle ne limite que nos moyens, mais elle ne nous fixe pas nos fins. Une nature trop providentielle nous enchaînerait plus étroitement qu'une nature inhumaine. Mais comme la nature ne nous consulte pas sur ce que nous désirons, nous sommes tout à l'aise pour ne pas la consulter non plus sur ce point. Nous nous servirons d'elle comme d'un instrument relativement passif et indifférent. C'est *sur elle* et au moyen de ses lois, mais c'est *pour nous* que nous agirons.

Cette extériorité mutuelle des moyens et des fins cesse, non pas absolument ni aussitôt, mais disparaît cependant, en dernière analyse, lorsqu'il s'agit de la « nature sociale » et de la technique correspondante. Ici, c'est l'homme, considéré il est vrai sous des rapports divers, qui se trouve être l'objet de la science et le point d'application de l'action, mais c'est lui aussi qui élabore la connaissance et qui pose les fins. C'est lui qui agit, c'est sur lui qu'il agit, c'est pour lui qu'il agit. Et en même temps qu'il agit selon ce qu'il est, il est aussi selon ce qu'il fait.

C'est pourquoi l'analogie entre l'art social et les autres techniques est strictement bornée à ce domaine moyen et relatif où nous l'avons reconnue, mais confinée aussi ; c'est-à-dire au domaine de l'action particulière et présente qui trouve devant elle un vaste système de relations sociales préétablies. C'est là seulement, et sous ce rapport, que nous pouvons traiter une société comme une « nature » actuellement donnée et réagissant suivant des lois indépendantes de cette action même. Mais quittons-nous ce terrain relativement étroit, la sociologie oscillera forcément entre deux limites opposées, où nous voyons au contraire disparaître l'analogie avec les techniques. Et elle sera en effet entraînée hors de ces limites.

En se concevant comme science, elle tend à ramener toute la vie sociale à des lois nécessaires, à exclure tout jugement de valeur, à considérer toute prescription comme un simple fait, et par conséquent à renoncer en réalité à toute prescription. Mais en même temps cette science a pour principal objet précisément les désirs, les besoins des hommes, les jugements de valeur que les sociétés ont formulés, les prescriptions et les interdictions qu'elles ont prononcées ; l'humanité lui apparaît comme agissante, et si l'on prétend constituer une technique sociale, c'est encore parce que l'on considère cette action, et une action réfléchie, comme possible et indispensable. Ainsi, la sociologie comprend, comme un élément essentiel de son *objet*, les *fins* humaines elles-mêmes, ce qui est un cas absolument unique dans toute la série des sciences et des techniques.

Dès lors suivant qu'elle sera dominée par l'idée de Nature ou par celle de Finalité, ici inséparables, ou bien elle inclinera à considérer les aspirations humaines elles-mêmes comme de simples faits nécessaires se tendra vers une sorte de fatalisme ; ou bien, envisageant ces lois mêmes de la vie sociale comme les résultats plus ou moins consolidés des actions exercées, et comme l'expression condensée des fins poursuivies, elle tendra à ne plus voir que l'autonomie humaine posant peu à peu sa propre nature en vertu de son action même. De part et d'autre s'effacera l'idée d'une technique.

Si d'abord la société peut être l'objet d'une science vraiment analogue à une physique, si l'on peut y découvrir des lois générales et immuables, si elle est une *nature* donnée et inaltérable, c'est que la volonté humaine est inefficace et illusoire comme celle de la girouette de Bayle ; c'est que les fins en apparence poursuivies par les hommes, loin de déterminer l'ordre social, ne sont que le reflet inactif de ce qu'il est. Mais alors la technique sociale n'a plus de sens, et la société, réduite à *être* ce qu'elle est, n'a que faire de le *savoir*. Une technique ne suppose-t-elle pas que celui qui la met en œuvre pose les fins auxquelles il la fera servir et que cette infinalité n'est ni illusoire ni inefficace ? Ainsi la technique qu'on nous promet est la négation même de la science mécaniste sur laquelle on la fonde.

Est-on frappé au contraire du fait que l'action qui s'exerce à l'aide de la société s'exerce aussi sur la société et la transforme ; remarque-t-on que l'agent lui-même est partie composante de la société dans laquelle il agit, en sorte que malgré la petitesse des transformations qu'il lui fait subir hors de lui-même, elle devient pourtant autre par le seul fait que lui-même, en agissant, a changé ; prend-on garde que cette modification sociale, à la fois interne et externe, peut et doit s'étendre précisément au fur et à mesure qu'un plus grand nombre d'individus agiront, comme précisément on le suppose, avec la réflexion et l'initiative exigées par une technique ; observe-t-on que, grâce à une suffisante convergence des consciences et des efforts, la masse agissante cesse d'être négligeable par rapport à la masse sur laquelle s'exerce l'action et que ces deux masses tendent au contraire à coïncider ; — alors on verra la structure de la société et le mécanisme des réactions sociales profondément modifiés par les activités mêmes qui les mettront en usage, et la « nature sociale » tendra à s'identifier avec la volonté commune ; c'est peut-être par cette limite même que se définit vraiment la démocratie. Mais alors l'idée d'une technique scientifique cesse encore de s'appliquer telle quelle à l'action sociale. Car les lois sociales ne sont plus dans ce cas de simples lois naturelles extérieures à la pratique qui les utiliserait comme des *moyens*; elles deviennent des lois, au sens humain et prescriptif du mot, condition et expression des *fins* mêmes de la société.

Considérée en dehors des limites que nous lui avons assignées, l'idée d'une technique sociale apparaît donc comme inintelligible et peut-être contradictoire : elle suppose la société, active en tant qu'elle utilise la science sociale, et inerte en tant qu'elle en est l'objet; autonome et douée d'initiative puisqu'on prétend lui fournir des moyens d'action pour satisfaire ses besoins, pour atteindre ses fins *quelles qu'elles soient*, et hétéronome, puisque ces fins mêmes semblent comprises dans le déterminisme qu'elles sont censées utiliser. Elle agit intelligemment et réagit mécaniquement. Elle peut prévoir ses propres réactions et en disposer, et elle ne peut cependant les modifier. Elle est composée d'ingénieurs et elle est en même temps composée de machines.

Tant qu'on envisage ces termes antithétiques au point de vue relatif et provisoire que nous avons défini, on peut bien en effet comprendre qu'ils soient compatibles dans le réel; car l'individu, en tant qu'agent, est capable de certaines initiatives, et en même temps il fait partie du système compliqué d'engrenages sociaux auquel il ne peut complètement se soustraire, si surtout il veut voir son action efficace. Il est clair pourtant que cette distinction ne peut se maintenir jusqu'au bout et que les oppositions précédentes deviennent de véritables contradictions lorsqu'on en vient à parler d'une science sociologique aussi ferme que les sciences de la matière, et d'une technique sociale aussi sûre que les techniques physico-chimiques. Alors devient flagrante la disparition de cette condition de toute technique : que les lois naturelles mises en usage restent indépendantes de la connaissance qu'on en a et de l'usage qu'on en fait. C'est ce qui nous reste à montrer, si certaine que soit cette vérité, puisqu'on paraît l'avoir méconnue, en sacrifiant, au nom d'une conception soi-disant positive, l'évidente réalité des choses à la clarté schématique d'une formule.

*
* *

Tout d'abord la seule connaissance que nous acquérons de nous-mêmes nous transforme et ne nous laisse pas tels que nous étions avant cette connaissance. Si la société, écrivions-nous plus haut, n'est qu'une « nature » elle doit se contenter d'*être*, elle n'a que faire de se *connaître*. Mais si elle se connaît, et c'est bien ce que la sociologie nous promet, elle ne reste plus ce qu'elle était. Tel est le premier aspect de ce caractère de *récurrence* de la connaissance sociale dont nous parlions plus haut; et qu'est-ce autre chose que le fait original de la réflexion consciente ? Lorsque nous savons ce que nous sommes, nous ne sommes déjà plus ce que nous étions, et ainsi nous ne nous connaissons jamais intégralement, non plus que nous ne pouvions épuiser les images de deux miroirs qui se réfléchissent [1]. Celui qui se saurait fou ne le serait plus tout à fait et celui qui aurait nettement conscience qu'il est en colère serait bien près de jouer une simple comédie de la

---

1. Cf. Remacle, *Revue de Métaphysique et de Morale*, mai 1893 et nov. 1894.

colère. Cette difficulté déjà banale pour le psychologue n'est pas moins réelle dont le domaine sociologique et il y a contradiction à imaginer une humanité en possession d'une science sociale parfaitement sûre et qui continuerait à agir avec une absolue spontanéité et sans aucun calcul. On est obligé de supposer cet automatisme dans l'*objet* de la science sociale, pour la rendre possible, mais le *sujet* qui acquerrait cette science et la mettrait en service dans une technique correspondante ne peut plus rester sous ce régime d'inconscience. Or ici ce sujet et cet objet se confondent à la limite et l'on arrive à constater cette singulière situation de la sociologie conçue comme physique sociale, qu'elle cesserait d'être valable le jour où on la posséderait, et qu'inversement elle n'est applicable que là où l'on ne peut la posséder.

Il est à remarquer en effet que la conception mécaniste d'une « nature sociale » est d'autant mieux vérifiée qu'on remonte à des âges plus primitifs et à des sociétés plus rudimentaires. La sociologie d'un banc de harengs serait assurément plus simple et plus rigoureuse que celle d'une ruche d'abeilles et celle-ci plus encore que celle d'une société australienne. Dans l'humanité, c'est le monde sauvage qui est le monde de la tradition et de l'instinct collectif. C'est là que le réalisme social semble le plus près de se vérifier, encore qu'il puisse y avoir là, Tarde l'a montré, quelque illusion de perspective. C'est là qu'il y a le plus de fixité et, comme l'a fait voir Cournot[1], le moins d'*histoire*. C'est là que l'unité sociale domine le plus absolument la médiocre variété des individus et que l'autorité sociale est la plus forte contre leur faible initiative. Et ainsi une telle sociologie trouve une matière d'autant

---

1. *Matérialisme, Vitalisme, Rationalisme*, p. 232.

plus favorable à sa constitution que l'on s'écarte davantage des sociétés qui peuvent la constituer. Si nous étions une tribu de Patagons ou un banc de harengs, nous serions sans doute un excellent objet d'études pour la physique sociale; mais nous serions assurément incapables de la faire.

Lorsque nous sommes avertis que nous sommes *ceci*, nous commençons à devenir capables d'être *cela*, et même nous avons souvent, par une sorte de réaction contre le donné, une tendance à le désirer. Si nous avions prévu à temps nos désastres de 1870, nous ne les aurions pas subis, parce que notre politique, notre diplomatie, nos armements, et jusqu'à notre tempérament, eussent été modifiés par cette prévision même. Elle serait devenue fausse, si on l'avait connue comme vraie.

Une science et une technique physiques sont possibles parce que la nature nous est étrangère. C'est parce qu'elle nous ignore que nous pouvons la connaître. Si la nature était affectée par cette science que nous avons d'elle, si elle connaissait que nous la connaissons, nous ne pourrions plus au même degré compter sur elle; elle pourrait nous échapper et se plaire à nous décevoir, comme le malin génie cartésien. Mais notre travail scientifique et industriel la trouve indifférente et passive : « l'univers n'en sait rien », et c'est notre garantie. La véracité divine, chez Descartes, est au moins autant l'affirmation de l'inconscience, de la matérialité du monde physique que celle des droits de l'esprit de la validité de la raison; et ces deux affirmations se tiennent. Mais l'humanité n'est pas transcendante à elle-même, absolument, et nous avons déjà vu combien la transforme l'intelligence qu'elle acquiert de ses instincts obscurs : approcher le flambeau de l'ombre, comme l'a dit quelque part M. Fouillée, ce n'est pas la mieux faire voir, c'est la faire disparaître. Quand les philosophes du xviiie siècle, sans même avoir eu besoin pour cela d'une observation sociologique bien étendue ni d'une méthode historique bien sûre, ont entrevu à quel point les causes réelles des institutions sociales et l'origine des autorités sont différentes des prétextes dont les couvraient les croyances et les traditions, ils ont cessé de respecter ces croyances et de soutenir ces institutions.

Mais si l'effet récurrent de la seule connaissance sociale est déjà si important, combien plus considérable ne sera pas celui de l'action sociale elle-même ! Ici encore la différence entre les techniques ordinaires et la pratique sociale est évidente et capitale. En me livrant à une fabrication chimique ou à une industrie physico-mécanique je n'altère pas les propriétés des corps. J'en use, et elles persistent, de sorte que j'en userai toujours de la même manière et avec la même sécurité. Du moins si, à la rigueur, on peut supposer qu'elles se modifient, cette supposition, dans l'état de nos connaissances, n'a d'intérêt que comme réserve critique de pur philosophe ; pratiquement elle ne se vérifie pas et reste en somme une hypothèse possible, mais gratuite. Déjà, dans l'ordre biologique, la variation de la nature sous l'influence du traitement qu'on lui fait subir est beaucoup plus volontiers supposable et même en partie appréciable. L'usage de certains médicaments, de certains aliments, de certains vaccins modifie à la longue les propriétés de notre organisme et les réactions dont il sera capable sous certaines influences. Il n'est pas vrai, en raison du *mithridatisme*, que telle dose de morphine tuera toujours, comme il est vrai que j'obtiendrai toujours la même réaction chimique en mettant les mêmes substances en présence les unes des autres dans les mêmes conditions physiques. Nos dispositions psychologiques elles-mêmes favorisent ou gênent non seulement notre activité volontaire, mais même notre activité vitale. La volonté de vivre, si bien dramatisée en un de ses contes par le grand psychologue intuitif qu'est Edgar Poe, n'est pas un vain mot, et l'on cite nombre de cas de mourants qui semblent avoir attendu pour mourir un événement, une nouvelle qui leur tenait à cœur; on dirait qu'ils abandonnent la vie juste au moment où elle vient de perdre le dernier intérêt qui les y rattachait. Le médecin augmente les chances de guérison du malade en le persuadant qu'il va guérir et diminue sa force de résistance s'il lui laisse comprendre qu'il est perdu. Si nous croyons à notre succès, nous sommes mieux en état de réussir, et si, d'avance, nous sommes persuadés d'un échec nous le préparons par cela même. Quand la presse entretient la conviction qu'un conflit international est inévitable, elle peut arriver à le rendre tel. De là cette théorie que les pyschologues américains ont appelée *Pragmatisme*, et qui est fondée sur cette relation singulière, inconnue dans les techniques de la matière brute, en vertu de laquelle ce qu'on croit *devient vrai*, parce qu'on le croit, et même ce que l'on fait *devient bon* parce qu'on le fait.

C'est que, en faisant d'une certaine manière, nous nous faisons nous-mêmes et transformons la société, nous modifions les limites du possible et de l'impossible. Nous n'obtenons pas seulement tels *résultats* présents (ce que considère essentiellement une technique), mais les conditions futures de toutes sortes de résultats ; en employant certains moyens nous modifions profondément les conditions de l'action future. C'est ainsi qu'une pédagogie purement *technique* obtiendrait assez facilement, par des réactions à peu près sûres, une certaine conduite de l'enfant; elle n'aurait qu'à faire usage du mécanisme de la crainte ou du désir, de la vanité ou de la gourmandise. Mais une pédagogie vraiment *morale* calculera en outre les inconvénients ou les dangers qu'il peut y avoir à faire appel à tels ou tels sentiments, parce qu'en les mettant en œuvre comme simples moyens, on les développe, on ne les laisse pas tels quels; la nature même de l'enfant s'en trouve profondément modifiée. Un problème analogue se pose constamment en politique et en droit. Tout pouvoir politique travaille, instinctivement ou consciemment, à développer autour de lui la mentalité qui le légitimera et le rendra nécessaire. Un gouvernement autocratique, étant d'autant plus justifié que le peuple est plus incapable et plus ignorant, tendra à maintenir cette ignorance. Un gouvernement d'opinion ne valant que si l'opinion est éclairée, tâchera de répandre l'instruction. Ainsi certaines institutions, certains systèmes de pénalité sont appropriés à une certaine forme de caractère, à une certaine culture de la nation, et par suite, au point de vue purement technique on serait amené à les déclarer satisfaisants parce qu'ils sont efficaces. Et cependant une *morale* plus idéaliste peut les réprouver parce qu'ils tendent précisément à maintenir cette mentalité et cette forme de civilisation au-dessus desquelles on rêve quelque chose de mieux. On allègue alors certains *principes*, et l'on oppose la morale des *principes* à celle des *résultats*. Peut-être est-on parfois victime ici d'un abus d'abstractions et de formules métaphysiques. Mais ces abstractions et cette métaphysique sont en grande partie l'expression inadéquate de cette intuition, qu'au delà des résultats directs immédiats à obtenir par des moyens plus ou moins appropriés, il y a la série indéfinie des modifications qu'apportera à la nature même, et par conséquent à la technique sociale future, l'emploi même de ces moyens. C'est pourquoi les moyens semblent acquérir une excellence propre, et, passant à la limite, on parle de bien *en soi*. C'est pourquoi inversement des pratiques qui semblent profondément inutiles et que l'on qualifierait d'ascétiques, ont toujours trouvé des défenseurs. Ici encore, on peut être victime d'un abus de l'abstraction, interpréter de travers une intuition et croire que la douleur est en soi un bien et l'effort une dignité. Mais ce contresens n'est encore que l'exagération et la déviation d'une intuition juste : on aperçoit la réaction de ce que nous faisons sur ce que nous sommes, et que le sacrifice nous fortifie [1].

On voit quel écart se manifeste ici entre les techniques ordinaires et la morale. Supposons, pour le mieux comprendre, que l'ingénieur, en établissant par exemple des chutes d'eau, modifie la pesanteur elle-même par cela seul qu'il l'utilise. Supposons, qu'il la consomme et qu'il fatigue la terre ; ou supposons au contraire qu'il l'exerce et qu'il l'encourage à mieux attirer. Quel ne serait pas son embarras ! Quelle infinie complication de répercussions ne devrait pas entrer en ligne de compte dans ses calculs ! Il ne lui suffira plus de savoir si sa chute d'eau fera marcher sa turbine et lui donnera la force que requièrent ses dynamos. Il éprouvera une grande incertitude, en comparant les usages innombrables et indéfiniment variés de cette pesanteur qu'il tend à supprimer, ou les obstacles non moins divers qu'elle oppose à nos actes, et qu'il tend à aggraver. Il s'efforcera d'en mesurer l'importance

---

1. Cf. Fogazzaro, *Le Saint*, trad. Hérelle, p. 38.

relative. Ainsi naîtraient pour lui des problèmes de *valeur*, des questions de *tendances*, des *scrupules* insondables, analogues à ceux qui caractérisent d'une manière si marquée les problèmes moraux quand on les compare aux problèmes purement techniques. Que sera-ce donc s'il s'agit de modifier cette nature essentiellement plastique et complexe qu'est la nature de l'homme et des sociétés !

Ainsi pour les sciences du monde extérieur, c'est à l'usage même qu'on en éprouve la *vérité* et la solidité. On a dit que leurs lois ne sont que des *définitions* ou des *recettes*. Mais si des définitions et surtout des recettes sont possibles, c'est à condition qu'il y ait des lois, de sorte qu'il n'y a pas de preuve, sinon plus rigoureuse, du moins plus frappante, de l'existence de lois fixes ou de la vérité relative de leur énoncé, que la réussite pratique de leurs applications. Ces sciences sont utiles parce qu'elles sont vraies, et elles sont vraies indépendamment des succès de la technique.

On pourrait dire presque le contraire de la sociologie. D'une part, en effet, c'est l'action, c'est le développement de la pratique réfléchie qui limite la *science* et la possibilité d'énoncer des lois véritables, et comme nous l'avons vu, cette forme de connaissance s'applique d'autant mieux aux sociétés que leur activité est plus instinctive et comporte le moins d'*art*. Mais aussi inversement, à un autre point de vue, la vérité n'est plus ici donnée tout entière *avant* l'action ; elle en est en partie le produit ; ce n'est pas alors le *savoir* qui fonde le *pouvoir*, mais au contraire c'est dans la mesure où l'on *se fait* que l'on *se connaît* mieux. Ainsi l'*artificialisme* extrême est, nous le verrons plus loin, une condition de connaissance et de prévision sociales, comme le *naturalisme* extrême, quoique d'une manière bien différente.

C'est pourquoi, à côté de tant de pratiques morales qui relèvent de l'idée de technique et d'adaptation, il en est d'autres qui se présentent sous un aspect tout à fait inverse. Ce sont des *anticipations* sur un état de choses qui n'existe pas encore, mais qui ne se réalisera jamais mieux que si, à certains égards, on commence par agir comme s'il existait. Si la conscience, comme on nous en avertit avec justesse [1], n'est pas plus tenue de se soumettre à l'avenir qu'au passé, c'est surtout parce que cet avenir n'est pas, comme une prévision astronomique, déterminé d'une façon entièrement indépendante des décisions de la conscience, qui contribuent à le faire. Une bonne partie de la moralité consiste, pour l'individu, à agir, moyennant un effort et un sacrifice personnels, comme il serait normal et facile d'agir dans la société meilleure qu'il imagine : et il travaille ainsi à la réaliser ; c'est de cette manière qu'on pourrait rendre un sens concret et relatif à la théorie kantienne du Symbolisme, suivant laquelle nous devons, dans nos déterminations morales, feindre, pour ainsi dire, que nous habitons un monde de Raison pure. Par exemple la charité n'est sous ses meilleurs formes qu'un moyen de proclamer indirectement une plus parfaite justice, et on la jugera mal exercée, si elle risque d'en retarder l'avènement. L'assistance par le travail est une expression provisoire du droit au travail. La société elle-même affirme souvent des obligations qui la supposent meilleure qu'elle n'est, et tend par là à s'imposer des devoirs correspondants. C'est ainsi qu'elle interdit la mendicité et condamne le vagabondage, alors que, dans

---

[1]. F. Rauh, *Rev. de Métaphysique et de Morale*, janvier 1904, p. 55.

bien des cas, on peut dire que ce sont ses propres vices d'organisation qui les ont provoqués ou rendus inévitables. Comment s'expliquer autrement que, en dépit de l'affaiblissement des motifs religieux de la condamnation du suicide, et de la complète disparition des anciennes sanctions de cette condamnation, notre société continue à faire peser sur le suicide une générale et instinctive réprobation, et à rejeter ce qu'on a appelé hardiment le droit à la mort ?

Enfin c'est par l'exercice que toutes nos facultés se forment. Dès lors, tandis que toute une portion de l'activité sociale ressemble à une technique en ce qu'elle fait appel aux forces existantes, il en est une autre qui tend à susciter des forces nouvelles en mettant les hommes en demeure et en mesure de les exercer. On nous dit que le monde ouvrier n'est pas mûr pour la coopération. Mais comme aucune logique ne pourra valoir l'exercice de la réflexion ou de la pratique de la science, aucune étude ni aucune technique économique ne rendront les coopératives viables, tant que l'on n'aura pas fait dans les coopératives mêmes l'apprentissage de l'initiative et de la discipline nécessaires à leur bon fonctionnement. Ainsi de beaucoup d'institutions et de droits. Il ne sera jamais temps de les établir, si on ne les établit pas avant le temps ; et c'est en devançant l'heure qu'on l'avancera. Qui oserait dire que nous sommes mûrs pour le suffrage universel ? Mais comment le deviendrons-nous jamais, si nous ne sommes mis en situation de le pratiquer ? Il en est de même de presque tous nos droits : nous n'en deviendrions jamais dignes, s'ils ne nous étaient conférés, j'allais dire imposés, avant que nous les méritions[1]. Nous voyons aujourd'hui que l'intérêt

---

1. Cf. Rauh. *L'Idée de justice*, Congrès de philosophie, t. II, p. 218: « On n'attend pas que les hommes soient égaux pour les traiter comme

social requiert le développement de toutes les individualités, l'accessibilité de tous à toutes les instructions et à toutes les fonctions. Mais comment l'aurait-on vu, si l'on n'avait commencé par en faire l'éxpérience, et comment l'aurait-on faite si l'on n'avait tout d'abord proclamé comme un « principe » ce droit des personnes ? On peut dire en ce sens qu'il y a une sorte d'*a priori* pratique. Les idéalistes du droit ne sont peut-être pas les théoriciens utopistes qu'on les accuse d'être ; ils se comportent plutôt, sans calcul d'ailleurs, comme des « pragmaticiens » très avisés, qui compteraient sur l'action même pour rendre vraies leurs conceptions.

La morale est donc dans cette situation singulière, comparée à celle d'une technique proprement dite, de placer l'homme dans des conditions adaptées à ce qu'il n'est pas pour qu'il le devienne, et de se régler non sur ce qu'il est, mais sur ce qu'il pourra être en vertu de cette règle même. C'est ainsi que, sous une forme toute positive, on retrouve quelque chose du « Primat de la Raison pratique. »

Notre morale n'est donc jamais un simple *état*, elle est un mouvement. Elle n'est jamais, tant s'en faut, « précisément aussi bonne et aussi mauvaise qu'elle peut l'être ». Cela ne serait approximativement vrai que d'une morale absolument spontanée, irréfléchie, exempte de toute interprétation superposée à la réalité des rapports sociaux. Mais une pareille hypothèse n'est jamais entièrement réalisée, et elle se conçoit à peine, puisqu'une morale consciente est précisément un fait social nouveau surajouté aux faits sociaux préexistants, et consiste dans l'aperception,

tels ; on les traite beaucoup plutôt comme tels pour qu'ils le deviennent », et p. 222 : « La conscience du droit donne la force de le conquérir, et ainsi il faut toujours, en fin de compte, en revenir au témoignage des idéalistes bien informés. »

le sentiment et l'interprétation de ces faits par des consciences. En réalité la morale d'une société lui est sans doute en très grande partie ajustée ; mais elle est aussi, par certains côtés, en retard et, par certains autres, en avance. Et par là on peut dire que toute morale est à la fois pire et meilleure que la société qui l'adopte. Elle est pire, car elle contient des survivances gênantes, des interprétations aberrantes qui s'écartent de la réalité sociale présente et en compromettent les adaptations. Mais elle est meilleure aussi par certains éléments, puisqu'elle nous demande d'être ce que nous ne sommes pas encore, puisqu'au lieu de s'adapter simplement à notre présent elle s'adapte plutôt à notre avenir, et qu'elle fait l'homme et la société au moins autant qu'elle les emploie. Elle travaille sans doute à mieux savoir manier l'homme, mais aussi à le rendre plus maniable. Elle n'a pas seulement à *le découvrir*, mais pour ainsi dire à *l'inventer*. Quelque limitée que soit cette faculté d'invention et quelque bornée que soit notre puissance de nous créer nous-mêmes, il paraît impossible de les méconnaître absolument. Et si de l'invention il est impossible de formuler les règles, si elle échappe à la rigueur de la logique et de la preuve, si elle reste par là nécessairement en dehors de la pure science et de la simple technique, est-ce une raison suffisante pour en méconnaître le rôle et lui refuser l'existence ? Une telle négation ne pourrait être que tout *a priori*, mais, en présence des faits, elle reste sans valeur pour qui veut s'en tenir à l'expérience positive.

C'est pourquoi en dernier lieu se posera, malgré tout, cette question des *fins* que M. Lévy-Bruhl prend visiblement le parti d'éviter, et que l'on ne peut écarter que d'une manière toute provisoire. S'il y a pour la morale invention et création d'une nature nouvelle, comment se contenter de constater, d'analyser, d'expliquer ce que nous sommes, sans rien nous dire de ce que vous voudrions et de ce que nous pourrions être ? Comment se refuser à nous dire comment on conçoit et à quels signes on reconnaît ce « mieux » dont on n'a pu d'ailleurs éviter de nous parler sans cesse ?

§ 5. — Conclusion

Il y avait, croyons-nous, un réel intérêt, en réaction contre les morales abstraites, contre les interprétations métaphysiques ou religieuses de la moralité, contre les définitions idéologiques qu'en donnent des systèmes plus ou moins plausibles, mais arbitraires, contre toutes les théories qui prétendent *construire* la moralité sans commencer par se rendre compte de ce qu'elle *est*, à montrer dans le fait moral un fait naturel, un produit spontané de la vie sociale, qu'il faut commencer par bien connaître et par bien comprendre au point de vue de l'observation, avant de le prendre comme norme pratique.

Il y avait intérêt ensuite, après avoir ainsi rétabli les droits de la méthode scientifique, et plus particulièrement la juridiction de la sociologie, à montrer que la morale est essentiellement sociale quant à son contenu pratique propre, comme elle l'est par ses origines, comme fait donné. Autrement il serait illégitime de présumer que, parce que la moralité est évidemment un fait révélé par l'observation sociologique, la morale est du même coup assimilable à une technique fondée sur la sociologie. Et peut-être, nous l'avons vu, a-t-on tendance à passer trop rapidement de la première de ces thèses à la seconde.

Il était enfin tout à fait utile de montrer, comme nous l'avons essayé nous-même plus d'une fois, qu'il n'y a pas une hétérogénéité absolue entre l'activité morale et les activités proprement techniques. Contre des morales trop subjectives, trop attachées à des principes et pas assez aux résultats, contre ces conceptions bâtardes et aussi peu pratiques que peu scientifiques, qu'on appelle des « morales théoriques », il fallait montrer que, pour une grande part au moins, la morale était une science de moyens et comportait, entre la connaissance et l'action, le rapport très intelligible et très familier à la fois dont les différentes techniques scientifiques nous fournissent l'exemple.

Mais cela dit, il faut reconnaître qu'on est loin d'avoir, en établissant ces diverses thèses, ni épuisé la définition de ce que, d'après l'observation même, est la moralité, ni même fourni une idée parfaitement claire de ce que pourrait être la morale. Il faudrait, au contraire, une excessive faculté de simplification, une dose de confiance dans les analogies, qui n'est guère le fait d'un esprit vraiment scientifique, un abus de l'abstraction, qui nous enlèverait tout droit d'être sévère à l'égard des métaphysiciens, une méconnaissance des conditions concrètes des problèmes, interdite à qui se présente comme partisan d'une méthode positive, pour se contenter d'une comparaison verbale de la morale avec les techniques, sans en essayer aucune vérification concrète, sans tenter une seule fois de fournir un exemple de son application, sans s'apercevoir, par suite, des restrictions qui s'imposent à cette assimilation, sans examiner enfin d'une manière critique s'il n'y a pas quelque chose de tout à fait original dans la situation d'une technique dont l'homme est à la fois la matière, l'agent et le but.

Nous avons essayé de montrer que cette situation imposait des limites précises et assez étroites à l'idée de la morale conçue comme technique. En rendant ainsi à la morale son caractère distinctif, il se trouve que nous lui avons en même temps rendu son unité finale, provisoirement effacée au profit de la positivité des solutions particulières. Assurément, tant qu'on se place au point de vue de la technique sociologique, il est vrai de dire qu'il y a des problèmes moraux plutôt qu'un problème moral, et qu'il est nécessaire de les séparer pour les résoudre pratiquement. Sans doute, comme on ne résout pas le problème de la fabrication du sucre en résolvant celui de la construction d'un pont, on ne tranchera pas la question de la justice gratuite en s'attachant à celle de l'héritage ; l'intérêt de la pratique veut que l'on divise et que l'on série les difficultés pour aboutir. Mais qui ne sent pourtant qu'il y a là entre les solutions une interdépendance dont les techniques ordinaires ne fournissent pas d'exemple, et qui ne sait que c'est souvent en abordant les difficultés sociales par des côtés tout à fait inattendus et par des voies en apparence très indirectes qu'on arrive le mieux à s'en rendre maître ? Et comment une sociologie qui exagère plutôt qu'elle ne méconnaît l'unité de l'Être social et la solidarité de ses fonctions, pourrait-elle en rester à cette idée de la multiplicité des problèmes moraux ?

Et, en effet, si toutes les techniques sont diverses et indépendantes par leurs procédés, ne convergent-elles pas toutes par leur fin dernière, qui est la satisfaction de l'homme ? Dès lors la coordination de toutes leurs fins particulières est, elle aussi, un problème. N'est-ce pas à l'art social de le résoudre, et cet art n'est-il pas, comme le disait Aristote en parlant de la Politique, « éminemment architectonique » par rapport à toutes les autres techniques, auxquelles, par suite, il n'est pas simplement juxtaposé, mais superposé comme arbitre et organisateur ?

Mais s'il en est ainsi, au-dessus de tous les problèmes particuliers de la pratique morale, on ne pourra éviter de s'en poser un dans lequel tous les autres se coordonnent, qui est bien *le* problème moral proprement dit, et qui pourrait se formuler ainsi : *faire exister une société*. Ce qui fait le privilège de la morale, ce qui constitue sa suprématie, ce qui permet de retrouver en elle, sous un aspect parfaitement positif, l'équivalent aussi exact que possible des « impératifs catégoriques », des formes théologiques ou métaphysiques de l'absolu moral, c'est qu'en définitive non seulement la société est le milieu où se meut toute activité humaine, mais que *la vie en société est la condition qui s'impose à l'ensemble de toutes les fins* spéciales de l'homme. Il est absurde et illogique, avons-nous vu, de *démontrer une fin*, et l'on ne prouve jamais un devoir-faire qu'en s'appuyant sur un vouloir antérieur. Une fin suprême est donc à tout jamais indémontrable. Mais nous avons l'équivalent de cette démonstration impossible, si nous remarquons que la *fin* la plus élevée s'identifie ici avec la *condition* la plus fondamentale et la plus universelle, avec le *moyen* le plus puissant et le plus général de toute activité : la vie en société. Faire exister ce moyen sous sa forme la plus solide et la plus complète sera donc l'exigence tacite de toutes les techniques spéciales, y compris surtout les techniques sociales particulières. Comment une sociologie, qui a surtout emprunté au comtisme l'idée de l'impuissance et pour ainsi dire de l'inexistence de l'individu sans le secours de la société, pourrait-elle récuser cette conclusion ?

Mais alors une remarquable interversion se produit dans la position de la question, et qui explique, sans la justifier entièrement, l'attitude de certaines morales (les morales de principes) dont nous nous sommes écarté. Si les lois de la nature se présentaient à nous sous une forme tellement complexe et si enchevêtrées les unes dans les autres que la connaissance en dût reculer indéfiniment et l'utilisation en rester précaire ; mais si, en même temps, nous avions quelque pouvoir pour transformer ces lois mêmes dans le sens de nos besoins, au fur et à mesure que nous les connaîtrions en gros et que nous les utiliserions empiriquement, nous n'hésiterions pas à suivre cette dernière voie, comme la plus praticable et la plus économique ; nous nous appliquerions à rendre la nature plus sûre et plus maniable ; et la question se poserait à nous de savoir dans quel sens agir pour obtenir ce résultat fondamental et général. Or n'est-ce pas précisément à peu près le cas où se trouvent la science et l'art sociologiques, puisque l'homme et les sociétés sont ici l'objet de la connaissance, et simultanément, la matière, le moyen, l'agent, et le but de l'activité ? Modifier la nature interne de l'individu humain de manière à la mieux adapter à la vie sociale ; transformer l'organisation des sociétés de manière à en rendre les réactions plus faciles à prévoir et à provoquer, voilà quel sera le double problème qui se posera ; et l'on y reconnaîtra aisément, élucidé, nous l'espérons, par les analyses qui précèdent, le problème que se pose intuitivement la morale courante.

A ce point de vue la moralité est définie, non par telle ou telle règle particulière de conduite, mais *comme la condition générale d'un art social possible*. Si, en effet, notre art social est imparfait, ce n'est pas seulement parce que la société est imparfaitement *connue* ; on pourrait dire avec plus de vérité encore que c'est principalement parce qu'elle n'*existe* pas encore, du moins sous la forme où la technique en serait réalisable.

Demandons-nous, en effet, dans quelles conditions la régularité et la certitude des réactions (du moins une régularité susceptible d'être formulée et une certitude susceptible d'être utilisée) atteignent leur maximum chez un être vivant. Nous verrons que ce maximum est aux deux pôles extrêmes de son développement : au pôle de l'activité purement réflexe et au pôle de la volonté tout à fait intelligente. Certaine et régulière est la réaction de l'enfant qui crie sous une excitation douloureuse ; certaine et régulière la réponse du mathématicien à qui l'on demande la mesure de la circonférence.

Un art social parfaitement sûr arriverait donc à se constituer dans deux cas extrêmes, qui ne sont sans doute que des limites, mais des limites qu'il importe de bien apercevoir si l'on veut comprendre la position du problème. Il pourrait d'abord se constituer à l'égard d'une société qui serait pour ainsi dire à l'état de pure *animalité* et dont toutes les actions seraient comparables à des réflexes ; et c'est toujours, on le sait, à ce point de vue que se place la sociologie de M. Durkheim. Dans ce cas, en effet, faute de prévision, les conséquences futures de l'action n'en modifient pas la détermination, qui reste purement causale et mécanique. Mais ce cas, d'abord, n'est approximé que dans les sociétés les plus rudimentaires ou sur certains points très restreints de la vie des sociétés plus avancées. Dès aujourd'hui, sommes-nous certains, par exemple, que, sur le point où l'épiderme des sociétés (la théorie excusera ce langage) est resté le plus sensible et la réponse la plus automatique, lorsqu'il s'agit de l'offense de l'étranger à l'honneur ou au droit de la nation, la réaction, ordinaire, la guerre, se produirait ? Mais surtout, comme nous l'avons montré, cette hypothèse est ici peu intéressante, puisque si l'on suppose un *art* social, on suppose par cela même une *prévision* des résultats, ce qui exclut l'automatisme chez celui qui prévoit. Nous prévoyons les mouvements d'un automate, parce que nous ne sommes pas lui. Mais il cesserait d'être automate s'il prévoyait. Là où l'art social serait développé l'automatisme aurait donc disparu. Il faut, dans ce premier cas, que cet art reste extérieur à son point d'application : tel le machiavélisme d'un homme supérieur et cynique qui jouerait à son gré des instincts d'un peuple enfant. L' « art social » correspondant à cette sociologie naturaliste serait tout au plus l'art de la tyrannie, ou l' « art royal » du *Politique*.

A l'autre limite, les réactions sociales auraient leur plus haut degré de sûreté et de maniabilité là où la conduite sociale serait le plus généralement réfléchie, le plus parfaitement intellectualisée. C'est cette situation qu'on peut déjà entrevoir dans certaines relations économiques et juridiques dans lesquelles chacun peut savoir avec précision quelles sont les conditions et quelles seront les suites de ses actes, parce que des lois explicites et certaines ont défini le terrain sur lequel l'action peut se mouvoir, en ont limité les répercussions, en ont assuré l'intégration harmonique dans le système de l'ordre collectif. Et l'art social correspondant serait, comme on le voit, celui d'une démocratie autonome, éclairée, parfaitement disciplinée au respect de la loi qu'elle-même aurait faite.

C'est qu'en effet la société réelle a une double *existence* En un sens elle *est* dans la mesure où elle est *nature* et spontanéité pure. Son unité organique est alors faite d'inconscience. L' « âme collective » doit sa réalité relative à l'effacement des individus, à cette unanimité irréfléchie qui atteste qu'aucun n'a réellement *pensé* ce que tout le monde pense, et qui ne résulte que de l'entraînement et de la contagion imitative. Mais la société *existe* aussi et surtout en tant qu'elle est *association* consciente et systématique, fondée sur le consentement et le contrat ; et alors son unanimité est au contraire faite, non de contrainte, mais d'entente, non d'imitation et d'inconscience, mais de pensée commune à tous ; elle résulte de la claire vision par tous des mêmes vérités et de la participation aux mêmes biens ; elle consiste non en une soumission aveugle à une tradition pesante, mais en efforts convergents vers un avenir conçu et désiré d'une même âme.

C'est quand elle développe en elle cette seconde existence que la société est vraiment société[1]. Mais dans cette mesure même elle a cessé d'être une « nature » au sens où l'entendait M. Lévy-Bruhl, une *chose* qu'on connaîtrait et qu'on utiliserait comme les vents et les chutes d'eau. Elle est, suivant l'admirable vue de Kant, comme un monde nouveau, qui imite sans doute la nature par la régularité et la sûreté de son fonctionnement, mais que la volonté humaine a superposé à la nature brute, et qui se conforme à nos fins parce qu'il en émane. Ce n'est plus alors la sociologie qui rend la morale possible, c'est au contraire la morale qui tend à fonder une société que l'homme puisse *penser* et dont il puisse *disposer*. L'esprit établit son règne sur l'*animalité sociale* : « *et creabuntur et renovabit faciem terræ* ».

Deux conditions, qu'on démontrerait facilement être au

---

1. V. plus loin, p. 186 et suivantes.

fond homogènes, s'imposent à la constitution progressive de ce nouveau monde social : le développement de la rationalité dans l'individu et celui de la contractualité dans la société. Par là nous retrouvons encore la vérité concrète incontestablement enfermée dans la morale *formelle*, dont le double tort est seulement de méconnaître d'abord que la morale a une première assise sociale plus immédiate et plus matérielle, de présenter ensuite cette vérité même du formalisme comme posée *a priori* et dans l'abstrait, au lieu de la fonder sur les raisons d'expérience qui y conduisent très sûrement.

La rationalité dans l'individu : car aucune réaction sociale ne sera assurée ni précise, aucun ordre social stable ne pourra s'organiser tant que les individus seront sous le régime de la passion, de l'instinct, de l'hétéronomie, à moins qu'on ne redescende dans cette direction au-dessous du niveau où il n'y aurait plus même d'humanité. L'idée kantienne d'une norme supérieure d'universalité se trouve ainsi aisément justifiée à un point de vue positif. Mais d'une part cette norme qui domine en effet, par son extension, la variété indéfinie de ses contenus contingents, n'est cependant fondée que sur le résultat d'ensemble qu'on peut en attendre : de permettre, avec la réalisation d'un ordre social celle de toutes nos fins en général : et la valeur de la raison n'est pas tirée de sa généralité abstraite. Elle résulte d'un pouvoir de *compréhension* et non d'un caractère d'*extension*. D'autre part cette même règle, sociale surtout par ses fins, implique, loin de l'exclure, la critique individuelle à l'égard des opinions issues de la tradition collective; et la valeur de la raison ne lui vient pas, comme pour le positivisme extrême, de ce qu'elle serait un produit social, mais de ce qu'elle tend à réaliser la véritable société. L'expérience est faite dès longtemps pour nous, et d'autres la renouvellent douloureusement, de ce qu'il y a d'instable et de caduc dans une discipline tout extérieure faite d'inégalité, de soumission sans examen et d'autorité sans contrôle. La critique, quoi qu'en ait pensé Comte, n'est que superficiellement et provisoirement anarchique, elle est en réalité organisatrice.

La contractualité sociale : l'organisation artificielle, législative ou contractuelle, est ici la mesure de la perfection possible de notre connaissance comme de notre art. Nous ne connaîtrons jamais bien la société que dans la mesure où nous l'aurons *faite* [1]. Une nature qui nous est *donnée* nous restera toujours par quelque côté impénétrable, et par conséquent, au point de vue pratique, féconde en surprises et en déceptions. Et cela est au moins aussi vrai, M. Lévy-Bruhl nous le fait très justement sentir, de la réalité morale que de la réalité physique. Elle a beau nous être familière, elle ne nous en est pas moins obscure. Mais tandis qu'à l'égard du monde physique nous n'avons, pour dissiper l'obscurité, qu'un seul moyen, l'observation patiente et rigoureuse, à laquelle d'ailleurs il se prête mieux, nous avons, à l'égard de la réalité sociale, une autre ressource, celle de la transformer systématiquement de manière à

---

[1]. M. Lévy-Bruhl trouve « ingénu l'aveu » que nous ferions ici de notre « répugnance à accepter jusqu'au bout l'idée d'une nature morale ». Mais il n'y a ici ni aveu, ni répugnance ; et s'il y a de l'ingénuité, c'est celle de l'observateur qui aime mieux reconnaître un fait original que de maintenir « jusqu'au bout » un système qui s'en accommode mal et ne se vérifie qu'en deçà de ce fait. Si nous admettons que les sociétés *se font* elles-mêmes en partie, ce n'est pas de notre part « une croyance ». Oui ou non les hommes établissent-ils des constitutions, font-ils des lois, fondent-ils des institutions ? Et fonctionnent-elles, sinon à notre entière satisfaction et en remplissant toutes nos prévisions, du moins de manière à réaliser nos fins avec quelque approximation ? Il faut bien l'admettre, à moins d'avoir une certaine « répugnance » à « avouer » les faits. V. plus haut § 1 p. 59.

bien connaître au moins ce que nous y aurons mis. L'artificiel n'est d'ailleurs pas l'arbitraire, puisqu'il est en chaque instant conditionné par l'ensemble de la réalité sociale ou naturelle déjà donnée en même temps qu'il est guidé par la forme générale d'une organisation sociale rationnelle et contractuelle. Par là encore l'artifice ne se réduit pas à un simple « acte de volonté » et suppose au premier chef, comme nous l'avons montré avec insistance, l'emploi de moyens appropriés. Il n'en reste pas moins qu'il transforme la réalité en y introduisant quelque chose de mieux connu. La sociologie naturaliste s'est bien souvent inscrite en faux contre la « manufacture » sociale : l'évolution, qu'elle aime à invoquer, ne semble pas ratifier cette condamnation ; et l'art social, qu'elle prétend fonder, a des exigences qui ne permettent pas davantage de la maintenir.

*
* *

Résumons-nous et concluons :

Que la morale soit *sociale* et purement sociale dans toutes les acceptions du mot, c'est une opinion dans laquelle ce nouvel examen de la question ne peut que nous confirmer. Cela ne suffit certes pas pour qu'elle puisse être dite scientifique, ni qualifiée de science. Mais c'est peut-être une condition nécessaire pour qu'elle devienne positive.

Dirons-nous maintenant qu'elle doit devenir proprement *sociologique*, et peut-on la définir comme une technique dont la sociologie serait la base scientifique ? Ici une réponse simple ne suffit plus.

La morale nous apparaît comme comportant deux niveaux superposés, deux aspects qui d'ailleurs, dans la réalité, ne se séparent jamais entièrement. Il y a la *morale faite* et qui assure le présent ; et il y a la *morale qui se fait*, celle qui prépare l'avenir, non sans parfois, en effet, compromettre la parfaite stabilité du présent, ni, par suite, sans paraître immorale, lorsqu'on la juge aux critères que peut fournir la morale faite.

Celle-ci, et celle-ci seule, présente, dans la plus large mesure la *forme* d'une technique en tant que la société *donnée* se comporte comme une nature. Mais la connaissance qu'elle utilise n'est point une connaissance scientifique générale et fixe, analogue à la physique. C'est une connaissance objective, sans doute, mais limitée, relative et changeante comme son objet. Si cette notion d'un « art moral rationnel », comparable à une technique scientifique, est valable, ce n'est donc pas, suivant nous, pour un avenir lointain et même problématique, où l'on supposerait réalisée une véritable « physique sociale » ; c'est au contraire pour le présent et par rapport à l'action immédiate. Non seulement cela, et cela seul, semble possible, mais cela semble nécessaire. Ne serait-il pas bien étrange de reconnaître, en principe, l'excellence et la valeur positive d'une certaine attitude pratique, et d'en reculer indéfiniment l'adoption ? D'autant mieux que, conformément aux vues du « pragmatisme », c'est peut-être en commençant par l'adopter qu'on en accroîtra la validité. Si nous devions un jour agir en ingénieurs sociaux au moyen d'une science véritable des sociétés, nous devrions, dès à présent, en user de même avec la connaissance empirique dont nous disposons.

Mais, d'autre part, ce n'est là qu'une partie et qu'un aspect de la morale. Car l'action contribue à organiser la société et à la faire autant qu'à l'utiliser. La sociologie purement naturaliste se présente sur ce point comme un *système* aussi *a priori* et aussi simpliste que bien d'autres, quand il oppose à la naïve observation des faits la rigueur d'une méthode et l'étroitesse d'une théorie dont ils s'accommodent mal. A ce niveau supérieur la morale cesse visiblement d'être comparable aux techniques physiques, chimiques, et même biologiques. Les rapports entre le *savoir* et le *faire* s'y intervertissent et c'est l'action même qui soumet alors la société aux formes de la pensée rationnelle, pour mieux assurer l'action elle-même. Est-ce à dire que l'action, à partir de ce moment, serait arbitraire et sans règles ? Nous ne le croyons pas, mais c'est une tâche entièrement nouvelle que d'essayer de déterminer d'une manière critique et rationnelle ces règles que les métaphysiciens pensaient trouver toutes faites dans une intuition supérieure. Seulement il faudra savoir se résigner ici à de simples probabilités et accepter la nécessité du risque. Nous sommes aujourd'hui assez habitués à l'idée que la nature n'est pas sortie toute faite d'un acte créateur unique et définitif, mais qu'elle a dû elle-même, dans ses créations, tâtonner longuement et faire de multiples essais avant d'arriver à des œuvres viables. Comment, dans cette création supérieure d'une société rationnelle et harmonique, l'homme pourrait-il éviter de tenter quelques épreuves sans issue et d'esquisser quelques ébauches sans avenir ?

III. — LA CONSCIENCE

Un problème final autrement embarrassant que le précédent se présente donc à nous : puisque nous modifions, en agissant, notre nature même, psychologique et sociale, *dans quel sens devons-nous agir*, dans quel sens devons-nous transformer cette nature éminemment plastique que jusqu'ici nous considérions seulement comme une donnée toute faite du problème? Et pourquoi, *en vue de quoi le devrions-nous*? Notre option va porter sur les fins elles-mêmes et nous aurons à découvrir, peut-être en un certain sens à créer les motifs mêmes qui les justifieront. Et qu'est-ce que justifier dans de pareilles conditions? Ne serons-nous pas réduits à proposer un idéal qui ne devra sa valeur réelle qu'à la force même avec laquelle nous saurons le faire accepter et le faire triompher, comme d'autres auraient pu faire un idéal différent? « C'est toujours à contre-cœur que j'ai demandé mon chemin. Cela me fut toujours contraire. J'ai toujours préféré interroger et essayer les chemins eux-mêmes..... Cela est maintenant mon chemin — où est le vôtre? Voilà ce que je répondais à ceux qui me demandaient « le chemin ». Car *le* chemin n'existe pas. Ainsi parlait Zarathoustra [1]. » Notre liberté n'est plus alors simplement un pouvoir dont nous usons avec plus ou moins de sûreté. Elle est réellement choix, libre affirmation d'un meilleur; c'est un vouloir dont nous nous décidons à faire à faire l'épreuve; nous créons une valeur; nous ouvrons *notre* chemin en invitant d'ailleurs les autres à s'y engager. S'ils s'y engagent, ils le frayeront sur nos traces, et pour un temps ce sera désormais *le* chemin.

§ 1. — LE PROBLÈME

Le problème ainsi posé est évidemment un problème-limite, qui, pris absolument, ne comporterait pas de solution, puisqu'il exprime, en fin de compte, le droit imprescriptible

---

[1]. Trad. française de H. Albert, p. 283.

et même l'inévitable disposition de la réflexion a opposer un « non » à ce qui est donné.

Dans le jugement prononcé par l'esprit en tant qu'il pense est forcément impliquée la possibilité, la présence même de ce *non*. Une affirmation qui précède toute négation, qui n'est pas accompagnée de l'idée d'une négation possible, est à peine une affirmation, assurément ce n'est pas un véritable jugement, puisque la faculté critique en est absente. C'est une idée, une représentation ; c'est encore si l'on veut une croyance réduite à une absence de négation ; ce n'est pas encore une véritable affirmation.

De la même manière, dans le jugement prononcé par la réflexion pratique, la faculté de préférer implique toujours la faculté de repousser. Mais, voici la différence : dans le domaine de la connaissance, la faculté de nier n'est qu'une méthode pour mieux définir et mieux contrôler le donné, et le jugement vrai est celui qui se rallie finalement au donné ainsi découvert ; dans la sphère du jugement de valeur, le « non » peut avoir autant et plus de droits que le « oui » ; il n'est pas destiné seulement à éclairer et à établir le « oui », mais parfois au contraire à le détruire et à le remplacer.

Il y a donc, *à la limite,* une évidente illusion dans l'espoir, affiché ou tacite, de la plupart des systèmes de morale, que l'on puisse, par un procédé quelconque, obtenir qu'un devoir s'impose au jugement pratique comme s'impose à la connaissance un donné ; et c'est cette illusion, signalée au début de notre recherche critique que nous retrouvons au terme. Même si le *donné* se présente sous la forme d'un *vouloir*, dès qu'il se *connaît* lui-même comme donné, il acquiert la faculté de se nier.

Un bouddhiste pourra toujours préférer la non-vie à la

vie, un hédoniste, la non-raison à la raison, un stoïcien le non-plaisir au plaisir, un Nietzschéen, le surhomme à l'humanité.

Mais à ce niveau, où il ne comporte pas de réponse décisive, le problème n'est guère aussi que la forme abstraite ou toute théorique de la difficulté. Il convient donc de montrer que ce même problème surgit sous une forme relative dans le réel, et qu'il n'est par conséquent en aucune façon un pur jeu d'esprit, — qu'en même temps une solution peut alors en être fournie, par approximation du moins, et que notre option, pour n'être pas alors dictée par une connaissance certaine à une volonté arrêtée (ainsi qu'il arrive au niveau de la Technique morale) n'est pas pour cela absolument affranchie de toute règle ni privée de toute méthode.

La question ramenée sur le terrain de la réalité et de la pratique revient en somme à celle-ci : N'y a-t-il pas pour tout homme un moment où, quoi qu'il fasse, il en est réduit à consulter sa « conscience » ? Dans ce cas que doit être cette conscience qu'il consulte et dans quelles conditions s'assure-t-elle à elle-même son maximum d'autorité ; comment peut-elle contrôler son droit à prononcer et à mettre en œuvre une affirmation morale qui peut se trouver en opposition avec celle de la société environnante ; comment peut-elle, à défaut d'un assentiment quant au fond de cette affirmation, obtenir au moins des autres, ce qui serait déjà précieux, le respect dû à la loyauté de son effort ?

*
* *

Qu'il y ait d'abord un moment où la conscience ait à prendre par elle-même une décision, c'est ce que personne ne peut guère contester, ni ceux qui croient à des règles morales absolues et données toutes faites, qu'elles soient d'ailleurs édictées par un Dieu, par une Raison, ou même par une Tradition ; ni ceux mêmes qui font une place plus ou moins étendue à l'idée d'une science morale.

Dans le premier cas il y a d'abord pour la conscience une option initiale à faire, une décision à prendre, consistant dans la reconnaissance même du principe accepté. Sans doute cette option est d'ordinaire instinctive et sans critique. Il est cependant presque impossible de la concevoir absolument aveugle, et elle s'accompagne presque nécessairement d'une plus ou moins vague aperception des autres options possibles, qu'elle rejette. L'autorité, par le prestige qu'elle implique, nous dissimule trop qu'une autorité n'existe que par le fait d'une acceptation plus ou moins tacite.

Mais l'appel à la conscience trouve ensuite place nécessairement à la partie inférieure de la pensée morale, lorsqu'il s'agit d'appliquer à des cas particuliers des règles générales acceptées en principe. Cette affirmation, automatique et immédiate dans les cas les plus usuels, rencontre toujours, à un moment donné, quelque difficulté non résolue par l'expérience antérieure et par l'habitude. Ainsi nous voyons très clairement, aux deux extrémités de l'échelle des décisions morales, l'inévitable rôle de la conscience.

C'est en vain qu'on espérerait jamais le réduire à à néant par la constitution d'une science morale et lire directement dans les choses rien qui ressemble à une « vérité morale ». Nous avons montré par une analyse précise des conditions d'une technique sociale scientifique, l'impossibilité, même théorique, de déterminer sûrement et entièrement notre vouloir d'après la connaissance *de ce que sont* l'homme et les sociétés, puisque l'homme et les sociétés seront en partie *d'après ce que nous aurons voulu*. A plus forte raison dans la pratique, alors que l'action presse, et que, nos facultés de réflexion et d'information restant toujours limitées, nous sommes pourtant obligés de prendre un parti, l'intervention directe de la conscience est-elle inévitable. Et de même qu'aucune science, aucune méthodologie, ne dispensera jamais l'homme, non seulement dans la vie usuelle, mais même dans le travail scientifique proprement dit, d'avoir du bon sens, du tact et du jugement personnel, de même on ne conçoit pas une théorie ni une science morale qui puissent jamais dispenser l'homme d'avoir une conscience. S'il en est ainsi, peut-il sans absurdité, sans manquer pour ainsi dire à un premier devoir, se contenter de la conscience que lui font le milieu, la tradition, les circonstances, et se dispenser de *se faire consciemment une conscience* [1] ?

Mais alors il y a donc place en morale pour une méthodologie de la conscience, de sa préparation et de son intervention. Il s'agit de définir les conditions d'une « certitude morale » valable, de faire la théorie de cette compétence de l'homme de bien, qu'Aristote [2] considérait déjà comme un complément nécessaire de sa définition de la vertu. Ce travail est si nous ne nous trompons celui dont le livre

---

1. Opposer Kant, qui considère comme absurde l'idée d'un devoir de se faire une conscience. *Metaph. der Sitten*, Hartenstein, VII, 204.

2. *Eth. Nic.*, III, IV, 4 (Ed. Grant) Ὁ σπουδαῖος γὰρ ἕκαστα κρίνει ὀρθῶς καὶ ἐν ἑκάστοις τἀληθὲς αὐτῷ φαίνεται. Καθ' ἑκάστην γὰρ ἕξιν ἴδιά ἐστι καλὰ καὶ ἡδέα καὶ διαφέρει πλεῖστον ἴσως ὁ σπουδαῖος τῷ τἀληθὲς ἐν ἑκάστοις ὁρᾶν ὥσπερ κανὼν καὶ μέτρον αὐτῶν ὤν. Cf. sa définition bien connue de la vertu *Eth. Nic.*, II, VI, 15 : Ἔστιν ἄρα ἡ ἀρετὴ ἕξις προαιρετική, ἐν μεσότητι οὖσα τῇ πρὸς ἡμᾶς, ὡρισμένῃ λόγῳ καὶ ὡς ἂν ὁ φρόνιμος ὁρίσειεν.

de M. Rauh sur l'*Expérience morale* fournit l'essai le plus récent et peut-être le plus complet, en tout cas c'est peut-être là que le problème auquel nous sommes parvenus est le plus directement et le plus consciemment abordé.

*
* *

Il est clair tout d'abord que ce n'est pas à la conscience toute spontanée que nous nous adresserons.

Sous sa forme courante et commune, la conscience spontanée ne peut guère être qu'un assez vague reflet du milieu social avec tous ses préjugés, et sans une perception distincte de la véritable nature de ce milieu, sans intelligence des besoins qui se manifestent ainsi en elle-même. Le temps n'est plus où nous pouvions considérer cette conscience comme une sorte de révélation fondamentale et divine. Nous savons trop aujourd'hui comment elle se forme et combien elle est variable, suivant les temps, suivant les milieux et les classes sociales mêmes. Elle est un produit contingent, un résidu subjectif de la réalité, encore exposé à se corrompre par l'inévitable contact avec les intérêts et les passions de l'individu. C'est précisément à l'interpréter et la rectifier que l'analyse sociologique peut être utilement mise à contribution. Nous savons à combien de déviations sont exposées les impulsions, à combien de contresens les idées de la conscience spontanée[1]. Les méprises de l'honneur et de la charité sont peut-être les plus connues et les plus souvent dénoncées. Mais on pourrait en signaler de plus graves et de plus générales. Ne peut-on pas voir, par exemple, dans l'importance pharisaïque attachée au *Mérite*, dans ce fait qu'on érige le mérite en critère de

---

1. Cf. Rauh, *op. cit.*, p. 22.

la moralité, qu'on l'identifie même à la moralité, l'indice d'une véritable déformation de la conscience, d'une dégénérescence profonde qui en corrompt les racines mêmes? Pour savoir si la moralité est satisfaite, nous sommes, en vertu de cette disposition, habitués à *regarder en dedans* et ce que nous cherchons dans la moralité c'est une sorte de perfection interne, moins que cela, une sorte de satisfaction de nous-mêmes, alors qu'une telle satisfaction ne peut attester que l'étroitesse du champ de notre conscience, la brièveté de nos vues, l'absence d'objectivisme de notre volonté et de notre pensée morales.

Tout près de ce contresens on peut en reconnaître un autre qui n'est ni moins général ni moins profond, c'est ce *formalisme*[1] (nous ne prenons pas ici le mot au sens exactement kantien) qui consiste à condenser le devoir dans les formules très simples et peu nombreuses où volontiers on le croit tout entier enfermé. Cela est commode pour l'esprit, mais cela est trop commode aussi pour la conscience. Elle se trouve dispensée par là de chercher la voie du devoir dans le labyrinthe complexe et confus de la réalité. Elle se satisfait à bon compte par l'examen en quelque sorte tout logique de la conformité d'un acte à une formule. Elle se garantit aussi (et c'est par là que le formalisme touche au pharisaïsme) contre le reproche des autres et contre ses propres scrupules. Qu'on veuille bien relire l'opuscule de Kant *sur un prétendu droit de mentir par humanité*[2], où Kant applique à un cas particulier la thèse que nous avons désignée sous le nom de « Morale des principes » et qui interdit de soumettre les règles au contrôle

---

1. Cf. notre conférence dans l'*Education morale dans l'Université*, p. 224, Paris, F. Alcan.
2. *Ueber ein vermeintes Recht*, etc., Hartenstein, t. VII, p. 305.

de la prévision des conséquences. Si l'on examine, sans prévention et sans préconception philosophique l'argumentation parfois un peu puérile de Kant, il est impossible de ne pas sentir que la préoccupation essentielle qui détermine ce respect étroit de la règle, c'est celle de se prémunir, quelle que soit l'issue des événements, contre tout *blâme*; ce n'est pas le souci de notre autonomie, ni le désir de prévenir les sophismes de l'intérêt, c'est celui de nous mettre à couvert et de soulager notre jugement et notre décision du poids des événements plus ou moins fâcheux qui pourtant en dépendent partiellement. En termes vulgaires, cela porte un nom : cela s'appelle la *peur des responsabilités*.

Ainsi faute de vouloir regarder en dehors vers les *réalités* au milieu desquelles se meut la conduite, on est amené à regarder au dehors vers les *jugements* qu'elle peut provoquer. Le blâme et l'approbation des autres (phénomène social d'ailleurs si directement associé à la la moralité et à sa formation, et dont les moralistes anciens avaient déjà fait, non sans doute un critère, mais un signe du jugement moral), prend une place excessive dans notre conception de la moralité. Nos consciences, au lieu de juger par elles-mêmes, c'est-à-dire de juger par leur contact direct avec la réalité, s'observent et se guettent mutuellement pour savoir comment elles jugeront. Au lieu de nous demander où est le bien, où est le mal, nous nous demandons si tel agent est estimable ou blâmable. Nous devrions nous demander par exemple si le suicide est un mal ou l'indice d'un mal social, — question qui se résoudrait presque évidemment par l'affirmative — et quels sont les moyens d'extirper ce mal, — question complexe, et délicate, mais au moins utile et féconde ; mais point : nous

nous demandons si le suicidé est ou n'est pas coupable, si nous devons le blâmer ou le punir (?), question aussi subtile et obscure que vaine et stérile.

Notre morale est semblable au vieux pédagogue « orbilien » qui au lieu de se demander quelles sont les facultés de son écolier et par quels moyens les développer, ou comment les fins de l'éducation déterminent la nature de sa tâche, abandonne à l'empirisme le plus grossier ou aux préférences les plus arbitraires la définition de sa fonction, et tourne toute son attention à donner de bonnes ou mauvaises notes, à distribuer des couronnes ou des pensums [1].

Il y a, il est vrai, une autre conscience spontanée que celle dont nous venons de parler, et d'une nature bien différente. C'est celle de ces rénovateurs de la conscience commune, de ces génies moraux qui semblent apparaître de loin en loin dans l'humanité. Celle-là n'est pas le reflet plus ou moins confus et déformé de la moralité vulgaire ; elle est au contraire l'initiatrice d'un idéal nouveau qu'elles paraissent créer selon une inspiration aussi indéfinissable qu'irrésistible. Elle décide non pour un homme ni pour un peuple, mais pour l'humanité, non pour le moment présent, mais pour un avenir indéterminé. Ces grands semeurs ignorent d'où vient le grain qu'ils jettent d'une main aussi confiante que téméraire sur une terre mal préparée, et jamais ils ne verront lever une moisson qui doit mettre des siècles à mûrir. Mais ce n'est

---

1. Un des nombreux sophismes, que renferme la réfutation kantienne de l'Eudémonisme (c'est une « nichée ») est peut-être apparenté à cette conception. Bien que Kant ne formule pas expressément cette idée, il transparaît dans son argumentation que si l'Eudémonisme est à ses yeux inacceptable, c'est parce qu'il serait absurde de *punir* un homme pour n'avoir pas réussi à être heureux, et de le *récompenser* pour y être parvenu. En effet, mais pourquoi supposer que la fonction de la morale soit de punir ou de récompenser ?

pas pour le génie que l'on cherche une méthode, et il n'a pas coutume de se demander quels sont ses droits ni sur quoi se fonde son autorité.

Quant à la conscience commune dont nous avons parlé, elle ne nous offre aucune garantie. Nous n'avons pas le *droit* de nous y fier, bien qu'il faille y recourir si toute autre ressource nous est enlevée. Prise en ce sens, l'idée de l'infaillibilité de la conscience serait insoutenable. « Pour professer une pareille opinion, écrit Höffding [1], il faut vouloir de gaîté du cœur fermer les yeux devant un des plus tragiques conflits de la vie. La conviction la plus pure et la plus sérieuse peut reposer sur une complète erreur. Pas plus dans le domaine moral que dans les autres nous ne possédons de signe immédiat et infaillible de la vérité.... Ceux qui crucifièrent le Christ n'ont-ils pas pu agir d'après leur meilleure conviction? Kant a-t-il eu raison de dire qu'un inquisiteur ne *pouvait* pas avoir une bonne conscience? N'est-ce pas de bonne foi qu'Aristote a soutenu la légitimité de l'esclavage, que Calvin avec l'assentiment de Mélanchton livra Servet au bûcher, que Sand tua Kotzebue, le traître à son pays? »

Sans doute les théories de Kant et de Fichte sont peut-être plus défendables qu'il ne semble ici à Höffding parce que ce n'est pas à la conscience complexe de l'individu et du moment qu'ils attribuent l'infaillibilité, mais à quelque chose de plus simple et de plus profond. Kant par exemple reconnaît bien que je puis me tromper en croyant entendre « la voix de la conscience » et à plus forte raison lorsque je décide « si ceci ou cela est un devoir ». Mais je ne pourrais pas me tromper sur la question de savoir « si j'ai comparé ma conscience à la raison pratique en vue du

---

[1]. *Morale*, IV, 3, p. 75 de la traduction française.

jugement ¹ », car sans cela « il n'y aurait plus de jugement moral du tout ». Notre certitude morale porterait donc sur ce fait subjectif : avons-nous conféré notre conscience réelle avec notre raison pratique ? et il semblerait qu'une erreur soit impossible sur le point de savoir si nous avons accompli cette opération mentale.

Mais qui ne voit combien serait pratiquement insuffisante une pareille certitude, combien illusoire, même en principe, est une pareille infaillibilité, puisque d'une part la raison pratique n'est pas une norme toute faite qu'il n'y ait qu'à confronter avec notre état mental réel et personnel ; puisque d'ailleurs nous pouvons aussi bien nous tromper sur l'existence et la nature de nos opérations mentales que sur n'importe quel objet ? Est-ce que, sous cette apparence scolastique d'une confrontation de facultés, ne se cache pas en réalité toute une méthode infiniment complexe à l'aide de laquelle nous devrons scruter et critiquer notre conscience, et qui ne peut créer aucune infaillibilité ?

Plus profonde semble la théorie de Fichte² qui ramène en somme l'infaillibilité de la conscience à la confiance dans la raison, à cette certitude, dirions-nous, qu'on a toujours raison d'avoir raison, et à cette conviction intime que notre moi concret et empirique est bien en harmonie avec notre moi véritable. Plus précisément nous avons de la légitimité de notre conscience un double critère :

1° Notre affirmation est-elle vraiment autonome et n'est-elle le produit d'aucune suggestion étrangère ?

2° Notre action elle-même tend-elle essentiellement à réaliser la liberté, qui est notre véritable fin ?

---

1. Kant, *Tugendlehre, Einleitung,* Hartenst., VII, 204.
2. *Sittenlehre.* § II. Œuvres, t. IV, p. 201 sqq. Cf. X. Léon, *Phil. de Fichte*, p. 277 et 360.

Doctrine admirable, dont nous aurons à tenir grand compte. Mais si elle nous indique une direction à suivre, si elle nous montre en quel sens chercher la méthode dont nous avons reconnu la nécessité, elle ne saurait la remplacer. On admettrait volontiers que la raison est infaillible en proposant de tels critères. Mais quelle infaillibilité peut-il en résulter dans l'application de ces critères ?

Ainsi entre la conscience actuellement faite, complexe, variable, éminement faillible, mais qu'il faut bien consulter au moment de l'action, et le principe général, profond, accepté d'avance en notre moi le plus intime, mais qui reste immanent à toute notre activité morale, sans presque jamais apparaître clairement dans une décision particulière, il y a un large intervalle où se meut précisément la *réflexion morale pratique* à l'aide de laquelle nous *nous faisons une conscience* à la fois légitime aux yeux de notre raison et utilisable dans la vie réelle. Entre le chant accidenté et parfois improvisé qui se déroule à la surface, dans le rythme mobile de l'action, et la basse fondamentale qui donne à la vie morale sa tonalité, il y a le chœur des idées et des tendances réfléchies, dont la structure équilibrée et consistante, mais pourtant riche et diverse, peut seule assurer à l'œuvre sa solidité et son harmonie. Ici donc, au point de vue du sujet moral, comme nous l'avons déjà vu en examinant le contenu même des problèmes moraux, c'est dans la région moyenne de la vie morale que nous rencontrons les véritables problèmes. Aux deux extrémités où nous l'avions d'abord soupçonnée l'option morale ne semble pouvoir donner lieu à aucune méthode vraiment précise. C'est par la solide préparation du système de nos idées et nos habitudes que nous pourrons à la fois prendre une plus nette conscience de notre tonalité morale rréductible et rationaliser nos décisions particulières.

§ 2. — L'EXPÉRIENCE MORALE

Dans la recherche d'une semblable méthode, comme on travaille en vue de la constitution d'une morale *positive*, il est assez naturel qu'on songe à s'inspirer des méthodes qui seules ont réussi à fonder une science positive, aux méthodes expérimentales. Telle est essentiellement la portée de l'idée qu'on a formulée sous le terme d'*Expérience morale*. Il s'agirait de soumettre la conscience morale à une « épreuve » aussi variée, à une « enquête » aussi étendue et aussi approfondie que possible, de lui faire subir la « vérification de la vie ». Les tendances, les *fins*, l'idéal seraient ainsi, comme les faits, comme le réel, objet d'une expérience et d'une vérification *sui generis*. Elle a essentiellement pour objet de déterminer quelle est ma volonté profonde, celle qui prime pour moi toutes les autres, et de m'apprendre, à l'user, « qu'est-ce que je veux en définitive plus que tout au monde quand je me place dans une attitude impersonnelle [1] ».

A cette première conception d'ensemble se joint une double théorie de la certitude morale et de son objet. Tout d'abord la certitude morale, comme une certitude expérimentale, n'a pas besoin d'être une certitude universelle ni de porter sur des principes généraux. « L'affirmation de la présence de ce livre est aussi certaine que celle du principe de causalité [2]. » De la même manière nous pou-

---

1. Rauh, *op. cit.*, p. 14, 15, 32.
2. *Bulletin de la Société française de philosophie*, janv. 1904, p. 8. Cf. *L'expérience morale*, p. 65. « L'honnête homme veut l'évidence actuelle, celle qui jaillit de la chose même : *præsens evidentia*. »

vons avoir d'un devoir ou plutôt de l'affirmation qu'une chose est à faire, qu'un parti est à prendre, une certitude absolument valable, quoiqu'elle soit individuelle à la fois quant à l'objet sur quoi elle porte, et quant au sujet qui la porte. C'est une certitude valable pour nous, sans qu'elle soit nécessairement valable pour d'autres, et valable sur ce point particulier sans qu'il soit nécessaire de l'encadrer dans tout un système. Les vérités morales comme les vérités scientifiques sont « sporadiques [1] ». Prise en elle-même cette certitude n'est rien de plus que « l'irrésistibilité » d'une croyance. « Il suffit, pour qu'un sentiment soit « rationalisé », qu'il occupe tout le champ de la conscience [2] ».

La tentative avait son intérêt, de rapprocher les conditions d'un jugement moral valable de celles de la connaissance expérimentale scientifique, et ce n'est certes pas l'ingéniosité, la pénétration, ni le sentiment de la complexité de la vie qui ont manqué à l'auteur pour mettre cette idée en valeur.

Remarquons tout de suite combien elle se différencie d'un simple intuitionnisme ou d'une morale du sentiment. L'ancien intuitionnisme croyait précisément que le sens moral s'observait en quelque sorte comme une chose toute faite. Il correspondait dans le domaine de la conscience, à ce qu'était dans le domaine de la science objective l'ancien empirisme, qui semblait croire que l'observation brute était ce qui nous rapprochait le plus de la vérité. Au contraire toute la doctrine que nous venons de rappeler en quelques mots n'a de raison d'être que parce que l'on abandonne cette position, parce qu'on sait,

---

1. *L'expérience morale*, p. 71. Paris, F. Alcan.
2. *Ibid.*, p. 24.

par l'exemple du travail scientifique, combien l'expérience brute est peu instructive, combien la vérité la plus positive est complexe et éloignée des apparences immédiates. Elle sait qu'il ne suffit pas de voir, et qu'il faut savoir regarder; à vrai dire même, sous le nom d'expérience morale, c'est moins d'une observation que d'une sorte d'expérimentation qu'il s'agirait ici [1].

***

Mais cette justice une fois rendue aux intentions et au véritable esprit de cette méthode, nous doutons que l'idée en soit nette et précise.

L'expérience, au sens scientifique du mot, nous paraît avoir essentiellement deux fonctions connexes : établir par un contact plus précis avec le réel l'accord des esprits, en substituant à des opinions personnelles et subjectives une donnée irrécusable des *faits*, ou du moins en les subordonnant à cette donnée ; — décider ensuite (et n'est-ce pas au fond la même chose?), pour un même esprit, entre deux ou plusieurs hypothèses.

Il serait difficile d'attribuer à l'expérience morale la première de ces deux fonctions, car elle a un caractère essentiellement individuel et même intérieur. Le professeur qui fait une expérience devant un auditoire, le savant qui dans un mémoire décrit une expérience et en indique le manuel opératoire, prouvent la *vérité* d'une affirmation. Par «l'expérience morale», qu'est-ce que pourra prouver celui qui

---

1. Rauh. *Bulletin*. etc., p. 11. On peut voir (*Ibid.*, p. 15) que nous jugeons moins étroitement que nous le faisions alors la théorie de M. Rauh. Mais si notre critique ne portait pas tout à fait juste, c'est que l'idée de l'expérience morale nous était restée obscure. Nous croyons la mieux saisir aujourd'hui, mais elle nous paraît encore présenter quelque confusion.

l'aura faite ? Il se prouve simplement à lui-même qu'il croit solidement à un certain idéal, et c'est seulement la résistance subjective de *sa* croyance qu'il aura établie à *ses* propres yeux. Sans doute on peut dire qu'en prouvant sa bonne foi, en la mettant en évidence aux yeux d'autrui, il donne auprès d'eux un réel crédit à l'idéal qu'il proclame. Il est plus fort pour les convaincre s'il adopte une politique que ses intérêts personnels déconseilleraient, une religion qui l'astreint à d'austères devoirs, etc. Par là il prépare sans doute l'extension de sa croyance. Que dirait-on pourtant de celui qui l'adopterait uniquement au nom de cette *autorité,* sinon qu'il manque précisément à cette même méthode sans laquelle il n'y a pas de jugement moral valable ? Voilà donc une expérience qui a ce singulier caractère de ne valoir que pour celui qui la fait ; une expérience qui me permet de m'assurer de *ma* volonté la plus essentielle, mais qui ne peut rien pour la faire accepter par les autres !

Sur le second point on serait plus disposé à accorder à l'expérience morale le rôle de l'expérience scientifique. Celui qui s'y livre cherche en effet un moyen d'opter raisonnablement entre plusieurs directions possibles de sa conduite. Mais comment le peut-il ? Justement par un procédé plus analogue à celui du savant qui construit une théorie qu'à celui du savant qui constate un fait, ou vérifie la conformité du fait avec son hypothèse. Dans l'expérience scientifique nous comprenons cette évidence particulière propre au fait considéré, la *præsens evidentia.* Le fait décide de mon hypothèse. Mais en quoi peut consister l'évidence morale d'un idéal, si restreint qu'en soit l'objet, sinon dans son aptitude à organiser la vie ou une portion plus ou moins définie de la vie ? M. Rauh lui-même exige une « enquête » aussi étendue, aussi variée que possible, il demande ensuite qu'on « situe » la conception morale, à laquelle on se rallie, dans l'ensemble des autres. Mais alors où est la *præsens evidentia* de cette conception prise en elle-même? Que peut bien être l'évidence *propre* de l'héritage ou de sa suppression? du divorce ou du mariage indissoluble? du conservatisme ou de l'esprit démocratique? Nous admettons volontiers que pour reconnaître la justesse ou la légitimité d'une solution dans ces problèmes spéciaux, il n'est pas nécessaire d'établir un système philosophique ou même social complet. Nous avons nous-même soutenu dans une large mesure, avec M. Lévy-Bruhl, la pluralité et l'indépendance relative des problèmes moraux, et contre lui (ce qui nous paraît impliqué pourtant par cette thèse) l'indépendance relative et plus ou moins provisoire des fonctions sociales. Mais il n'en résulte en aucune manière qu'il y ait là dedans aucune *præsens evidentia* analogue à celle du fait expérimental. Une affirmation morale pour ou contre l'héritage, le divorce, etc., n'est pas un *fait* qui présente par lui-même une clarté décisive capable de nous dicter notre jugement en faveur de toute une *théorie* de la propriété, de la famille. C'est le contraire qui arrive : entre les raisons opposées qui se présentent à nous avec autant de force pour ou contre l'héritage, pour ou contre le divorce, considérés en eux-mêmes, nous serions fort empêchés de décider, tant que nous n'aurons pas aperçu quel système économique, quel système familial ou politique se trouve en connexion avec ces institutions particulières. On ne trouverait donc ici rien d'analogue à une évidence de fait, sinon dans ces *intuitions du sentiment* moral dont tant de consciences et même tant de moralistes se contentent, dans les convictions des gens qui trouvent très évident par soi-même qu'un fils doive recueillir une fortune toute faite à la mort de son père, ou qu'un époux ait une mainmise permanente sur la liberté de son conjoint. Mais c'est précisément ce genre d'évidence intuitive, que, à bon droit, on considère comme sans valeur, et qu'on veut soumettre à un contrôle méthodique.

Aussi bien est-il assez singulier de définir la rationalité d'un état mental par le fait qu'il « occupe tout le champ de la conscience[1] ». A notre sens ce serait plutôt l'opposé. Une obsession, une idée fixe, une tendance impulsive sont précisément ce qu'il y a de plus irrationnel parce qu'elles occupent toute la conscience. Un état est rationnel au contraire si tout en occupant peut-être *par lui-même* une assez petite place, il préside à une synthèse étendue de pensées ou de sentiments. De même, ce qui détermine la valeur d'une institution spéciale, ce qui permet de la juger rationnelle, c'est surtout son aptitude à cadrer avec une systématisation sociale relativement étendue ou même à la déterminer.

Ainsi, il est bien difficile de ne pas être arrêté dès le début par l'obscurité, disons-le franchement, l'impropriété du terme d' « expérience » ainsi appliqué. Le centre de cette obscurité est peut-être dans cette formule risquée par M. Rauh : *expérimenter un idéal*. Dans la science je contrôle (on ne pourrait guère dire : j'expérimente) la validité de mon jugement en le confrontant avec les faits. Ce sont les faits qui sont l'objet de mon expérience ; et mon jugement est mis à l'épreuve des faits. Ici au contraire, *c'est mon jugement même qui est l'objet mis en expérience*. Alors à quelle épreuve est mis mon jugement ? A l'épreuve des faits ? Mais il est lui-même le fait expérimenté, le fait qui doit par

1. *Bulletin*. etc., p. 24.

conséquent décider, et alors où est le contrôle? Ou bien mon jugement moral cesse-t-il d'être l'objet de l'expérience pour être alors soumis, comme ailleurs, au contrôle des *faits extérieurs* ? Mais comment l'admettre en toute rigueur puisqu'il s'agit de juger un idéal et que c'est justement l'idéal qui juge les faits ? La vérité, c'est que, en effet, le problème est ici non de soumettre des faits à mon jugement, ni de soumettre mon jugement aux faits. Il s'agit de *juger mon jugement* ; et que le véritable nom d'une semblable opération est *Critique* et non *Expérience*.

En employant ici le mot expérience, M. Rauh ne s'expose-t-il pas à commettre, en le transportant sur le terrain de la psychologie, le contresens qu'il condamne si justement quand il le rencontre chez certains sociologues, et qui consiste à conclure du fait au droit ? Si un idéal était, rigoureusement parlant, un objet d'expérience, ne se réduirait-il pas à un fait ? S'il n'y a rien de plus, dans mon expérience morale, que la *constatation* de « ce que je veux par-dessus tout » en quoi cette volonté, en somme tout individuelle, serait-elle plus respectable que la volonté essentielle des sociétés, dégagée par le sociologue ?

Essayons donc de mettre en lumière et de distinguer les idées valables qui peuvent être confondues dans ce vocable obscur « d'expérience morale ». Nous passerons du sens le plus extérieur et le plus éloigné du problème auquel nous étions arrivé au sens le plus intérieur et qui nous rapprochera de la réponse cherchée.

⁂

Nous ne nous arrêterons pas sur un premier sens qui pourtant serait peut-être celui que les mots suggéreraient le plus naturellement : mettre un idéal en expérience, c'est le mettre en œuvre, le faire passer dans la réalité, voir comment il s'y comporte et s'il donne ce qu'on en attendait. Il répugne à nos sentiments humanitaires de sacrifier délibérément une existence humaine : supprimons la peine de mort. Il nous paraît odieux de faire porter à une personne la peine d'une faute étrangère : effaçons les règles juridiques qui dépriment la situation de l'enfant naturel ; et attendons alors les événements pour voir si en donnant ainsi satisfaction à un sentiment ou à un « principe » dont la *præsens evidentia* nous a fait agir, nous n'allons pas susciter des contre-coups propres à blesser ces mêmes convictions. A vrai dire il s'agirait alors plutôt d'expériences sociales que d'une expérience morale. C'est là cependant une sorte d'*épreuve*, et la plus grave de toutes, à faire subir à nos idées morales. Dès que nous renonçons à faire résider la moralité dans un simple mérite intérieur, dans la seule *vertu* subjective, il faut bien que la conscience morale, directement ou indirectement se donne une œuvre à faire et risque quelque *hypothèse pratique* que l'expérience peut, dans une certaine mesure confirmer ou infirmer. Et cette vérification ne reste pas si extérieure à la moralité même : car, d'une part « la foi qui n'agit point, est-ce une foi sincère ? » et d'autre part un commencement de réalisation est parfois nécessaire à la diffusion de certaines convictions morales. Celui qui est persuadé, vérifie, et, en vérifiant, persuade. Seulement, il faut l'avouer, il persuade d'ordinaire plutôt par l'acte même de vérification que par le résultat, même heureux de cet acte. C'est-à-dire que sa conviction, mise en valeur par cet effort vers la réalisation se propage et s'impose, alors que l'insuccès même ne pourrait démontrer absolument qu'il ait eu tort. En pareil cas l'échec prouve peut-être seulement l'écart entre l'idéal et le réel. Mais cet écart est bien avoué d'avance, puisque sans cela l'idéal ne serait pas l'idéal ; et dès lors, on peut conclure non à sa condamnation, mais à la nécessité de nouveaux efforts. Ainsi le pacifisme a subi et subira sans doute encore de la part des événements plus d'un refus douloureux. Mais un refus n'est pas un démenti, et les échecs de l'idéal pacifique ne seraient point pour le convaincre de « mensonge » ; et ce dernier mot est même dépourvu de sens puisqu'il ne s'agit point ici d'une vérité, mais d'un bien. L'abolition de la peine de mort pourrait aujourd'hui être suivie d'une recrudescence de crimes sans qu'il cessât d'être vrai qu'un jour ou l'autre, on devrait la faire disparaître et qu'il y faut tendre. Dans tous les cas de ce genre l'insuccès n'a d'autre portée que de nous avertir des difficultés extérieures et de nous montrer que les chemins les plus directs en apparence ne sont pas toujours les plus sûrs. Mais comme on le voit, de telles « expériences » ne jugent pas notre idéal, et le laissent parfois entièrement intact. Ce n'est donc pas encore là ce que nous cherchions et c'est ce qu'on pouvait prévoir dès l'abord : car sans une critique préalable de notre idéal, qui légitime à nos yeux l'autorité de nos convictions morales, comment aurions-nous le droit de le faire passer à l'action ?

On se rapproche du but si l'on prend le mot « d'expérience morale » dans un sens déjà plus psychologique auquel conduit l'expression vulgaire : *avoir de l'expérience*. Il faut que la conscience, avant de juger et de choisir, s'instruise et s'enrichisse. Tout jugement, jugement de valeur ou jugement de connaissance, implique un travail de comparaison et d'intégration, et la justesse des vues suppose tout d'abord l'étendue des perspectives.

Nulle part les *idola specus* et les *idola fori* ne sont plus fréquentes, plus décevantes, ni plus redoutables que dans le domaine moral. Nous avons pu constater que sur cinquante jeunes gens de la bourgeoisie auxquels on propose d'examiner la valeur de l'institution de l'héritage, il n'y en a peut-être pas un qui voie autre chose que les avantages et la légitimité de l'héritage, *pour ceux qui en ont un à recevoir*, qui sache se demander s'il n'est pas inexistant pour le plus grand nombre, et si l'institution même ne contribue pas à priver ces *capite censi* des avantages et des droits que l'héritage confère aux autres. Connaître tous les milieux, connaître toutes les théories, savoir qu'il peut exister des aspirations ou des croyances autres que celles qui nous sont familières, voilà la première condition d'une conscience saine. Il faut la nourrir, et d'aliments suffisamment variés. Elle n'en assimilera qu'une partie, elle se portera mieux pourtant qu'avec le régime étroit et exténuant auquel notre éducation actuelle nous paraît la soumettre. M. Rauh nous semble avoir excellemment indiqué comment d'une part les théories pouvaient être employées moralement et psychologiquement, en dehors de toute acceptation dogmatique, à cette information de notre conscience et à ce développement de notre vie morale, — comment d'autre part les théories n'y suffisent pas, parce que la vie morale complète suppose des sentiments actifs au delà des idés pures, et comment il faut entrer en contact direct avec l'action et les milieux agissants [1].

Et l'on peut dire que dans cette culture préalable de la conscience il n'est peut-être pas d'éléments absolument inutilisables, il n'en est pas en tout cas, que nous soyons en droit

---

1. *Op. cit.*, ch. ii et iii.

d'écarter *a priori*. Aucun idéal n'est d'avance disqualifié, non plus que justifié par ses origines. Comment atteindre notre but « sans nous servir de toutes les lumières capitalisées de la tradition aussi bien que du présent? Serons-nous jamais trop pour y voir clair? Nous est-il permis de mépriser aucun concours? [1] » L'absurdité pure ne trouve pas place dans l'esprit humain. L'esprit religieux qui se défie des origines laïques ou révolutionnaires de certaines idées ne doit-il pas cependant concevoir d'abord son Dieu comme un simple « honnête homme » ? Mais comment à son tour le libre penseur pourrait-il sans contradiction récuser une conviction morale ou répudier une vertu sous prétexte qu'elles sont « chrétiennes », comme s'il croyait à leur origine surnaturelle, que précisément il nie, et comme si pour lui elles étaient placées sur un autre plan que les autres ? Elles sont chrétiennes, donc elles sont humaines et comme aucun homme n'a le droit de les monopoliser, aucun non plus n'est exhérédé de ce qu'il croit devoir recueillir du patrimoine de l'humanité [2].

Nous arrivons enfin à ce travail critique, à ce moment décisif de la vie de la conscience où nous a conduit toute notre étude antérieure du problème moral. Il s'agit maintenant d'opter, de prendre parti, de choisir des fins, à ce niveau de la moralité où elle n'est plus comme nous l'avons expliqué, comparable à une simple technique ; et puis-

---

1. Ch. Wagner, dans la *Revue (des Revues)*, 15 fév. 1906, p. 466.
2. Ce monopole comme cette répudiation ne seraient fondés que dans la mesure où ces affirmations morales seraient directement dérivées des croyances théologiques que l'on accepte ou que l'on rejette. Mais nous avons déjà dit combien en général est illusoire cette dépendance. En fait, les croyances métaphysiques du christianisme actuel, issues pour la plupart d'origines non chrétiennes divers, se sont greffées après coup sur des idées morales qui ne leur devaient rien, ou bien peu de chose.

qu'il serait absurde de supposer cette option arbitraire, puisqu'il n'est pas moins contraire au bon sens de compter sur un *critère*, c'est, comme M. Rauh l'a si vivement senti, toute une méthode qui seule peut satisfaire à la question posée. On ne s'étonnera pas, puisque nous avons montré qu'elle doit affecter non la forme d'une expérience, mais là forme d'une critique, de nous voir nous rapprocher de Kant, dont les thèses étaient surtout compromises par ces deux circonstances : qu'elles se présentent sous une forme abrupte au lieu d'être situées dans l'ensemble du problème moral dont la plus grande partie se trouve méconnue ; et qu'elles manquent par suite de communication suffisamment précise avec le réel, qu'elles ont commencé par négliger.

*
* *

§ 3. — La critique de la conscience. — Conclusion

Peut-on d'une semblable critique proposer un principe général acceptable en lui-même, et qui, par quelque côté, nous ramène à l'idée d'une morale positive?

Le problème, on s'en souvient, était celui-ci : lorsqu'une conscience est mise en demeure de contribuer soit par une option, soit même par une innovation, à *faire* et non pas seulement à *conserver* la société humaine, à quelles conditions doit-elle satisfaire pour acquérir vis-à-vis d'elle-même et des autres le droit de décider, l'autorité morale?

Or partant du social, et parvenus au seuil de cette question[1] nous avons déjà nettement aperçu qu'une *société pensable, selon les formes de la science,* ne se réaliserait

---

1. 2ᵉ Partie de cette étude, fin, p. 143.

que par la rationalité et la contractualité. N'avons-nous pas simplement à reprendre cette conclusion sous une autre forme, et à dire que cette rationalité est précisément le caractère fondamental d'une conscience qui socialement mérite d'être écoutée ? Il y a aussi pour le savant une *autorité*, qui ne lui vient pas seulement de son instruction antérieure ni de ses découvertes effectives, ou de son instruction générale, mais qui lui vient de sa méthode, ou mieux de ce qu'on a reconnu en lui l'esprit scientifique, le sens des conditions d'une science véritable. De la même manière la compétence de la conscience morale; au delà des conditions d'information acquise dont nous parlions tout à l'heure, ne résiderait-elle pas essentiellement dans son *attitude* et cette attitude ne serait-elle pas comparable, sauf à différer par le but, à l'attitude du savant[1] ? Nous avons vu dès le début, combien était confuse l'idée d'une morale vraie, ou positive. Mais si l'on peut dire qu'une morale est vraie, ou positive parce que son contenu est d'ordre vérifiable, et que sa matière (la vie sociale) lui est imposée par l'observation et l'induction, on peut dire aussi qu'elle est positive par sa forme, si elle est subjectivement dominée par la même raison qui règle l'attitude du savant. On dira même qu'elle est scientifique, non sans doute en ce qu'elle serait elle-même science, mais en ce qu'elle serait issue du même esprit qui fait la science, et qui par là se reconnaîtrait d'une manière peut-être inattendue dans la conscience réfléchie de l'honnête homme. Voilà la Raison dans son usage pratique.

*
* *

Le problème ainsi posé comportait, si l'on voulait le trai-

---
1. Rauh, *op. cit.*, p. 245.

ter intégralement, une longue analyse. Il s'agirait de déterminer quels sont les principaux caractères de cette rationalité dont nous venons d'indiquer le rôle. Mais la plupart des éléments en sont tellement connus qu'il nous parait inutile de reprendre ce travail. Kant, Fichte, Renouvier ont si abondamment et si profondément formulé les principes d'une morale définie par la rationalité qu'il serait aussi vain que téméraire de recommencer leur œuvre en se contentant de l'adapter à la position que nous avons prise [1].

L'essentiel était de montrer à quel moment, pour quelle raison et sous quelle forme la rationalité réapparaissait en morale, comme un principe fondamental, tandis que si on la présente directement, *ex abrupto*, et dans sa seule forme, comme l'essence même de la moralité, on l'expose aux objections que nous avons essayé de renouveler.

Le désintéressement, l'adoption des règles à la fois générales comme principes des actes du sujet, et universelles en tant qu'elles peuvent être adoptées par tous, l'impersonnalité et en somme *l'objectivité*, si caractéristiques de l'attitude de l'esprit scientifique, voilà en deux mots les aspects les plus frappants et les plus banals de cette rationalité.

Mais il nous semble nécessaire d'insister sur un caractère peut-être plus profond encore, parce qu'il va nous mettre en présence d'un grave problème et peut-être d'une véritable antinomie surgissant entre le point de départ et le point d'arrivée de notre recherche. Nous vou-

---

1. Pour le surplus on trouvera dans le livre de M. Rauh une abondance de fines observations sur le désintéressement, sur la liberté d'esprit, sur les fonctions logiques que comporte la « conscience qui compte », et une continuelle comparaison entre ses méthodes et celles du savant positif.

lons parler de l'autonomie du jugement moral, condition et caractère essentiel de sa rationalité.

Nous avons établi au début de ces études que nous ne saurions définir arbitrairement la moralité, dont le contenu, rigoureusement spécifique et original, n'avait point à être inventé de toutes pièces, comme les morales *a priori* seraient, théoriquement au moins, obligées de le faire. Nous sommes donc obligé de consulter les faits, l'expérience historique ou sociologique, pour déterminer inductivement en quoi consiste la moralité. Quel est le résultat auquel aboutit une semblable méthode ? On pourra en donner assurément des formules diverses ; mais en dépit de ces variantes, on est incontestablement conduit à définir surtout la moralité par une subordination de l'individu à une discipline dont les origines et les fins sont essentiellement sociales. Il semble, et c'est bien ce qui se dégage de l'emploi usuel des termes de *loi*, d'*obligation*, de *sacrifice*, etc., que la moralité consiste essentiellement à s'incliner devant une autorité supérieure — qui, en définitive serait l'autorité de la société. La soumission aux règles, quelles qu'elles soient, imposées à l'individu par la collectivité, voilà bien ce qui paraît, *en fait*, avoir toujours été jugé moral par chaque société.

Mais voici qu'au terme de notre travail nous arrivons, par une autre voie, à proclamer que la conscience vraiment morale est celle qui dans son jugement adopte une attitude comparable à celle du savant cherchant la vérité. Or la première démarche de cette recherche n'est-elle pas « Doute méthodique » ? La première condition d'une Critique n'est-elle pas : rejet de toute autorité ? Quelle confiance mériterait le savant qui s'inquiéterait, non de ce qu'est la vérité, mais de ce qu'en pense son voisin ? Quelle « compétence » morale serait non plus reconnue à l'homme qui ferait ce qu'on lui commande, uniquement parce qu'il reconnaît une autorité qui le lui commande? Pourrait-on même dire qu'il a une conscience morale? Juger par soi-même sans prévention, sans préférer que la vérité soit ceci plutôt que cela, parce qu'alors on ne pourrait dire que nous préférons la vérité à l'erreur, voilà le caractère essentiel d'une pensée qui compte. Une conscience ne compte pas si elle ne prend la même attitude.

Et c'est bien ainsi que, pour des motifs dont l'expression a pu varier, mais dont le fond reste identique, toutes les grandes consciences ont compris leur propre vie morale. « Je ne puis autrement », c'est ainsi qu'un Socrate, un Jésus, un Épictète, un Luther, un Fichte ont pensé et senti le devoir. Il serait vraiment prodigieux que sous prétexte de méthode scientifique nous définissions la moralité sans tenir compte de ces consciences-là. Nous ferions masse, contre ces grands témoins, de la foule anonyme des conciences boschimanes ou mélanésiennes! Nous ferions prévaloir ces ténèbres contre cette lumière! Il y aurait là quelque chose de si étrange et de si choquant qu'avant toute analyse, nous serions immédiatement avertis d'une erreur ou d'une mauvaise position de la question.

Ainsi une morale peut être dite *vraie* en ce sens que la matière en est observée dans la réalité, ou bien en ce qu'elle est définie, dans sa forme, par les conditions d'une pensée qui cherche le vrai. Et ces deux définitions loin de cadrer ensemble formeraient finalement une antinomie radicale.

C'est cette même difficulté qu'on pourrait formuler d'une autre manière plus précise et plus particulière. Si la moralité est tout entière discipline sociale, toute dissidence est un crime, le crime est défini essentiellement par le non-conformisme, et même au fond par cela seul. Au point de vue de l'induction, cela peut évidemment se soutenir encore. *En fait*, Socrate, Jésus, Luther, et même Galilée ont été criminels pour leurs contemporains. Et comme les sociétés ne peuvent cependant éviter ces dissidences, qu'elles sont même nécessaires à leur progrès et à leur vie, le crime est nécessaire, il est normal. On connaît cette doctrine. Mais elle plonge notre conscience dans une stupeur qui doit nous avertir ? N'y a-t-il donc aucun moyen de discerner les écarts qui sont des crimes et ceux qui n'en seraient pas ? C'est bien le problème qui se pose à nous : comment la conscience individuelle jugeant d'une manière autonome, peut-elle légitimement prononcer, sans consulter la conscience collective existante, et même finalement contre elle ?

*
* *

Il ne faut pas s'attendre à ce qu'une solution définitive et complète d'un pareil problème-limite puisse être donnée. Un vieux dogmatisme nous incite plus ou moins inconsciemment à demander à une morale un critère absolu, une réponse décisive à toutes les difficultés, une solution quasi mécanique qui détermine une certitude pour notre esprit sans le concours de notre esprit, un devoir pour notre conscience sans le concours de notre conscience. Il faut y renoncer. Le relativisme nous interdit ce chimérique espoir. On a trop cherché en morale, et par les biais les plus médiocres, à supprimer le *risque*, parce que, plus ou moins consciemment, on voyait toujours au bout de l'erreur morale le *châtiment*. Comme on continuait à concevoir la Loi à l'image d'un maître qui commande *sous peine* de sanction, on a cherché à la définir telle qu'elle ne pût jamais être ni inconnue, ni irréalisable pour personne. On a voulu se garantir contre la menace de la punition :

> *Quid sum miser tum dicturus,*
> *Quem patronum rogaturus*
> *Cum vix justus sit securus ?*

La peur de l'enfer a beaucoup plus fait que la théorie de la raison pour vider la moralité de son contenu et la réduire à la bonne volonté. Timidité trop facilement rassurée, et qui nous dispense à la fois de chercher quand nous pourrions savoir, et d'essayer quand il reste un risque à courir. Il faut pourtant savoir accepter courageusement le devoir d'agir selon une probabilité raisonnable.

Mais le relativisme nous permet aussi d'approximer la solution, en nous souvenant que toute vérité offre un double aspect, et que les antinomies ne résultent ordinairement que de ce qu'on sépare et de ce qu'on réalise par abstraction des conditions ou des éléments qui sont unis dans le réel. Si, à la limite, l'autonomie du jugement moral nous plonge dans l'immoralisme nietzschéen, si, à la limite, une sociologie réaliste et mécaniste nous réduit à une négation inverse de toute conscience et de toute morale, n'est-ce pas parce qu'on a indûment séparé la rationalité et la socialité, parce qu'on a conçu une volonté autonome sans finalité [1], et de la même manière une vie sociale automatique, également sans finalité et par conséquent sans raison. Rationalité et socialité doivent donc être rapprochées par la finalité. Peut-être est-ce là qu'il faudra chercher le contresens com-

---

1. C'est bien la doctrine de Nietzsche. Justifier une cause, c'est du dogmatisme, de « l'esprit de lourdeur ». « C'est la bonne guerre qui a justifié toute cause. » Elle ne se justifie elle-même que par la joie absolue qu'elle donne au sage. Il faut « désapprendre le *pour*, le *à cause de* ». *Zarathoustra*, trad. fr., p. 356. 397. 453.

mun à certaines morales rationnelles et à certaines morales sociologiques.

*
* *

En premier lieu nous avons établi[1] quelle erreur il y avait, de la part des sociologues, à essayer de fonder l'autorité de la moralité existante sur une recherche purement historique, et même que la fonction de l'histoire explicative était beaucoup plutôt de nous libérer des traditions que de nous les rendre respectables. Qu'est-ce donc qui aux yeux de la réflexion peut subsister de la tradition morale donnée ? Deux choses seulement : d'une part la connaisssance d'un ensemble de faits qui doivent évidemment entrer en ligne de compte, si nous voulons que notre action présente soit efficace, dans le calcul des moyens que nous appliquerons à nos fins présentes ; et il n'y a encore là proprement aucune prescription, mais simplement une nécessité tout extérieure ; — d'autre part au point de vue prescriptif nous pourrons recueillir de la morale existante tout ce qui paraît adapté aux conditions encore présentes de notre milieu, ou aux conditions permanentes d'une vie sociale. Que demandions-nous donc à la sociologie ? D'abord une plus exacte intelligence, une détermination plus objective des problèmes particuliers et concrets qui se posent à nous *dans le présent*, puis une connaissance plus sûre des bases d'opération qui s'imposent à notre activité et des moyens dont elle dispose. Mais nous ne pouvions lui demander de nous révéler « une autorité », une souveraineté qui serait celle de l'Être social. Au contraire, au delà des indications de fait qui peuvent donner à notre action un point d'appui, tout l'intérêt de la so-

---

1. Partie II. § 2, p. 72 et suivantes.

ciologie, considérée dans son ensemble, serait de nous révéler quel est le *vouloir essentiel* de l'humanité, la finalité plus ou moins inconsciente qui l'anime. Ce vouloir peut, dans une large mesure, s'ignorer lui-même. L'homme individuel éprouve, sans les comprendre, une foule de besoins, d'impulsions instinctives dont le physiologiste vient utilement lui révéler la véritable nature et les fins réelles. De même il y a sans doute pour les collectivités humaines une finalité immanente, obscurément sentie, mais dont il appartient à la sociologie de nous aider à prendre intellectuellement conscience[1]. Ce vouloir fondamental de l'espèce humaine semble être la constitution même d'une société, la réalisation d'un ordre social harmonique. Dans un remarquable opuscule[2] Kant montrait que cette idée de la constitution d'une cité juridique pourrait être prise comme l'idée directrice d'une histoire universelle de l'humanité. Ce n'est pas dans l'individu, remarquait-il un demi-siècle avant A. Comte, que nous pouvons nous faire une juste idée de la vraie nature et des vraies fins de l'homme, mais dans l'espèce. La constitution d'une société civile à la fois forte et libre, assurant la liberté par sa force même, voilà l'idéal

---

1. C'est ce que nous accorderons volontiers à la méthode sociologique que nous avons critiquée. Les fins de collectivités s'étagent à tous les niveaux de généralité et à tous les niveaux de la conscience, et les plus générales ne sont pas les plus conscientes, de sorte qu'une induction méthodique peut être nécessaire pour les dégager. Mais il reste que cette induction ne cherche pas alors à établir simplement des lois causales et mécaniques, mais au contraire les fins cachées sous les causes qui, *historiquement*, paraissent déterminantes.

2. *Idee zu einer allgemeinen Geschichte in weltbürgerlicher Absicht*. 1784. Hartenstein, IV, p. 143. « Der Mensch hat eine Neigung sich zu *vergesellschaften* ; weil er in einem solchen Zustande sich mehr als Mensch... fühlt ». etc. p. 146 : « ... so muss eine Gesellschaft, in welcher Freiheit unter aüsseren Gesetzen in grösstmöglichen Grade mit unwiderstehlicher Gewalt verbunden angetroffen wird, d. i. eine vollkommen *gerechte bürgerliche Verfassung* die höchste Aufgabe der Natur für die Menschengattung sein. »

que la Nature semble avoir assigné à l'espèce humaine. Laissons de côté l'aspect naturaliste que Kant conserve encore à l'idée de la finalité à laquelle il fait appel : il reste que tel est bien le résultat le plus général de l'induction sociologique, de nous montrer dans l'établissement, le maintien, le perfectionnement constant de l'organisation sociale, le vœu le plus continu, le plus puissant de l'humanité. C'est pour y satisfaire qu'elle s'est imposé — *qui d'autre en effet les lui aurait imposées ?*—les plus dures contraintes et les obligations les plus contraires à ses instincts naturels, au point de paraître manifester en elle-même une inspiration surnaturelle. La sévérité de l'homme pour l'homme dans la vie sociale, dès l'aurore des civilisations, est chose si étrange et si merveilleuse qu'elle a été volontiers prise pour un véritable miracle et qu'on a cru y reconnaître une intervention divine. Mais nous sommes aujourd'hui bien convaincus que l'humanité s'appartient et que ce n'est pas une volonté étrangère qui se révèle ainsi à nous. Dès que nous l'aurions découverte comme étrangère, nous deviendrions par cela même capables de la rejeter[1]. Mais si nous y reconnaissons la volonté humaine elle-même, si nous sommes avertis, que sans le savoir, sans bien s'en rendre compte, c'est là ce que l'humanité a estimé le bien le plus précieux, il nous devient impossible de ne pas présumer que là en effet est le terme le plus raisonnable de nos efforts.

Nous comprenons alors comment il est possible, en principe du moins, de distinguer les écarts qui sont des crimes et les écarts qui n'en sont pas. C'est qu'il y a des dissidences qui ont pour motif et pour fin une vie plus parfaitement socialisée, tandis que d'autres ne sont que des facteurs de

---

1. Cf. ci-dessus, III, § 1, p. 149.

désagrégation et de dissolution. Les motifs de dissidence d'un Socrate, d'un Galilée sont de ceux qu'aucune société ne peut absolument renier sans se nier elle-même. Sans doute le temps est souvent nécessaire pour que nous comprenions comment certaines formes d'action et de pensée s'intègrent dans une vie sociale qui d'abord semblait les exclure. Mais de tels actes n'ont en réalité aucune analogie avec celui d'un assassin ou celui d'un escroc. Aussi comprenons-nous la radicale différence de valeur entre les mobiles moraux et les mobiles égoïstes de dissidence ; et une morale sociale ainsi entendue est celle qui explique et aussi celle qui limite le mieux cette valeur de l'intention dont la reconnaissance inévitable est si souvent, mais bien à tort, revendiquée comme le privilège des « morales de principes ».

Ainsi la société n'est pas seulement une condition qui s'impose, elle se réduit encore moins à une autorité qui commande ; elle n'est pas seulement un passé qui nous opprime ou une réalité qui nous emprisonne. Elle est une idée directrice de notre activité, qui permet en chaque instant de corriger la réalité. Et la *socialité*, suggérée ainsi par l'induction sociologique, se fait accepter par notre raison autonome, non pas seulement comme une base pour l'action, ou comme une vérité pour l'esprit, mais comme un idéal pour la volonté, quand nous avons compris qu'*elle conditionne toutes nos fins*. Ainsi la socialité permet de juger la société, et nous faisons ainsi un usage rationnel du critère social.

*
* *

Mais inversement la Rationalité est essentiellement sociale, non parce que la Raison *émane* de la société, mais beaucoup plutôt parce qu'elle y *tend*.

Demandons-nous en effet où réside l'autorité de la raison comme nous nous sommes demandé en quoi consiste l'autorité de la société.

Cette autorité est-elle à ce point innée à la raison qu'on ne puisse en « rendre raison » ? La reconnaissons-nous à je ne sais quelle auréole mystérieuse qui nous la révélerait sans nous l'expliquer, comme la gloire qui nimbe le front des saints les désigne à notre vénération sans nous faire connaître leurs vertus ? Cette rationalité est-elle réduite à se poser comme un principe au lieu de se légitimer par ses fins ? Kant semble imiter ici la marche des vieilles morales théologiques qui croient justifier une prescription en remontant à sa *source* divine. Le processus compliqué et indécis par lequel il prétend justifier les règles particulières, consiste à le faire *remonter* à la raison. Il faut, pour établir que l'ordre est l'ordre du roi que je montre le sceau royal, qui en atteste l'origine. L'universalité, voilà le sceau de la raison, et il me suffit, pour m'incliner, de le voir apposé sur une formule de conduite. C'est peut-être une bien curieuse preuve de la difficulté qu'éprouve l'esprit le plus indépendant à se soustraire aux vieilles formes de pensée, qu'un Kant, voulant poser un principe d'autonomie, l'ait cherché dans la même *direction* qui caractérise toutes les formes de l'hétéronomie. Son attitude s'inspire d'un sentiment analogue à celui du monarchiste qui respecte son roi parce qu'il descend d'une ancienne lignée, et du fidèle qui obéit à son Dieu parce qu'il est maître des choses par droit de premier occupant. C'est le caractère du vieux droit de reposer sur l'ancienneté, sur le *status*, sur la *naissance*. Le Verbe est le « premier né », la Raison est consacrée par sa « priorité ».

Mais la véritable autonomie est celle qui repose sur la

finalité. Il ne s'agit pas de savoir d'où *émanent* les règles, mais à quoi elles *tendent*. En Chine un homme est anobli au nom des mérites de ses enfants et non pas comme chez nous, de ceux de ses ancêtres. Ce sont les Chinois qui ont *raison*. De même la valeur d'une règle lui vient non de ses sources, mais de ses effets possibles. Dans une technique, l'ouvrier intelligent n'est pas celui qui s'efforce de reconnaître dans un cas particulier, l'occasion d'appliquer une routine traditionnelle du métier, c'est-à-dire les volontés ou les habitudes des générations passées, mais celui qui voit directement, dans la fin à atteindre, la raison des actes à accomplir. Et l'artiste vraiment inspiré n'est pas celui qui part des règles ou s'y attache, mais celui qui se détermine par l'effet qu'il veut produire, et l'idéal qu'il veut atteindre. La liberté regarde vers l'avenir. Il est vraiment singulier que Kant ait cru atteindre l'autonomie de la volonté morale en y condamnant la forme de la *finalité* qui seule pouvait la constituer. Si quelque chose distingue toute œuvre de la raison, c'est que l'avenir y détermine le présent, alors que dans le mécanisme, c'est le passé qui s'impose.

C'est par là que la critique dont nous venons de reconnaître la nécessité diffère profondément, croyons-nous, de celle que nous avons écartée comme stérile et peu intelligible. C'est que d'abord elle est plutôt finale qu'initiale : la morale peut se constituer presque tout entière, avant que le rôle de cette critique apparaisse. C'est qu'ensuite il deviendrait impossible de justifier raisonnablement la raison si au lieu de lui reconnaître une sorte d'autorité *a priori*, résultant pour ainsi dire de son droit de naissance, on ne pouvait fonder sa valeur sur sa finalité [1].

1. Même dans l'usage théorique de la Raison, la même idée serait

Cette justification est possible et nous l'avons déjà reconnue lorsque nous avons pris la question par l'autre bout. C'est que seul, le point de vue de la raison prépare une solide et définitive socialité.

En fait d'abord, il est certain qu'aucune forme générale de pensée, aucune attitude de l'esprit ne peut obtenir aussi sûrement, et pour ainsi dire par définition, l'assentiment général. C'est par la socialité, nous le verrons, que la Véracité est devenue *vertu*. Mais si elle nous paraît aujourd'hui une vertu si fondamentale, si irréductible, c'est précisément qu'en dernière analyse, l'esprit de véracité, de sincérité absolue apparaît comme le principe le plus profond de toute socialité possible.

On a longtemps compté pour établir l'accord entre les esprits sur la Tradition, sur la Religion. Mais les traditions se multiplient, se superposent et se contrarient. Il y a une tradition monarchiste et une tradition révolutionnaire, une tradition ultramontaine et une tradition gallicane ; il y a même une tradition concordataire, et l'on voit par ce dernier exemple que les traditions les plus récentes ne sont pas toujours les moins tenaces. Quant aux religions, on l'a remarqué, elles ont pu être un principe d'union quand les individus ne réfléchissaient pas et que les peuples ne communiquaient pas ; elles sont au contraire aujourd'hui une cause de division, et c'est pourquoi elles sont de plus en plus refoulées dans le domaine de la conscience indivi-

---

déjà applicable. Il y a une raison, comme le dit Fichte, « ob es eine Wissenschaft geben soll ». Un principe est reconnu rationnel, s'il peut *servir* à faire la science. Il n'a pas d'*existence* en dehors de cet usage. L'ancien dogmatisme pensait *constater* ces principes et tirer leur validité de leur existence. C'est au contraire leur existence qui consiste exclusivement dans leur *fonction*. Dans l'ordre spéculatif, la Raison est donc simplement la finalité de l'esprit. C'est par la finalité d'ailleurs que toute la vie réfléchie de l'esprit se distingue du mécanisme associatif.

duelle. Mais la vérité est à la fois sociale par son contenu et individuelle par l'indépendance du jugement qui la reconnaît, et c'est ainsi que l'esprit scientifique et l'esprit de sociabilité coïncident essentiellement dans leur forme. Nous voulons une morale qui soit vraie, cela veut dire surtout : nous voulons une morale qui soit acceptable pour tous les esprits. Mais alors la solution peut se retourner : une morale est vraie si elle implique avant tout l'attitude que définit le respect de la vérité, parce que cela seul est, par nature, acceptable d'avance à tous les esprits.

On peut donc sans grand risque affirmer deux choses : tout d'abord qu'en fait la discipline que la science positive a imposée aux esprits les plus cultivés, le prestige même que ses succès lui ont acquis auprès des autres, diminuent de jour en jour l'autorité et les chances de succès de toute morale qui ne commencerait pas par reconnaître les droits de la raison et de la forme de pensée caractéristique de la science ; — ensuite, que d'une manière générale et en droit, cette attitude est la seule qui, par sa nature même, soit propre à fournir à la vie sociale une base psychologique solide, en conciliant ces deux caractères inverses dès longtemps mis en évidence par Socrate, de la *personnalité* et de l'*impersonnalité* du jugement. Car un jugement valable aux yeux de la raison scientifique est précisément celui qui n'est pas un simple écho du jugement d'autrui, c'est celui qu'on a prononcé par soi-même ; mais c'est en même temps à cette condition qu'il a le plus de chance d'être valable pour tous, *si du moins les autres procèdent de même*. Ainsi nous devons vouloir la rationalité d'autrui pour obtenir la satisfaction la plus complète de la nôtre.

Kant n'avait donc pas tort de voir dans la raison la forme fondamentale de la moralité. Mais il reste que la raison n'apparaît douée d'un caractère proprement moral que du moment où on la considère dans ses rapports avec ce qui détermine la spécificité de la moralité. Elle ne l'est ni en soi, ni même dans son usage pratique en général, elle l'est en tant qu'on la considère comme la condition essentielle dans toute socialité véritable. Ainsi nous n'avons point à renier ce que nous avons dit de la spécificité du jugement moral, et de l'impossibilité d'accorder au philosophe le droit de définir arbitrairement la moralité. Et tout en laissant sa spécificité au jugement moral, nous expliquons en même temps la souveraineté que tous les penseurs lui ont instinctivement reconnue, mais qu'ils ont affirmée *a priori* et d'une manière plus ou moins arbitraire. C'est que la Raison est beaucoup moins « fille de la cité » que la cité n'est fille de la Raison. Nous comprenons maintenant pourquoi, au moment où nous abandonnent les critères réels que peut nous fournir la société réelle où nous vivons, au moment où ne nous suffit plus la connaissance des fins acceptées et des moyens disponibles dans cette société, nous avons recours au critère formel de la Raison, règle générale moralement sûre, quoique pratiquement incertaine, de toute société possible.

*
* *

Quelle est en effet l'essence de cette socialité que nous avons vu être non une autorité donnée, mais une idée directrice, l'âme de toute notre méthode pratique?

Le fait social ne consiste évidemment pas à être simplement entassés les uns à côté des autres ; il ne consiste même pas encore dans des réactions extérieures des individus les uns sur les autres, semblables à des entrechocs d'atomes. Il n'est réalisé que par des consciences qui se pensent les unes les autres, qui communiquent entre elles et se reflètent mutuellement. Or nous sommes, à l'origine, fermés les uns aux autres et nous ne pouvons nous deviner les uns les autres que par des signes dans lesquels chacun voit, non la conscience d'autrui, mais seulement ce qu'il tire de sa propre conscience. Nous ne savons donc ce que sont les autres qu'en nous *faisant* nous-mêmes à l'image d'autrui, ou en *faisant* autrui à notre image. Les deux courants inverses, de l'imitation et de la soumission, de la contrainte et du prosélytisme s'expliquent tous deux par cette nécessité fondamentale de communiquer, qui est l'essence même de la socialité. Et c'est pourquoi deux sociologies inverses se sont constituées autour de ces deux idées ; c'est pourquoi aussi elles sont simplement complémentaires et non point exclusives l'une de l'autre.

Mais tant qu'ils restent instinctifs et automatiques ces deux processus d'imitation et de contrainte préparent sans doute l'assimilation des esprits et des volontés ; ils ne peuvent l'achever ni la consolider, s'il ne s'y joint la réflexion, l'entente délibérée, le consentement explicite. L'imitation instinctive et la contrainte extérieure nous laissent encore en partie étrangers et obscurs les uns aux autres. Je ne connais à fond ni celui que j'imite ni celui qui me contraint : ils restent encore pour moi comme des *choses*. Une personne est un être que je *comprends* parce que, en un sens, je le vois en moi-même. *je suis lui*.

C'est pourquoi la socialité ne s'achève que par la rationalité et la contractualité, dont on voit ainsi l'homogénéité de nature : c'est qu'elles assurent la communication des consciences et par suite la sûreté des relations, la prévisibilité des réactions. Notre liberté consiste essentiellement à *savoir sur quoi compter*. Quand il s'agit de la nature extérieure, c'est la fatalité indifférente de ses lois qui nous procure cette liberté, lorsque nous les connaissons. Quand il s'agit de nos semblables, c'est seulement le libre consentement, les règles explicitement acceptées qui nous permettent d'arriver à la prévision, et de savoir sur quoi compter. Notre liberté repose donc sur leur liberté. Nous devons les vouloir libres si nous voulons être libres nous-mêmes, et, réciproquement nous n'avons pas le droit de renoncer à notre liberté, parce que nous porterions ainsi atteinte à celle des autres.

*
* *

« J'accepte l'univers », disait Margaret Fuller. « Tudieu, répondait Carlyle, la belle complaisance[1] ! » L'univers, comment ne pas l'accepter? Il s'impose à nous, et tout ce que nous pouvons faire ici, puisqu'il nous est donné, c'est de le prendre, et pour cela de le comprendre : c'est l'œuvre de la science.

Mais aussi comment l'accepter ? Il est plein de mal, de brutalité, d'injustice. Comme hommes, comme consciences, le plus souvent, il nous révolte, du moins il nous révolterait, s'il y avait lieu de lui appliquer un jugement moral. L'accepter tel quel, c'est nous renier nous-mêmes et notre idéal d'hommes ; et cette acceptation ne saurait être méritoire, étant immorale. Nous revendiquons l'autonomie de l'humanité : l'établir et la réaliser, c'est l'œuvre de la morale.

---

1. Cité par W. James, *L'expérience religieuse*, trad. Abauzit., p. 35, Paris, F. Alcan.

Mais à notre tour nous pouvons dire avec beaucoup plus de sens : « J'accepte l'humanité, j'accepte la société humaine ».

Nous pouvons et devons naturellement l'accepter, car elle est nous-mêmes ; nous sommes ses héritiers. Elle vit en nous, comme nous vivons en elle. Nous ne pouvons la renier sans nous nier et nous détruire.

Mais aussi nous pouvons dire que nous l'acceptons parce que, en un sens, nous pouvons aussi la refuser ; nous pouvons refuser ce qu'elle est sur un point, ce qu'elle veut en un moment, parce que nous acceptons ce qu'elle veut absolument. Nous sommes son œuvre, mais elle doit devenir la nôtre. C'est alors seulement que nous participerons à sa vie, comme elle le demande pour atteindre la plénitude de son existence, comme notre propre bien l'exige. Et notre acceptation est ainsi à la fois naturelle et libre, spontanée et méritoire.

II

L'UTILITARISME ET SES NOUVEAUX CRITIQUES

INTRODUCTION

L'utilitarisme nous paraît en train de subir les vicissitudes dont l'histoire des doctrines nous donne fréquemment le spectacle : elles voient se retourner contre elles les armes mêmes qu'elle avaient contribué à forger. La sociologie naissante a été le principal appui de l'utilitarisme contemporain, et même on peut dire qu'il n'a pas peu contribué à provoquer les études sociales. Chez M. Spencer, malgré ses critiques de l'utilitarisme, l'intérêt social est en somme encore admis comme criterium final de la pratique, et la science sociale mise en grande partie au service de cette doctrine. Malgré certains tiraillements bien connus entre ses conceptions sociologiques et sa politique, l'effort même qu'il fait pour les mettre d'accord et s'en dissimuler à lui-même les incompatibilités d'humeur, prouve que le divorce n'est pas encore prononcé. Mais voici maintenant que, chez certains sociologues plus récents, l'utilitarisme est nettement attaqué comme contraire aux données et surtout à la méthode de la science sociale. Tous les rôles se trouvent renversés.

Dès l'origine, jusqu'à une date toute récente, la plupart

des utilitaires se sont donnés comme représentants de la science contre la pure construction philosophique, de l'observation contre la raison abstraite, de l'histoire contre l'idéalisme. Déjà l'hédonisme d'Aristippe et l'égoïsme plus subtil d'Épicure prétendaient s'appuyer sur l'observation de la nature humaine et animale et ériger, bien hâtivement, il est vrai, en règle pratique une loi purement naturelle. Chez les sophistes, la distinction du droit positif et du droit naturel est tout d'abord tirée de l'observation des faits; cette notion de droit « naturel » qui aujourd'hui a un sens essentiellement idéaliste, a chez eux une origine et une valeur vraiment naturalistes. En intention du moins, ce sont donc des esprits « positifs » qui opposent le fait au droit, les lois de la nature aux lois humaines et aux prétentions de notre sagesse. C'est par l'histoire même qu'Hippias par exemple essaye de déterminer ce qu'est le droit naturel[1]. Calliclès va plus loin encore ; pour lui, il n'y a pas d'autre droit naturel que la force. Mais il entrevoit déjà qu'en vertu même de cette thèse les lois positives n'ont pu s'établir que si elles ont eu la force pour elles ; et s'il l'avait vu plus nettement, il aurait pu achever le revirement de la doctrine du droit naturel, en montrant qu'en ce sens le droit positif est le seul véritablement naturel. Il n'était pas en état de suivre bien loin cette direction, car l'étude empirique de l'homme ne dépasse guère alors la nature générale de l'homme individuel : l'idée de faire rentrer les sociétés dans l'ordre de la nature et de construire une sociologie naturelle n'a pu encore se faire jour.

C'est ce que l'utilitarisme moderne pouvait tenter, et par là il était à même de substituer aux diverses formes d'égoïsme un utilitarisme social, une doctrine d'intérêt

---

1. Cf. Zeller, *Philosophie des Grecs*, trad. Boutroux, t. II, p. 521.

général fondée sur l'observation des collectivités. Le droit naturel, que définissent les idées morales les plus générales, lentement acquises par la race, et le droit positif constitué par les prescriptions plus particulières à un ordre social déterminé, pouvaient ainsi être englobés dans une même explication et se rapprochaient dans cette conception empirique plus large. Mais si la méthode, en s'étendant, donnait de tout autres résultats, au fond, elle restait analogue. On invoquait les faits de l'évolution psychologique et sociale pour justifier l'utilitarisme transformé. On décrivait par quels processus l'homme aurait passé de l'égoïsme à l'altruisme et fini par acquérir les sentiments moraux actuels. Qu'est-ce que l'obligation ? Le sens social accumulé à travers les générations, l'image fixée dans chaque conscience de la pression exercée par l'intérêt de tous sur l'intérêt de chacun. Qu'est-ce que le remords ? C'est la voix de l'homme social qui s'élève en nous lorsque la passion de l'homme individuel, satisfaite, n'est plus assez forte pour la couvrir ; ou encore c'est l'attente instinctive d'un châtiment dont le coupable associe confusément l'idée à celle de sa faute, comme celle d'une conséquence ordinaire. Qu'est-ce que le châtiment ? On éliminait de cette notion tout élément mystique d'expiation et l'on refaisait avec Littré l'histoire de la ποινή et du Wehrgeld. Les notions de droit, de devoir, de justice n'étaient plus des inventions de la raison ni des créations idéales de l'esprit, mais des faits de l'évolution humaine à expliquer et à comprendre. L'égoïsme de l'individu pris isolément ne fournissant plus décidément une base suffisante d'explication, les utilitaires étaient devenus sociologues, et tout en prenant pour point de départ les individus groupés, ils tiraient leurs principales théories des conditions de la vie sociale, et des conflits ou des coalitions auxquels elles astreignent les égoïsmes. Rares étaient ceux qui comme Bentham prétendaient se tenir sur le terrain du principe, se placer au point de vue purement juridique ou moral. L'utilitaire il y a quelque dix ans [1] encore passait pour l'homme avancé, le représentant de l'esprit « scientifique » en morale, le porte-parole de la méthode rigoureuse et expérimentale contre les vagues métaphysiques et les affirmations à priori. Les récits des voyageurs, les vieilles législations, les coutumes sauvages lui fournissaient ses arguments favoris.

Et quels étaient ses adversaires ? C'étaient exclusivement les purs philosophes, les métaphysiciens, spiritualistes, rationalistes, idéalistes de toutes écoles. Ils mettaient en évidence l'impossibilité de déduire l'altruisme de l'égoïsme [2] ; ils signalaient le sophisme que l'on commettrait en confondant le désir général de bonheur et le désir du bonheur général. A quoi les utilitaires, restant sur le terrain qu'ils avaient choisi, pouvaient répondre que l'utilité personnelle n'était pas pour eux un *principe abstrait* d'où ils eussent prétendu *déduire* un autre *principe*, celui de l'intérêt général ; mais qu'*en fait*, sans faire intervenir autre chose que la réaction sociale des intérêts en contact, et les lois psychologiques, la règle de l'intérêt général arrivait à *prévaloir* et peut-être même prévalait dès l'origine sur celle de l'intérêt personnel. M. Spencer n'attaque guère Bentham qu'au point de vue de la méthode, mais quant au fond il conserve l'utilitarisme, en s'appuyant sur l'évolution comme sur le

---

1. Nous écrivions cela en 1894, il ne faut pas l'oublier.
2. Nous retrouvons une critique du même genre dans le récent ouvrage de M. Fouillée. *Les Éléments sociologiques de la morale*, Paris, F. Alcan, 1905, p. 290-291.

BELOT.

criterium objectif le plus sûr de l'utile. Le spiritualisme ne suivait guère les utilitaires sur ce terrain qui lui était relativement nouveau et même étranger. Confondant arbitrairement, comme Kant en avait donné l'exemple, l'utilitarisme et l'égoïsme[1], il visait surtout les dangers moraux d'une doctrine qu'il comprenait de travers. Il essayait sans doute de renverser cette construction « pseudo-historique » ; mais on sentait que sa sociologie et sa psychologie n'étaient guère ici que le docile instrument de ses scrupules moraux, respectables à coup sûr, mais plus ou moins bien placés. Il craignait, bien à tort suivant nous, que cette conception des origines de la conscience morale n'en compromît l'autorité, parce qu'enfin elle « rompait le charme »[2] ; comme si, avait déjà répondu Stuart-Mill[3], les sentiments moraux perdaient leur valeur à être supposés acquis plutôt qu'innés. Les spiritualistes semblaient imaginer, bien illogiquement, croyons-nous, que l'homme serait tenté de retourner vers ses origines dès qu'elles lui serait connues, et de reprendre sa conscience de sauvage, comme si la meilleure garantie contre une semblable velléité n'était pas précisément de

---

1. Il est à peine besoin d'expliquer ici que l'Utilitarisme s'oppose simplement, d'une manière générale, à toute doctrine qui admet un bien en soi, un devoir en soi, c'est-à-dire qui refuse de reconnaître comme morale une règle de conduite définie par la considération des résultats : ou encore aux doctrines qui, sacrifiant d'une autre manière la finalité, s'en tiendraient au mécanisme. L'Egoïsme loin de se confondre avec l'Utilitarisme, dont il serait seulement une espèce, pèche par insuffisance et non par excès d'Utilitarisme, puisque de toutes les utilités qui peuvent être engagées dans un acte, il ne considère que celles de l'agent. Quant à la démonstration de Kant, suivant qui tous les « motifs matériels », quels qu'ils soient, se ramènent au « désir du bonheur personnel », elle est d'une psychologie étrangement sommaire, et repose, en gros, sur ce sophisme : que ce qu'on fait *avec* plaisir, on le fait *par* plaisir ou même uniquement *en vue* du plaisir.

2. Marion. *Leçons de morale*, p. 88. Cf. Carrau. *Etudes sur l'évolution*. V. *En quête d'une morale positive*, p. 84, note.

3. *L'Utilitarisme*, trad. fr., p. 61, Paris, F. Alcan.

savoir que l'état présent était le produit d'une évolution naturelle ; comme si l'individu n'était pas détourné de refaire une expérience qu'il apprendrait avoir été longuement faite par l'espèce, d'en tenir les résultats pour non avenus en pratique, de recommencer enfin pour son compte les tâtonnements dont l'humanité n'est sortie qu'au prix d'efforts et de souffrance séculaires. On peut être tenté de revenir au pays natal, mais non pas si l'on sait l'avoir fui comme une terre inhospitalière. C'est de cette patrie idéale, qui est notre culture mentale et notre état de civilisation, qu'on peut dire à bon droit : ubi bene, ibi patria.

Ainsi les spiritualistes se défiant en morale de l'histoire et de la psychologie empirique, qu'ils estimaient dangereuses, préféraient d'ordinaire se placer sur le terrain des principes. Ils renonçaient à découvrir la « racine de la noble tige » du devoir et peut-être n'avaient-ils pas tort, le devoir Kantien ressemblant au devoir véritable comme une fleur en papier ressemble à une plante vivante. Mais ils avaient surtout raison de rappeler sans cesse que la morale est une science prescriptive, et non pas seulement descriptive, que la place de l'idéal et de la finalité ne peut y être entièrement usurpée par les faits et les lois naturelles. Si leurs tendances métaphysiques les éloignaient de faire au réel une part suffisante et surtout bien définie. si leur théorie de la liberté rompait violemment les liens du fait et du droit et les empêchait de concilier l'idée d'une prescription avec l'idée d'une science, si enfin leur morale était fragile dans ses fondements et confuse dans sa méthode, toujours avaient-ils. à notre sens, le mérite réel de maintenir au moins l'idée même d'une morale.

Aujourd'hui les rôles sont en grande partie intervertis.

L'histoire et la sociologie se retournent contre l'utilitarisme qui se trouve ainsi pris entre deux feux. On commence à trouver l'idée d'utilité trop étroite au point de vue même des faits, comme on l'avait déclarée trop étroite au point de vue de l'idéal. Les anciens adversaires de l'utilitarisme le condamnaient en s'obstinant à le confondre avec l'égoïsme, dont ils le déclaraient incapable de sortir. Aujourd'hui ses nouveaux adversaires, transposant en quelque sorte cette critique pour la placer sur le terrain des faits, qui est le leur, croient pouvoir au nom d'une sociologie qui aime à se déclarer scientifique, le condamner parce qu'il ferait d'abord trop de place à l'individu dans l'explication de la société. On lui reproche de revenir plus ou moins directement à l'idée d'un contrat social [1]. On ne l'accuse plus en propres termes d'impliquer nécessairement l'égoïsme pratique, quoique ce contresens ne soit pas absolument écarté [2] ; mais on l'accuse de maintenir l'individualisme, comme méthode, comme point de vue dans l'explication des faits, et on lui oppose une méthode sociologique, où l'unité sociale est considérée en bloc, et abstraction faite des consciences individuelles. L'individu n'est plus qu'une « marionnette » dont la société tire les fils [3]. La notion d'utilité en un mot paraît trop psychologique. C'est ainsi que Spencer lui-même paraît en retard parce qu'il est encore dominé par des « préoccupations psychologiques » ; il en serait resté, malgré la différence des doctrines, « au point de vue gnoséologique de Kant » en se renfermant dans la considération de la conscience individuelle, et en coupant par une violente

---

1. Fragapane, *Contrattualismo e Sociologia contemporanea* (Bologna, 1892), *passim*, en particulier p. 215. Cf. Durkheim, *Division du travail social*, p. 310 et suiv., Paris, F. Alcan.
2. Fragapane. *op. cit.*, p. 213.
3. Gumplowicz, *Sociologie und Politik*, p. 63,

abstraction tous les liens qui l'unissent à la vie sociale [1].

Par suite, ce que cette sociologie nouvelle reproche surtout à l'utilitarisme c'est qu'en raison de cet élément psychologique qu'il suppose, il ne paraît pas suffisamment *naturaliste*. A cette finalité qu'implique l'idée même de l'utile, on prétend substituer un mécanisme qui paraît plus scientifique [2]. On supprime toute considération des volontés poursuivant un *bien*, et l'on ne veut plus parler que de *nécessités* sociales ; on estime « fantastique » de proposer des fins à l'homme, au lieu de lui faire simplement connaître les *lois naturelles* auxquelles il est assujetti. Au nom de l'évolution, l'on prétend expliquer les événements humains en dehors de toute intervention de l'homme, du moins de l'homme conscient. Idées, croyances, désirs, ne sont plus que des épiphénomènes sans action réelle sur la marche de l'histoire, et qui en reflètent tout au plus d'une manière vague et peu fidèle les péripéties fatales. Par l'inconscience, à laquelle on fait une part considérable [3], on se rapproche autant que possible de l'idéal mécaniste. Si l'on consent encore à parler de conscience, c'est seulement d'une « conscience sociale » dont la notion, plus formelle que réelle, et en tout cas médiocrement précise et positive, est commode à la fois pour dissimuler les obscurités, pour déboucher les impasses que présenterait un rigoureux mécanisme et pour continuer à parler un langage à peu près intelligible sans avoir l'air de faire intervenir la psychologie individuelle. Concession toute provisoire, d'ailleurs, semble-t-il, et qu'on retirerait bientôt si

---

1. Fragapane, p. 162.
2. Durkheim, *op. cit.*, *passim :* en particulier, p. 229 : Tout se passe mécaniquement, p. 303 : Tous ces changements sont donc produits mécaniquement par des causes nécessaires.
3. Cf. De Greef. *Introd. à la Sociologie*, I. 113, Paris, F. Alcan.

l'on trouvait un biais qui le permît. Dès à présent cette conscience sociale n'a guère de la conscience que le nom ; c'est un véritable inconscient [1] ; faute de pouvoir lui assigner un organe distinct, on est réduit à la considérer comme diffuse dans ce qu'on est convenu d'appeler l'organisme social.

L'utilitarisme, en attendant, doit, dans une philosophie sociale de ce genre, apparaître comme une conception encore idéaliste et aprioriste [2]. Autrefois on opposait les spiritualistes aux utilitaires ; ils sont ici maintenant rangés côte à côte. Autrefois, l'utilitaire trouvait que les spiritualistes se contentaient trop facilement des données de la conscience morale développée, en les prenant pour des vérités simples et primitives ; leur rationalisme n'était donc à ses yeux que le plus superficiel empirisme. Mais à son tour il est accusé de procéder de même, et de se livrer à une construction arbitraire dont les éléments essentiels sont empruntés à un état d'esprit réfléchi : « L'argumentation des empiristes n'est ni moins hâtive ni moins sommaire que celle des rationalistes ; la maxime de l'utile n'a pas été obtenue plus que les autres à l'aide d'une méthode vraiment inductive. Mais le procédé des uns et des autres est le suivant ; ils partent du concept de l'homme, en déduisent l'idéal qui leur paraît convenir à un être ainsi défini, puis ils font de l'obligation de réaliser cet idéal la règle suprême de la conduite. Les différences qui distinguent les doctrines viennent de ce que l'homme n'est pas partout conçu de la même manière... Mais si l'inspiration varie, la méthode est partout la même [3]. »

1. Cf. Fragapane, p. 135.
2. Cf. *Ibid.*, p. 213, 215. Durkheim, p. 18 et 318.
3. Durkheim, p. 18.

En somme l'utilitaire aurait fait avec l'idée de l'utile quelque chose d'analogue à ce qu'a fait Condillac avec la sensation ; il aurait construit tout l'homme moral avec cette simple idée, en se contentant de vérifier en gros la concordance de cette construction avec quelques faits généraux, tels qu'ils apparaissaient à un œil d'ailleurs prévenu ; il aurait comme les spiritualistes transporté dans l'homme primitif les idées de l'homme cultivé, et, pour un peu plus exigeante qu'ait été sa critique dans l'analyse des idées morales, cette analyse aurait encore été tout idéale, tout abstraite, et faite après coup, au lieu d'être le résultat d'une observation rigoureuse des faits ; elle fournirait une interprétation conventionnelle plus ou moins vraisemblable, et non une expression vérifiée de l'évolution réelle.

Critique plausible, en effet, si elle vise un utilitarisme individuel posé comme principe de conduite, mais beaucoup plus discutable, nous allons le voir, s'il s'agit d'un utilitarisme social qui peut être régulièrement inféré d'une induction sociologique [1].

Nous ne voulons pas ici examiner si, par un revirement nouveau et complémentaire des situations, l'utilitarisme attaqué maintenant sur le terrain des faits ne pourrait pas avantageusement se défendre sur le terrain du droit. Car enfin on ne l'a guère condamné, à ce point de vue proprement moral, qu'en rééditant indéfiniment l'étroite polémique de Kant. On demande, il est vrai, au nom de quoi il imposerait à l'individu de prendre pour règle l'in-

---

1. Le premier partant de l'idée générale et vague de *Bien* méconnaît, comme le faisaient Aristippe ou Épicure, la spécificité du fait moral. Le second, au nom d'une observation directe des faits écartera, avec la même netteté que Kant, mais peut-être avec de meilleures raisons, toute confusion entre les motifs d'intérêt personnel et les motifs proprement moraux.

térêt de tous. Mais on pourrait tout aussi bien demander comment on lui imposerait de prendre pour règle la *perfection* ou le *devoir pur*. Chose étrange ! Au nom des principes les plus formels, des systèmes les plus factices et les plus abstraits, on édicte une règle de désintéressement, on prétend l'imposer, on croit l'homme capable de s'y soumettre ; et l'on viendrait contester notre droit à demander et à espérer ce même désintéressement, quand nous le réclamons au nom de motifs concrets qui sont la simple expression des causes mêmes dont il est réellement émané ! Un système de morale quel qu'il soit ne peut jamais éviter de faire appel à la bonne volonté de l'agent. L'idée d'une obligation morale qui s'imposerait *par elle-même* est une illusion bien étrange que se font certains moralistes. S'il n'y a rien à répondre à un homme qui dirait : « Je ne veux pas subordonner mon intérêt à l'intérêt social », que répondrait-on davantage à celui qui dirait : « Mais si je ne veux pas agir suivant un principe universel ! » ou : « Si je ne tiens pas à être parfait » ? Au delà de l'acceptation de la règle par habitude ou par persuasion, on ne trouvera que la contrainte, et cette ressource est, en principe, à la disposition de tous les systèmes, avec cette différence que, dans la réalité, la société possède effectivement ce pouvoir de contrainte, tandis que l'exercice en est bien problématique de la part du Noumène ou du Bien en soi. Ce ne sont pas les systèmes qui font l'homme, mais l'homme qui fait les systèmes. Si donc il est, s'il se sait capable de désintéressement, aucun système ne peut revendiquer le monopole de cette force morale. Tous ont le droit d'y faire appel, et il ne leur reste plus qu'à savoir quelle fin il convient de lui assigner, quelle fin surtout est le plus capable de la mettre en mouvement et de la diriger. D'autre part, dans la mesure où ce désintéressement, est imparfait, il ne s'agit plus de le proclamer *in abstracto*, mais de le faire être ; et alors le meilleur système n'est pas celui qui le suppose tout fait, mais celui qui peut le mieux nous y acheminer [1].

1. M. Fouillée (*Op. cit.*, p. 293, citant ce passage, nous répond que « tout système qui par hypothèse détruit la rationalité du désintéressement n'a pas le droit de faire appel à cette force morale sous prétexte que grâce aux systèmes opposés, elle subsiste encore en fait. Qui trompe-t-on ici ? » J'avoue ne pas comprendre. Car : 1° En quoi le système — est-ce un système que nous proposons ? — détruit-il la « rationalité » du désintéressement ? En expliquant au contraire ses origines réelles, très différentes des explications factices, religieuses ou métaphysiques, ne le consolide-t-il pas autant que faire se peut ? Ne le rationalise-t-il pas en le reliant au système immense des motifs que l'homme en général, même l'homme individuel, peut avoir de maintenir la vie sociale et de la développer ? Faut-il pour qu'un tel principe d'action soit rationalisé, qu'il revête une forme purement abstraite qui en dissimulera le véritable contenu, et n'expliquera pas plus le désintéressement, sa possibilité ou sa valeur, que l'horreur pour le vide n'explique le fonctionnement d'une pompe ? Il nous est impossible de savoir quand et à quelles conditions M. Fouillée jugerait que le désintéressement est justifié et rationalisé, s'il ne l'est pas quand on montre, d'une part, pourquoi et comment il s'est constitué, d'autre part, quels résultats on peut en attendre dans la pratique ; 2° Est-ce *grâce aux systèmes opposés* que cette force morale subsiste ? Qui peut le croire ? Alors ce serait Platon ou Kant qui auraient inventé le désintéressement et l'auraient inspiré à l'humanité ! Encore une fois, c'est parce que le désintéressement, ou mieux, l'ensemble des facultés morales se sont constitués dans l'humanité, pour des raisons positives et antérieures à tous les systèmes, que la réflexion populaire ou philosophique, constatant ce fait, sans en discerner la véritable nature et les vraies causes, a forgé des explications imaginatives ou abstraites qu'il y aurait vraiment quelque illusion à prendre pour les fondements solides ou pour les causes du fait ainsi expliqué. Je dirai, à mon tour : qui tromperait-on ici ? — « C'est, continue M. Fouillée, comme si un athée prétendait qu'il a le droit d'utiliser la croyance en Dieu au moment où il s'efforce de la détruire en son principe ». Mais il y a aucune analogie entre les deux situations. Il ne s'agit pas d'utiliser une croyance tout en la rejetant, ni de la détruire tout en s'en servant, et l'on sait du reste combien ce machiavélisme de « l'utilisation » des croyances qu'on ne partage pas nous est personnellement antipathique ; il serait bien étrange que nous l'érigions en système. Mais la vraie position que nous prenons est celle-ci : reconnaissance du fait et de ses vraies causes, substituées à des explications en l'air ; détermination des vrais motifs substitués aux motifs fictifs ou abstraits. M. Fouillée imagine-t-il que nous soyons capables d'aimer ou de respecter Dieu, ou la Raison, et que nous ne

Quelle que soit la valeur des objections adressées à la règle de l'intérêt générale au nom des principes, celles qu'on lui ferait au nom des faits ne paraissent pas d'emblée de nature à en diminuer la valeur pratique. Car, quand il serait vrai que la poursuite de l'intérêt général n'aurait pas été la cause déterminante des lois, des usages, ou des scrupules qui règlent la conduite morale de l'homme, il n'en saurait résulter que ce ne doive pas être le critérium à l'aide duquel nous les apprécierons. Le principe de l'intérêt général n'aurait pas besoin, pour être pratiquement valable, d'avoir toujours été reconnu en fait, et l'on serait à bon droit étonné de voir des sociologies empiriques et évolutionnistes retomber dans ce vieux contresens des intuitionnistes.

De toute façon l'utilitarisme social aurait donc de quoi répondre à ceux qui l'attaqueraient au point de vue pro-

---

soyons pas capable d'aimer ou de respecter la société humaine ? C'est toujours la même illusion : Qui soutient la Terre ? c'est l'éléphant. Si vous nous retirez l'éléphant, la terre va s'effondrer.

Il y a encore une autre erreur dans cette polémique, c'est de continuer à se figurer que la doctrine de l'intérêt social ne peut se soutenir qu'en faisant appel, auprès de l'individu, à *son* intérêt *personnel*. Mais outre que nous n'avons nulle part accepté cette position très maladroite et même inconséquente du problème, il est évident que l'hypothèse psychologique qu'implique cette objection (c'est toujours au fond le vieux sophisme kantien sur le désintéressement) se retournerait, *a fortiori* contre les autres systèmes qui l'invoquent. Si l'on ne peut déterminer l'individu qu'au nom de son intérêt personnel, que vient-on lui parler de Raison, de Loi morale ou de quelque autre idée encore plus abstraite ? Si inversement on admet que de telles idées puissent le déterminer à agir, comment un idéal social relativement concret et prochain y serait-il impuissant ? N'est-ce pas un tel idéal qui seul vient enchanter l'âme de Faust aveugle et mourant ?

Quelle puissance la tradition philosophique, nous allions dire scolastique, exerce-t-elle donc encore, même sur les esprits les plus pénétrants et les plus déliés, pour qu'on puisse encore imaginer avoir mis hors d'atteinte et en quelque sorte *tabouć* une manière d'être, de penser ou d'agir, parce qu'on aura réussi à la placer sous le vocable *Raison*, tandis que tout serait perdu si l'on s'attache plus aux choses ainsi étiquetées qu'à l'étiquette même ?

prement moral. Une fois débarrassé des interprétations mesquines et arbitraires qui le dénaturent en le confinant soit, quant aux objets, dans la considération des utilités les plus médiocres et les plus matérielles, soit, quant aux personnes, dans celle de l'utilité individuelle, l'utilitarisme pourrait nous rendre à cet égard de réels services. Il nous permettrait peut-être d'échapper aux vagues abstractions métaphysiques et aux mystiques sentimentalités où s'égare et s'alanguit notre culture morale, comme aux brutales négations de l'égoïsme, et à l'ironie dissolvante où elle se déprave. Il pourrait rendre quelque vigueur à notre conscience morale exsangue et émaciée, en lui faisant reprendre le sens de la vie réelle. Il serait à la fois propre à stimuler l'action par son caractère pratique et à la diriger dans une voie sûre, grâce à l'inflexibilité et à la générosité de sa règle objective et impersonnelle.

Mais encore une fois, nous ne voulons pas pour le moment poser la question sur ce terrain ni provoquer une nouvelle catégorie d'adversaires. Nous voudrions examiner seulement quelques-unes des critiques adressées à l'utilitarisme, non par de purs moralistes, mais par des sociologues, et voir ce que la « science » nouvelle reproche à une doctrine qui a pu longtemps passer pour s'inspirer en morale précisément de la sociologie en particulier et de la méthode scientifique en général.

Dans cet examen nous ne pousserons pas jusqu'à la critique des principes et des méthodes de la nouvelle sociologie. L'exclusion de la conscience et de la finalité au profit de l'inconscience et du mécanisme, l'idée qu'elle se fait d'une activité et d'une conscience sociales totalement indépendantes de celles des individus, voilà sans doute, au fond, les raisons intimes de ses attaques contre l'utilitarisme. Il y a peut-être plus d'*a priori* qu'elle ne pense dans ces vues systématiques, et elle n'évite pas autant qu'elle le croit cette nécessité, qui est en même temps l'écueil, de toute pensée scientifique, de mettre une hypothèse, une vue de l'esprit sous les faits observés. Les résultats qu'elle obtient dépendent directement de la méthode et du point de vue qu'elle adopte. Mais il n'est pas mauvais, précisément pour cela, qu'en dehors de toute question de méthode et de principes, on se borne à voir dans quelle mesure sur un point spécial, ses conclusions cadrent avec les faits, outre que l'autre question dépasserait, sans y être étrangère, le simple examen de la validité de l'utilitarisme.

L'étude ainsi limitée à la question de fait peut se diviser en deux parties. Nous pourrons nous demander si, *statiquement*, il y a discordance entre l'utilité sociale et la moralité telle que l'expérience même la délimite ; c'est-à-dire s'il y a des règles qui se présentent, qui soient reconnues comme morales sans être socialement utiles, ou si inversement il en est de socialement utiles qui, comme telles, ne revêtent cependant en fait aucun caractère moral. D'autre part nous devons examiner ensuite si *dynamiquement* l'utilité sociale est effectivement ce qui explique la genèse de la moralité, la caractéristique morale appliquée à certaines règles et certaines formes de la conduite.

I. — AU POINT DE VUE STATIQUE.

Pour établir la coïncidence en fait de l'utilité sociale et de la moralité, il nous faut examiner successivement s'il est des règles de conduite auxquelles un caractère moral soit attribué dans une société donnée, sans qu'aucune utilité sociale y corresponde dans cette société même, et inversement, s'il est des modes d'action reconnus (à tort ou à raison) socialement utiles, sans que par cela même ils soient englobés dans le domaine de la moralité. Remarquons bien que ce domaine de la moralité, il ne s'agit pas de le définir arbitrairement, à l'aide de quelque critérium qui nous soit personnel, la pétition de principes serait trop flagrante, mais de constater ce qu'il est en fait [1], et dans chaque société donnée, d'après l'opinion commune, d'après l'état de

1. Cf. Durkheim, p. 25. Mais on peut trouver qu'il observe lui-même bien incomplètement cette règle, non seulement dans la question que nous discutons ici, mais aussi lorsque, pour appliquer son critérium de la *sanction*, il relègue dans le domaine *esthétique*, les actes de vertu supérieure, de pur dévouement, parce qu'ils ne sont *imposés* ni par la loi, ni par l'opinion. Ils ne sont pas en un mot sanctionnés au sens où M. Durkheim entend ce mot. Mais s'ils ne sont pas sanctionnés négativement par une peine, ils le sont positivement par l'encouragement et l'admiration des hommes. C'est d'ailleurs se heurter aux faits, alors qu'on prétend les consulter, que d'exclure ce genre d'actes du domaine de la moralité, quand il en constitue manifestement une partie essentielle aux yeux de tous les peuples, à commencer par les plus barbares. Visiblement ici, on impose aux faits le critérium choisi, au lieu de déterminer exactement le critérium d'après les faits. On procède en aprioriste. Quant à rapprocher le dévouement de l'activité esthétique par un caractère d'*inutilité* (p. 31), cela paraît bien singulier. Sans doute ces actes dépassent le minimum nécessaire de moralité, et en ce sens on peut dire qu'ils constituent un *luxe*. Mais j'imagine que celui qui se dévoue prétend se dévouer à quelqu'un ou à quelque chose ; l'esprit de sacrifice serait vite détruit par la conviction de l'inutilité du sacrifice. Il y a plus : la société n'encourage point en fait les sacrifices manifestement inutiles : jamais elle n'a beaucoup encouragé les solitaires de la Thébaïde ni les moines stylites ; elle les considère comme des exceptions plus étonnantes qu'admirables. Quant à expliquer le sacrifice par le « besoin qu'éprouve notre énergie morale de se dépenser » (p. 31), comme l'indiquait déjà Guyau, ce n'est pas inexact sans doute, mais ce n'est pas une solution, car cela n'empêcherait pas du tout de prétendre que cette dépense n'a un caractère *moral* que dans les cas où elle est employée au bien d'autrui. La question est justement de savoir qu'est-ce qui caractérise cette énergie *comme morale* : il peut rester vrai que c'est son application au bien social. Du reste comprend-on bien que la dépense d'une énergie *morale* constitue une activité purement *esthétique* ?

de conscience de *cette* société. Le jugement moral est un fait psychologique et social déterminé, *sui generis*, aisément reconnaissable ; dans chaque état social donné, il s'applique à certains actes, ou à certains motifs d'action et non à d'autres. Toute science, à moins d'être purement rationnelle, est bien obligée de prendre pour point de départ un fait d'observation et de déterminer son objet, au moins provisoirement, d'une manière tout empirique. Il en est de même de la morale. Ce n'est pas elle qui crée la conscience morale, les jugements ni les sentiments moraux ; ces faits sont donnés avant elle et elle n'en fournit que l'interprétation. Avant de savoir *ce que c'est* que la moralité, il faut bien qu'elle commence par constater *qu'elle est* et *où elle se rencontre*. Il ne s'agit nullement, comme les adversaires de l'utilitarisme le lui reprochent aujourd'hui, comme les utilitaires le reprochaient autrefois aux spiritualistes ou aux kantiens, de substituer notre conscience et nos préférences personnelles aux données expérimentales du problème, au fait observé dans telle ou telle société, ou, si cela est possible, dans toute société. Cela étant, on ne saurait alléguer que le problème posé soit dénué de sens, et présuppose connue la solution cherchée [1].

1. M. Durkheim propose de chercher un critérium objectif qui nous permette de reconnaître effectivement le domaine de la moralité pour chaque société, ce critérium il croit le trouver dans la *sanction*. Sans entrer dans la discussion spéciale de cette thèse, nous croyons pouvoir remarquer que ce critérium serait tout à fait incomplet si l'on ne considérait que les sanctions pénales expressément établies par l'usage ou la loi, sans tenir compte de la sanction diffuse de l'opinion publique (estime ou mépris, approbation ou blâme moral). Mais alors le critérium de la sanction perd en grande partie son objectivité et revient à celui dont nous nous servons ici, et qui suffit pour notre objet : A quoi s'étend et s'applique dans chaque milieu social, le jugement et le sentiment moral ? Si l'on voulait donner plus de précision à cette recherche, ce qu'il y aurait à faire, ce serait d'analyser les caractères distinctifs de ce jugement moral. Mais cela ne nous paraît pas indispensable dans cette courte étude.

1° — *Est-il donc vrai tout d'abord que certaines règles se présentent comme morales, sans avoir ni en fait, ni dans l'opinion des hommes aucune utilité sociale?* Ce qui, dans bien des cas, nous fait trouver une semblable discordance, c'est justement l'oubli de la règle de méthode que nous venons de rappeler. Il ne faut pas en effet, pour répondre à cette question, se demander si telles pratiques religieuses, telles règles de convenance morale nous paraissent inutiles, mais si ceux qui les ont primitivement acceptées les croyaient ou les connaissaient telles.

On accuse, il est vrai, cette manière de poser la question de constituer un véritable truisme. « Car si les sociétés obligent ainsi chaque individu à obéir à ces règles, c'est évidemment qu'elles estiment à tort ou à raison que cette obéissance ponctuelle leur est indispensable ; c'est qu'elles y tiennent énergiquement. Si ce sentiment avait sa cause dans la nécessité objective des prescriptions pénales ou du moins dans leur utilité, ce serait une explication. Mais elle est contredite par les faits ; la question reste tout entière. » A quoi nous pouvons répondre d'abord que la question serait précisément de savoir *pourquoi* ces sociétés tiennent si énergiquement à ces observances ; ensuite que des croyances religieuses dont l'origine aurait été complètement étrangère à l'utilité peuvent néanmoins modifier l'idée qu'on se fait de l'utilité. Il y aurait truisme et même pétition de principes si l'on disait que dans des cas de ce genre *l'utilité poursuivie est justement le maintien des croyances en question* ; mais nous disons au contraire que ces croyances une fois apparues pour des raisons qui sont ici hors de cause, nous font craindre, en cas de violation des règles qu'elles prescrivent, *des malheurs et des dangers positifs*

---

1. M. Durkheim, *op. cit.*, p. 76.

et extrinsèques; par exemple le Juif croyait que Iaveh protégeait son peuple et que tout blasphème, toute offense aux prescriptions religieuses, menaçait la nation entière de toutes sortes de vengeances et de cataclysmes matériels ou politiques, comme il croyait que la bonne observance du culte lui vaudrait l'empire du monde. « Quand on mutila, écrit Bagehot, les statues d'Hermès qui décoraient les rues, les Athéniens furent épouvantés et exaspérés; *ils pensaient qu'ils seraient tous ruinés*, parce que quelqu'un avait mutilé la statue d'un Dieu et l'avait ainsi irrité. » De même lors du sacrilège commis à Saint-Sulpice le 28 juillet 1648, « les habitants de la pieuse paroisse furent saisis d'horreur... Les divertissements cessèrent aussitôt et chacun s'ingénia, en s'imposant des mortifications personnelles, à apaiser la justice divine ». Le danger que l'on redoute ainsi ce n'est donc pas seulement le danger de voir s'affaiblir une croyance « à laquelle on tient énergiquement »; c'est un danger qui est conçu comme une *conséquence* de l'acte impie. Sans doute l'attachement aux croyances traditionnelles a quelque chose d'instinctif. Mais dès qu'on veut le justifier et se l'expliquer ne faut-il pas invoquer quelque raison plus matérielle, et distincte de cet attachement même? D'un autre côté nous verrons qu'au fur et à mesure que la réalité objective de tels dangers ou de telles utilités est démentie par l'expérience, les pénalités à l'aide desquelles se maintiennent les croyances ou les pratiques en question sont réprouvées par l'opinion et disparaissent précisément de la législation; elles cessent graduellement d'intéresser la morale, lorsque le sentiment de l'utilité sociale s'en est retiré.

Ainsi l'utilité attribuée à certaines institutions ou à certaines coutumes pouvait n'être qu'illusoire; mais il n'en saurait résulter que le sentiment de l'utilité n'y fût pour rien.

Dans bien des cas même, l'illusion serait de croire qu'une telle utilité eût été totalement absente. Il est vraiment trop simple de dire que l'abstinence de porc n'était pas nécessaire à la société juive ; il faudrait pourtant se demander si cette interdiction s'est établie d'une manière absolument arbitraire, ou si ceux qui l'ont introduite n'avaient pas, par exemple, quelque motif d'hygiène, comme cela semble certain pour l'interdiction musulmane du vin. Il en était probablement ainsi pour le mode d'abatage des animaux particulier aux Juifs, et qui en pays très chaud, pouvait être plus favorable à la conservation des viandes. On comprendra aisément d'ailleurs que chez les peuples primitifs il fallait bien que les prescriptions de ce genre fussent imposées et généralisées par le pouvoir « spirituel » composé des hommes réputés les plus éclairés et les plus expérimentés. La religion qui ne nous paraît aujourd'hui embrasser que le côté le plus idéal, le plus intérieur de la vie humaine, s'applique à l'origine aux questions les plus matérielles. D'autre part le primitif distingue mal, on l'a souvent montré, la connaissance positive de la magie la plus fantaisiste. La médecine et la religion sont constamment associées : et A. Comte avec une réelle largeur d'esprit insiste à mainte reprise sur les services relatifs rendus à la science par le fétichisme. Il nous est loisible de déclarer que toutes sortes de pratiques superstitieuses sont effectivement inutiles aux peuples qui les adoptent ; mais elles ne le sont pas à leurs yeux. Ils croient à des dieux, et d'ordinaire à des dieux nationaux, qu'il s'agit de se concilier, dont il faut par des prières et des sacrifices obtenir la faveur ou détourner la colère.

Il en est de même du culte des morts[1]. Aujourd'hui, il peut nous paraître purement sentimental ou esthétique. Mais ce serait en oublier les origines et témoigner d'une critique bien subjective que d'en méconnaître le caractère primitivement fort utilitaire. Les morts pour l'homme primitif forment une société réelle, quoique invisible, à côté de la société visible, ou plutôt morts et vivants ne forment qu'une même société. Cette idée que le philosophe moderne peut, avec A. Comte, entendre dans un sens tout idéal, le sauvage l'entend dans un sens matériel. Sa croyance à la persistance au delà de la mort, a d'ailleurs à l'origine des raisons et un caractère tout physiques. Le mort a des besoins auxquels il faut pourvoir, sous peine d'encourir une vengeance d'autant plus redoutée qu'elle est entourée de mystère. Les sacrifices qu'on offre au mort sont composés des objets ou des êtres qu'on suppose devoir lui être utiles ou agréables, et l'on pense ainsi se mettre en règle avec des esprits volontiers malveillants et jaloux. Si plus tard ce culte prend une valeur en partie symbolique, si le sacrifice cesse de plus en plus d'avoir le caractère d'une fourniture pour devenir un signe de soumission et de dévouement, la préoccupation de l'utilité publique ou personnelle ne disparaît pas pour cela. On persiste à croire que ces témoignages sont agréables au dieu. Ce sentiment est encore sensible dans les religions les plus épurées, et s'il domine quelque part, c'est toujours chez les moins cultivés de leurs adhérents. L'homme du peuple ne prie guère que pour demander ; les mysticités de « l'amour pur » lui sont inconnues. Il mendie des grâces qui ne sont pas souvent des grâces spirituelles. Le culte public qui est l'expression des croyances moyennes et non des plus élevées, comporte des prières où l'on demande

---

1. Durkheim. *Division du travail*, p. 12.

à Dieu « une saison favorable pour les fruits de la terre, une heureuse délivrance des femmes enceintes » et finalement le salut du roi ou de la patrie. Dernièrement, dans un pèlerinage, on présentait au pape pour les lui faire bénir un chien de berger, afin qu'il gardât mieux les troupeaux, et une chèvre qui allaitait un enfant. On a vu les autorités ecclésiastiques bavaroises prescrire des prières pour invoquer l'assistance divine contre l'invasion d'un insecte, la *nonne*, qui ravageait les forêts. Une gazette excusait les prédictions erronées d'un météorologiste en faisant remarquer que ce savant n'avait pu faire entrer en ligne de compte, dans ses prévisions, la prière de milliers de fidèles qui imploraient un changement de temps [1]. Les défenseurs de la vie monastique ne manquent pas d'invoquer, à côté de l'intérêt trop visiblement égoïste du salut personnel, l'utilité qu'auraient, pour tous ceux que la vie active absorbe, les prières des personnes qui se vouent spécialement à cet office, véritable fonction sociale à leurs yeux.

Ainsi donc il ne faut pas se hâter de dire que la préoccupation de l'utilité privée ou publique soit absente dans des cas de ce genre, sous prétexte que cette utilité ne nous paraîtrait pas réelle. C'est alors que nous substituerions arbitrairement notre jugement personnel à celui des hommes ou des sociétés dont il s'agit de comprendre et d'expliquer les usages et les règles de conduite.

Sans doute beaucoup de réglementations, de rites, de coutumes ne sont pas directement justifiés par une utilité

---

[1]. *Gazette de Voss* du 25 août 1883. Ce dernier fait est cité par Gizycki, *Moralphilosophie*, p, 410. On lit dans les journaux des dépêches comme celle-ci : « Madrid, 6 mai, 1896 — La Régente assistait aux prières qui ont été dites hier, à la cathédrale, pour demander de la pluie. »

intrinsèque ; mais ils peuvent l'être comme parties intégrantes d'un système, d'une institution que dans son ensemble une utilité sociale justifie. Les éléments de la vie psychique et de la vie sociale sont jusqu'à un certain point susceptibles de vivre d'une vie propre. Un sentiment, une croyance, une pratique, une fois entrés dans l'esprit d'un individu ou dans la tradition d'un peuple, y développent dans tous les sens leurs conséquences naturelles ou logiques, sans que les causes originelles qui les ont fait naître continuent nécessairement à régir ces développements. C'est ainsi que dans le détail, les cérémonies d'une religion, les règles de la politesse, les formes du vêtement n'ont souvent plus qu'un rapport lointain avec les fondements même et les raisons déterminantes de la religion, de la politesse, de l'habitude de se vêtir. Il ne faudrait donc pas tirer trop vite argument contre l'intérêt général de ce que telle pratique n'a pas de rapport assignable avec le bien social ; car il est inévitable qu'un sentiment moral s'y attache si elle fait partie intégrante d'un ensemble considéré comme socialement utile. C'est ainsi qu'un très léger désordre dans le vêtement peut éveiller en nous le sentiment de la pudeur, alors qu'elle n'est nullement blessée en réalité.

C'est encore en se reportant aux origines qu'on pourra faire rentrer dans le principe de l'intérêt général le respect de la vieillesse, qui peut nous sembler aujourd'hui une vertu de pur sentiment, un acte de déférence absolument bénévole. Ici encore une observation superficielle peut seule trouver un exemple d'une règle morale sans utilité sociale. Aucun sociologue, croyons-nous, ne contestera qu'à l'origine rien ne pouvait être socialement plus utile, et le paraître d'une manière plus manifeste. Ce respect de l'âge est même en un sens plutôt une vertu primitive qu'une vertu civilisée. Dans une humanité encore inculte, où la science n'est pas organisée, où l'écriture est absente ou à peu près, où l'éducation est réduite à un minimum infime, les connaissances utiles supposent avant tout l'expérience personnelle et le secours de la tradition orale. Où peut-on chercher l'une et l'autre, sinon chez le vieillard? Son autorité est donc toute naturelle, et son prestige auprès des plus jeunes n'est pas purement sentimental ; il est directement lié aux services qu'il peut rendre. Chez les animaux vivant en hordes, c'est d'ordinaire un vieux mâle qui marche en tête, suivi des mâles adultes. Il est le conseil, ils sont la force. Il est l'Ancien, il est le Sénateur (senex), il est le Prêtre (πρεσβύτερος) de cette société rudimentaire. Une fois constitué, ce respect du vieillard devient un « principe » que la tradition fixe et qui peut non seulement se maintenir, mais s'exagérer jusqu'à devenir nuisible[1], sans qu'on puisse en rien conclure contre l'explication utilitaire de ses origines.

Aujourd'hui évidemment la place du vieillard n'est plus absolument la même qu'autrefois. La science fixée dans les livres, est ou paraît être à la portée de tous ; cette fixation même lui permet de s'accumuler rapidement, et aussi de se renouveler, de sorte que le vieillard est vite exposé à n'être plus au courant. L'éducation prolongée presque jusqu'à la maturité, par suite de la complication grandissante de sa tâche, est obligée, par cela même, à être moins étroitement autoritaire, en même temps qu'elle fait des hommes plus capables de se suffire à eux-mêmes.

---

1. Même chez les sauvages, comme on en trouvera un exemple, signalé d'après Lang, chez les Australiens. *Grande Encyclopédie*. T. XVI, 469, col. 1 (Art. *État*. par A. M. Berthelot).

Une plus forte culture enfin a rendu les esprits plus indépendants et plus impatients du joug de la tradition[1]. On comprend dès lors que le respect de la vieillesse, s'il se maintient, tende à changer de caractère, et paraisse n'être plus qu'un devoir de déférence et de gratitude, que le vieillard soit entouré d'égards en raison des services qu'il a pu rendre plutôt qu'en raison de ceux qu'on attend de lui, que l'autorité pratique passe de ses mains à celles de l'homme mûr, des sénats aux chambres. On a pu même soutenir qu'il était socialement nuisible de laisser à la vieillesse une trop grande place dans les fonctions actives, et l'on prononce volontiers le *solve senescentem*. Mais d'une part on voit par cela même que le critérium de l'utilité sociale conserve son rôle, puisqu'il préside à une réelle transformation d'un devoir ancien; d'autre part on reconnaîtra qu'il y aurait anachronisme à confondre notre sentiment actuel à l'égard de la vieillesse avec le sentiment primitif, et de tirer par suite argument contre ce critérium de ce que ce devoir nous apparaît surtout comme un devoir tout sentimental.

La plus grave objection que la morale classique élevât, au point de vue pratique, contre le principe de l'intérêt général, était tirée de conséquences inhumaines de la sélection. On reprend aujourd'hui cette objection pour mettre en doute non plus l'excellence morale, mais la vérité sociologique de ce principe. Il est curieux de comparer à cet égard l'attitude bien connue de M. Spencer et celle de

---

[1]. Il ne faudrait pas méconnaître d'ailleurs que ces causes sont en partie contre-balancées par d'autres. Ainsi la prépondérance croissante de la vie intellectuelle sur la force physique est évidemment un facteur favorable à la persistance du rôle social de la vieillesse. Dans la guerre antique ou primitive où le chef doit payer de sa personne, un général ne peut guère être un septuagénaire comme cela se voit aujourd'hui.

M. Durkheim. M. Spencer, jugeant les pratiques et les institutions charitables nuisibles au progrès de la race, les condamne ainsi que les sentiments qui les suscitent ; M. Durkheim, lui aussi les croit nuisibles, et accepte, on peut dire sans restriction, la thèse de M. Spencer à cet égard[1]. Mais comme il croit constater que ces sentiments sont le résultat d'une évolution naturelle, qui ne peut que les accentuer encore, sa conclusion se retourne contre le critérium de l'utilité sociale. Tandis que le premier rejette la philanthropie ou du moins la restreint au nom de ce principe, le second rejette le principe, au nom des progrès inévitables de la philanthropie. L'un comme moraliste, dit : la philanthropie est nuisible, or il faut appliquer la règle de l'utilité sociale ; il faut donc condamner la philanthropie. L'autre, comme sociologue, dit : la philanthropie se développe inévitablement ; or elle est contraire à l'intérêt social, donc le critère de l'intérêt social ne se vérifie pas en fait.

Nous croyons qu'aucune de ces deux conclusions inverses, entre lesquelles l'idée seule d'évolution ne nous permettrait pas facilement de choisir, n'est réellement justifiée, parce qu'il n'y a pas entre les deux termes, philanthropie et utilité sociale, de véritable contradiction, qui nous oblige à sacrifier l'un des deux à l'autre. C'est ce que nous voudrions essayer d'établir. Comprendrait-on d'ailleurs, surtout dans une sociologie qui se présente constamment comme objective, « scientifique », mécaniste enfin, où l'individu est annulé au profit de la Société, où les idées et les désirs des hommes sont comptés pour si peu, et considérés comme des effets et non comme des causes, comprendrait-on qu'un sentiment pût ainsi se mettre en travers du progrès social, et faire échec à la perpétuelle résistance des faits, que les

1. *Division du travail social*, p. 12.

pitiés individuelles pussent opposer un obstacle insurmontable à la volonté de vivre du groupe ? La sélection elle-même aurait dû, dès longtemps éliminer de la vie des sociétés, des pratiques et des sentiments qui leur seraient fatales. A ce point de vue on n'en comprendrait guère plus la persistance que, dans une sociologie plus psychologique, plus finaliste, on ne comprendrait comment la philanthropie pourrait se développer ou même se maintenir dès qu'elle serait reconnue de tous nécessairement fatale à la société. Une conciliation s'impose donc.

Ce serait une étude économique minutieuse et peut-être un problème actuellement insoluble avec nos moyens d'information, que d'établir le bilan des institutions philanthropiques à l'actif et au passif. Au reste un tel bilan, établi d'après les données actuelles, ne prouverait pas grand'chose, quelque instructif qu'il pût être, puisque personne ne conteste qu'en fait la charité peut être fort mal exercée. Il resterait donc, mais un tel examen serait ici déplacé [1], à examiner spécifiquement chaque sorte d'opérations philanthropiques, pour voir si, dans son essence, elle est condamnée à être inutile ou nuisible à la société ; car c'est ce que supposent de part et d'autre les deux thèses que nous combattons. On s'apercevrait bien vite combien est sommaire la condamnation qu'elles prononcent, et combien elles abusent de la généralité sans précision d'une théorie biologique et sociologique, au lieu d'analyser d'une manière concrète les différents cas de la question.

Mais il y a un biais par où le problème de la sélection comporte dès à présent une solution à la fois générale et précise. Si la thèse qui oppose la sélection naturelle à la philanthropie est juste, nous devons trouver que les chances

---

1. Voir plus loin *Charité et Sélection*.

de vie à chaque âge, au delà du moins d'un certain âge moyen, devraient avoir diminué. Car, comme on le sait, le principal gain obtenu à notre époque par une hygiène plus rationnelle et une thérapeutique plus savante, porte surtout sur l'effrayante mortalité du premier âge. La sélection primordiale étant autrefois beaucoup plus forte qu'aujourd'hui, on devrait s'attendre à voir les survivants présenter en moyenne, à l'âge adulte une constitution moins robuste et avoir moins de chances de vie. C'est même une opinion assez courante. Mais la statistique la dément[1]. Si nous prenons par exemple les tables de Dupré de Saint-Maur (1750) et de Duvillard (1789) pour les comparer à celles que nous fournit la Statistique générale de la France pour la période 1860-63 et pour la période 1877-81, nous voyons qu'*à tous les âges* la survie est supérieure à l'époque la plus récente. Bornons-nous à quelques chiffres qui pour notre objet seront suffisants.

NOMBRE DE SURVIVANTS SUR 1 000 NAISSANCES.

Age.	Duvillard.	Statistique générale (1861-63).	Id., 1877-81.	Id., 1898-1903.
5	583	694	730	790
30	438	574	614	688
40	369	524	555	631
50	297	467	491	560
60	213	385	404	462
70	118	250	268	307
80	35	88	99	107
90	4	6	12	11

1. Nous empruntons ces données à Levasseur, *Population de la France*, t. II, p. 295. Voir aussi le tableau graphique très frappant qui rend cette statistique sensible aux yeux, p. 297. Aux chiffres que Levasseur nous donnait en 1894, nous ajoutons aujourd'hui ceux que nous fournit la *Statistique générale* pour 1898-1903. Ils confirment encore nos conclusions. Nous les trouvons dans les articles de M. L. March, directeur de la Statistique générale. *Journal de la Société de Statistique de Paris*, sept. et oct. 1906.

Ce n'est qu'aux âges extrêmes entre 90 et 100 ans que les chiffres de survie apparaissent supérieurs dans les anciennes tables. Mais cette apparence même n'infirme pas notre thèse. Car il faut bien finir par s'en aller ; au terme naturel de la vie la courbe de mortalité se précipite donc et d'autant plus vite que l'élimination aura été moins accentuée auparavant [1]. Ainsi malgré les entraves apportées à la sélection infantile, la vitalité de la race à tous les âges, au lieu d'être en décroissance, s'est au contraire constamment accrue. C'est ce qui montre la part énorme qu'a dans la mortalité humaine, comme dans tous les genres de malheur (le malheur aboutissant toujours à quelque affaiblissement vital), le pur accident qu'on peut éviter ou réparer sans avoir à payer plus tard ce salut. C'est ce qui montre surtout que si quelques-uns sont « artificiellement » sauvegardés, ce n'est pas fatalement au prix d'un abaissement du niveau moyen de la vie [2].

Il n'y a donc finalement aucune raison de ne pas avoir égard, lorsqu'on veut apprécier le niveau du bien-être général, aux souffrances individuelles supprimées ou diminuées, même tout momentanément. A tout prendre, le bonheur de la société n'existe que dans ses membres, quelque tendance qu'ait la nouvelle sociologie à réaliser la Société en dehors d'eux. Assurément il ne faudrait pas s'appliquer à assurer la prospérité des purs parasites [3] comme un

---

1. Ces résultats sont absolument confirmés par les recherches de M. Leclerc pour la Belgique, *Tables de mortalité et de survie et tables de population pour la Belgique* ; Bruxelles, Hayez, 1893. Comparant les tables de Quételet aux résultats de ses propres recherches, M. Leclerc constate également qu'*à tous les âges*, sauf, comme tout à l'heure, à l'âge limite, la survie est en faveur du temps présent. Voir le tableau, p. 51.

2. L. Weber, dans son article sur *Dégénérescence* de M. Nordau, *Revue de Métaphysique et de Morale*, mai 1894, p. 359 et suiv..

3. Et c'est précisément ce que ferait et fait déjà en partie la sélec-

malade qui, pour se soigner, veillerait au bon développement de cellules cancéreuses ; mais tout ce qu'on pourra faire pour entretenir les cellules normales atrophiées n'est-il pas un gain pour le corps? C'est à ces dernières qu'il faut comparer les vraies misères à secourir. A moins de considérer *a priori* ces éléments comme étrangers au système, ces individus comme forclos de la société, ce qui est précisément la question, comment ne pas faire entrer en ligne de compte le niveau de leur vie à eux?

Le bonheur et la vitalité des êtres sains eux-mêmes y sont intéressés. Car il ne faut pas oublier ce que le spectacle continuel de la misère a de douloureux et d'énervant pour eux. Le pessimisme qu'il engendre ne peut avoir que des effets déprimants et nous paraît de nature à faire perdre à la société beaucoup plus que ne lui coûtent les sacrifices qu'elle s'impose de ce chef. Directement ces sacrifices ont l'air improductifs ; indirectement ils aboutissent encore à un profit.

Ce bénéfice est d'autant plus réel que dans toute application intelligente de la charité le bienfait coûte beaucoup moins à celui qui le fait qu'il ne profite à celui qui le reçoit. Un sacrifice insignifiant pour celui qui a beaucoup peut, s'il est bien placé, être le salut moral ou physique de toute une existence. Ce rien peut être tout pour celui qui n'a rien. On a trop souvent une tendance à traiter mathématiquement les facteurs sociaux et psychologiques. Nous sommes dupes ici de notre matérialisme inconscient qui objective

---

tion opérant sur les bases fournies par l'évolution historique, le laisser-faire et la concurrence faussées par les injustices du passé et la contingence des institutions. Encore une fois qui sont les « incapables » ? Il y en a beaucoup parmi ceux qui vivent le plus aisément. Oublie-t-on que s'il y a des parasites en loques, il y en a aussi qui roulent carrosse ? Et lesquels rongent le plus la substance vive de la société ?

l'énergie dans une chose, l'idée dans le mot, la réalité vivante dans le signe. Un billet de banque se transporte, et nous croyons que la valeur n'a pas changé, parce l'objet est resté le même ; nous traitons ces quantités comme des grandeurs invariables qui ne font que changer de place. Mais il n'en est point ainsi de tout ce qui touche à la vie et à la conscience. Certains mathématiciens nous parlent d'espaces non-euclidiens où les figures changeraient de forme et de grandeur par le seul fait de changer de lieu. C'est bien du milieu social et psychologique qu'on peut dire qu'il n'est pas euclidien pour les réalités qui s'y meuvent.

On voit donc à quel point il faut restreindre cette « vérité incontestable, si bien démontrée » par M. Spencer et « contre laquelle il n'y a pas de subtilité dialectique qui puisse prévaloir ». Ce ne sont pas des subtilités dialectiques, ce sont des faits que nous lui opposons. Il n'en reste guère que l'observation d'un fait malheureusement trop fréquent, mais dont personne ne méconnaît ni la réalité ni le caractère fâcheux ; observation ensuite indûment généralisée à la lumière d'une formule commode, à allure scientifique, vraie d'ailleurs *in abstracto*, mais dont les applications infiniment diversifiées ne peuvent être appréciées en bloc et demandent une analyse minutieuse par espèce. Rien, dans tout cela, ne nous permet de conclure, ni, comme y tend M. Spencer, que l'assistance en général et par essence soit mauvaise, ni, comme le voudrait M. Durkheim, que son existence et ses progrès attestent la fausseté du critérium de l'utilité sociale.

A considérer cette évolution de plus près, nous ne voyons pas qu'elle puisse non seulement justifier, mais même suggérer cette dernière conclusion. On méconnaît ici, en effet, trop visiblement la différence du subjectif et l'objectif, du sentiment charitable et des applications qu'il reçoit. Ce qui grandit assurément, en dépit des leçons de Spencer et de Bastiat, c'est le sentiment philanthropique, mais quant aux institutions, elles tendent de plus en plus à se conformer au critérium de l'utilité sociale. Des philanthropes en vue et qui ne sont guère suspects d'avoir un faible pour la sélection naturelle ne cessent de nous rappeler les dangers d'une charité inconsidérée, et en ce sens ont dépensé peut-être plus d'encre et déployé plus d'esprit contre la charité que pour elle ; des moralistes plus voisins d'un idéalisme même un peu mystique que de l'utilitarisme même le plus large, condamnent avec énergie le système de « l'aumône » sous toutes ses formes [1]. L'ancienne charité considérée avant tout comme vertu individuelle ayant pour corrélatifs la pauvreté volontaire, la mendicité systématique également érigées en vertus, ce double contresens moral a disparu ou achève de disparaitre. Le critérium subjectif de la vertu, du renoncement, de l'esprit du sacrifice, fait place au critérium objectif du bien effectivement réalisé, des résultats positifs obtenus. Quelque distance qu'il puisse y avoir encore en fait entre la pratique charitable et l'intérêt social, du moins l'idéal d'une charité vraiment utile est généralement accepté. A ce point de vue il ne faut donc pas dire que les leçons de Bastiat ou de Spencer aient été perdues. On peut même remarquer que le progrès de l'utilitarisme social et du sentiment charitable sont naturellement solidaires. Car, d'un côté, la charité est inconséquente si, voulant le bien de quelques-uns, elle reste indifférente au bien de tous ; et d'autre part les sentiments généreux ne peuvent manquer d'être décou-

1. P. Desjardins, *Le devoir présent*.

ragés par les résultats déplorables d'une charité maladroite, d'être exaltés par la certitude d'une efficacité bienfaisante. Comment alors nous donner à croire que si la philanthropie grandit nécessairement, c'est en dépit de l'intérêt général ?

Et ici, une dernière justification nous paraît possible de ce principe. Beaucoup de lecteurs, tout en acceptant les conclusions qui précèdent, éprouveront peut-être quelque éloignement pour notre argumentation. Ils trouveront sans doute que nous ne paraissons pas suffisamment sentir le prix intrinsèque du sentiment de charité ; ils pensent que sa noblesse et sa beauté sont indépendantes de l'utilité sociale produite et que c'est rabaisser et dénaturer la fraternité humaine que de la subordonner à un calcul, même désintéressé. Placés au point de vue d'une morale plus sentimentale et plus subjective, ils voudraient nous entendre faire de la philanthropie une apologie d'un tout autre genre et mettre certains principes au-dessus de tous les résultats. Ils consentent à ce que la charité ne soit pas inutile, mais il leur répugne d'admettre qu'elle n'ait de valeur morale que par son utilité. Nous pourrions leur demander comment, les considérations purement esthétiques ou mystiques mises de côté, un sentiment individuel aurait une valeur *morale* autrement que par les garanties d'ordre ou de progrès social qu'il paraît offrir ; et comment cet ordre et ce progrès pourraient eux-mêmes se justifier, s'ils ne correspondaient à un ensemble de désirs et de besoins à satisfaire. Il faudrait se débarrasser une fois pour toutes de cette idée ou plutôt de cette impression qu'une théorie morale sent le fagot dès qu'elle vient à parler d'utilité ou de bonheur, même s'il ne s'agit pas de l'utilité ou du bonheur *personnels ;* comme si on devait vraiment définir le dévoûment par sa stérilité, le désintéressement par l'indifférence et comme si l'on pouvait réaliser cette contradiction de vouloir aimer son prochain sans tenir aucun compte de son bonheur ! C'est véritablement témoigner une crainte des mots qui ne peut que fausser les idées.

Mais si nous ne pouvons donner aucune satisfaction directe à ce genre de scrupules, voici qui peut cependant y répondre indirectement : c'est qu'en définitive il est d'une utilité sociale très certaine, très profonde, très générale que les sentiments philanthropiques se maintiennent, de sorte que tous les actes qui en témoignent, que ces actes fussent directement utiles ou non, ont dû être, comme ils le sont souvent encore sous nos yeux, encouragés par la société. Il n'est donc pas étonnant qu'on voie persister certaines pratiques en elles-mêmes inutiles, quelquefois même finalement nuisibles, si elles paraissent émaner d'un tel sentiment ; et l'on ne saurait en aucune façon en conclure que l'utilité sociale soit étrangère à la genèse et à l'évolution du sens moral, de même qu'inversement on ne saurait condamner brutalement ni sans restriction toutes les œuvres de ce genre dont le produit net n'apparaît pas d'emblée. Certes nous n'irons pas prendre au sérieux cette boutade [1], que les mendiants remplissent un office social en nous exerçant à la charité et à la pitié. Mais ce qui reste vrai, c'est que la vitalité du sentiment sympathique est d'un intérêt si profond et si capital pour la vie sociale, qu'il faut être très réservé dans les critiques qu'on peut en faire et dans les obstacles qu'on lui oppose. Sans lui, plus de moralité, plus de société véritable. A condition de n'être pas positivement nuisibles, les institutions charitables qui peuvent

1. M. Ed. Rod, dans un article des *Débats*.

passer pour improductives en elles-mêmes doivent donc rencontrer notre bienveillante indulgence. Elles offrent au moins cet avantage de donner corps à un sentiment qui est le principe vital de la société. Les Invalides, si l'on veut, ne servent à rien ; mais qui peut prétendre qu'il ait été inutile, dans une nation obligée à vivre sur le pied de guerre, d'honorer le courage et le dévouement du soldat ?

Cette remarque a une portée très générale et s'applique à bien d'autres sentiments que le sentiment charitable. L'intérêt de la culture de l'homme social justifie la conscience commune lorsqu'elle prête une valeur morale à des sentiments dont on peut ne pas voir l'utilité immédiate. Notre pudeur raffinée n'a peut-être aucune utilité directe, et l'on a même quelquefois soutenu qu'elle avait ses dangers, en donnant à ce qu'elle cache l'attrait du fruit défendu. En tout cas, elle ne comporte certainement pas plus de chasteté réelle que la naïve indécence qui nous choque chez le sauvage. Pourtant, d'une manière générale, elle a dû être encouragée comme une condition favorable à la régularité des mœurs, par les mêmes causes sociales qui rendaient celle-ci de plus en plus nécessaire. Le respect des vieillards peut, nous le rappelions tout à l'heure, être socialement nuisible s'il est mal placé et mal entendu. Les retraites tardives maintiennent dans les fonctions actives des hommes qui ne suffisent plus à leur tâche et en écartent les hommes qui sont dans la force de l'âge et du talent. L'observation absolument stricte de la volonté des morts peut imposer aux vivants des obligations oppressives et que des circonstances non prévues du testateur rendent même quelquefois absurdes. Il n'en est pas moins vrai que, sauf à limiter dans l'application les abus auxquels ces sentiments peuvent donner lieu. ils restent en eux-mêmes socialement utiles et l'on ne peut dire que l'évolution, en les développant, ait été en sens contraire de l'utilité sociale. Le respect de la vieillesse et celui des morts fait partie de la discipline sociale. Il est, comme l'avait bien vu A. Comte, un des facteurs de l'éducation au sens large du mot, une garantie de la continuité et de la cohésion dans la vie sociale, une des formes de la persistance du moi collectif sous l'écoulement des existences individuelles. Une politique d'évolution, une sociologie où nous entendons sans cesse parler de la *conscience sociale* devrait être la dernière à déclarer un tel sentiment inutile.

Ainsi, en résumé, nous cherchons en vain quelles seraient les coutumes, les règles, les institutions qu'on pourrait qualifier de morales sans qu'on soit en état d'y découvrir aucune utilité sociale directe ou indirecte, primitive ou persistante.

Il faut évidemment accorder que l'habitude maintient dans la société une foule de réglementations qui ont perdu leur utilité et nous fait oublier quelles aient pu en avoir une. C'est le propre de l'habitude de persister au delà des conditions qui l'ont fait naître [1]. Nombre d'observances mondaines, politiques, religieuses s'accompagnent dans notre esprit d'un sentiment très fort d'obligation, et la violation en suscite chez nous une sorte de remords : qu'on songe seulement à la confusion d'un homme du monde s'il s'aperçoit au milieu d'une réunion qu'il a oublié sa cravate. L'habitude même est un facteur important de ce sentiment d'obligation [2]; car elle crée un be-

1. Outre que, comme nous l'avons fait remarquer page 212, le développement d'un fait social suit son cours propre sans continuer à dépendre directement de ses causes originelles.
2. Cf. Simmel, *Einleitung in die Moralwissenschaft*, p. 68.

soin, une attente vis-à-vis de nous-mêmes. Celui qui rompt accidentellement avec une de ses habitudes a nécessairement l'impression d'une perte d'équilibre, d'une suppression partielle de sa personnalité; et c'est pourquoi aussi un devoir qu'on viole constamment finit par devenir douteux à la conscience et par ne plus être senti comme devoir. Psychologiquement, l'habitude équivaut donc à une règle, le fait répété crée l'apparence d'un droit, comme il arrive aussi dans nos relations juridiques où la tolérance prolongée finit par créer un droit de propriété. Les habitudes dès longtemps imposées par la vie sociale et l'opinion publique auront au premier chef des effets de ce genre. Chez les peuples traditionnalistes (comparables à cet égard aux individus maniaques) ce fait est des plus sensibles. Il s'en faut que le *cant* anglais soit, comme le croient des observateurs superficiels, une pure hypocrisie ni même une simple concession au respect humain. C'est en grande partie une survivance de ce genre. Beaucoup de personnes, qui ne se rattachent plus par aucune croyance réelle à l'Église, ne peuvent prendre sur elles de manquer les offices ou de faire gras le vendredi; elles en éprouveraient je ne sais quelle gêne. Mais la psychologie n'est pas la morale, et ces illusions de la routine, souvent avouées de ceux mêmes qui ne peuvent s'y soustraire, ne sauraient prouver qu'on ne distinguera pas justement les vraies obligations des obligations illusoires à l'aide du critérium que nous défendons.

Ici même nous trouvons dans les faits une dernière contre-épreuve de la vérité de ce critérium. Il est si exact qu'il préside tacitement ou explicitement, inconsciemment ou d'une manière réfléchie, à notre jugement moral, que toutes les habitudes qui perdent le caractère d'utilité sociale (soit parce qu'elles ont elles-mêmes dévié de leur origine, soit parce que les circonstances et les croyances ont changé) perdent aussi leur caractère moral, non pas immédiatement sans doute, mais peu à peu ; et qu'inversement celles auxquelles on a reconnu après coup une telle utilité acquièrent par là même le caractère moral. Nous cessons progressivement de croire que nous soyons moralement obligés de faire l'aumône quand nous commençons à la soupçonner d'être peu conforme au bien de celui qui la reçoit, et mieux encore au bien social général. La loi même en vient à condamner la mendicité sans qu'on l'accuse d'être inhumaine. Sans doute nous continuons à faire incidemment l'aumône, mais machinalement, et presque avec un remords d'avoir cédé à une mauvaise pitié. Nous cessons d'admettre comme une pratique vertueuse la mansuétude mystique d'un Tolstoï, qui renonce à tout acte de défense, quand nous comprenons que par là nous encourageons la violence. Les fautes purement théologiques qui ne sont fautes qu'en vertu d'une *croyance* particulière, et non d'une condition *objective* d'ordre social, le blasphème, le sacrilège, sont peu à peu éliminées des codes. L'opinion publique elle aussi les sanctionne de moins en moins. Les croyants eux-mêmes distinguent de plus en plus ce genre de faute des fautes proprement morales. C'est ainsi qu'ils peuvent respecter et estimer la personne d'un libre penseur honnête homme, tandis qu'ils ne consentiraient pas à serrer la main d'un dévot si c'est un homme taré. Nous n'admirons plus aisément Polyeucte abandonnant Pauline à Sévère. Abraham, Jephté et Agamemnon sacrifiant leurs enfants nous paraissent purement et simplement odieux, quoi qu'ils aient dû paraître admirables à leur entourage. L'obéissance passive, le respect servile de l'autorité établie, qui pouvaient être vertus sous un régime autocratique, peuvent se maintenir jusqu'à un certain point dans une civilisation plus avancée, et qui comporte plus d'autonomie pour l'individu ; mais aussi devient-on de plus en plus sceptique à l'égard de ces vertus d'autrefois. Il nous faut un effort de réflexion pour continuer à les estimer là où des conditions spéciales continuent à les rendre nécessaires, dans l'armée. Ailleurs elles provoquent le blâme ou la raillerie ; nous nous moquons du bon public qui subit sans mot dire les fantaisies de l'arbitraire administratif et le sans-gêne bureaucratique. C'est maintenant à l'indépendance du caractère et à la liberté du jugement que va notre estime. Et dans l'ordre intellectuel il en est de même : au devoir de croire s'est substitué le devoir d'examiner. Sans doute, encore une fois, les règles discréditées continuent plus ou moins longtemps à vivre dans la pratique à titre de routines ; mais le sentiment moral s'en détache de plus en plus. D'ailleurs il faut bien prendre garde que toute règle sociale n'est pas une règle morale quoique la réciproque ne soit pas vraie : et c'est justement l'utilité sociale qui sert à établir cette distinction entre les règles sociales qui sont morales et celles qui ne le sont pas. C'est ainsi que certaines règles très fortes, très généralement sanctionnées par l'opinion, sont pourtant nettement exclues de tout jugement moral. On trouvera ridicule ou inconvenant un homme dont la mise sera négligée ou peu conforme à celle du monde qu'il fréquente. On s'accordera pourtant à ne pas le juger malhonnête homme ; ce n'est pas un blâme *moral* qui l'atteint. Si cependant la conscience morale s'en trouve indirectement touchée, c'est encore parce qu'on rapportera ces négligences à quelque sentiment ou à quelque particularité de caractère socialement nuisibles : l'avarice, le mépris de l'opinion d'autrui, le désir de se faire remarquer.

Ainsi en résumé, de quelque façon que nous retournions la question, le critérium de l'utilité sociale ne paraît pas se trouver jamais en défaut. Toutes les règles que la conscience commune proclame comme morales correspondent ou ont correspondu à quelque utilité sociale directe ou indirecte, réelle ou supposée. Cette utilité sociale qu'elle soit réelle sans être distinctement aperçue, ou qu'elle soit admise sans être réelle, est le caractère commun qui en fait des choses morales, et qui les distingue même comme telles de certaines règles qui par la forme, mais non par le fond, leur sont plus ou moins analogues. Le cours même de leurs transformations confirme le résultat inductivement obtenu, puisque dès que le caractère d'utilité sociale s'efface, les règles correspondantes, quoique maintenues quelque temps par la force de l'habitude, ou disparaissent peu à peu, ou perdent leur caractère moral.

*
* *

2° La réciproque est-elle vraie ? *Voyons-nous le jugement moral intervenir partout où, dans la conduite humaine, l'utilité sociale est en cause ?* S'il en est ainsi nous aurons achevé d'établir que c'est l'utilité sociale qui définit, dans son contenu, la moralité.

« Bon nombre de choses sont utiles ou même nécessaires à la société, qui pourtant ne sont pas morales », nous objecte-t-on [1]. « Aujourd'hui, une nation ne peut se passer ni d'une armée nombreuse et bien équipée, ni d'une grande industrie, et pourtant on n'a jamais songé à re-

---

1. Durkheim, *op. cit.*, p. 11.

garder comme le plus moral le peuple qui possède le plus de canons ou de machines à vapeur. » Sans doute ; mais comment ne pas s'apercevoir à quel point la question est ici mal posée ? Le raisonnement peut paraître spécieux parce qu'il est appuyé sur l'exemple de choses d'ordre matériel auquel le sentiment moral ne peut guère s'attacher ; certes rien ne paraît moins moral qu'une machine, si ce n'est un canon. Mais c'est la manière même dont sont appliqués ces exemples qui est inadmissible. Que prétend en effet la doctrine de l'Intérêt général ? Que toute *activité* est morale, qui prend pour *fin* l'intérêt général. Mais elle n'a jamais prétendu que la moralité fût un caractère des *choses ;* elle considère l'utilité sociale non comme *fait brut*, mais comme *règle* d'action. Autrement on en viendrait à dire que la pluie et le beau temps, qui peuvent aussi être socialement utiles ou nuisibles, ont un caractère moral.

Même si l'on considère non pas les choses, mais le *fait* que la société les possède, on pose encore mal la question. D'abord on envisage un *état* et non un *principe d'action*, on se place à un point de vue statique et non à un point de vue dynamique ; à considérer les choses ainsi, on ne trouvera jamais une application du jugement moral. L'idée même d'utilité exclut ce point de vue ; car la notion d'utilité n'a de sens que par rapport à un usage, et par conséquent à un ensemble d'actions. C'est une notion essentiellement dynamique ; elle implique le rapport de moyen à fin et par conséquent une tendance, une direction d'action. C'est même par là d'abord que s'explique son rôle inévitable en morale. D'autre part ce n'est pas non plus la société prise dans son ensemble, comme système, qui est sujette au jugement moral, mais les éléments de ce système par rapport au tout, c'est-à-dire les individus ou groupes d'individus par rapport à la société. Ce qui, suivant nous, détermine le jugement moral, c'est l'adaptation, la subordination plus ou moins parfaite de l'individu ou des groupes particuliers à l'ordre social [1]. L'idée de moralité implique non pas seulement une relation de moyen à fin, mais une relation de partie à tout, ou mieux d'élément à système. Et ce sont ces deux idées, qui ne sont, on le voit, que deux aspects de la finalité, que réunit et synthétise le principe de l'utilité sociale.

Replaçons donc la question sur son véritable terrain, rendons-lui sa vraie forme; nous ne nous demanderons plus si une nation est plus ou moins morale pour posséder plus ou moins de canons ou de machines à vapeur, mais si les individus ou les associations qui, en dehors de préoccupations égoïstes, s'efforcent de doter la société dont ils font partie, de moyens d'action ou de défense supérieurs, ne font pas preuve de moralité. Or c'est ce que personne ne mettra en doute. Nous louons au point de vue proprement moral, l'officier qui, au lieu de se laisser aller au relâchement facile et à la stérile oisiveté de la vie de garnison, travaille, sans grand espoir de profit personnel, à assurer à sa patrie les armes les plus perfectionnées, la poudre la plus puissante, les moyens de défense les plus efficaces. Certes le militarisme n'a rien de moral par lui-même ; mais si l'on admet qu'il s'impose en fait, celui qui travaille à une telle œuvre est moralement louable. On appliquerait à plus forte raison un raisonnement semblable

---

1. Et si, par conséquent, une société prise dans son ensemble, non pas comme collection d'individus plus ou moins parfaits chacun à part, mais comme système organisé de fonctions, est déclarée plus ou moins morale, c'est encore par rapport à l'idée qu'on se fait d'un ensemble plus vaste, par exemple d'une société européenne ou d'une société humaine.

à l'ingénieur, au savant dont les travaux sont la source de quelque nouveau bienfait social. On pourrait dire aussi que le vaccin de la rage n'a rien de moral en lui-même. Mais ne considérera-t-on pas comme hautement morale l'activité même du savant qui, lorsque tant d'autres ne travaillent qu'à leur propre fortune ou même organisent leur oisiveté sur une fortune toute faite, se consacre à d'incessantes recherches et, non content de la satisfaction et de la gloire que peuvent lui apporter des découvertes purement théoriques, ne croit pas son œuvre achevée tant qu'il ne les a pas rendues pratiquement applicables au salut de ses semblables ?

Du reste, en fait, la vénération et le culte des hommes vont de plus en plus des *saints* ou des *héros* aux *bienfaiteurs*; on honore moins la simple culture subjective de la vertu, considérée comme un but se suffisant à lui-même, et davantage l'emploi direct de nos forces morales au bien positif de l'humanité. C'est cet emploi même qui semble de plus en plus constituer la vraie vertu dont l'autre n'a que la forme; elle est à la première ce que l'usage pratique de nos aptitudes physiques est aux exercices artificiels de la gymnastique en chambre. Ce n'est pas une médiocre idée, de la part d'A. Comte, quoi qu'on puisse penser de la possibilité d'en faire l'emploi méthodique et réglementé qu'il propose, que d'avoir voulu substituer à la liste des saints, pour la plupart obscurs, ou même légendaires, du calendrier courant, celle des grands serviteurs de l'humanité. Comte n'a fait en cela que « systématiser » une tendance qui se manifeste de jour en jour d'une manière plus éclatante. Et qu'on ne dise pas que ce culte de la reconnaissance substitué à celui de la pure admiration, remplace un sentiment purement moral par un sentiment intéressé. Car ce que nous devons personnellement à tel ou tel bienfaiteur en particulier est intimement fondu à la fois dans la masse de ce que nous devons aux autres et dans la masse de ce que tous les autres hommes lui doivent ; ainsi notre dette spéciale envers lui se réduit à quelque chose d'imperceptible et d'insaisissable et va se perdre en même temps dans l'immensité de la dette collective. La reconnaissance intéressée de l'individu disparaît donc forcément dans la reconnaissance sympathique de l'homme social et le sentiment de notre bien propre dans l'éclatante aperception du bien commun.

La vertu n'a aucun contenu propre en tant que qualité personnelle, comme les morales subjectives semblent constamment le croire. C'est son application sociale qui la fait vertu. Il est impossible par exemple de considérer le courage comme une vertu absolument parlant. Car on peut l'employer au crime. De même la générosité et le désintéressement en matière d'argent ne sont plus, s'ils sont mal placés, qu'une prodigalité coupable : en se laissant exploiter, on encourage ceux qui exploitent ; on fait hausser indûment le prix des choses ; on fait surgir des prétentions qui rendent souvent la vie fort difficile à ceux qui n'ont pas le moyen de jeter l'argent par les fenêtres. De même l'humilité en elle-même n'est point vertu et peut devenir faiblesse de caractère. Inversement il n'y a guère de qualités qui, en tant qu'on les applique au bien social, ne puissent acquérir la dénomination de vertu. Il y a une bonne ambition, par laquelle chacun vise à la situation où ses aptitudes auront leur plus grand rendement et seront le mieux mises en valeur. Il y a un juste orgueil qui nous empêche de laisser déprécier en nous l'être social que nous sommes et la fonction que nous exerçons. De même encore, quoiqu'il n'y ait pas de vertus intellectuelles proprement dites, l'usage social de notre intelligence est une vertu. Ainsi la vertu et le vice ne peuvent pas être définis par leur forme ; ils ne le sont que par leur contenu, et ce contenu, l'expérience nous montre que c'est le bien social. Si certaines qualités paraissent être en soi des vertus et des vices, ce n'est encore que dans la mesure où, par leur nature propre, elles apparaissent comme des facteurs nécessaires de la sociabilité, ou comme incompatibles avec la vie sociale : tels l'égalité d'âme, la modération, l'amour du travail ou au contraire la vanité, la cruauté, la paresse. En vain prétendrait-on [1], pour éviter la considération du bien social tout en reconnaissant le caractère social des devoirs individuels, les expliquer simplement par la nécessité de respecter un *sentiment collectif*. On aboutirait par là à une véritable pétition de principes. Dira-t-on par exemple que le respect de notre dignité individuelle ne s'impose à nous que parce que nous ne devons pas froisser le « très vif sentiment » qu'en ont aujourd'hui les « consciences saines » ? Cela revient à dire que chacun s'en fait un devoir parce que tout le monde s'en fait un devoir. Mais pourquoi tout le monde s'en fait-il un devoir ? Pourquoi ce sentiment s'est-il développé et généralisé ? Pourquoi peut-il être, pourquoi est-il en fait considéré comme un devoir ? Pourquoi les consciences qui sont ainsi faites sont-elles des « consciences saines » ? Expliquer notre jugement personnel par le jugement de « tout le monde », c'est malheureusement possible en fait dans des cas individuels, mais c'est ne rien expliquer en droit, ni d'une manière générale. Même individuellement la moindre réflexion aura vite fait de dissoudre une semblable obligation ; car lorsque nous croyons, une

---

1. Durkheim *op. cit.*, p. 449.

chose parce que tout le monde la croit, nous sous-entendons qu'on doit avoir pour la croire quelque *raison* que nous avons la paresse de ne pas chercher ; nous supposons qu' « on » ne peut pas être absolument un sot. Sans cela nous cesserions de croire ce que les autres croient. Si l'on veut éviter de nous réduire à une morale de moutons de Panurge, il faudra bien en venir à justifier le caractère moral d'un sentiment par ses *conséquences* sociales et non par sa seule *existence*, qui elle-même requiert une explication. Il est curieux de remarquer qu'autrement on en revient, sous une forme empirique qui n'est pas ici pour la fortifier, à la thèse kantienne suivant laquelle c'est l'obligation qui fait l'excellence morale des actes et non leur excellence morale qui les rend obligatoires [1]

Ainsi se vérifie à nouveau la parfaite corrélation de l'utilité sociale et du bien moral. La réciproque que nous nous proposons d'établir, se trouve vraie : toute activité qui tend à cette fin d'utilité sociale ou la contrarie est qualifiée moralement en bien ou en mal.

Pourtant elle ne se trouvera complètement établie que si, à côté des cas positifs nous examinons les cas négatifs. N'y a-t-il pas des actes unanimement considérés comme immoraux par la conscience commune, contraires aux règles ordinairement sanctionnées, et qui pourraient se trouver socialement, ou même humainement utiles ?

On songe surtout ici aux violences et aux crimes qui prennent pour excuse ou qui ont pour motif la raison d'État et le salut public. Il y aurait alors à justifier la règle de l'Intérêt général contre l'accusation d'aboutir à la négation

---

1. Cette affinité est nettement reconnue d'ailleurs par M. Durkheim. Voir son exposition du 11 février 1906, à la *Société française de philosophie* (*Bulletin* d'avril 1906).

du droit, comme nous l'avons justifiée contre celle de supprimer la charité. La question est trop considérable et d'ailleurs trop rebattue pour que nous prétendions la traiter ici d'une manière complète. Nous nous contenterons de quelques remarques générales.

D'abord l'expérience montre que la plupart du temps ce calcul de salut public, quand il fait litière du droit, est déçu par l'événement : on a toujours beaucoup plus troublé et compromis que sauvé les sociétés par la violation du droit et l'illégalité. A côté des effets particuliers et des effets immédiats des actes de ce genre, qui peuvent paraître en fournir une suffisante justification, il faut tenir compte des résultats généraux et lointains. Si la fin ne justifie pas les moyens, c'est justement parce que la *fin*, même si elle est effectivement atteinte, n'est jamais qu'une petite partie dans l'ensemble des *effets* que l'on n'a pas prévus ni voulus. Il faut, dans la violation du droit, escompter les résistances et les représailles qui troublent pour longtemps la société, les haines qui la divisent et l'affaiblissent. Il faut tenir compte de l'influence désastreuse qu'exerce l'exemple même de l'injustice, ou du moins celui de l'oubli des règles ordinaires de la justice. Car ces règles sont précisément la formule de l'équilibre social. Ainsi, de même que tout à l'heure nous montrions qu'en ce qui concerne la charité, l'intérêt le plus général est le maintien des sentiments de bienveillance et de fraternité, de même nous pouvons dire ici que l'intérêt le plus général est le respect du droit individuel ; car en délimitant et en garantissant la sphère d'activité des personnes, le droit définit précisément les conditions d'un minimum de sociabilité. Ici encore ce qu'il ne faut pas perdre de vue, c'est qu'il s'agit surtout d'un processus *dynamique*, d'une règle d'action dont le rayonnement social est incalculable, et non d'une quantité limitée d'avance de bien ou de mal, qu'il y aurait simplement lieu d'additionner ou de retrancher.

Par cela même, on voit comment dans un cas particulier on peut dire qu'un acte est socialement utile *quoique immoral* : cela veut dire justement que la *règle* de l'utilité sociale n'est pas applicable dans ce cas *sous sa forme ordinaire et directe ;* l'exception confirme donc la règle, loin qu'il puisse en résulter que le principe de l'utilité sociale ne soit pas le vrai. Nombre de guerres injustifiables « en principe » peuvent avoir eu des résultats humainement utiles. La conquête romaine a rapproché les nations, rendu pour la première fois concret le sentiment de la solidarité humaine, universalisé le sentiment moral en l'obligeant à sortir de sa primitive limitation à la tribu ou à la cité, en même temps que, par l'extension qu'elle donnait au commerce, elle permettait déjà une plus complète utilisation de l'habitat terrestre. Les historiens se plaisent à montrer les résultats féconds des croisades, entreprises en vue de tout autres fins. Les guerres de Napoléon ont peut-être également servi à la diffusion européenne des nouveaux principes du droit civil et politique sortis de la Révolution. Nous voudrions pouvoir dire également que les conquêtes coloniales préparent l'avènement d'une civilisation universelle et tendent à faire de l'humanité, aujourd'hui idéal abstrait, une réalité concrète. A supposer que tant de guerres injustes aient produit réellement des bienfaits capables de compenser leurs inconvénients certains, on ne saurait pour cela, sans contradiction, ériger en *règle générale* le droit de faire des guerres injustes et des conquêtes violentes. Et c'est en quoi précisément elles restent injustes. Car s'il était bien établi dans un cas donné qu'un intérêt individuel se met en travers du bien social, un intérêt national en travers du progrès humain, il deviendrait impossible de leur reconnaître le caractère d'un *droit* dans l'ordre civil ou dans l'ordre international, si ce n'est parce qu'il serait plus nuisible encore d'en opérer la suppression par voie de contrainte. L'abandon spontané de ce prétendu droit deviendrait dès lors moralement un devoir, de même qu'inversement, tant qu'un droit nous est reconnu, c'est-à-dire paraît conforme à l'ordre ou au progrès social, c'est pour nous un véritable devoir de le défendre.

La question qui se pose finalement ici est celle du conflit entre le droit existant et les conditions du progrès social. A chaque époque le droit définit les conditions actuelles de l'équilibre, et par conséquent aucun progrès social n'est possible sans une suppression partielle des droits jusqu'alors reconnus et l'établissement des droits nouveaux. L'abolition de l'esclavage a imposé aux propriétaires d'esclaves un sacrifice toujours réel, quelque effort qu'on ait fait, comme au Brésil, pour le préparer. Tout ce qui apparaît au législateur ou au moraliste comme un privilège à détruire a été à un moment donné un droit réel, consacré par l'État, reconnu de ceux mêmes qui pouvaient en souffrir le plus. La résistance obstinée du droit existant à l'avènement du droit à venir, l'impatience excessive du droit idéal à devenir le droit réel, voilà le double principe de toute révolution. La règle de l'intérêt général n'est-elle pas la seule qui puisse à la fois prescrire moralement à l'empirisme conservateur d'abandonner à temps un droit existant qui a cessé d'être le droit véritable, et décider politiquement l'idéaliste révolutionnaire à attendre les adaptations indispensables et à fragmenter ses espérances dans l'intérêt même de l'ordre et de la paix ? Marcher, c'est être dans un équilibre instable sans cesse rompu et sans cesse rétabli, et les mouvements utiles sont déterminés à chaque moment à la fois par les mouvements antécédents et par la route à parcourir.

Nous croyons donc avoir établi l'exacte coïncidence entre le principe de l'intérêt général et le principe du jugement moral. Et ce résultat nous l'obtenons, ce semble, non par une consultation partiale et incomplète de l'expérience, non par une altération systématique des données de l'expérience sociale spontanée, mais au contraire en nous référant sans cesse au jugement moral réel des hommes, puisque c'est lui, à tout prendre, qui délimite en fait le champ de la moralité.

II. — AU POINT DE VUE DYNAMIQUE

On voit déjà par ce qui précède ce qu'il faut penser du reproche adressé à la doctrine de l'utilité sociale de n'être pas fondée sur une recherche inductive. Le principe de l'utilité sociale n'est nullement une invention arbitraire de l'esprit qu'on cherche à ériger en règle. C'est au contraire la seule hypothèse qui paraisse expliquer à peu près tous les jugements moraux que l'expérience nous révèle. Cette vérification est d'autant plus frappante que justement elle a lieu dans les cas qui nous semblent au premier abord constituer de véritables anomalies comme la prostitution sacrée, le meurtre légal des vieillards, celui des filles, celui des enfants mal constitués [1]. Du moins il ne semble pas qu'aucune hypothèse puisse actuellement s'appliquer avec un égal succès à tant de prescriptions si

---

1. Spencer, *Principes de Sociologie*, chap. xi, § 430 et suiv. Paris. F. Alcan.

diverses, si changeantes, si bizarres et contradictoires parfois qui régissent la conduite ou plutôt déterminent l'appréciation morale des hommes en divers temps et divers lieux. Ce n'est donc pas une conception abstraite inventée à plaisir, ni une illusion subjective dénaturant l'observation sociologique pour en plier les résultats à nos habitudes d'esprit, c'est au contraire l'unique trait commun qui se dégage d'une comparaison objective de faits extraordinairement hétérogènes d'apparence.

Sans doute, il y a une part inévitable d'hypothèse dans la découverte du principe : un certain nombre de faits en suggèrent l'idée dont on essaye ensuite la vérification générale. Parmi ces faits, on peut du reste compter même notre propre structure mentale; mais il n'y aurait rien de plus légitime que de la faire entrer en ligne de compte ; et surtout une sociologie qui ne cesse de nous présenter l'individualité psychologique elle-même comme un produit social, ne saurait s'y refuser. Quant à l'emploi de l'hypothèse, depuis quand ce procédé serait-il exclu d'une méthode vraiment scientifique ? A condition que le contrôle externe des faits soit sérieusement appliqué, on ne saurait donc, au nom de la science la plus positive et la plus rigoureuse, s'inscrire en faux contre l'emploi d'une hypothèse ainsi doublement suggérée, du dedans et du dehors.

Ainsi en tout état de cause on pourrait nous accorder que tout se passe *comme si* le principe de l'intérêt social présidait à l'organisation des idées morales, et constituait le motif caractéristique des obligations spécifiquement morales.

Reste à savoir si l'on peut transformer cette *hypothèse formelle* en une *hypothèse réelle* et soutenir qu'effectivement l'intérêt général ait été la cause déterminante de la transformation des idées morales.

Il n'est nullement besoin, remarquons-le avant tout, pour que le principe de l'intérêt social soit *vrai*, non seulement au point de vue pratique, mais au point de vue scientifique, qu'il soit en fait l'objet d'une pensée distincte et réfléchie de l'agent moral. Rien ne serait en effet plus contraire à l'expérience. La conscience morale se présente généralement comme une faculté spontanée et intuitive dont les fondements et les raisons d'être restent inaperçus. Elle n'est pas naturellement réfléchie et analytique, mais impulsive et affective. La preuve, s'il en était besoin, on la trouverait dans la diversité même des interprétations qu'elle a suscitées : on n'en disputerait pas si confusément au cas où elle apercevrait elle-même ses propres bases. Mais il y a plus : comme l'homme cherche toujours à se comprendre lui-même, à se donner, vaille que vaille, une explication de ce qu'il est, la conscience, une fois organisée, se connaissant sans se rendre compte d'elle-même, essaye de se justifier par toutes sortes de motifs plus ou moins imaginaires. Comme l'hypnotisé qui invente de bonnes raisons de faire ce qu'il se sent poussé à faire, comme le saint qui se croit soutenu par la grâce ou tenté par le démon, comme le spirite qui se figure être le truchement de l'âme d'un défunt, se donnent à eux-mêmes des explications chimériques de ce qu'ils constatent en eux sans en connaître les vraies causes, de même la conscience morale est amenée à se forger des illusions du même genre. Elle divinise les causes sociales qu'elle ne peut discerner, ou, à un degré supérieur de culture, elle les hypostasie en des abstractions métaphysiques. Et ce qui complique et obscurcit encore la question, c'est qu'une fois nées ces illusions se développent d'une manière autonome et conduisent à des conceptions qui n'ont plus qu'un rapport vague et lointain avec leurs causes primitives et méconnues, mais qui n'en réagissent pas moins sur la réalité. La conscience morale est un fait naturel ; et lorsqu'on voit l'homme tâtonner si longtemps dans l'interprétation de la nature extérieure, il n'y a pas lieu de s'attendre à ce qu'il trouve d'emblée une interprétation exacte de ce fait intérieur. Comment comprendrait-il mieux sa conscience, chose obscure et complexe, qu'il ne comprend l'ascension de l'eau dans une pompe, les alternances du jour et de la nuit ou la suspension des astres dans l'espace ? La question est donc de savoir quelles sont les influences *réelles* qui s'exercent sur l'homme et qui lui font accepter ses devoirs, et non pas de savoir s'il s'en fait une idée toujours exacte. Lorsque le linguiste explique nombre de transformations des mots par des attractions de sens ou de prononciation, par des lois très particulières de la phonation, il n'a pas besoin pour être dans le vrai de prouver que dans l'usage de la parole les hommes se soient aperçus de ces lois. Quand le psychologue et l'esthéticien découvrent les raisons cachées en vertu desquelles certains agencements de sons, de couleurs ou de formes satisfont ou contrarient l'oreille ou la vue, ils ne supposent pas pour cela qu'on ait dû connaître ces raisons pour créer une œuvre d'art. Lorsque M. Marey analyse les conditions mécaniques de la marche ou du vol, que le mathématicien détermine les règles de l'équilibre d'un cercle roulant, ils ne veulent pas pour cela donner à entendre que de tels calculs aient dû être faits par l'enfant, l'oiseau, le bicycliste. Dans tous les cas de ce genre nous *sentons* ce que pourtant nous ne concevons pas distinctement ; une synthèse intuitive précède l'analyse intellectuelle. Nous *sentons* une plus grande facilité à prononcer deux labiales ou deux dentales de suite, qu'une labiale suivie d'une dentale. Nous *sentons* certaines harmonies entre les couleurs et les sons. Nous *sentons* que nous allons tomber si nous ne faisons certains mouvements. Un bon commerçant peut de même avoir l'intuition vague et pourtant juste de certaines vérités économiques sans avoir fait la moindre étude scientifique des lois économiques. Le rôle du savant est de démêler en tout cela le détail des lois qu'observent les phénomènes et les influences réelles auxquelles spontanément les fonctions s'adaptent. Il serait certainement ridicule de supposer que la société primitive ait dû faire des statistiques précises sur les effets possibles de telle ou telle pratique sociale pour l'accepter ou l'instituer de propos délibéré. Mais il serait tout aussi faux d'en conclure que, dans ses tâtonnements, la prévision plus ou moins confuse de quelques-uns au moins de ces effets n'ait été pour rien dans l'évolution qui a fait peu à peu prévaloir cette pratique. A plus forte raison l'utilitarisme n'a-t-il nullement besoin de supposer que l'individu, à un moment donné de l'évolution *où il trouve une coutume déjà établie,* ait une conscience à la fois distincte et exacte des causes qui l'ont produite, ou des raisons vraies qui la justifient. Lorsqu'on nous demande : « Est-ce que, quand nous obéissons à la loi de la pudeur, *nous savons* le rapport qu'elle soutient avec les axiomes fondamentaux de la morale[1] ? » nous pouvons fort bien répondre négativement. Mais en quoi cette ignorance changerait-elle la nature des raisons qui expliquent en fait la genèse sociale de la pudeur et la justifient en droit?

D'aucune façon, par conséquent, on ne saurait arguer de ce que l'individu ne prend pas toujours expressément pour fin consciente l'intérêt social, de ce que, à plus forte raison, il n'en fait pas l'objet d'un calcul exact, pour pré-

---

1. M. Durkheim, *op. cit.*, p. 17.

tendre que cet intérêt social n'est pas la *cause* en vertu de laquelle certaines règles de conduite, celles qui affectent un caractère moral, s'imposent à lui. Lorsqu'un Polynésien respecte un *tabou*, il est bien probable qu'en général il n'obéit consciemment qu'à un sentiment de crainte religieuse, qu'à une terreur irraisonnée, inspirée par l'idée superstitieuse, par les mots eux-mêmes. Mais cela ne prouve pas que l'origine de certains *tabous* ne soit pas la perception confuse pour la communauté, consciente seulement peut-être pour les prêtres qui proclament le tabou, de certaines utilités collectives; les *tabous* de fantaisie s'expliqueraient assez par le développement naturel d'un tel usage, ou encore comme un moyen de maintenir, par l'arbitraire même, la toute-puissance des castes dirigeantes. C'est ainsi qu' « on tabouait les poules et les porcs quand il y en avait pénurie ; on tabouait les bananes et ignames sauvages quand la récolte des fruits à pains n'avait pas bonne apparence; on tabouait pour la pêche aux flambeaux certaines baies quand le poisson y devenait rare [1] ». On nous accorde d'un autre côté « qu'il serait impossible de considérer comme morales des pratiques qui seraient subversives des sociétés qui les observeraient [2] ».

Enfin que prend-on comme critérium de la moralité ? Le fait de la sanction. Or que sont les sanctions, sinon les résistances opposées par la société à certaines manières d'agir qui la compromettent, et, faudrait-il ajouter, les encouragements qu'elle accorde aux actes inverses ? Ces sanctions peuvent-elles s'expliquer autrement que comme une garantie du bien social ? En elles-mêmes elles ne sont nullement primitives, elles sont dérivées ; elles n'expliquent

1. Cité par Letourneau. *L'évolution de la morale*, p. 173.
2. Durkheim, p. 21.

rien tant qu'elles ne sont pas elles-mêmes expliquées [1]. S'en tenir à elles, c'est retomber dans les errements des anciens empirismes qui expliquaient, non sans quelque raison, une partie des sentiments moraux par les sanctions, mais, satisfaits de cette explication d'ordre purement psychologique, ne se demandaient pas quelle était la raison d'être des sanctions elles-mêmes. Or si nous nous posons la question, nous voyons que la sanction, en tant que fait proprement collectif ou social, n'est nullement primordiale. Elle n'est que l'organisation, la systématisation de résistances tout d'abord individuelles. Comment l'homme apprend-il qu'il ne doit pas tuer, voler, tromper ? Tout d'abord par la résistance qu'il rencontre de la part de tous ceux qu'il essaie de traiter ainsi, et par l'unanimité de cette résistance. Or cette résistance des individus lésés est tout instinctive et toute naturelle sans cesser pour cela d'être utile ; et l'individu qui la rencontre s'y adapte progressivement sans qu'il y ait lieu de lui prêter des calculs plus ou moins compliqués ou d'étranges statistiques. Ce n'est pas la société qui punit tout d'abord, ce sont les individus qui luttent et se défendent. C'est un fait bien connu que, bien avant qu'un droit pénal public apparaisse, la société abandonne aux individus lésés ou à leur famille le soin de la répression [2]. Presque toujours, il est vrai, cette

1. M. Leslie Stephen, *Science of Ethics*, p. 459, montre que, *dans l'individu*, la croyance aux sanctions surnaturelles peut bien expliquer certaines déterminations, mais que socialement elles n'expliquent rien puisqu'il faudrait d'abord expliquer comment la croyance à de telles sanctions se serait établie ou se maintiendrait, si les actes auxquels elles s'attachent étaient réputés socialement indifférents. On pourrait en dire à peu près autant des sanctions positives elles-mêmes : un individu peut se déterminer par la crainte de la prison, mais pourquoi la société inflige-t-elle la prison dans ce cas ?...

2. Cf. par exemple Westermarck, *die Blutrache bei den Südslaven*, p. 5, etc.

répression ou vengeance est en même temps consacrée par l'opinion publique comme un devoir : mais c'est que précisément tout le monde se sent menacé par le voleur ou l'assassin ; et, à défaut d'un organe public de répression et de défense[1], la société somme donc l'individu ou le petit groupe familial de remplir cet office quand les circonstances l'y appellent. Plus tard, et en raison même des abus auxquels la vengeance privée ne peut manquer de donner lieu, elle intervient pour la réglementer, non pas encore pour l'exercer. Et son intervention se manifeste principalement dans l'organisation des *compositions* et leur substitution à la vengeance. En tant que droit *public* organisé, le droit pénal est donc, pour la plus grande partie au moins de son étendue, restitutif avant d'être répressif. Enfin, c'est plus tard encore que le sentiment de la solidarité sociale vis-à-vis du criminel ayant pris corps d'une manière plus complète, le crime apparaît comme un danger public plus que comme un dommage privé et qu'il est alors légalement *puni* au sens propre du mot[2]. La loi pénale serait alors la manifes-

1. M. Durkheim est le premier à nous montrer (p. 95) que la vengeance et la défense ne diffèrent pas essentiellement ; il reconnaît donc le caractère instinctivement utilitaire de la première.
2. M. Durkheim (495 et suiv.) combat, il est vrai, cette théorie et prétend que la réaction pénale est sociale avant d'être privée. Ce ne serait donc pas la vengeance privée qui, peu à peu, suivant les phases que nous venons de rappeler brièvement, se serait transformée en pénalité sociale, mais au contraire celle-ci qui, préexistant, aurait peu à peu absorbé celle-là. On comprendra que nous ne puissions entreprendre ici de discuter cette question, et que nous nous contentions de nous appuyer sur une théorie qui a pour elle de nombreuses autorités. Sur ce point, on lira utilement Fulci, *La filosofia scientifica del Diritto*, Messina (Trimarchi), p. 529 et suiv.

D'ailleurs M. Durkheim n'objecte guère à cette thèse que le caractère primitif du droit religieux, lequel est essentiellement social. Or par là même il semble qu'on accepte précisément l'essentiel de nos conclusions : car on remarque que « si le droit criminel est primitivement un droit religieux, on peut être sûr que les intérêts qu'il sert sont sociaux ». On avoue donc que c'est, en fin de compte, l'utilité sociale qui explique les peines proprement dites. D'un autre côté, nous avons remarqué

tation de la ligue qui s'organise spontanément dans la société entre les intérêts sociables (ou compatibles entre eux dans la société), contre les intérêts insociables (c'est-à-dire ceux qui ne peuvent être satisfaits dans certaines personnes qu'à condition d'être violentés chez les autres). L'intérêt général résulte surtout de la coalescence et de la synthèse naturelles des intérêts particuliers qui s'accordent et se confirment entre eux.

Ainsi l'on pourrait expliquer une bonne partie de la moralité par une série d'adaptations spontanées de l'individu aux conditions sociales senties, mais non distinctement connues, de son existence. La théorie qui fait de l'intérêt général le contenu de la moralité réelle ne saurait donc rien perdre à accorder que l'individu n'ait pas à l'origine calculé distinctement le bien social.

Mais notre analyse ne doit pas s'en tenir là. Lorsque nous considérons la conscience une fois formée, nous sommes frappés de ce qu'elle a de spontané et d'irréfléchi dans son exercice ; la réflexion même qui peut s'y ajouter après coup, est sujette, nous l'avons vu, à toutes sortes d'illusions. Mais cette constatation ne saurait nous autoriser à conclure que la conscience ait toujours et sur tous les points présenté ce caractère. Nous ne pouvons aussi brusquement conclure de la *conscience faite* à la *conscience qui se fait*. Si la première est comparée à une sorte d'instinct, on pourrait soutenir que la seconde a une double origine, comme cela a été soutenu pour les instincts. Il y

déjà que le fondement religieux des lois tend à s'effacer et les objets purement religieux à être rejetés hors de la législation ; de sorte qu'il ne resterait dans la législation que ce qui émanerait précisément de l'évolution que nous décrivons, c'est-à-dire du groupement des intérêts similaires. La législation, de religieuse qu'elle est d'abord, tend à devenir purement civile.

aurait d'un côté des instincts primaires, formés, suivant la conception de Spencer, par adaptations inconscientes ; de l'autre des instincts secondaires, formés par des tâtonnements relativement conscients, par un effort plus ou moins calculé vers une fin plus ou moins distincte, puis devenus inconscients par leur fixation même sous forme d'habitudes ; ils seraient alors, suivant l'expression de Lewes, de l' « intelligence déchue[1] ». Ne pourrait-on admettre que la conscience morale se soit aussi formée en partie par des adaptations spontanées, en partie par réflexion ? Que la règle de l'intérêt général puisse en grande partie pénétrer la conscience individuelle par cette dernière voie, c'est ce qu'on admettra plus aisément si l'on considère que plus les groupes sont restreints, plus la civilisation est rudimentaire, plus aussi les biens et les maux qui affectent le groupe en général sont directement et distinctement ressentis par les individus. La solidarité y est peut-être moins étendue et moins profonde, mais elle y est plus frappante et plus immédiate. Survienne une victoire, tout le monde peut espérer une part du butin ; dans la défaite, au contraire, chacun est personnellement exposé ; le vainqueur ne distingue pas, comme le droit des gens s'efforce de le faire chez les peuples civilisés, les combattants réguliers des autres personnes, la nation ennemie de ses membres individuels, ni ses biens des propriétés pri-

---

1. Romanes, *Évolution mentale des animaux*, trad. franç., p. 174-176. Cf. Périer préface à l'édition française de l'*Intelligence des animaux* de Romanes, t. I, xxv-ix. Paris, F. Alcan ; Longo, *la Legge del diritto rispetto alle varie leggi di natura*, p. 43. Encore faudrait-il savoir si ce que nous appelons adaptation inconsciente, mécanique, n'implique pas quelque conscience confuse, comme on pourrait le soutenir avec la philosophie de M. Fouillée ou celle de M. Caporali. En ce qui concerne les adaptations spontanées que nous avons à considérer ici, nous avons essayé de montrer qu'elles devaient être conçues comme accompagnées de sentiment à défaut de calcul.

vées [1]. Le pillage, le meurtre, la captivité menacent directement chacun. Considérez ce qui arrive de Troie vaincue ou, à une époque plus historique, du peuple Samnite ou de Carthage. Tous les membres d'une tribu nomade sont directement intéressés par la conquête d'un nouveau territoire de chasse ou de pâture. La destruction d'une oasis, la contamination d'une source sont des maux véritablement communs par ce que chacun les sent pareillement pour son propre compte. Les fléaux naturels eux-mêmes, comme une épidémie, en l'absence des connaissances qui permettraient aux individus de s'assurer une immunité personnelle relative, sont des maux bien plus directement redoutables pour tous.

Mais changeons de point de vue ; cessons de parler de l'origine de la conscience morale, qui en tout état de cause n'est pas directement accessible à l'observation, considérons chaque moment de son évolution, et nous aboutirons à une conclusion absolument analogue. Nous voyons, en effet, à toute époque du développement moral de l'humanité, qu'à côté de ce que l'individu reçoit tout fait, à côté de l'héritage du passé qui s'impose à lui, il faut faire une

---

[1]. Ainsi les peuples les plus civilisés ont à la fois une idée plus nette de la nation comme unité sociale ayant une existence propre, et des personnes comme individualités indépendantes. Inversement, les peuples les plus primitifs n'aperçoivent une nation qu'à travers les individus qui la composent, mais en revanche ne font aucune distinction entre ces individus. On peut constater même quelque chose d'analogue si l'on compare chez nous un homme cultivé à un homme sans culture. Celui-ci ne pourra éprouver un sentiment d'aversion pour une collectivité comme telle (l'Allemagne, la Franc-Maçonnerie, l'Église) sans témoigner le même sentiment aux individus particuliers qui la composent ; l'autre, grâce à une faculté d'abstraction plus développée saura faire la distinction.

Cette remarque confirme une idée que nous avons souvent soutenue sous d'autres aspects : c'est que la notion de l'individualité et celle de l'unité sociale, loin de se contrarier mutuellement, se développent d'une manière parallèle.

place et une place croissante aux apports de la réflexion et de l'intelligence. L'idée de la fraternité humaine, en même temps qu'elle était préparée par des progrès moraux spontanés et par des traditions primitives, a été élaborée consciemment dans les milieux philosophiques et religieux d'où est sorti le christianisme. L'idée de l'indissolubilité du mariage dans des races sans doute déjà disposées à la monogamie par toutes sortes de causes, n'en est pas moins en grande partie le produit de la réflexion religieuse, politique, sociale d'une élite ; et c'est seulement alors qu'elle possède dans sa plénitude le caractère d'un principe moral ; c'est de la loi et du dogme religieux qu'elle passe dans les mœurs, plutôt qu'inversement, et pourtant elle en vient à faire véritablement partie intégrante de la mentalité et du sentiment moral tout spontané d'une population très étendue. La monogamie elle-même a été dans la loi avant d'être véritablement dans les mœurs, où l'on peut bien soutenir qu'elle n'est pas encore bien établie. C'est ce qu'on voit mieux encore, parce qu'il s'agit d'une idée morale plus récente, dans le cas de la liberté de conscience. Ce droit est d'abord réclamé par quelques-uns, pour eux-mêmes, parce qu'ils en ont besoin ; puis l'idée s'en généralise s'appliquant de jour en jour à un plus grand nombre de questions et à une plus grande diversité de personnes et de doctrines ; elle se fortifie au fur et à mesure qu'elle s'étend, car plus l'esprit critique se développe et plus les opinions se diversifient, mieux le besoin d'une telle liberté est senti de tous, et plus profondément il l'est par chacun. La condamnation du jeu, l'interdiction de la mendicité sont déjà en partie passées dans la loi de par la réflexion du législateur. Mais qui oserait soutenir qu'elles sont passées dans les mœurs et correspondent à un sentiment moral commun, vif et spontané ? Il viendra pourtant sans doute un moment où l'on *sentira* ce qu'il y a d'immoral et d'odieux dans le jeu, dans le pari aux courses, dans la loterie et la spéculation, comme nous sentons aujourd'hui ce qu'il y a d'immoral dans le vol ou l'escroquerie, sans avoir besoin de réflexion ni de preuves. Les « principes de 89 » ont été incontestablement une œuvre en grande partie philosophique, puisque c'est même ce qu'on leur reproche ; on ne peut guère nier qu'ils n'aient pourtant, en fait, contribué à modifier singulièrement la conscience politique d'un peuple entier. On embarrasserait beaucoup de Français, en leur demandant pourquoi il ne devrait pas y avoir une religion d'État, des castes privilégiées ou de droit d'aînesse. Ils en sont venus à sentir cela comme ils sentent (et quelquefois plus vivement encore) qu'on ne doit pas mentir ou s'enivrer.

Si donc, au lieu de considérer l'origine absolue de la conscience morale, origine toujours bien obscure nous envisageons seulement ses progrès successifs, qui sont comme autant d'origines partielles, nous ne dirons plus que la conscience s'est produite en partie comme un instinct primaire par adaptation spontanée, en partie comme un instinct secondaire par un travail plus ou moins conscient ; mais nous dirons avec bien plus de certitude, qu'à toute époque de son développement la conscience morale comporte deux portions : d'un côté, la conscience faite, passée à l'état d'instinct et que l'individu reçoit telle quelle et très passivement de la société ; de l'autre, la conscience qui se fait et qui se cherche, avec réflexion et calcul ; elle se fait sans doute conformément à certaines directions générales de la conscience déjà faite ; mais elle y ajoute ou même y corrige sans cesse quelques éléments, et les résultats de cette élaboration, à l'inverse de ce qu'on remarquait de la conscience faite, sont livrés par l'individu à la société, et passent d'une élite qui découvre à une foule qui imite, de la loi qui innove dans la coutume qui maintient [1]. Et peut-être à toute époque y a-t-il un certain équilibre entre ces deux éléments. Car, si l'homme le plus primitif a moins de connaissance et moins de réflexion, en même temps que ses moyens d'action sur ses semblables sont moindres, en revanche il y a aussi pour lui une plus grande marge à l'invention ; il reçoit plus passivement le legs social, mais en même temps ce legs est moins considérable et moins ancien. L'homme civilisé, au contraire, a plus de personnalité, son esprit est plus indépendant et plus original ; ses moyens d'action sur ses semblables (livres, journaux, facilités de transport, associations) sont relativement énormes ; mais énorme est aussi la quantité des éléments déjà fixés, et bien plus ancienne leur fixation ; le corps social plus vaste, plus systématisé, forme aussi une masse plus difficile à mouvoir et à modifier ; par là encore l'action de l'idée nouvelle est ralentie.

Il est donc impossible, lorsqu'on analyse les facteurs de la conscience morale d'éliminer la réflexion et la pensée distincte d'une fin. Ainsi les difficultés qu'on prétend trouver dans le caractère finaliste du principe de l'intérêt social et dans la place qu'il faudrait faire à l'initiative intelligente ne sont nullement insolubles. Au contraire, les faits, à cet

---

1. Nous pourrions reprendre ici notre comparaison avec la théorie de l'instinct si nous acceptons cette vue de M. Périer qui nous paraît on ne peut plus juste : « C'est à ce point de vue de l'identité fondamentale de l'instinct et de l'intelligence, de la possibilité de leur alliance à tous les degrés qu'il faut se placer lorsqu'on veut apprécier les faits étonnants que présente l'histoire de tous les animaux sociaux. » *Physiologie et anatomie comparées* p. 291. Cf. Forel, *Rev. philos.* 1895, II. qui oppose à M. Soury une doctrine analogue.

égard, confirment de nouveau l'hypothèse. Ici encore ce qui paraît avoir échappé à la philosophie sociale que nous combattons, c'est le côté dynamique et génétique du problème. Elle s'est attachée à considérer la conscience faite, et l'a trouvée plus ou moins réductible à un instinct, à un mécanisme irréfléchi, à une adaptation passive, à un processus d'assimilation. Elle n'a pas suffisamment considéré, dans les accroissements successifs de la moralité, qui nous dispensent de remonter jusqu'à une insaisissable origine, le processus de la conscience qui se fait.

Peut-être au lieu des origines, serait-on tenter d'envisager les résultats, et pour prouver que le bien social n'est pas la fin proposée à l'homme par la conscience morale, de soutenir que le bonheur général ne s'accroît guère[1]. Nous ne pouvons discuter ici cette thèse en elle-même; on sait à quelles interminables controverses elle a donné et peut encore donner lieu. Mais la question est de savoir si même supposée exacte, elle pourrait nous être opposée. Comment en effet, de ce que le bonheur social resterait stationnaire, pourrait-on en conclure qu'il n'a pas été cherché, instinctivement ou intelligemment ? Cela prouverait simplement qu'on n'a pas réussi à l'obtenir. Dira-t-on jamais : voyez ce commerçant ; il n'a pas cherché la fortune, car il s'est ruiné ? Cette argumentation est ici d'autant moins admissible, que justement (c'est une loi banale) une satisfaction diminue par le seul fait qu'elle dure

---

[1]. M. Durkheim, p. 156 et suiv. Il est vrai que l'auteur considère uniquement la question de savoir si la recherche du bonheur est la cause de l'évolution sociale dans le sens de la division du travail. Mais il est clair que les arguments qu'on oppose à l'idée de la recherche du bonheur général retomberaient en partie sur notre thèse, et nous ne pouvons les négliger. D'ailleurs nous prétendons non pas expliquer l'évolution sociale, mais seulement définir l'objet de la moralité, par l'intérêt social ; la moralité peut sans doute devenir à son tour un facteur de cette évolution, mais un entre beaucoup d'autres.

et que par conséquent le désir même du bonheur nous pousse à rechercher sans cesse de *nouvelles* satisfactions sans que pour cela la somme finale (?) de bonheur soit nécessairement accrue, puisqu'elles ne s'additionnent pas. Ici encore il faut éviter de traiter de semblables valeurs psychologiques et sociales, comme des quantités mathématiques inertes qui, une fois posées, subsistent invariables, et s'additionnent à d'autres. Les satisfactions participent à la vie ; elles sont comme les êtres vivants eux-mêmes ; elles se développent et meurent suivant une loi immanente ; et leur mort n'est que le terme d'une usure qui est leur vie même. On dit encore, et non sans raison, que les sauvages sont aussi contents de leur sort que nous pouvons l'être du nôtre. Mais cela ne veut pas dire qu'ils en soient parfaitement contents, ni que partout, à des degrés très différents suivant sa culture, l'homme ne cherche pas à améliorer sa condition. Rien ne saurait donc ici prouver que le bien social ne soit pas en droit ou même n'ait pas été en fait le principe directeur de moralité. On exagère d'ailleurs constamment la part du mécanisme lorsqu'on parle des conditions de la vie, des nécessités de l'existence, etc. Car ces causes n'agiraient pas comme elles le font si elles ne se traduisaient subjectivement par des désirs, des craintes, des satisfactions ou des peines. En tant que causes tout extérieures, les conditions de la vie sociale n'auraient aucune action, et prétendre tout ramener à de semblables causes, c'est comme si l'on disait que mécaniquement la pluie chasse les promeneurs des rues : elle ne chasserait personne, s'il était indifférent aux gens d'être trempés et s'ils n'entrevoyaient un abri possible.

En résumé, on voit que l'argumentation dont on se sert, au point de vue dynamique, contre l'explication de la genèse de la moralité par l'intérêt général est à double tranchant : d'une part certaines institutions ou coutumes sociales comportent des utilités si subtiles et si cachées qu'elles ne peuvent guère avoir été prévues ou voulues par les sociétés qui ont accepté ces institutions ; d'autre part on croit découvrir d'autres règles qui se sont introduites et imposées, quoique inutiles ou même nuisibles. On ne peut sans doute prétendre que ces deux arguments, quoique inverses, se contredisent ; ils pourraient être vrais ensemble. Mais aucun des deux n'est décisif. D'un côté il est clair que la science peut découvrir dans certaines formes de la vie sociale des utilités cachées dont on n'a pu se rendre compte primitivement. Par exemple si la vie familiale contribue à accroître la longévité ou à diminuer le nombre des suicides, il paraît clair que ce n'est pas ce qui a pu directement en développer l'organisation. Mais en quoi cela exclut-il l'hypothèse que d'autres utilités plus frappantes aient été en cause ? C'est comme si l'on disait : la gratitude des hommes pour les bienfaits du soleil n'a été pour rien dans le culte qu'ils lui ont voué [1] si souvent ; car ce sont seulement les savants modernes qui ont découvert le rôle de ses radiations dans les fonctions de la chlorophylle, et par suite dans le développement de toute vie de notre globe. Était-il donc nécessaire de connaître ce détail pour rapporter à la chaleur solaire la poussée printanière des végétaux et le précieux jaunissement de la moisson ? D'ailleurs, comme il y a des utilités inattendues que l'on obtient par surcroît, il arrive souvent aussi qu'en cherchant certains avantages, on rencontre des inconvénients imprévus. On a cru par exemple, aux Indes,

1. Lubbock, *Origines de la civilisation*, p. 312 : « Dans les pays chauds on regarde ordinairement le soleil comme un être malfaisant ; c'est le contraire dans les pays froids. »

aboutir à la destruction du cobra-capello, ou serpent à sonnettes, qui y fait tant de ravages, en allouant une forte prime par tête de serpent apportée aux autorités. Or il s'est trouvé qu'on a encouragé l'élevage absurde et dangereux, mais devenu rémunérateur, de l'engeance condamnée à mort.

Par là nous répondons déjà au second argument. Car si l'on constatait dans l'organisation des sociétés humaines et l'établissement des prescriptions morales cette sorte d'infaillibilité qu'on attribue communément à l'instinct, on pourrait être tenté de chercher la cause de ces faits, comme on s'est plus à le faire pour l'instinct, en dehors de la réflexion. Mais justement les erreurs mêmes que l'on constate cadrent parfaitement avec les conditions de toute élaboration plus ou moins consciente. L'erreur, en un sens, atteste l'effort de la connaissance, et la bizarrerie même de certaines prescriptions nous porte à penser qu'elles ont leurs origines dans quelque idée ou quelque volonté humaine. Si par conséquent certaines règles morales communément acceptées ne sont pas en fait, conformes à l'intérêt général, on ne saurait en conclure que l'intérêt général n'en ait pas été le principe directeur et le ressort, mais seulement qu'une expérience incomplète, un entendement faillible, une imagination vagabonde, parfois aussi une certaine logique dans le développement d'idées fausses, sont intervenus pour en diriger la poursuite.

Si enfin on peut soutenir, comme nous l'avons fait, que conformes ou non actuellement à l'intérêt général, suscitées ou non par ce mobile, les règles de la moralité tendent de plus en plus à s'y conformer, et surtout à s'en inspirer, si encore à ce point de vue on considère dynamiquement la direction que prennent les faits, et non plus statiquement un simple état de choses, nos conclusions se trouvent encore fortifiées. Car enfin une telle tendance serait encore un fait, et une loi de la nature. Bien incomplet et bien peu scientifique serait l'empirisme qui se refuserait à en tenir compte. En vain prétendrait-il substituer partout des questions de fait à des questions de droit, des nécessités naturelles à un idéal humain, et nous interdire de juger. Ce besoin même de juger les actes et les règles est aussi un fait réel, cette exigence critique de notre esprit, qui veut voir justifier les obligations qu'il accepte, est aussi une nécessité de notre nature ; nos conceptions idéales sont une force qui est en partie dérivée de l'évolution même, et en partie la régit. Or nous croyons constater qu'en fait les appréciations morales et politiques invoquent d'une manière de plus en plus explicite et de plus en plus unanime ce critérium de l'utilité générale. Les individualistes combattent les socialistes en arguant du gaspillage de forces qu'impliquerait le régime socialiste ; les socialistes répondent en soutenant que ce gaspillage est encore pire dans le régime de la concurrence. Les incroyants opposent aux théologies les guerres sanglantes et stériles, les disputes oiseuses, l'inertie intellectuelle qu'elles ont produites ; les croyants louent surtout les effets salutaires qu'elles auraient sur les mœurs publiques et privées, les réformes qu'elles ont inspirées ; la question d'intérêt public passe dans l'esprit des uns et des autres au premier plan et la préoccupation de la vérité intrinsèque des dogmes passe au second : on va même jusqu'à défendre le dogme presque uniquement par l'excellence de la morale sociale qui s'y trouve liée. Au pape du *Syllabus* succède le pape de *l'Encyclique sur la condition des ouvriers*, et inversement, parmi les adversaires, on ne se donne plus guère, comme autrefois, la peine d'attaquer le dogme, mais on attaque la politique et le rôle social de l'Église. Il est enfin impossible, ce nous semble, de méconnaître que la même préoccupation domine aujourd'hui la politique elle-même. Les principes de pure politique n'intéressent plus guère personne par leur « forme », mais seulement par la « matière » sociale qu'ils comportent. Personne ne fait plus guère de la liberté ni de l'égalité de véritables fins en soi ; on les présente seulement comme des conditions d'un plus grand bonheur social. Le débat sur la valeur respective des formes de gouvernement n'intéresse plus et l'on préfère discuter le rendement positif des diverses institutions. Il semble donc que le principe de l'intérêt général ne soit pas seulement soutenable comme une vérité de fait, mais qu'il soit en même temps le mieux approprié à la solution de la crise morale de notre temps par cela même qu'il rencontre l'adhésion tacite ou expresse des doctrines les plus diverses. Nous sommes ainsi conduits au seuil de la question, proprement morale, de la valeur pratique de ce principe. Nous nous y arrêtons puisque nous avons voulu borner notre étude à en examiner la vérification sociologique.

CONCLUSION

En terminant nous tenons à limiter nous-mêmes la portée que nous attribuons à notre thèse. Le rôle que nous prêtons au principe de l'intérêt général est un rôle déterminé et restreint ; il appartient à la catégorie des « principes propres ». Ce serait celui de la morale proprement dite.

Ainsi d'un côté nous ne prétendons nullement ramener à ce principe l'évolution sociale tout entière. Nous reconnaissons évidemment que celle-ci comporte nombre de facteurs d'un autre ordre. Le climat, la situation et la configuration géographiques du pays, les productions multiples de la nature, les traditions historiques ou religieuses diverses et bien d'autres causes encore contribuent à déterminer les événements sociaux, à produire les modifications internes et externes, les mouvements moléculaires et les mouvements de translation des sociétés, leur structure au dedans ou leur action au dehors. Mais aussi toutes ces causes n'intéressent la morale que d'une manière indirecte. Celle-ci concerne l'action de l'homme sur l'homme, et non l'action des choses sur l'homme. Il y a plus; le jeu même des facteurs proprement humains, en tant qu'il se développe naturellement, n'est pas non plus l'objet direct de la morale; les transformations des croyances, les changements du goût, les réactions réciproques des besoins, tout cela n'a rien en soi de moral. Ainsi l'action même de l'homme sur l'homme, tant qu'elle reste automatique et spontanée, ne donne lieu à aucun jugement moral. La sociologie pure, par conséquent, en admettant qu'elle réussisse à poser des lois naturelles de ces phénomènes, fournit donc sans doute à la morale des données absolument indispensables, mais par elle-même elle n'est pas plus la morale que la physiologie n'est la médecine ou l'hygiène. La morale est une science pratique, non une science pure; elle vise une application, non une simple vérité. Comme le disait Aristote, nous n'aspirons pas seulement à *connaître* le bien, mais à le posséder. Or pour passer de la connaissance à la pratique l'idée de fin est indispensable. La connaissance par elle-même ne pose pas de fin. C'est cette fin nécessaire à la morale et qu'il faut intercaler entre la connaissance et l'action que nous croyons pouvoir désigner par le terme d'Intérêt général. Le domaine propre de la morale, ce serait donc l'action de l'homme sur l'homme en tant que cette action a son origine dans la volonté, et ses conditions dans la vie sociale.

D'autre part à l'opposite de la sociologie purement naturaliste, nous pourrions rencontrer une autre catégorie de contradicteurs. Ce seraient les idéalistes et les métaphysiciens qui cherchent un sens caché aux profonds sentiments de l'homme et aux grands phénomènes de l'histoire. On pourrait soutenir à ce point de vue encore que les principaux mouvements de l'humanité partent, il est vrai, de quelque grande idée et non de je ne sais quelle impulsion mécanique, mais que de telles idées sont étrangères à toute perspective d'amélioration temporelle de la vie humaine. On ne voit pas trop à quel intérêt de ce genre auraient obéi les Arabes envahissant l'Occident pour répandre leur foi, les Croisés marchant vers l'Orient à la conquête d'un sépulcre vide. La pure idée du beau chez les Grecs, celle de la justice chez les Juifs, celle de la charité et de l'unité fondamentale de l'humanité dans le christianisme, celle de l'unité politique dans l'empire romain, celle de l'autonomie individuelle dans la race germanique, voilà quels seraient les véritables ressorts des grands efforts civilisateurs que ces noms rappellent. Ce seraient comme des explosions imprévisibles d'une spontanéité morale tout intérieure et absolument étrangère à la préoccupation du bonheur social ; ce seraient les manifestations, diverses suivant les races, d'une même affirmation du suprasensible immanente à la pensée, ce seraient autant d'éléments apportés par elle à la construction, à la véritable création d'un idéal humain. Que signifie le principe de l'intérêt général ? Il n'a de sens que par rapport à une structure donnée de société. Or chaque structure dépendrait justement de la forme que chaque peuple a adoptée de l'idéal humain. Voilà la véritable fin qui l'attire inconsciemment ou qu'il poursuit avec conscience. Et il se voue à la réaliser parce qu'il lui attribue une valeur intrinsèque supérieure à toute mesure empirique et sensible tirée de quelque résultat positif. Pour expliquer le dévouement, le sacrifice qu'un tel idéal obtient, non seulement des individus, mais quelquefois des peuples mêmes qui succombent à la tâche de le faire régner, il faut quelque chose de supérieur à toute vie humaine.

Cette théorie est peut-être séduisante ; on ne saurait même nier que, bien qu'elle n'explique aucun fait en particulier, elle donne cette impression de correspondre à certaines apparences que présentent les grands mouvements de l'histoire ou les plus hautes inspirations morales de l'individu. Il est extrêmement loin de notre pensée de condamner absolument en eux-mêmes ces intéressants efforts de la pensée philosophique. Ils sont légitimes, n'eussent-ils jamais que cet avantage de nous rappeler sans cesse la réalité des problèmes, la relativité de nos solutions et notre impuissance à atteindre le fond des choses.

Mais le genre de légitimité que présente une telle spéculation est celui de la métaphysique, non celui de la science. Elle est aussi indémontrable qu'inapplicable. Théoriquement elle ne saurait être prouvée. Elle est une interprétation possible des choses, mais non une explication, une vue synthétique de l'esprit, non un résultat analytique de l'expérience raisonnée. C'est une thèse du même ordre que celle d'un Lamennais soutenant que la matière avait trois qualités fondamentales, impénétrabilité, figure et cohésion, et qu'il existait trois fluides, éther, lumière, magnétisme, parce que Dieu, principe créateur des choses était une trinité de puissance, d'intelligence et d'amour. Quoique avec moins de bizarrerie, moins de dogmatisme transcendant, et malgré un contact un peu plus intime avec les faits, elle ne saurait entrer dans la science. — Et d'autre part, au point de vue pratique, elle ne saurait directement entrer dans la morale ou du moins la constituer. A supposer qu'elle lui donne sa forme, la poursuite d'un idéal, elle ne saurait en déterminer l'objet et le contenu précis. Il est impossible d'abord de prescrire à l'homme la découverte d'un aspect nouveau de l'idéal. Ce sont là trouvailles du génie ou inspirations de la grâce, comme on voudra, mais non pas règles de la conduite. C'est au contraire après coup seulement que nous pouvons faire rentrer les différentes conquêtes de la pensée ou même du cœur dans la notion d'un tel idéal. Dès qu'on essaye de rendre un pareil principe applicable à la pratique, il prend la forme de la poursuite d'un bien social objectif, déterminé, comme dès qu'on essaye d'exprimer dans le langage une intuition, elle revêt l'aspect d'une analyse, d'un raisonnement. Il devient alors impossible de distinguer le commandement de l'idée des exigences de l'intérêt social. Peut-être faut-il qu'un intérêt social revête, au moins à certains moments et dans certaines âmes, l'aspect d'une idée impérieuse par elle-même pour exercer toute sa puissance. Peut-être inversement faut-il qu'ailleurs l'idée ne se révèle que par rapport à une fin extérieure pour justifier son autorité. Dans le premier cas nous aurions une moralité de sentiment et d'intuition plus ardente que sûre, et qui risque de se heurter à la critique ; dans le second, une moralité réfléchie, précise dans ses objets, intelligente de ses propres décisions et capable d'en communiquer les motifs, mais dont le danger serait peut-être de dissoudre l'intuition et d'amortir la spontanéité du sens moral.

Laquelle est la plus *vraie* de ces deux formes de la moralité? Lequel est illusoire de ces deux aspects du fait moral? Il est aussi impossible de le dire que de répondre au platonisme s'il nous dit que ce n'est pas la chose qui est réelle, mais l'Idée, ou de savoir si c'est le corps qui exprime l'âme ou l'âme qui exprime le corps. Mais ce qui est certain, c'est qu'il y a un de ces deux aspects de la vérité qui ne se prête pas aux formes d'une doctrine morale positive. Si l'utilité sociale est une illusion, c'en est une au même sens où le métaphysicien se plaît à dire que l'espace et le temps sont des illusions. S'il est « fantastique de proposer l'utile comme fin à la conduite[1] », c'est de la même manière qu'il est fantastique de vouloir mesurer une ligne parce qu'elle n'est pas composée d'un nombre fini d'éléments finis.

D'ailleurs c'est peut-être la source de bien des fautes pratiques des individus et des peuples que de s'attacher ainsi à quelque idéal abstrait sans lui donner la forme concrète qui le précise et prévient les écarts. Les déviations fâcheuses du christianisme ou de l'esprit révolutionnaire sont là pour nous avertir que ces impulsions de l'Idée, non rapportées à une matière humaine précise, peuvent avoir les conséquences les plus désastreuses, non pas seulement pour le bien social (en quoi on nous reprocherait une pétition de principes), mais pour le triomphe de l'Idée même qui les inspire. De toute façon il faut bien qu'elle tienne compte du réel sous peine de se détruire. Peut-être ces épreuves sont-elles dans certains cas inévitables, mais on ne peut cependant les ériger en *règle*, et c'est une règle

---

1. Fragapane. *Contrattualismo e sociologia contemporanea*, p. 166.

que cherche la morale. Il est si vrai que la découverte et l'introduction dans le monde de ces Idéals ne sont pas l'objet propre de la morale, que justement dans les grandes crises qui en accompagnent l'apparition et en manifestent le laborieux enfantement, le devoir devient incertain parce que l'intérêt social devient douteux. La conscience ne retrouve son équilibre que lorsque l'idéal nouveau a pris dans le réel assez de consistance pour qu'on puisse reprendre à ce nouveau point de vue le criterium de l'intérêt social. Et les initiateurs apparaissent d'ordinaire comme placés au-dessus ou en dehors du jugement moral ; ils préparent la moralité future, plus qu'ils ne sont les sujets de la morale présente ; ils sont la conscience vivante d'une portion d'humanité et l'on ne juge pas la conscience, car c'est elle qui juge ; on les divinise même, et l'on ne juge pas un dieu.

La morale, telle que nous la comprenons, se place donc entre une science purement naturaliste et un idéalisme purement métaphysique, entre l'inconscience et le suprasensible. L'un et l'autre point de vue nous paraît en fin de compte supprimer la morale *proprement dite ;* car, d'un côté comme de l'autre, l'homme devient l'instrument involontaire d'une destinée dont il ne se rend pas compte et qui est relativement étrangère à sa personne consciente. Il y a hétéronomie dans le premier cas, puisque la finalité que l'homme attribue à son activité n'est que l'épiphénomène d'une nécessité extérieure. Mais il y a hétéronomie aussi dans le second cas : car l'homme y est voué à la réalisation d'une fin qu'il n'a pas choisie et qu'il ne saurait apercevoir distinctement ; l'homme-phénomène qui seul se connaît et se possède, qui seul est lui-même pour lui-même, est l'instrument d'un Noumène, il est la proie d'une vision qui surgit, on ne sait pourquoi, du fond de la pensée universelle; il se sent comme le Moïse de Vigny voué à une mission qui l'accable, il est le sujet que l'Absolu hypnotise et suggestionne. Un tel rôle peut avoir sa grandeur et nous ne prétendons pas qu'à tout prendre il abaisse l'homme, mais en tout cas il est hypothétique et indéfinissable; et surtout il n'est pas fait pour tout le monde; il tend à mettre au-dessus de la loi le génie et l'inspiration. Et qui peut dire où est le génie et l'inspiration ?

Ne pourrait-on pas même ajouter qu'en effet cette sociologie qui réalise la Société comme une sorte d'entité supérieure et antérieure aux individus, semble présenter une singulière analogie avec une métaphysique comme celle de Fichte ou celle de M. Secrétan ? Cette Société n'apparaît-elle pas comme une sorte de Moi absolu qui se fragmente après coup en une multitude de *moi* particuliers, comme une Humanité qui serait la substance commune des hommes individuels ? Le point de vue caractéristique de la métaphysique n'est-il pas précisément d'expliquer les parties par le tout, tandis que le point de vue propre de la science est d'expliquer le tout par les parties ? Encore une fois, il est bien loin de notre pensée de condamner toute métaphysique, et de déclarer un de ces deux modes d'explication seul légitime à l'exclusion de l'autre. Mais si l'on fait de la métaphysique, au moins faut-il savoir que l'on en fait.

Il est un point que nous accorderons enfin volontiers aux sociologues de cette école, c'est que plus haut on remonte vers les origines de la moralité, plus elle ressemble à un simple effort de discipline sociale. Avant de songer à mettre à profit l'association, il a sans doute été nécessaire de consolider l'état d'association lui-même, qui était la condition de toute activité collective ultérieure, de toute coopération efficace. Quand on voit à quelles contraintes sans résultats, à quelles vaines privations, à quelles réglementations aussi inutiles qu'oppressives s'astreignent les peuples sauvages, et même encore de très civilisés, on a peine à se défendre de la tentation de supposer qu'ils ont cédé à quelque secret instinct ou obéi à quelque loi providentielle, qui les obligeait à s'exercer à la vie collective, à prendre l'habitude de l'ordre et de la règle. En ce sens la forme de la moralité a précédé la matière, et la constitution d'un « esprit social » a été le grand profit de toutes ces disciplines sans utilité réelle. Il a bien fallu travailler à réaliser la Société, avant de lui assigner des fins. Comte a montré comment les produits de l'imagination théologique avaient permis à l'homme d'exercer sa pensée dans le fictif, alors qu'il était encore incapable de l'exercer dans le vrai ; on pourrait transposer cette ingénieuse observation dans le domaine de l'action et dire que toutes les chimériques réglementations religieuses ont eu cette inconsciente finalité de former les *facultés* morales et politiques dont toute moralité plus positive aurait besoin.

De la reconnaissance de cette vérité ne résulte cependant aucune infirmation de nos thèses, mais seulement une indication plus précise de leur signification. D'un côté, en effet, il a bien fallu que cette utilité formelle se dissimulât, comme nous l'avons montré, sous les apparences, même trompeuses, d'une utilité directe et réelle ; une société, pas plus qu'un individu ne tolérerait pas longtemps les contraintes d'une discipline qui serait reconnue purement préparatoire, *gymnastique* en quelque sorte, et, au sens étymologique du mot, ascétique. Et en second lieu, au fur et à mesure que naîtront des besoins humains positifs, qu'une expérience plus vaste et une connaissance plus vraie se développeront parallèlement, au fur et à mesure aussi, comme nous l'avons vu en effet, des règles fondées sur la réalité des choses et sur les conditions de ces fins nouvelles devront remplacer les règles dont le contenu était chimérique et dont la forme seule faisait la valeur. La moralité devient ainsi de plus en plus sociale par sa matière, et cette matière est de plus en plus exactement représentée dans les consciences.

Ainsi la conception de la moralité comme simple conformisme social, comme simple manifestation de l'autorité arbitraire du vouloir collectif sur l'individu n'a pour ainsi dire qu'une vérité sans cesse décroissante, et, loin d'exprimer la véritable nature de la moralité, telle que ses progrès la révèlent, elle n'en exprimerait que les premiers tâtonnements.

Il n'y a moralité suivant nous que dans la mesure où l'homme se propose distinctement des fins humaines, les adopte d'une manière réfléchie, en entreprend d'une volonté consciente la réalisation. Le sociologue et le métaphysicien peuvent toujours prétendre que ce choix, cette volonté et cette intelligence sont illusoires, l'un sous prétexte qu'ils ne feraient que traduire un déterminisme externe, l'autre sous prétexte que l'intelligence n'arrive jamais aux raisons dernières et que la vraie liberté est la spontanéité pure du « moi profond » antérieure à toute pensée distincte. Mais aucun des deux ne peut éliminer la donnée de fait, ni éviter la nécessité scientifique de systématiser l'apparence, non plus que le métagéomètre ou le métaphysicien ne peuvent éviter de faire la géométrie réelle en admettant trois dimensions de l'espace et pas davantage. On peut prétendre que l'Intérêt général n'est que la formule de la moralité et n'en est pas le fond. Mais nulle part on ne voit les sciences, surtout les sciences pratiques, atteindre, ni chercher la connaissance du fond des choses; elles ne le peuvent pas et n'en ont pas besoin. Ce dont elles ont besoin, c'est d'une formule souple et précise à la fois, générale et intelligible bien qu'adéquate au réel; et c'est à nos yeux le cas pour la formule de l'intérêt social. Non que nous accordions par là qu'elle ne définisse pas l'objet réel de la volonté morale : au contraire son principal mérite à nos yeux est d'être éminemment concrète et d'exprimer à la fois l'essence même du *motif* moral et la *fin* de la volonté morale, de déterminer du même coup la chose à vouloir et la raison proprement morale de la vouloir. Mais nous voulons dire par là que quelque hypothèse qu'on fasse sur les dessous de la moralité, on est obligé de lui donner pratiquement l'Intérêt général pour détermination. L'Intérêt général est à ce fond, inconnu s'il existe, ce que, dans la parole de l'Évangile, semble être l'amour du prochain à l'amour de Dieu ; la seule manière d'en définir le contenu, la seule manière de le manifester dans la pratique. Ce que la pensée se plaira à mettre au delà pourra conserver, comme un charme poétique, la séduction de l'infini, celle même du risque et de l'incertain; mais cela ne dispensera pas de l'œuvre positive et n'y changera rien.

Reprochera-t-on à ce principe d'être vague? Il ne l'est que justement dans la mesure où l'on voudrait considérer *in abstracto* et en soi un principe essentiellement fait pour l'application. Aucune théorie ne résisterait à ce genre de critique. On ne peut sans doute tirer directement de ce principe tout seul la connaissance d'aucun bien à réaliser, non plus que de la loi de causalité on ne peut tirer aucune des lois réelles de la nature. Mais de l'idée de perfection on tirera encore bien moins la connaissance de ce qui est parfait, ni de l'idée de solidarité celle des manifestations de la solidarité, ni de l'idée d'amour celle des modes possibles de la bienveillance, ni de l'idée de coopération celle des matières dans lesquelles il faut coopérer, ni de l'idée de la division du travail celle des cadres que comporte cette division. Seulement dès que vous remettez le principe en contact avec la réalité correspondante donnée, il reprend (ce qui n'arrive pas pour tant d'autres) un sens relativement précis, quelque délicat que puisse être toujours le problème pratique. Et il a cet avantage de pouvoir s'appliquer, si je puis ainsi m'exprimer, à tout niveau et à toute échelle : il pénètre les problèmes les plus particuliers en même temps qu'il est susceptible d'une extension presque indéfinie.

Peut-être enfin objectera-t-on « qu'on ne sait jamais bien ce qui servira » A quelque chose, dit le proverbe, malheur est bon. Mais cette incertitude ne change rien à la valeur ni à la vérité du principe, puisqu'il prétend seulement définir ce qu'on a le droit et le devoir de se proposer comme fin morale. N'est-ce donc rien que de savoir *à quel point de vue* il faut se placer pour résoudre un problème moral ? Et surtout ce point de vue n'est-il pas précisément tel qu'il nous détermine à chercher une connaissance plus exacte et plus complète pour fixer nos décisions, au lieu de les abandonner soit à la routine, soit aux impulsions de l'égoïsme, ou encore à la commode indifférence de l'intentionnalisme ?

Ce principe paraît donc bien présenter les caractères que doit requérir une morale conçue dans un esprit à la fois scientifique et pratique, à égale distance d'une science qui ne serait pas une morale et d'une spéculation morale qui ne serait pas fondée sur une connaisance raisonnée et utilisable ; il est vrai, mais il est pratique ; il est relatif, mais il est vrai.

Et comme l'efficacité d'une morale est en quelque sorte une partie intégrante de l'espèce de vérité qu'elle comporte, il faut dire en terminant que ce principe nous paraît capable de résoudre ce difficile problème de l'action : stimuler la volonté sans retomber dans l'égoïsme, poser une loi de désintéressement sans se heurter à l'indifférence, demander le dévouement avec quelque chance de l'obtenir. Il subordonne l'individu à la société, en tant qu'il trouve en elle sa règle et sa fin, et la société à l'individu en tant qu'il est directement appelé, comme agent moral, à la faire être, et que sa bonne volonté lui est représentée comme l'instrument nécessaire et efficace du mieux social.

III

LA VÉRACITÉ

On ne me paraît pas avoir suffisamment mis en évidence la difficulté fondamentale qui arrête dès les premiers pas la plupart des théoriciens de la morale, et dont, semble-t-il, la plupart ne se sont pas nettement rendu compte. Cette difficulté réside dans le caractère paradoxal et en quelque sorte contradictoire de la question que l'on aborde lorsqu'on cherche, non pas à développer les applications pratiques de la morale, mais à en déterminer et surtout à en justifier le « principe ». Le problème que l'on se pose alors pourrait en effet se formuler ainsi : Trouver une *morale* qui soit *vraie*, un principe de conduite qui puisse se justifier comme se justifie une vérité. On cherche, suivant l'expression usuelle, à définir le *vrai bien* ou la *vraie loi*. Or l'impossibilité de répondre directement à une telle question se révèle bien vite à l'analyse même de ces termes. On cherche une morale, un principe de conduite, un bien ou une loi, c'est-à-dire quelque chose de propre à mouvoir la volonté, à déterminer l'action, et en même temps on prétend que ce principe soit une vérité, c'est-à-dire quelque chose de purement intellectuel, quelque chose de propre à déterminer une simple affirmation, mais non l'action. Sans doute la vérité suppose un travail de découverte, une recherche active de la part de l'esprit, et en ce sens la vérité n'est pas *donnée*. Cependant, dès qu'elle est découverte, son contenu est pensé comme *existant*, à quelque titre, et sous quelque forme que ce soit. *Ce qui se présente comme une vérité se présente toujours comme un donné*, dans l'acception générale de ce terme ; « la vérité, c'est ce qui est », dit Bossuet, et à condition de ne pas prendre ce mot dans un sens étroitement réaliste, cela reste exact à ce point de vue. Or on ne voit pas comment transformer le jugement assertorique ou apodictique qui exprime la vérité en un *il faut*, en un *je dois vouloir*, ou même en un *je veux*, comment faire d'un simple objet réel de contemplation un objet idéal de tendance ou de volonté ; — on ne voit pas, inversement, en quel sens on pourrait dire qu'un *bien* soit *vrai*.

Il n'est pas jusqu'à l'expression même de *morale théorique*, si courante pourtant, qui ne présente une singularité voisine du non-sens, puisque la morale n'est plus la morale si elle n'a pas un caractère pratique, et qu'une pure théorie ne saurait rien avoir de moral [1].

S'il est un point d'ailleurs sur lequel la psychologie contemporaine ait insisté avec raison et même établi ses thèses avec quelque force, c'est l'impossibilité de prendre à la lettre l'ancien intellectualisme psychologique et de maintenir sa prétention à réduire au *jugement* les fonctions dynamiques de la vie mentale, les tendances, les émotions, les volitions. C'est peut-être pour cette raison que ce qu'il

---

1. Nous nous sommes rencontrés dans cette idée avec M. Lévy-Bruhl sans avoir eu à la lui emprunter, puisque aussi bien elle nous est apparue, comme on le voit ici, par un tout autre côté. Mais nous avons dû faire trop de réserves sur certaines parties de sa doctrine pour ne pas nous réjouir de cet accord et de la diffusion que son livre a donnée à cette idée, à laquelle nous étions dès longtemps arrivé dans notre enseignement. La conférence d'où a été tiré le présent chapitre date elle-même du commencement de 1903.

y a de paradoxal dans le problème du fondement de la morale, peut nous frapper aujourd'hui plus que jamais.

De ce problème, dont nous n'avons l'intention d'aborder ici qu'un côté, on aperçoit bien, dans l'abstrait, et même dans l'histoire de la pensée morale, une solution logiquement défendable, mais suivant nous pratiquement et scientifiquement insuffisante. Elle consisterait à identifier, au profit de la pensée seule, la moralité et la vérité, à réduire tout le devoir au devoir de penser. La seule action qui puisse s'imposer au nom de la vérité semble être la recherche du vrai. Dès qu'on est résolu à découvrir une *valeur* qui se justifie aux yeux de la raison, la raison elle-même semble seule pouvoir se justifier et toute valeur s'efface devant celle de la pensée vraie. La seule règle pratique sera d'assurer la liberté du jugement, la puissance de la réflexion, la plénitude de l'intelligence. Tout le reste deviendra indifférent ou du moins n'aura d'intérêt que comme condition de cette fin suprême, ou comme obstacle à sa poursuite.

Dans l'histoire de la philosophie morale, on reconnaîtrait aisément diverses poussées dans cette direction, qui d'ailleurs n'a peut-être jamais été suivie délibérément ni jusqu'au bout. Socrate, les Stoïciens, Descartes (4ᵉ règle de la morale provisoire), Spinoza (début du *de Emendatione*) ont de divers côtés approché d'une semblable solution du problème moral. Il n'est pas jusqu'à Pascal, dont l'inspiration générale est pourtant si différente, qui ne nous suggère incidemment la même idée : « Travaillons donc à bien penser, voilà le principe de la morale [1]. »

---

[1]. Cf. Poincaré, *La valeur de la Science*. Introduction, p. 1. La tentative de ramener la moralité à la vérité est explicitement la théorie morale de Wollaston. Tout récemment M. Koppelmann semble l'avoir renouvelée dans sa *Critique de la conscience morale*, Berlin, 1904, V. aussi Carus, *la Religion de la Science*, Congrès de Philosophie, t. II.

Si forte que paraisse une pareille théorie, et sans méconnaître le parti qu'il est possible d'en tirer, il nous est impossible de la tenir pour satisfaisante. Tout d'abord elle implique une définition arbitraire de la moralité, qui ne correspond nullement au contenu du jugement moral spontané. La moralité est un fait réel, empiriquement donné dans la vie de l'humanité, une fonction qu'il s'agit de reconnaître, d'expliquer et de perfectionner, mais dont l'existence précède toute théorie élaborée à son sujet, et que, par suite, le philosophe n'a pas le droit d'inventer, de définir à sa guise, selon les besoins de sa cause. Or on ne voit nullement que cette moralité réelle consiste exclusivement, ni même principalement dans ce culte de la raison pure et de la vérité. Même la conception kantienne, bien que, par son formalisme même, elle échappe à l'excès d'intellectualisme, et évite de faire de la vérité et de la science l'objet de la volonté morale, pèche encore d'une manière analogue. Ce que Kant avait le droit de tirer de l'idée, en un sens très légitime, d'un usage pratique de la raison, c'était simplement, nous l'avons montré, une *logique de l'action* qui, en raison de l'indétermination même de son contenu, n'aurait rien de proprement moral. Il est tout à fait arbitraire, on ne l'a pas assez remarqué, de prendre pour une Morale un formalisme pratique qui, dans sa généralité toute abstraite, dépasse de beaucoup en extension la moralité, et lui reste inadéquat en compréhension. La volonté autonome, telle que la définit Kant, est peut-être une condition de l'action morale, mais, dans la mesure du moins où elle est réalisable, elle est, si l'on y regarde de près, la condition générale de toute action véritable, même absolument étrangère au domaine moral.

Loin que la conscience morale spontanée place la moralité dans la pure rationalité, et surtout dans l'œuvre proprement intellectuelle de la pensée, c'est tardivement, nous le montrerons tout à l'heure même, que ce domaine est conquis par la morale. Pour bien des raisons, que nous indiquerons, l'œuvre intellectuelle, la réflexion scientifique ou philosophique n'ont pu être envisagées qu'à une époque récente comme objet de jugement moral, loin d'en avoir été d'abord l'objet immédiat et l'objet propre.

Il y a plus. La véracité elle-même, dont nous voulons nous occuper ici, et qui semble la plus intellectuelle des vertus, la plus aisée à déduire de la théorie que nous visons, ne s'y ramène pas si directement qu'on pourrait croire. Il y a dans le fait de répandre la vérité, de travailler au progrès de la connaissance humaine, quelque chose de plus que dans le devoir tout intérieur de penser et d'apprendre solitairement, et *a fortiori* quelque chose d'irréductible à ce que la raison, comme telle, semble pouvoir directement nous imposer. Ainsi, en l'absence du sentiment social, la rationalité pure ne déterminerait même pas, semble-t-il, l'obligation *morale* de la véracité.

Inversement elle tendrait plutôt à déterminer, chez le penseur épris d'un tel idéal, une systématique abstention à l'égard de l'action sociale. Il n'aura aucune raison de s'y engager ; et quand soufflera le moindre orage, il se retirera volontiers à l'abri du petit mur dont parle Platon au sixième livre de la *République*. Il n'éprouvera même pas cet impérieux besoin de divulguer sa pensée, qui paraîtrait devoir être sa vertu propre, à plus forte raison celui de gagner les autres à ce qu'il tient pour la vérité. Quant au reste de sa conduite, il lui semblera que c'est affaire d'opinion et de coutume, en quoi le fond de sa conscience ne se trouve pas engagé, parce qu'il ne faudrait chercher là aucune valeur justiciable de la pensée philosophique, mais seulement une simple opportunité pratique et empirique. Et ainsi, à vouloir mettre le Bien au-dessus de toute comparaison, on en viendrait, en poussant la théorie à la limite, à supprimer toute vertu proprement dite, même la plus voisine en apparence de la pensée. La moralité, au sens où l'entend la conscience commune, apparaîtrait comme indifférente en elle-même. On continuerait à l'observer, non parce qu'elle serait vraiment digne de notre respect, mais seulement parce que, dans la poursuite d'un but supérieur, il est plus commode et plus prudent de suivre, pour la vie commune, la route ouverte et battue que de s'aventurer à travers champs. N'est-ce pas ainsi à peu près que Descartes justifie sa soumission aux lois et à la religion établies, par la nécessité de poursuivre en paix la tâche philosophique qu'il s'est assignée ?

Nous continuons donc à croire qu'il convient de définir la moralité, conformément à l'intuition et à l'expérience universelles, non en fonction de la pensée, de la raison ou de la vérité, mais en fonction de la vie affective et de la vie sociale. Mais alors le problème se poserait à nouveau de savoir comment peut s'imposer à la volonté de l'individu, autrement que par une contrainte, la moralité ainsi définie, de quelle manière, sans d'ailleurs avoir la prétention peut-être dénuée de sens de constituer un « impératif catégorique », elle peut du moins justifier l'idéal qu'elle propose et réaliser ainsi, au lieu d'en émaner, une raison véritablement pratique.

Sans reprendre ici cette seconde partie du problème, nous en voudrions examiner seulement un côté et une dépendance très particulière, et nous demander en quoi consiste la valeur de la véracité. Cette vertu si fondamentale semble en effet être dans une situation très particulière qui la place exactement à égale distance des deux conceptions de la moralité que nous avons opposées. D'une part, en effet, elle tient de si près à la vérité qu'elle semble n'en être que le prolongement, et n'avoir besoin d'aucune autre justification. D'autre part elle est pourtant une manière d'être sociale, elle implique une manifestation extérieure de la pensée qui en fait une véritable activité tombant sous le jugement spécifiquement moral tel que nous le comprenons. Que la véracité soit une vertu sociale, c'est ce que l'on nous accordera sans peine. N'est-elle pourtant qu'une vertu sociale et ne s'impose-t-elle pas indépendamment de toute considération sociale, et d'une manière non seulement autre, mais plus forte et plus immédiate, puisque c'est au dedans de la conscience même que cette obligation se ferait sentir ? C'est ce qu'il semble bien au premier abord. Mais s'il en était ainsi, n'y aurait-il pas là une sérieuse objection à la théorie sociale de la moralité, pour laquelle il n'y a de vertu proprement dite et d'obligation proprement morale qu'au point de vue de l'activité sociale des individus ? Et ce serait une objection de principe autrement grave que l'objection commune, tirée des conflits apparents de l'intérêt social avec la vérité, et du danger de tomber dans la théorie des mensonges salutaires. Celle-ci est peut-être plus frappante parce qu'elle engage directement la pratique ; mais l'autre atteindrait le fond même de la théorie.

Entre la théorie sociale et la théorie purement rationnelle de la moralité, la véracité marque donc un point crucial ; or ce sont bien les deux théories les plus dignes de discussion qui restent en présence dans la conscience actuelle. C'est ce qui, en dehors de l'intérêt pratique que peut comporter la question, en constitue la portée proprement philosophique.

Nous considérerons d'abord la véracité dans sa genèse et son développement, et nous verrons qu'elle apparaît et progresse en fonction d'exigences sociales : *c'est la socialité qui introduit la véracité dans la sphère de la moralité* et en fait une vertu. Nous nous demanderons ensuite, l'envisageant en elle-même, pourquoi elle semble être quelque chose de plus, et d'autre, sans qu'il soit pourtant facile de lui contester, même alors, non seulement le caractère de moralité, mais même un caractère de moralité supérieure.

I

Si nous envisageons la véracité tout d'abord dans sa formation et sa fonction, nous pouvons reconnaître de suite qu'elle présente deux formes typiques, ou deux degrés caractérisés. Il y a d'abord une sorte de véracité toute pratique qui a pour matière pour ainsi dire des actions plutôt que des pensées et dont par conséquent les formes les plus rudimentaires mériteraient à peine le nom que nous arrivons à leur appliquer par extension. Il y a ensuite une véracité proprement dite, ayant encore le caractère d'une relation sociale, mais dont la matière est déjà tout intellectuelle; elle réside dans notre scrupule à éviter de nous faire, même d'une manière désintéressée et avec les meilleures intentions du monde, des instruments d'erreur, dans notre effort pour répandre ce que nous estimons vrai, et combattre ce que nous regardons comme faux.

Assurément il y a bien des degrés entre ces deux formes de la véracité. De même, au-dessous et au-dessus, on peut aussi prolonger la ligne qui joint les deux points caractéristiques que nous venons de définir. La première de ces deux sortes de véracité confine à des formes d'action sociale et à des qualités du caractère individuel pour lesquelles on ne songerait pas encore au terme de véracité ; la seconde arrive à s'absorber dans un respect en quelque sorte tout *intérieur* de la vérité auquel le terme de véracité ne conviendrait plus. Cette distinction importe néanmoins. Car si la forme la plus intellectuelle de la véracité est précisément celle qui apparaît le plus tardivement dans la conscience morale, c'est bien la preuve que la théorie intellectualiste de la moralité est arbitraire et inadmissible, et qu'*il faut expliquer non pas la moralité par une extension progressive de la véracité qui en serait l'essence, mais bien au contraire la véracité proprement dite comme une prolongation, dans le domaine de l'activité intelligente, d'une moralité ayant un caractère et un fondement d'ordre social.*

C'est bien précisément ce que nous pensons, et le problème, tel que l'évolution morale le pose, est bien de savoir comment la véracité est peu à peu entrée dans la sphère de la moralité, et non de savoir comment la moralité serait progressivement sortie d'une vertu absolue, irréductible, primitive, de véracité ou plutôt de rationalité [1].

1. — Si l'on voulait faire une étude complète de la véracité il faudrait remonter jusqu'à ces formes de véracité auxquelles nous faisions allusion tout à l'heure et qui sont

---

[1]. Sans doute cette dernière thèse n'a peut-être jamais été expressément soutenue, car la formule socratique, d'ailleurs ambiguë, de l'identité de la science et de la vertu signifie : le bien est une vérité et peut s'enseigner et se démontrer, plutôt qu'elle ne signifie : la vérité est par elle-même le seul bien et vaut seule la peine d'être voulue absolument. Mais il n'importe, puisque cette thèse, existante ou non, est forcément, comme nous l'avons montré, au bout de toute prétention à faire de la moralité une valeur suprasociale, absolue, et susceptible d'être justifiée par la seule raison.

encore fort éloignées de la véracité proprement dite, c'est-à-dire de celle qui s'applique à la pensée. Il faudrait faire état de tous ces mensonges de l'attitude et du costume par lesquels on cherche à en imposer à autrui et à se faire passer pour ce que l'on n'est pas. Il faudrait relier ainsi à la « fausseté » diverses formes de la vanité et de l'orgueil ou même encore de l'instinct de conservation et de la peur, qui restent les motifs les plus ordinaires du mensonge proprement dit, mais commencent par susciter pour ainsi dire des mensonges en acte : appelons-les mensonges *pragmatiques*. On en retrouverait des exemples élémentaires jusque chez les animaux. L'insecte qui fait le mort, la chenille Harpie qui, lorsqu'elle est en danger, montre une tête si étrange et si faussement menaçante, le cerf qui, poursuivi par la meute, cherche à la mettre en défaut en forçant un autre cerf à courir en même temps que lui pour embrouiller les pistes, trompent leur ennemi et suscitent d'une manière plus ou moins consciente, plus ou moins automatique, des erreurs favorables à leur conservation. Tous les faits si nombreux et si variés de mimétisme sont aussi en ce sens, des mensonges tout spontanés. On voit à quel point le mensonge est « naturel » et quelle distance l'homme devra franchir pour arriver au culte de la vérité.

Il faudrait encore, au delà de ces cas relativement simples, considérer l'organisation collective de ces mêmes formes de tromperie qui constituent les « mensonges conventionnels » de la vie sociale, mensonges des titres et des dignités, mensonges tendant à maintenir la hiérarchie des classes et des castes, mensonges des cérémonies, des formules de politesse et des protocoles de toutes sortes, allant des conventions de la vie mondaine jusqu'aux périphrases et aux procédures sinueuses de la diplomatie.

Nous ne saurions sans étendre outre mesure notre sujet dépasser ces simples indications, mais elles nous paraissent susciter deux remarques utiles aux conclusions de notre étude.

Tout d'abord on voit, par les exemples mêmes que nous venons d'entrevoir, que depuis les formes élémentaires de la tromperie jusqu'au mensonge proprement dit, il semble y avoir une gradation d'immoralité croissante, et cela non seulement parce que la clarté de la conscience et de l'intention va aussi en s'accentuant, mais encore et surtout parce que, aux degrés inférieurs de cette échelle, nous ne trouvons presque rien de plus que des actes de défense, des effets presque directs de la lutte pour la vie. Se cacher de l'ennemi, ou se donner les apparences d'une force qu'on ne possède pas, voilà si l'on veut deux formes de tromperie, mais plutôt deux formes de défense que le faible ne peut éviter. Ainsi l'on pourrait dire que le mensonge commence, sous ces formes encore indistinctes, par être légitime, parce qu'il est nécessaire.

Par cela même on voit aussi qu'une certaine sincérité accompagne presque toujours les actes que nous venons de considérer. L'insecte qui fait le mort est probablement en effet paralysé par la peur ; le potentat oriental, qui exige les formules et les marques de la soumission la plus servile, a le sentiment réel de sa puissance et de son essence supérieure ; le matamore est en quelque mesure dupe de la comédie qu'il joue d'une manière plus ou moins spontanée. Il y a bien loin de là au mensonge conscient ou même à l'hypocrisie, qui non seulement n'ont plus un lien si direct ni si nécessaire avec la défense de la vie, mais supposent un dédoublement et une contradiction beaucoup plus complets de la personne. Inversement, dans la mesure même de leur spontanéité et de leur caractère naturel ou traditionnel, ces *mensonges pragmatiques* cessent d'être vraiment trompeurs pour autrui. C'est ainsi, pour ne considérer que les formes supérieures que nous en avons signalées, qu'on cesse de prendre au pied de la lettre les formules admises de la politesse, que l'opinion est de moins en moins dupe des cérémonies, des chamarrures et des décorations. Dans les « mensonges conventionnels » de la vie sociale, la convention atténue le mensonge, loin de l'accentuer.

Notre seconde remarque, c'est que l'analyse qui précède montre combien est nécessaire et naturelle en quelque sorte la genèse du mensonge, qui ira se développant et se compliquant, et qui envahira selon un processus tout à fait semblable, après les relations sociales élémentaires, la vie économique et enfin la vie intellectuelle, au fur et à mesure que ces fonctions se développent dans l'existence individuelle et s'intègrent à la vie collective. C'est pourquoi il est si difficile, comme on s'en aperçoit aisément, de revenir à la sincérité que tant de motifs pressants empêchent de se développer. Elle ne devient possible que dans la mesure même où s'atténue la lutte pour la vie, et c'est seulement dans une humanité parfaitement pacifiée qu'elle pourrait fleurir; nouvelle preuve que la véracité, conditionnée par tout le progrès moral, n'en saurait être le terme initial. Pour ne pas quitter le terrain sur lequel nous sommes placés pour le moment, on reconnaît avec quelle lenteur disparaissent les signes des puissances déchues et les distinctions devenues illusoires (blasons et titres de noblesse, par exemple), avec quelle peine même les forces sociales les plus réelles arrivent à se passer de l'apparat extérieur qui frappe les imaginations, combien semble corrélative au degré de civilisation une juste proportion entre les formules des protocoles mondains ou internationaux et la réalité des sentiments correspondants. En toutes choses et à tous les degrés la simplicité des allures et la sincérité des manifestations extérieures a toujours été l'apanage des hommes véritablement forts ou tranquilles. Si la diplomatie américaine est affranchie du formalisme alambiqué de celle du vieux monde, ce n'est pas seulement parce que c'est celle d'une démocratie, et d'une démocratie née pour ainsi dire adulte, exempte de la servitude des longues traditions ; c'est aussi parce que c'est la diplomatie d'un peuple fort, qui n'a pas été sujet et ne se sent guère exposé à des luttes pénibles où son existence serait en jeu. La simplicité est ici, comme dans la vie des individus, l'effet, ou de la vraie supériorité ou tout au moins de la sécurité.

Nous voyons donc déjà, sous ce premier aspect, les progrès de la véracité s'opérer en fonction du progrès des conditions et des adaptations biologiques et sociales. Sans doute ce progrès des sociétés pourrait par cela même s'exprimer sous la forme d'un progrès dans la sincérité et la véracité, mais encore faut-il reconnaître que celle-ci n'est pas ici cause déterminante et motrice ni cause finale, mais qu'au contraire elle n'est qu'un résultat et un signe.

2. — A un niveau supérieur, au-dessus de la véracité « pragmatique » dont nous venons de parler, nous trouverons une forme déjà plus expresse, plus définie de véracité qu'on pourrait d'une manière générale appeler *contractuelle*: la bonne foi dans les engagements de toutes sortes.

Entre les deux on pourrait situer toutes les formes spéciales de la véracité dont le contraire peut s'appeler proprement l'hypocrisie. L'hypocrisie est pour ainsi dire une tromperie quant au *sujet*, à la personne du contractant, dans le *contrat tacite* qu'implique toute une série de relations sociales, comme la mauvaise foi est une tromperie quant à l'*objet* d'un *contrat explicite* et spécial.

Et l'on voit immédiatement le caractère proprement social de la véracité sous cet aspect. Avant que la vie sociale se développe en relations nettement définies, elle a pour condition fondamentale une confiance mutuelle qui n'est possible que dans la mesure où les hommes se connaissent les uns les autres. Avant d'en arriver à cette condition supérieure de l'organisation sociale et de la liberté même qui consiste à *savoir sur quoi compter*, il faut obtenir cette garantie générale et indéterminée de savoir sur *qui* compter et d'avoir quelque sûreté quant aux personnes avec qui l'on entre en relations. Sans doute cette condition serait très difficile à réaliser d'une manière certaine et parfaite ; aussi voit-on l'organisation juridique laisser volontiers de côté les personnes pour ne s'occuper que des choses engagées dans les relations juridiques. Mais il n'en reste pas moins que cette nécessité de la confiance mutuelle et de la connaissance des personnes les unes par les autres est la plus primitive, et qu'elle s'impose à l'origine d'autant plus impérieusement que les rapports sociaux sont moins organisés quant à leur matière. La base psycho-sociale essentielle de la moralité, telle que nous la définissons, est la sympathie, et la sympathie n'est possible que dans la mesure où les hommes se comprennent vraiment les uns les autres. Il n'y a pas d'attitude, disons de vice, plus exclusif de la sympathie que l'hypocrisie, dès qu'elle est soupçonnée. Elle n'est pas en effet un simple *mensonge*, une simple tromperie, elle est en quelque sorte un *vol* de confiance, un moyen de dérober à autrui une part de sympathie et de collaboration sociale en échange de laquelle on n'offre qu'une fausse monnaie. Ici encore ce n'est pas la véracité comme telle, mais la probité qui définit la moralité. C'est par le côté pratique et réel, par le rapport qui s'établit entre des activités, et non entre des esprits, que le vice se caractérise comme tel.

Aussi peut-on dire que la véracité contractuelle est la forme centrale sous laquelle la véracité se constitue comme vertu et s'affirme dans la conscience commune. *Garder sa parole*, être fidèle à ses engagements, tenir ses promesses, voilà la manière d'être véridique qui importe essentiellement à la vie sociale. La *fidélité* au roi, au Dieu national, à la patrie sont en quelque sorte les formes politiques générales de cette *bonne foi* qui se manifestera ensuite dans les relations juridiques et économiques particulières des individus. La première sert même d'abord à garantir la seconde ; le serment, l'appel à l'arbitrage du chef, sont autant de manières d'appuyer la bonne foi dans les transactions individuelles sur la bonne foi commune, supposée plus solide, qui préside à l'ensemble de la vie collective [1].

Ce qui distingue cette forme de la véracité et la caractérise bien comme essentiellement pratique, c'est que c'est ici l'action même qui *rend vraie* la parole donnée auparavant. D'une manière générale la *vérité dans l'avenir* intéresse bien plus l'homme primitif que la vérité dans le présent ou surtout le passé. Le devin a précédé de beaucoup le savant et l'historien. A plus forte raison cet intérêt pour la vérité future se comprend-il lorsqu'elle semble dépendre de nous. Avant de lire l'avenir dans les entrailles des victimes, l'homme social peut espérer en

1. De la même manière que, dans la théorie contractualiste, c'est le « contrat social » général qui est la condition et la garantie de tous les contrats individuels particuliers.

lire une partie dans le cœur et sur les lèvres de son semblable. Car il s'agit alors non d'une vérité à percevoir, mais d'une vérité qui sera *réalisée* par une volonté. La promesse passée devient véridique au moment où elle est tenue. Sans doute la forme générale de l'accord avec soi-même, la forme de la vie rationnelle et logique, reste bien commune, suivant les vues des Stoïciens ou de Kant, à cette véracité pratique et à la véracité proprement intellectuelle. Il est impossible pourtant de réduire la première à la seconde sans méconnaître la différence entre le dynamique et le statique, entre le voulu et le donné, entre l'action et la simple pensée.

3. — Comment donc la véracité proprement dite, celle qui s'applique à la connaissance et à la pensée, se developpe-t-elle et acquiert-elle enfin sa valeur morale ?

Il est aisé de constater que cette acquisition de la conscience est relativement tardive, et l'on trouve à ce fait, non seulement des raisons psychologiques que nous ne pouvons analyser ici, mais des raisons sociales décisives et assez visibles.

L'activité intellectuelle commence par avoir, en fait, un caractère relativement très individuel. Elle est réservée à un petit nombre d'hommes d'élite dont le travail est plus ou moins solitaire. C'est un point dont on n'a peut-être pas suffisamment tenu compte lorsqu'on a comparé par exemple les morales antiques aux morales modernes. On a trop oublié, ce nous semble, que les morales antiques sont des œuvres de pensée indépendante dont les principes, sinon les détails pratiques, n'ont rien à voir avec la moralité populaire ambiante et n'ont eu sur elle aucune action appréciable, tandis que les morales modernes — toutes celles du moins que l'on envisage pour les opposer aux systèmes antiques, — sont en étroite relation avec les disciplines morales diffuses, avec les formes de conscience et d'éducation morales généralisées par la religion. Nous avons d'un côté des systèmes moraux élaborés dans des conditions d'indépendance intellectuelle très parfaite, imaginés par des penseurs en vue de satisfaire leur raison philosophique, et non d'interpréter la moralité courante ou de l'améliorer; de l'autre, au contraire, nous avons de simples reconstructions dont tous les matériaux sont tirés de la conscience commune, des interprétations de la forme de moralité acceptée en fait à un moment donné. Il n'est donc pas étonnant que le caractère d'autonomie domine dans les systèmes antiques, celui d'hétéronomie dans les théories modernes. Mais les termes que l'on a ainsi comparés entre eux ne sont pas homogènes.

Pour en revenir à la question qui nous occupait, il paraît bien certain que dans l'antiquité, faute d'une suffisante diffusion de l'instruction et des moyens de communication intellectuelle, faute ensuite d'une division assez avancée du travail scientifique, l'étude, la recherche de la vérité restent une occupation tout individuelle, sans caractère social apparent ni conscient. Les vertus *dianoétiques* d'Aristote restent purement intérieures, elles sont juxtaposées ou, si l'on veut, superposées aux vertus *éthiques*; en tous cas, elles s'en distinguent, et par conséquent on peut dire que, de l'aveu d'Aristote, elles ne sont pas *morales*. Elles ne sont vertus qu'au sens extrêmement étendu du mot grec, dont l'étymologie n'éveillait sans doute dans l'esprit d'un Hellène que des idées extrêmement générales de perfection, d'excellence, de force. Elles ne relevaient pas de la Politique, qu'Aristote déclare être la science « architectonique » à laquelle se rapporte et dont dépend la morale.

A plus forte raison, la véracité est-elle quelque chose de plus qu'un simple prolongement de la raison et de la connaissance. Elle suppose qu'on a conçu la vérité et la science comme ces biens d'ordre social dont la possession importe à tous et dont personne ne doit être frustré. Si l'on veut mesurer la distance qui sépare la culture intellectuelle la plus avancée, le besoin personnel de vérité le plus profond et le plus intense du sentiment social de la vérité et du devoir correspondant, qu'on veuille bien considérer combien les grands intellectualistes du xviie siècle, les Descartes, les Malebranche, les Spinoza étaient éloignés d'avoir des tempéraments d'apôtres, combien aisément ils paraissaient admettre que la vérité philosophique, à laquelle ils attribuaient un si haut prix, restât l'apanage d'une petite élite, alors que la foule continuerait à vivre sur des croyances sans valeur intrinsèque, mais simplement utiles à la pratique. Et cette petite élite traite la vérité comme des amateurs un bibelot rare : on se la cache, on se la dispute, on se la vole[1]. Que l'on songe avec quelle jalousie de dilettante un Fermat tient secrètes les démonstrations de certains théorèmes, avec quelle prudence un Descartes met hors de la discussion les croyances religieuses et les doctrines morales ou

---

[1]. Cf. Duhem, *Revue Générale des Sciences*, 30 sept. 1906, p. 816 : « Au xvie et au xviie siècle, il était rare qu'un auteur citât le nom de celui auquel il empruntait une idée. On faisait grand étalage d'érudition, mais on énumérait seulement les ouvrages auxquels on ne devait rien. Les plus grands esprits ne reculaient pas devant le plagiat : il en est des exemples tristement célèbres. En ce temps d'improbité scientifique, la figure du P. Mersenne apparaît auréolée de loyauté. » On sait que la renommée de Pascal a été récemment effleurée, et peut-être atteinte par de semblables soupçons d'improbité.

politiques, ou supprime même le *Traité du Monde*. Quelle différence frappante entre ces penseurs et les « philosophes » du xviiie siècle pour qui la « philosophie » était surtout une œuvre sociale et un objet de propagande, et qui, moins ambitieux assurément comme penseurs, cherchaient plutôt à conquérir les hommes à la vérité, qu'à conquérir pour eux-mêmes des vérités nouvelles ! La morale de la Raison et de la Vérité pourrait rester tout aristocratique; la morale de la Véracité serait une morale d'inspiration démocratique ; et c'est encore une manière de faire sentir à quel point elle est récente.

On peut poser la question en sens inverse et montrer par des exemples directs quel faible prix on a longtemps attaché à la vérité dans ses manifestations publiques, dès qu'un intérêt moral, politique, religieux ou même simplement esthétique paraissait rendre l'erreur préférable. Faut-il rappeler, après Renan, l'absence complète de scrupules en pareille matière que nous révèlent les écrits de l'ancien et du nouveau Testaments, dont un si grand nombre sont apocryphes, pseudépigraphes, antidatés, interpolés, où le souci d'édification, l'espoir de fortifier une secte ou de faire triompher une croyance réputée bienfaisante a dicté tant de pieux mensonges dont plusieurs siècles devaient être dupes ? Faut-il montrer une fois de plus combien sont lents à se former non seulement le sens historique proprement dit et la méthode critique, ce qui est tout naturel, mais la simple *honnêteté* historique, qui interdit aujourd'hui si impérieusement au moindre apprenti en histoire de prêter à ses personnages des discours de son cru, d'inventer de toutes pièces les événements, de les décrire « de chic » et sans l'appui des documents, de « faire leur siège » enfin à la façon d'un Vertot[1] ?

Et ce qu'il faut bien remarquer, c'est l'espèce d'innocence qui accompagne à l'origine toutes ces espèces de mensonges. Nous les appelons mensonges au nom de notre conscience actuelle et faute d'un meilleur terme. Mais l'analyse psychologique nous montrerait qu'ils peuvent ne pas présenter encore le caractère d'immoralité expresse et positive que ce mot semble indiquer. S'il est vrai, comme nous le soutenons précisément, que la conscience morale ne s'étend que peu à peu jusqu'à la vie intellectuelle et au devoir de véracité, il doit y avoir un moment dans l'évolution de la conscience où elle se trouve à cet égard dans cet état d' « innocence », au sens précis, du mot, où la distinction du bien et du mal n'est pas encore faite.

C'est ce que la psychologie contribuerait en effet à nous expliquer aussi bien que l'évolution sociale. Pour qu'un jugement nous apparaisse comme relevant de la catégorie du vrai et du faux, il faut que la pensée ait déjà atteint un degré assez avancé de systématisation, puisque vérité et fausseté signifient psychologiquement intégration possible ou nécessaire, difficile ou impossible, du jugement donné au système préexistant de nos jugements. Il n'y a d'affirmation véritable que celle qui est précédée d'un essai de négation, et qui est accompagnée d'une autre négation (celle du contraire). Une pensée encore incoordonnée perçoit, imagine, se représente, accueille avec plus ou moins de plaisir des images plus ou moins

---

1. Même improbité, et jusqu'à une époque toute récente, dans les documentations de tout genre. *La Nature* (année 1906) reproduit, par exemple, une gravure de 1800, qui est censée représenter la Mer de glace, et qui est d'une indescriptible fantaisie.

abondantes ou même obtient, grâce aux signes, des idées plus ou moins abstraites ; tant qu'elles restent dans l'état d'isolement relatif, elles ne sauraient tomber expressément sous la catégorie du vrai et du faux. Il est par exemple, difficile de dire avec précision à quoi un enfant croit ou ne croit pas quand il joue, quand il lit un conte ou surtout quand il en raconte un de sa façon. Il n'affirme pas, il nie encore moins. On dit souvent que l'enfant, que le rêveur, que l'homme primitif *croient* à tout ce que leur imagination leur présente. Il semble que cela n'est pas rigoureusement exact. Cela n'est vrai qu'en un sens tout négatif : c'est que ces représentations ne sont pas expressément jugées fausses et illusoires par le sujet au moment où elles s'offrent à son esprit, comme elles le seraient de la part d'un esprit plus fortement organisé, plus complètement présent à lui-même. Mais il y a loin de cet état mental à celui de l'homme qui affirme d'une manière positive : cela est vrai. Raisonner comme si ce qui n'est pas l'objet d'une négation était l'objet d'une affirmation, comme si inversement tout ce qui n'est pas expressément affirmé était formellement nié, c'est oublier que cette opposition et cette exclusion mutuelle du vrai et du faux, que cette application nette du principe de contradiction et du tiers exclu ne peut être que le fait d'une pensée déjà solidement constituée et qu'il y a de toute nécessité un état mental antérieur à l'application expresse et consciente du oui ou du non, de ce qu'on pourrait appeler la catégorie de vérité.

C'est à quoi, ce me semble, il faudrait songer lorsque l'on considère la plupart des « croyances » religieuses. Au moins à l'origine, elles semblent appartenir au régime mental que nous venons de décrire ; elles sont, en ce sens psychologique précis, précritiques. C'est pourquoi la pensée réfléchie du sociologue éprouve tant de peine à les organiser, pour les comprendre, en un système cohérent et net dont on puisse dire que tous les éléments et que l'ensemble sont objet d'affirmation expresse de la part des fidèles. Et ce caractère se conserve longtemps aux croyances religieuses, même dans des esprits déjà fort solidement organisés sur d'autres points. Ce qui embarrasserait le plus la plupart des croyants, ce serait que, avant même de leur demander une *preuve* de ce qu'ils croient, on les mît simplement en demeure de *définir* avec précision ce qu'ils *affirment* et ce qu'ils *nient* [1]. Là est sans doute la principale raison de cette situation où les croyants eux-mêmes reconnaissent que sont placées les « vérités » religieuses, et qui en fait des vérités « à part », impossibles à rejoindre au reste de *la vérité* ; au point que les consciences religieuses les plus avancées renoncent en effet à toute affirmation intellectuelle, à toute formule, à tout « dogme », et se placent sur le terrain de la « foi » (au sens paulinien du mot), du sentiment et de la « Vie ».

Ces observations nous permettent en même temps de mieux comprendre et de mieux juger l'intolérance. Ce qui nous la rend odieuse entre mille raisons, c'est que précisément nous sommes arrivés, non pas seulement, au point de vue social, à comprendre la valeur de la vérité et de la sincérité, mais, au point de vue psychologique, à poser expressément, en matière religieuse comme en toute autre,

---

1. Il faudrait, par exemple, sans même discuter la *réalité* ou la *possibilité* du fait, demander à un croyant catholique, *comment il se représente*, avec les connaissances qu'il admet aujourd'hui, ce qu'il affirme quand il dit que le Christ est monté «. au ciel », *dans quel lieu* ce corps vivant et matériel se serait rendu, comment *la vie* aurait pu s'y maintenir, etc. Toute discussion ultérieure sur une croyance est inutile, si l'on ne peut même pas en penser l'objet.

la question : Vrai ou faux ? et à sentir plus fortement, par suite, la pression, l'exigence impérieuse de ce qui nous a semblé vrai. Mais l'intolérance ne commence pas par être pour ainsi dire une prolongation extérieure d'une affirmation *intellectuelle*, elle commence par être un simple besoin spontané de similitude et d'homogénéité *sociale*. Elle n'a pas pour objet le *triomphe d'une vérité* comme telle, mais simplement la généralisation d'un état d'âme ou même simplement d'une forme de vie, quelque chose qui ressemble plus au *règne d'une coutume* qu'à *l'acceptation d'une idée*. L'argument, souvent invoqué par l'intolérance, des « droits de la vérité », argument d'ailleurs si faux et si couramment réfuté, est en outre un argument inventé après coup et adapté précisément à un état d'esprit bien postérieur à l'apparition de l'intolérance, à un état d'esprit déjà très intellectualisé, très pénétré du sentiment de la dignité et de la force du vrai ; et de là les inextricables contradictions que cet argument implique. Il a fallu trouver un biais pour faire bénéficier l'intolérance d'un sentiment nouveau et devenu très fort, mais dont elle n'était point issue : c'est toujours ainsi que les tendances fortes et invétérées essayent de s'emparer et de tirer un secours de toutes les énergies nouvelles qui apparaissent à côté d'elles. En fait, l'intolérance suppose précisément à l'origine que l'on ignore la valeur de la sincérité, et on la méconnaît en grande partie parce que la question du vrai et du faux n'apparaît pas dans toute sa clarté, parce qu'on se place plus ou moins inconsciemment sur le terrain des formules, des pratiques plutôt que sur celui de l'*affirmation*, du *jugement* véritable. Dès lors, on ne peut comprendre les résistances d'une volonté qui est bien maîtresse de ses actes, alors qu'elle ne l'est pas de ses certitudes : on les qualifie d'orgueil, d'obstination, ce qui montre bien qu'on ne se place pas sur le terrain de la vérité. Il suffit d'observer même autour de nous pour constater que les intolérants, ou du moins ceux qui seraient tentés de l'être, s'ils en avaient le pouvoir, sont d'ordinaire des gens incapables de comprendre qu'on repousse une religion ou qu'on l'abandonne pour cette seule raison qu'elle paraît *fausse*, ou même tout simplement *incertaine*; ils n'ont pas le sentiment que l'adhésion qu'ils nous demandent soit pour nous un mensonge, parce que cette *adhésion* reste à leurs yeux plus sentimentale qu'intellectuelle, et, en dépit de tous les formulaires de foi, ne leur apparaît pas rigoureusement sous la forme d'une *affirmation* proprement dite.

Ainsi se confirme de toutes manières l'idée que nous avons soutenue : la véracité proprement dite, la véracité dans le jugement, n'apparaît que très tardivement comme une *vertu*, et cela parce que la connaissance vraie n'a pas à l'origine le caractère social et qu'au contraire la vie sociale oppose souvent à l'intérêt de la vérité toutes sortes d'intérêts plus sensibles. Les formes toutes pratiques de la véracité, et particulièrement ce que nous avons appelé la véracité contractuelle, apparaissent au contraire de très bonne heure comme des vertus par cela même qu'elles ont un caractère et un contenu éminemment social.

4. — Il reste à montrer que c'est aussi en fonction de facteurs sociaux que la véracité intellectuelle elle-même tend à se former, ou plus exactement à être comprise dans la sphère du devoir moral.

Trois causes principales, elles-mêmes très directement liées l'une à l'autre, y ont contribué. D'abord l'importance croissante qu'a acquise la science au point de vue de l'amélioration de la vie humaine, ensuite la diffusion de l'instruction, et enfin la division du travail scientifique lui-même.

La science a très longtemps conservé, et jusqu'à une époque relativement récente, le double caractère d'un travail individuel, et d'un effort purement spéculatif. Nous avons déjà noté le premier; le second y est connexe. L'idée qui nous semble aujourd'hui si simple, si évidente et si banale, que savoir c'est pouvoir, semble avoir été étrangère à la philosophie antique. Du moins cette philosophie n'a été sensible qu'au *pouvoir intérieur* et par conséquent tout individuel que la connaissance et la raison pouvaient donner à l'homme *sur lui-même*, sur sa volonté et sur ses passions. C'est le point de vue de Socrate dans son apologie du savoir; car la connaissance qu'il préconise est la connaissance de soi, et non celle des choses, une aptitude formelle à se comprendre soi-même, à voir clair dans ce qu'on fait et dans ce qu'on dit, non une science physique qu'il condamne au contraire comme impossible et sacrilège. Sans aller jusque-là, stoïciens et épicuriens ne demandent encore à la connaissance de la nature elle-même que des services tout subjectifs, non un moyen d'agir sur cette nature : nous rendre fermes et impassibles par la conviction de l'universelle nécessité, nous affranchir des vaines terreurs de la superstition, voilà principalement ce que ces deux écoles demandent à la physique. On peut soutenir que malgré l'admirable effort que semble avoir fait dans le sens de la technologie positive l'esprit grec au temps des sophistes, effort que Socrate et Platon n'ont pas peu contribué à faire avorter, la technique est restée dans toute l'antiquité affaire de tradition et de pur empirisme, et n'est jamais devenue scientifique. C'est là, pensons-nous, un fait très caractéristique, car *la technique devenue scientifique, c'est la science devenue sociale* et acquérant la valeur d'un intérêt collectif de premier ordre. Le plus inculte de nos paysans ne peut pas ne pas avoir un sentiment, grossier sans doute, mais très vif, de la valeur sociale du savoir, parce que les bénéfices pratiques en sont manifestes et que ces bénéfices ont le plus souvent un caractère plus ou moins collectif aussi bien dans leur production que dans leur utilisation. C'est là un sentiment tout moderne; l'antiquité n'a pas connu M. Homais.

Corrélativement se développe le besoin d'instruction, et mieux encore la conviction, chez les plus instruits, qu'il faut développer l'instruction de tous. Car il devient dès lors évident que la valeur sociale d'un homme ne se mesure plus tant à sa force musculaire qu'à ses aptitudes intellectuelles; il s'agit donc de les découvrir et de ne pas les laisser se perdre faute de stimulant et de culture.

Il y a mieux : l'idée qui se fait jour dans la conscience morale, ce n'est pas seulement l'idée d'un *devoir* imposé à ceux qui savent de répandre le savoir, et à ceux qui ignorent de s'instruire, à tous, par suite, — car chacun sait et chacun ignore, — de collaborer à la vérité qui est le bien commun, par un échange libre et tolérant de pensée où chacun est aussi disposé à accueillir qu'à exprimer la vérité. Le sentiment qui se forme grâce à cet échange même, c'est celui d'un *droit* de tous à la vérité ; et bien qu'elle soit ainsi le résultat d'une sorte de coopération, la vérité prend aisément pour les consciences les plus simples, l'apparence d'un de ces biens communs, comme l'air ou la lumière, auxquels tous doivent avoir accès [1]. C'est peut-

---

[1]. Kant répondant à B. Constant (*Uber ein vermeintes Recht, aus Menschenliebe zu lügen* 1797. Hartenst., VII, 305) prétend au contraire que

être la consécration la plus décisive de la véracité au point de vue moral. Car alors elle a passé du domaine de la simple bonne volonté à celui de la justice, et la justice est vraiment la forme définitive de la moralité fixée.

Enfin, et parallèlement au double progrès que nous venons de rappeler, une transformation essentielle s'opère dans le travail scientifique lui-même. D'abord tout individuel, comme nous l'avons dit, il apparaissait avant tout comme une œuvre de construction, très analogue à une œuvre d'art, toujours reprise à nouveau, sur des bases plus ou moins originales, et qui devait embrasser à peu près tout l'ensemble du savoir. Seul, l'empirisme technique, très éloigné de la vraie science, et très fragmentaire, avait un caractère social ; car il accumulait et condensait, soit par la transmission traditionnelle des expériences, soit par la propagation des procédés découverts et pratiqués en divers lieux, des résultats d'un travail très éparpillé et relativement très impersonnel. Mais au fur et à mesure que la science et la technique se rapprochent, comme nous l'avons indiqué, la première devenant plus positive, et la seconde moins empirique, au fur et à mesure aussi que le contenu même de la science s'étend et se complique, le travail scientifique se divise nécessairement. La science, même comme science pure, devient une œuvre vraiment sociale. Il est impossible à chaque savant spécialisé de se passer des résultats obtenus

l'idée d'un droit à la vérité n'a pas de sens, et qu'on ne doit parler que *du droit de chacun à exercer sa propre véracité*, quoi qu'il puisse en coûter, même aux autres. C'est que pour lui la véracité est un devoir essentiellement interne, émanant directement de la raison. Toute notre démonstration s'oppose à cette thèse, dont nous ferons d'ailleurs voir dans la seconde partie de notre étude les motifs très spécieux. Aussi bien Kant, placé à ce point de vue, ne réussit-il guère à résoudre le problème qu'il a soulevé, du conflit entre les devoirs d'humanité et le devoir de véracité, et se contente-t-il d'affirmer dogmatiquement le caractère absolu et immédiat de celui-ci.

par d'autres spécialistes sans qu'il puisse les contrôler tous. Ainsi tous les savants deviennent collaborateurs d'une œuvre commune, et il est nécessaire qu'ils puissent absolument compter les uns sur les autres. La véracité acquiert ainsi une valeur capitale. Un savant qui, pour se faire valoir ou donner crédit à sa théorie, présenterait comme des données de l'observation des faits imaginaires, fausserait les chiffres enregistrés par ses instruments, ou cacherait les expériences qui le condamnent, serait traité, dans le monde scientifique au moins, comme l'est dans le monde des affaires un financier véreux ou un comptable qui falsifie ses écritures.

Ainsi se forme progressivement dans la conscience commune la conviction qu'il n'y a rien, sinon de plus utile, au moins de plus certainement et de plus constamment utile au bien social que la vérité. L'avènement de la sincérité intellectuelle et de son complément indispensable, la curiosité intellectuelle, au rang de vertu morale, a donc tout d'abord des causes d'ordre social ; il arrive seulement que, une fois apparue, cette conviction peut se maintenir et se développer sans conserver la conscience distincte de ces causes, et qu'elle finit par revêtir le caractère purement idéaliste sous lequel on l'envisage d'ordinaire. Inversement la passivité intellectuelle, l'indifférence à la vision personnelle du vrai, l'absence d'esprit d'examen apparaissent désormais pour les mêmes raisons comme des vices très voisins de l'hypocrisie.

En résumé, nous avons pu montrer que la véracité est tout d'abord une vertu *éthique* qui, à ce titre, se justifie socialement, et ne doit son caractère *moral* qu'à sa valeur sociale. Nous l'avons montré non pas, ce qui eût été vraiment trop aisé, en faisant voir simplement le prix de la véracité dans la vie sociale présente, mais en expliquant comment ce prix lui est progressivement reconnu par la conscience et d'autant plus vite qu'il s'agit de formes de véracité plus extérieures et plus directement sociales. Par cela même se trouve écartée l'hypothèse selon laquelle la véracité serait vertu en raison d'un rapport direct avec la vérité elle-même et avec la raison, et devrait son caractère proprement *moral* à la valeur supérieure, incommensurable à aucun autre bien, de la pensée en elle-même.

II

Il reste pourtant à nous demander si la véracité n'est *que* cela, si elle n'est rien de plus ou d'autre chose qu'une vertu.

1. — Nous n'ignorons pas que la question semblera volontiers absurde à quelques-uns. Lorsque, *a priori*, on définit la moralité comme un absolu, il devient impossible qu'il y ait rien au-dessus d'elle, et inversement on ne consentira à reconnaître le principe moral que dans un principe au-dessus duquel il soit impossible de monter, au delà duquel on ne puisse rien trouver. Mais c'est là une présomption qu'aucune raison de méthode ne motive, et qu'aucune observation ne justifie.

Nous n'avons aucun droit d'affirmer de but en blanc et en quelque sorte par voie de définition, que la morale soit un absolu, pas plus que nous ne pouvons dire, comme tant de métaphysiciens le font, que l'Absolu ait nécessairement un caractère moral. Sans doute nous avons toujours le droit, philosophiquement, de chercher un principe, soit théorique, soit pratique, au delà duquel il soit impossible de rien trouver, mais il serait aussi arbitraire de qualifier de moral un tel principe, dans l'ordre de l'action, que de qualifier de physique ou de chimique un principe semblable dans l'ordre de la pensée, par exemple le principe d'identité. Au contraire, il est à présumer que si nous arrivions à un absolu, il perdrait tout caractère déterminé et spécifié, et que nous n'aurions plus le droit de lui appliquer une qualification distinctive comme le fait l'épithète de *moral*.

Kant, dans la *Raison pratique*, est une conscience qui philosophe et non une raison pure qui découvre en elle-même la moralité.

Si Kant, voulons-nous dire, n'avait pas été *d'abord* une conscience morale, qui plus est, une conscience morale résolue à donner à la morale une valeur absolue, et mettant la philosophie au service de cette résolution (*fides quærens intellectum*); si, en d'autres termes, on pouvait l'imaginer philosophe pur, penseur absolument étranger à l'expérience de la vie sociale et dépouillé de toute la moralité instinctive qu'elle fait naître en nous ou qu'elle nous transmet par hérédité, on conçoit encore qu'il eût pu découvrir l'impératif catégorique comme *forme nécessaire de l'ordre qu'implique toute volonté, dès qu'elle veut;* mais on ne voit pas comment il lui eût jamais attribué le moindre caractère *moral*, comment il eût, dans cette voie, découvert en quelque sorte la moralité. Rigoureusement parlant, l'impératif catégorique ne contient pas plus de moralité que le principe d'identité ne contient les lois d'Ampère.

On comprend donc fort bien qu'il n'y ait aucune absurdité à dire qu'il y a quelque chose de supérieur, en un certain sens au moins, à la moralité. Il devient possible dès lors de se demander si la véracité ne se rattacherait pas par quelque côté à ce principe supérieur, si elle ne serait pas quelque chose de plus et d'autre qu'un simple devoir moral.

Et de fait, je sens que, quand on me prouverait dix fois qu'un mensonge est salutaire, qu'une erreur est bienfaisante, il y aurait encore quelque chose en moi qui protesterait impérieusement contre le conseil ou la tentation de mentir, ou de rester moi-même dans une ignorance de parti pris ; et quand j'aurais la « main pleine de vérités », mais de vérités réputées dangereuses, — et il en est peut-être de redoutables dans l'ordre social, — je sentirais malgré tout une impulsion presque invincible à ouvrir cette main que certains se déclarent disposés à tenir fermée. Je conçois qu'on puisse à la rigueur me convaincre dans certains cas que mon *devoir* au sens *moral* du mot exige que je mente ou que je dissimule ; il me faut alors, pour que je consente à trahir ma pensée ou à la taire, une lutte contre mon esprit presque aussi pénible que l'est d'ordinaire la lutte contre l'intérêt ou la passion.

Lorsque le criminel, comme l'homme du conte si saisissant de Poe, le *Cœur révélateur*, est poussé à se dénoncer lui-même, ce n'est pas, le plus souvent, comme le croit une psychologie trop simple et trop prudhommesque, l'effet d'un véritable remords. Mais son « secret lui pèse », il n'a plus la force de dissimuler, de vivre en quelque sorte en dehors des choses et de lui-même ; la pression intérieure de la vérité l'emporte sur la résistance de l'intérêt et de la peur qui la tenaient enfermée. A sa façon, il fournit une illustration singulière du mot de Platon : Rien de plus fort que la science. Il peut n'avoir de son crime aucun regret, aucune honte, aucun effroi moral ; il le connaît, il le sent, il le voit, cela suffit : il faut qu'il le clame. L'œil de cette conscience, même parfaitement indifférente au bien et au mal, sera comme l'œil lumineux de certains animaux, qui éclaire en même temps qu'il perçoit.

On pourrait, au point de vue psychologique, rappeler ici la loi du « vertige mental », l'auto-suggestion de toutes les représentations vives et précises. On pourrait mieux encore invoquer la loi psychologique fondamentale de l'organisation harmonique de tous les éléments dans la personne, loi qui fait de l'hypocrisie, comme l'a fortement montré quelque part M. Fouillée, une attitude si difficile à soutenir et vraiment contre nature. On pourrait croire qu'avec une semblable explication, l'on confine à la morale et l'on pense au ζῆν ὁμολογουμένως des stoïciens. Mais répétons-le encore : l'accord avec soi-même est sans doute une condition de l'activité morale comme de toute activité systématique, mais c'est confondre le genre avec l'espèce, l'élément avec le tout, que d'en faire la définition même de la moralité. Elle n'a rien de spécifiquement moral. Le commerçant qui cherche à gagner le plus d'argent possible est aussi d'accord avec lui-même, avec la définition même du commerce, et de même le guerrier qui tue le plus d'ennemis qu'il peut, et ainsi de suite.

On insistera et l'on nous fera remarquer que par définition la vérité est le seul terrain sur lequel puisse se prolonger indéfiniment l'accord avec soi-même. On dira, en s'inspirant de Leibnitz ou de Spinoza, que le bien, c'est en définitive le possible, et le mal ce qui ne peut se développer, ce qui se nie soi-même, que la bonne voie, c'est la voie indéfiniment ouverte et que la mauvaise voie, c'est l'impasse. On montrera alors dans la véracité la forme la plus explicite, la plus exemplaire, la plus typique de cette loi supérieure. Nous en demeurons pleinement d'accord puisque c'est précisément ce caractère de la véracité que nous voulons mettre en évidence dans cette dernière partie de notre analyse. Mais on devra en même temps nous accorder que *la généralité même de cette loi lui enlève, au lieu de lui conférer, le caractère moral*. La notion du Bien, ainsi étendue, ne peut plus comprendre le Bien moral que comme un cas spécial dont elle laisse échapper la compréhension propre, la différence spécifique, en raison de son extension même.

On voit par là même comment nous pouvions dire qu'il y a quelque chose de supérieur à la moralité. La supériorité d'un tel principe est toute logique, toute rationnelle, et non point morale. C'est une supériorité d'extension, et non de qualité. La nécessité qui s'y lie est formellement plus impérieuse, dans la mesure même où elle est matériellement plus indéterminée, exactement comme il arrive dans l'ordre spéculatif, où les principes les plus nécessaires dans l'ordre abstrait (A est A) sont précisément ceux dont l'application dans l'ordre concret présentent le plus d'incertitude et d'indétermination. Kant a voulu obtenir le maximum d'obligation *formelle*, et par là il sort véritablement de la sphère de la moralité ; nous croyons que la moralité présente et doit présenter le maximum d'obligation *réelle*.

2. — Mais il est évidemment un cas spécial et privilégié où la matière réelle de l'obligation et sa forme abstraite arrivent presque à s'identifier, et ce cas est précisément celui de la véracité. Il y a sans doute encore un hiatus plus ou moins sensible, nous l'avons montré, entre la possession de la vérité, ou du moins la conviction qu'on la possède, et le devoir de l'exprimer. On oublie trop, par exemple, que le caractère d'*universalité* du vrai n'a de sens et ne

s'aperçoit que grâce à ce minimum d'expérience sociale : le fait qu'il y a d'*autres esprits*. Envisagée à un point de vue strictement intérieur, la vérité pourrait être dite nécessaire, non pas universelle ; et c'est parce que, en substituant, dans son *Grundgesetz*, la catégorie d'universalité à celle de nécessité, il introduit subrepticement ce minimum de fait social, que Kant semble se tirer si aisément d'affaire. Néanmoins la transition est ici plus directe que nulle part ailleurs entre l'intelligence et l'action, puisque l'action consiste dans l'affirmation elle-même devenant extérieure ; et, une fois posée comme fait la présence des autres consciences, on peut admettre que l'*universalité virtuelle* du vrai pousse naturellement à son *universalisation réelle*, c'est-à-dire que la vérité détermine la véracité. C'est ce qui explique que le cas du mensonge soit l'exemple favori de Kant à la recherche d'une expression pratique de l'impératif catégorique.

Enfin, partout ailleurs, il est facile de voir que la connaissance ne détermine pas directement l'action, puisque à côté de la mineure cognitive qui fournit le *moyen* (par exemple une connaissance physiologique), le raisonnement pratique doit contenir une majeure tirée de la tendance, du besoin, du vouloir enfin, qui pose une *fin* (la santé) ; sans ce vouloir présupposé, jamais la connaissance pure n'aboutirait à un *précepte* (l'ordonnance médicale). Au contraire, tous ces termes se rapprochent quand il s'agit de l'affirmation de ce qui est pensé comme vrai. Connaître le vrai, l'exprimer, et le faire reconnaître, on ne sait trop quel est, de ces trois moments de la véracité, la fin, le moyen ou le précepte ; car la diffusion d'une opinion est un moyen de la contrôler ; la vérité de cette opinion est une condition de sa diffusion, et même la nécessité d'énoncer notre pensée est un stimulant pour la vouloir vraie. Tout cela se touche et se mêle au point de se confondre pratiquement, et ainsi le rapport de la connaissance à l'action est ici beaucoup plus immédiat que nulle part ailleurs.

Il y a donc toutes sortes de raisons logiques et psychologiques qui font de la véracité un devoir privilégié. Il s'impose sans doute pour des raisons proprement morales, mais il en comporte d'autres d'une nature plus générale, en même temps que plus spéciale : plus générale puisque nulle part cette forme subjective d'obligation qui est l'accord avec soi-même ne se trouve plus adéquatement ni plus clairement réalisée ; plus spéciale, puisque nulle part n'est plus immédiat ni plus déterminé le passage, d'ordinaire si indirect et si variable, de la connaissance à l'action. Il y a donc bien là quelque chose qui dépasse la simple moralité. A tout prendre la moralité est chose pratique et chose humaine, malgré le sort cosmologique ou métaphysique que tant de penseurs ont voulu lui faire. Or il y a peut-être quelque chose au-dessus de la pratique et au-dessus de l'humanité ; et si quelque chose de tel existe, qui soit cependant accessible à l'homme, c'est assurément la vérité. Il semble bien qu'elle ne soit pas seulement pour l'homme une *fin* à vouloir, un bien, comme la moralité ; encore moins est-elle un simple *produit* d'une activité créatrice et fantaisiste, comme l'art, ou un simple *moyen*, un procédé, comme l'industrie. Elle s'impose à l'homme, non peut-être sans qu'il ait un effort à faire pour la voir, mais sans qu'il ait du moins à vouloir qu'elle soit ceci ou cela ; elle reste supérieure à la catégorie de finalité, elle reste indépendante de nos tendances, de nos habitudes, de nos institutions. Elle est pour nous une sorte d'absolu qui comme tel vaut par lui-même, indépendamment de toute relation avec une *volonté*, une existence qui est plus, ou du moins autre chose qu'un *bien*.

Mais ces caractères de la vérité restent en un certain sens tout idéaux et pour ainsi dire formels, puisque la vérité n'apparaît que dans des consciences individuelles. Ils n'ont qu'une existence à la fois métaphysique, en tant qu'ils énoncent ce qu'est, en droit et par définition, la vérité, s'il y en a une ; et psychologique, en ce sens qu'ils expriment bien l'aspect sous lequel la vérité se présente à l'esprit au moment où il croit la posséder. Mais ces caractères ne peuvent devenir en quelque sorte actuels et objectifs, et toujours imparfaitement, que par une approximation progressive. En ce sens la vérité n'est pas *donnée* ; elle *se réalise* peu à peu, et cette approximation se produit précisément dans la mesure où la pensée individuelle s'universalise en se communiquant. C'est par là que la vérité rentre pour ainsi dire sur le terrain de l'action, et redevient une fin pour la conscience individuelle. La véracité apparaît ainsi comme impliquée dans l'idée même de la vérité, dès qu'au lieu d'envisager celle-ci intérieurement et dans l'abstrait, on l'envisage dans son rapport avec la relativité humaine. Mais c'est à cette condition seule qu'on retrouve ainsi, sous la vérité, la moralité ; et cette condition consiste précisément à présupposer, d'une manière générale, le fait social que nous mettons à la base de la moralité. La science n'est plus alors un simple instrument du bien-être collectif, un moyen de progrès social ; mais *en elle-même la vie scientifique est devenue une forme supérieure de vie sociale.*

Chaque conscience aspire à devenir de plus en plus adéquate à toute la Pensée vraie, et elle ne le peut qu'en communiquant librement avec les autres consciences. Par là le besoin de vérité est pour l'individu comme une exigence à la fois très élémentaire et très élevée, de sociabilité.

Le caractère virtuellement absolu de la vérité ne peut plus alors se traduire qu'en un devoir absolu de véracité, et, au lieu de déterminer l'intolérance, il conduit à la liberté de conscience.

Ainsi, en dernière analyse, on pourrait dire, d'une part, que la véracité est idéalement quelque chose de plus qu'un devoir moral puisque, au lieu de dériver de la vie sociale, elle en pose en quelque sorte la nécessité métaphysique, et qu'elle est, d'autre part, une vertu proprement dite, en tant que dans l'ordre empirique, le fait social est au contraire posé d'emblée à la fois comme une donnée de fait, et comme principe d'une norme particulière.

CONCLUSION.

On s'explique donc amplement que la véracité ait pu apparaître comme un principe moral supérieur à toute considération sociale, mais on voit surtout qu'au point de vue social même, qui est pour nous le point de vue propre de la morale, on peut la considérer comme un devoir souverain, comme le point culminant de la moralité.

Tout d'abord la véracité, quoique suscitée du dehors comme une nécessité sociale, trouve à l'intérieur de la conscience individuelle, un consentement plus direct, plus intime que les autres obligations morales. Celles-ci continuent à peser toujours plus ou moins sur notre liberté, et nous ne leur accordons guère qu'une soumission indirecte et dérivée : c'est comme une « volonté seconde » que se présente presque toujours la volonté morale. C'est le contraire ici. En vain Nietzsche s'efforce-t-il de discréditer, comme une manifestation subtile de l'esprit grégaire, les scrupules du « Consciencieux de l'Esprit », et de présenter la condamnation du mensonge comme le suprême machiavélisme des faibles. Sans doute, en fait, nous tenons d'abord à n'être pas trompés et c'est aux autres en premier lieu que nous imposons la véracité. Mais il semble que dans cette dernière découverte de la sociabilité, l'esprit se reconnaisse lui-même et retrouve sa véritable nature, mieux que dans la ruse, la perfidie, la *mendacité* générale que nous avons vues précisément être liées à la lutte pour la vie et à la faiblesse. C'est donc là que le *Sic volo, sic jubeo* de la société apparaît le moins arbitraire et le moins oppressif et que le devoir est le plus près de se confondre avec une pure satisfaction intérieure. Il reste pourtant que cet assentiment tout interne ne suffirait pas à en faire quelque chose de *moral*.

Mais en même temps que c'est ainsi le devoir le plus satisfaisant pour la conscience individuelle, on peut dire que la véracité est le devoir social suprême. Tandis que tous les autres devoirs sont en effet plus ou moins relatifs à telle forme ou à telle fonction particulière de la société, il semble que celui-ci définisse une condition fondamentale de sociabilité qui pour être la plus tardivement reconnue n'en est que plus essentielle. C'est pourquoi il apparaît volontiers comme supra-social et comme antérieur à la moralité proprement dite ; car il en domine tous les objets plus particuliers et semble adéquat au principe même de la sociabilité. Sans la probité, la droiture et la confiance mutuelle quelle vie sociale est possible? Il n'y a même finalement aucune garantie solide d'ordre, aucune stabilité, aucune consistance dans une société où la plupart des individus manquent de sincérité avec eux-mêmes comme avec les autres, ne savent ou ne veulent pas examiner personnellement le vrai et le faux, le juste et l'injuste, affirment ou nient, condamnent ou absolvent sur la foi d'un prêtre ou sur l'ordre d'un général. Et comme il n'y aurait aucune science valable sans la décision préalable de garder son esprit libre et désintéressé, de même il n'y aurait, au fond, aucune société véritable entre des esprits qui se cacheraient les uns des autres ou abdiqueraient les uns au profit des autres, qui ne prendraient pas, avant tout, le double parti de la sincérité et de l'indépendance. Il y a ainsi une position fondamentale qu'on pourrait appeler la Rationalité, et qui paraît logiquement antérieure à tout usage réfléchi, spéculatif ou pratique, de nos facultés. Il reste pourtant que c'est seulement dans sa relation avec la vie en société que cette attitude acquiert un caractère proprement *moral*.

Ainsi la valeur incomparable et si singulière de la Véracité ne saurait constituer une objection contre une morale sociologique, si ce n'est aux yeux de ceux qui décrètent d'avance que la morale est un absolu, et que le caractère absolu suffit à la définir. Notre étude nous a montré combien ce décret était arbitraire et contraire aux faits, tout en nous permettant de comprendre l'illusion dont il résulte et qui s'explique si nettement dans le cas privilégié de la Véracité. Elle nous a même permis de reconnaître ce qu'il y aurait de dangereux pour la valeur pratique de la morale à la faire émaner de la Raison pure, parce que cette thèse, telle que nous l'avons indiquée au début, placerait si haut et si loin le principe de la moralité que tout le reste perdrait sa valeur et deviendrait indifférent. Or ce reste, ce sont précisément avant tout ces multiples et complexes intérêts humains qui constituent le contenu de toute la vie pratique, et l'objet de toute conscience morale spontanée ; ce sont tous ces biens pour lesquels les hommes ont de tout temps bataillé, pour la conquête desquels ils doivent enfin s'unir.

Le point de vue social réussit donc sans faire évanouir la spécificité de l'idée morale, à coordonner toutes les valeurs, y compris celles mêmes de la science et de la pensée vraie ; le point de vue de la Raison pure, au contraire, outre qu'il méconnaît cette spécificité, n'implique et même rigoureusement ne comporte aucune reconnaissance des valeurs sociales empiriques, qui constituent pourtant la matière nécessaire de la moralité.

IV

LE SUICIDE

La question du suicide, comme celle de la véracité, semble marquer un point critique en morale. Par la manière dont on l'envisage et dont on la tranche, il semble impossible de ne pas prendre parti sur les principes mêmes et la portée générale de la moralité.

Plus particulièrement, celui qui cherche à constituer une morale positive ne peut guère se dispenser de l'aborder. De même, en effet, que la question de la véracité le met directement aux prises avec une morale de raison pure, de même celle du suicide le met nécessairement en présence des systèmes de morale transcendants ou religieux, et il deviendra nécessaire de savoir si les raisons de cet ordre, à peu près seules invoquées pour condamner le suicide, étant par hypothèse abandonnées, cette condamnation tombe, ou si au contraire il est possible de la maintenir pour des motifs d'ordre purement positif et social.

On peut entreprendre cette recherche avec quelque confiance, car il n'existe peut-être aucun chapitre de la morale pratique où les motifs invoqués à l'appui d'une prescription donnent plus nettement l'impression d'être des pièces rapportées, des raisons imaginées après coup pour expliquer, vaille que vaille, un sentiment général et fort, et pour le fortifier dans la conscience. Il semble donc que la condamnation du suicide ait des *causes* réelles, plus ou moins obscures, en même temps que des *motifs* plus ou moins vivement sentis qu'il appartiendrait à une morale positive de dégager et de mettre peut-être à profit pour remplacer les prétextes plus ou moins illusoires qui les ont recouverts. Sans doute ces prétextes ont pu, grâce à la foi dont ils étaient l'objet, contribuer réellement à développer et à fixer le sentiment de répulsion pour le suicide. Comme ils corroboraient en le précisant le sentiment général de crainte inspiré par la mort et par ce qui peut la suivre, il serait téméraire de nier qu'ils aient pu avoir dans ce sens un rôle efficace. Le christianisme, par la force de son affirmation de l'au-delà, par la netteté et la persévérance avec lesquelles il a proscrit le suicide et sanctionné ses prescriptions, a incontestablement contribué, malgré l'évidente faiblesse des raisons invoquées, à fixer sur ce point la conscience des peuples qui le professent. Mais il reste toujours, ici comme sur d'autres points, à savoir pourquoi le christianisme a adopté cette attitude alors qu'il n'eût pas manqué, au point de vue de la doctrine du moins, de raisons aussi fortes pour adopter l'attitude tout opposée. Les croyances religieuses ne peuvent guère être ici, non plus qu'ailleurs, une cause fondamentale et première. Elles requièrent une explication plutôt qu'elles n'en fournissent.

La question s'impose d'autant plus que l'affaiblissement de ces croyances nous laisse aujourd'hui sans réponse même verbale, à un problème que la vie pose souvent d'une manière aiguë. La disparition presque universelle des sanctions civiles et l'extrême atténuation des sanctions spirituelles, dont les autorités religieuses préfèrent, par crainte du scandale, éviter une application plus nuisible qu'utile à leur crédit, laissent plus de liberté à la conscience morale dans son jugement, si même elles n'attestent son incertitude et son indulgence.

A cela s'ajoute l'effet de l'individualisme grandissant. De plus en plus s'accentue et se généralise la conviction morale que la personne s'appartient à elle-même et que toute mainmise absolue sur elle est illégitime. Sans doute cet individualisme du droit n'exclut pas le sentiment de la solidarité et des obligations résultant de la participation de l'individu à la vie sociale. Mais cette limitation de sa liberté est de plus en plus généralement conçue comme le résultat d'une sorte d'échange de services ou même d'un contrat ou d'un quasi-contrat; et ainsi elle n'apparaît pas, en principe du moins, comme une négation de l'autonomie de la personne. De quelque théorie qu'elle se réclame, sous quelque forme philosophique qu'elle s'exprime, l'évolution par laquelle l'idée du droit de la personne *à* quelque chose tend à remplacer celle d'un droit d'une personne *sur* une autre, est incontestable et caractérise bien la tranformation moderne de la conscience juridique. Comment, dès lors, concevoir une autorité qui imposerait à l'individu la conservation d'une existence qu'il n'a pas demandée ? Comment, si la mainmise sur sa vie est la négation même de son droit, cette mainmise pourrait-elle s'exercer légitimement pour le contraindre à vivre ? Si la personne s'appartient, comment lui défendre de se détruire ? Il y a dans la condamnation à vivre, autant que dans la condamnation à mort, quelque chose d'absolu à quoi répugne la relativité et le caractère conditionnel du droit. *Si* l'homme vit, puisqu'il ne peut se suffire à lui-même on conçoit qu'il puisse être astreint à vivre d'une certaine manière ; car il y a une relation constante, une interaction continue, un incessant échange entre cette vie et le milieu (social en particulier) où elle se développe : le milieu pose donc ses conditions. Mais comment tirer, de considérations de ce genre, le devoir même de vivre, le devoir de s'engager dans ces relations d'où semblent être déduits tous les devoirs ? Comment le milieu poserait-il ses conditions à celui qui en sort ? On est arrivé en effet à affirmer le *Droit à la mort* [1] comme une conséquence de l'individualisme juridique dont nous venons de parler, et, si paradoxale que soit une semblable revendication, il ne semble pas facile, dans l'état présent des esprits libres, de la tenir pour vaine et non avenue. La thèse du droit à la vie, qui est plus courante, est assurément de nature à agréer davantage ; elle n'est peut-être pas aussi aisée à défendre.

Malgré toutes ces influences, il semble que la condamnation du suicide par la conscience commune, quoique peut-être affaiblie, se maintienne généralement. Les familles où un suicide s'est produit le cachent autant que possible et essayent de donner le change à l'opinion publique. C'est donc qu'on le considère, non comme un simple malheur, mais comme une sorte de honte ; sans doute pas tout à fait comme un crime, car en l'absence de toute sanction l'idée du crime ne peut guère se maintenir, mais comme une tare qui rejaillit sur les proches. Les témoins d'un suicide s'efforcent de l'empêcher, sans éprouver le moindre scrupule au sujet de l'atteinte qu'ils portent à la liberté du désespéré. On n'hésiterait même pas à considérer comme moralement coupable d'une sorte de complicité d'homicide celui qui assisterait indifférent et inerte à une tentative de suicide [2]. Enfin toutes sortes de précautions sont prises pour

---

1. M. E. Ferri, *Revue des Revues*, avril 1895.
2. Le suicide n'étant pas considéré comme un crime par la loi française, la complicité de suicide n'est pas non plus poursuivie. Mais cer-

prévenir le suicide, quand on a quelque motif de le prévoir ; par exemple on enlèvera aux prisonniers les couteaux et autres instruments avec lesquels ils pourraient attenter à leur vie, on arrondira les angles des cellules, etc.

Il y a dans ces derniers faits ceci de remarquable et que nous aurons à retenir, que si la réprobation morale du suicide manque bien souvent d'énergie, au moins n'y a-t-il pas d'hésitation sur la conduite à tenir à son égard. Le devoir de ceux qui peuvent y faire obstacle reste très nettement affirmé, et au moins sous cet aspect peut-être le plus essentiel, la question de la légitimité du suicide est tranchée dans le même sens aujourd'hui qu'elle l'était aux siècles de foi, dans le sens où toute la philosophie morale moderne l'a résolue également avec le christianisme, à l'aide d'arguments dont la médiocrité même atteste la force de la conviction qu'ils prétendent justifier.

Il reste donc à savoir si ce double sentiment de réprobation et d'obligation peut être considéré comme un résidu des croyances religieuses, comme une simple survivance ; ou si au contraire il peut continuer à se justifier à un point de vue exclusivement positif.

I

Essayons d'abord de nous rendre compte de la nature du suicide et de la portée de cet étrange phénomène. Il ne peut manquer de jeter une certaine lumière sur la signification de la vie humaine et de la moralité.

taines législations étrangères la punissent (Espagne, Brésil, Hongrie, Angleterre, etc.). Dans le premier cas la logique juridique est tout abstraite : pas de complice là où il n'y a pas de coupable. Dans le second cas le droit est bien plus près de la vérité sociale et psychologique : celui qui *se* tue accomplit un suicide, mais celui qui favorise ou facilite la mort *d'un autre*, commet, pour autant, un homicide.

Un fait nous frappera tout d'abord et a frappé tous ceux qui ont étudié le suicide, c'est que c'est un phénomène exclusivement humain, et dans l'humanité un phénomène relativement tardif.

Dans l'animalité, les cas d'apparent suicide se ramènent pour la plupart à des phénomènes de réaction violente, où les réflexes d'ordinaire utiles au maintien de la vie, dépassent la mesure et provoquent plus ou moins directement la mort. Ce sont là des faits apparentés aux faits d'*autotomie* dans lesquels on voit l'animal captif s'amputer d'un membre pour s'échapper : c'est donc tout l'opposé d'un véritable suicide. A plus forte raison est-il impossible d'assimiler au suicide les cas nombreux où la satisfaction normale de l'instinct, en particulier de l'instinct de reproduction, est comme chez tant d'insectes, fatalement suivi de mort. Même lorsque le frelon, aussitôt que la reine l'a accueilli au haut des airs, rentre docilement à la ruche où les ouvrières vont l'immoler, il n'est guère possible de voir là autre chose qu'un mécanisme instinctif plus compliqué, une combinaison d'instinct individuel et d'instinct social, mais qui ne diffère pas essentiellement du cas précédent.

C'est donc dans l'humanité que nous voyons apparaître la mort volontaire, ne serait-ce que pour cette raison que l'homme seul, on l'a soutenu avec vraisemblance, connaît et prévoit distinctement la mort.

Mais encore une distinction s'impose-t-elle ici. La mort « volontaire » peut être simplement acceptée, ou elle peut être directement voulue, et il nous semble que c'est dans ce second cas seulement qu'il y a proprement suicide. Or, si l'on admet cette distinction, on verra que le suicide véritable est un fait relativement tardif dans l'évolution humaine elle-même. Car dans la plupart des cas les soi-disant « suicides » primitifs ont un caractère *obligatoire* : la mort est voulue par la société plutôt que par le prétendu suicidé, qui n'est guère là que l'instrument, l'exécuteur d'une volonté étrangère. N'est-ce pas le cas, par exemple, des vieillards obligés, chez certains sauvages, à se tuer lorsqu'ils sont devenus infirmes ? Ils se sacrifient alors eux-mêmes, comme ailleurs, chez les Dayaks de Bornéo, par exemple, ils sont sacrifiés par leurs enfants ; mais s'il n'y a pas suicide dans ce second cas, y a-t-il suicide dans le premier, sinon au point de vue des apparences extérieures ? Les veuves, les esclaves qui se tuent obligatoirement sur la tombe ou le bûcher du mari ou du maître acceptent sans doute aussi la mort, et parfois avec une sorte d'enthousiasme religieux. Ils n'ont pourtant pas à délibérer sur leur mort et c'est la volonté sociale impérative qui se substitue à la leur et la dispense d'intervenir d'une manière positive [1]. Il est clair que dans la mesure où la pression de la contrainte extérieure détermine nos actes, dans cette mesure même ils cessent d'être vraiment nôtres.

Dira-t-on que distinguer ainsi entre les morts volontaires c'est faire entrer en ligne de compte pour définir un phénomène social, des motifs subjectifs, des éléments tirés de la conscience des individus et que de telles considérations doivent rester étrangères à la science ? Il s'agit pourtant simplement de savoir ce qu'on veut dire exactement quand on parle de mort *volontaire*. On est bien obligé, en tout cas, de faire entrer dans la définition du suicide l'idée que la mort est *sciemment* encourue par l'individu. N'est-ce

---

1. M. Lasch (Cf. *Année sociologique*, III, 480) montre dans le suicide primitif un prolongement du sacrifice humain. Cette interprétation demanderait un examen précis et par espèces. Elle nous semble, en gros, dans la vraie direction et l'on sentirait alors la distance qui sépare ces suicides obligatoires des suicides véritables.

pas déjà faire entrer dans la définition un élément subjectif : la connaissance que l'individu possède de certaines conséquences de ses actes, la prévision et l'acceptation de ces conséquences? On ne fait ici que préciser davantage cette considération nécessaire. On arrive d'ailleurs, si l'on s'y refuse, à confondre avec le suicide le dévouement qui va jusqu'à l'acceptation de la mort[1]. Or non seulement cette confusion renverse toutes les notions morales courantes, mais elle méconnaît, nous le verrons, la vraie nature du suicide[2]. C'est comme si, dans la définition du crime, on ne voulait tenir compte que de la conformité ou de la non-conformité de certains faits avec la volonté sociale, sans tenir compte de la révolte consciente du criminel contre cette volonté; on en viendrait à confondre de purs accidents avec des crimes.

Ce qui nous semble caractériser le suicide proprement dit, c'est donc tout d'abord que la mort est voulue d'une manière spontanée, sans que le sujet y soit contraint du dehors. Mais c'est aussi que la mort est en elle-même l'objet de cette volonté, qu'elle est voulue en tant que mort et non comme une condition ou un moyen d'une fin toute différente : peu importe, après cela, que celui qui se

---

1. C'est ce que fait expressément, on le sait, M. Durkheim, dans son étude si précise et si riche d'informations, si approfondie, dans ses discussions sur *Le Suicide*, Paris, F. Alcan; en particulier, p. 45. Si l'on ne dit pas d'un homme qui abrège sciemment sa vie par l'alcoolisme ou la débauche qu'il commet un suicide égoïste, pourquoi dirait-on d'un homme qui se dévoue, à la guerre ou dans une épidémie, qu'il commet un suicide altruiste ?

2. Il faut d'ailleurs se résigner en pareille matière à n'avoir pas de définition absolue et unique ; il suffit qu'on puisse déterminer ce qui constitue la caractéristique essentielle du fait défini. Il est clair que tout autour de ce point central les faits se classent par dégradations insensibles. Il est vain de vouloir dire absolument que tel martyre volontaire est un suicide ou n'en est pas un. Mais on peut déterminer *à quel point de vue* on dira que c'en est un ou non.

tue voie dans la mort un simple anéantissement de la personne, comme c'est le cas le plus ordinaire aujourd'hui, ou qu'il y voie une simple transformation de son mode d'existence, comme devait l'imaginer un chrétien primitif, comme l'épigramme connue de Callimaque le laisse entendre au sujet de Cléombrote d'Ambracie [1].

C'est cette volonté de mort qu'il s'agit de bien comprendre, et alors peut-être expliquera-t-on pourquoi elle est particulièrement humaine et même liée à des formes élevées de l'existence humaine; on pourra entrevoir du même coup le rapport qu'il y a entre elle et cet autre phénomène humain : la moralité.

Il ne suffirait pas évidemment de répondre que l'instinct de conservation va s'affaiblissant, et que, comme les autres, il est plus ou moins dissous par la réflexion. Ce ne serait d'abord que reculer la solution, en exprimant le fait lui-même sous une autre forme : car pourquoi l'instinct de conservation s'affaiblit-il? Quelle est la force positive qui intervient pour lui faire équilibre ou le surmonter? Mais on se demande même si cette manière toute négative de formuler le fait serait bien exacte : car on ne voit pas qu'en général l'homme tienne moins à la vie que l'animal, ni le civilisé que le sauvage. A bien des égards ce serait plutôt le contraire. Le peu de prix qu'attachent à la vie, non exceptionnellement, mais en masse, certains peuples primitifs, étonne en général les Européens. Cela est pourtant assez naturel, car le prix de la vie s'accroît avec la complexité et l'étendue des fins qu'on peut y poursuivre, l'intensité et la hauteur des ambitions qui peuvent s'y développer.

---

[1]. « Adieu, Soleil, dit Cléombrote d'Ambracie, et du haut d'un mur élevé il s'élança chez Hadès : ce n'était pas qu'aucun mal lui fit souhaiter la mort, mais il lui avait suffi de lire le livre « de l'Ame » de Platon (le Phédon). »

Mais c'est là précisément ce qui va nous fournir la réponse cherchée : c'est que pour l'homme la *vie n'est qu'un moyen*. Quelle que soit la nature des fins auxquelles on la consacre, elle perd tout son prix, si ces fins paraissent hors d'atteinte, si un certain idéal qu'on s'était assigné, idéal de fortune, d'amour, de pouvoir, de science, semble nous être définitivement fermé. Comme le remarque Aristote, l'homme ne cherche pas seulement à vivre, mais à « bien vivre ».

Ainsi tandis que l'animal vit simplement sans que sa vie ait d'autre but qu'elle-même, son maintien et sa propagation, l'homme, et cela dans la mesure très variable où il s'éloigne de l'animalité, cherche à sa vie un usage en dehors d'elle-même, et la fait passer du rang de fin au rang de moyen. C'est pourquoi il la rejette, quand elle paraît devenue inutile. Le vieillard du fabuliste exprime bien imparfaitement la nature humaine quand il s'écrie : « Qu'on me rende impotent, cul-de-jatte, goutteux, manchot, pourvu qu'en somme, Je vive, c'est assez. » Non, ce n'est pas assez : il faut que cette vie ait un emploi. Notre but seul soutient notre volonté de vivre : elle tombe, s'il s'évanouit. Et c'est pourquoi tandis que l'animal vit pour vivre, l'homme seul meurt pour mourir.

Ce que le suicide nous révèle, c'est donc avant tout cette finalité de la vie humaine. Cette finalité se présente sous deux aspects principaux : d'une part le but de la vie se projette, sous la forme d'une *représentation*, en avant, dans le temps, et en dehors de nous, dans l'espace. Par suite, d'autre part, chaque moment s'intègre et se subordonne à l'ensemble de la durée conçue, et la vie individuelle au tout dont elle fait partie.

Or cette aptitude à considérer quelque chose en dehors

de soi comme le but de l'activité, et par suite, en fin de compte, à estimer cet objet plus précieux que la vie même, puisque le prix de la vie en est dérivé, ce pouvoir, je dirais presque cette obligation, qui s'ensuit, d'organiser la vie au lieu de la vivre au fur et à mesure qu'elle se déroule, ce n'est pas sans doute la moralité tout entière, dans toute sa compréhension ; mais n'est-ce pas cependant une des conditions essentielles de la moralité, une des racines de sa « noble tige » ?

Plus particulièrement encore, si notre liberté morale résulte de notre pouvoir d'opposer le non au oui, de protester contre le réel, de susciter contre les thèses brutes de l'instinct l'hypothèse d'un contraire, et d'en faire l'essai[1], comment ne pas voir dans le suicide la forme-limite de cette faculté de négation, la négation de l'instinct le plus fondamental, de celui auquel paraissent suspendus tous les autres ? Quand la vie est ramenée à l'idée d'une *certaine* vie, la négation suprême de la vie elle-même devient possible.

Ainsi nous arrivons à cette constatation que le suicide est directement lié à l'existence de la moralité humaine et qu'il n'est possible que parce que l'homme est capable de moralité. Il est l'envers et comme la rançon de la moralité. S'il est condamnable — nous l'ignorons encore — ce n'est point comme un mal absolu, mais seulement comme une déviation d'une force infiniment précieuse en elle-même.

On s'explique alors à la fois la parenté et la différence qui existent entre le suicide et le sacrifice volontaire de la vie par dévouement. Leur parenté d'abord ne consiste pas seulement dans l'apparence tout extérieure d'une acceptation consciente de la mort. Elle réside en ce que

---

[1]. V. 1re Étude, p. 149.

l'un et l'autre, l'un positivement, l'autre négativement attestent 'la « finalité » de l'activité humaine, le besoin qu'éprouve l'homme pour persister dans le vouloir-vivre et lui donner toute sa force, de trouver de cette vie un emploi qui lui paraisse valoir la peine de la *dépenser*, dût-il même, exceptionnellement, la dépenser en une seule fois.

L'homme n'est pas *avare* de sa vie, il ne se contente pas de la posséder pour la posséder, en contemplant son trésor. S'il faut la sacrifier d'un coup à une fin supérieure, il est capable de le faire ; si elle ne peut plus lui procurer ce qu'il en attend, il la rejette. On a souvent invoqué le caractère paradoxal du sacrifice, comme une preuve de ce qu'il y a de surnaturel dans l'homme et dans la moralité. On n'a pas pris garde que, d'une manière différente, le suicide, même le plus égoïste, fournirait cette preuve au même titre.

Mais on voit en même temps pourquoi il est impossible de confondre le dévouement et le suicide. Celui qui se dévoue ne cherche pas la mort pour elle-même, il ne fait dans la mort que prolonger sa vie même, car il la fait servir à la même œuvre. En mourant, il agit encore. On ne peut pas plus dire qu'il y a suicide de sa part, que de la part de l'homme qui s'use, lentement, au travail. Un Bara, un d'Assas ne veut pas mourir, il veut sauver les siens, continuer la défense ou la victoire. La mort n'est qu'une condition accidentellement imposée par les circonstances. Le suicidé est celui qui a renoncé à son but, qui cesse définitivement d'agir, et qui a désespéré de la vie. La mort n'est pas pour lui le dernier usage qu'il fasse de sa vie, l'effort suprême pour faire aboutir une œuvre commencée ; c'est l'abandon final [1].

1. Il n'y a donc pas en ce sens de suicide proprement altruiste, quoiqu'on puisse aussi se tuer parce qu'on désespère de réussir dans une

Il y a ambiguïté à dire que l'on se tue parce que l'on se détache de soi-même [1]; car ce qui empêche qu'on ne se tue, c'est qu'on s'est attaché non à soi-même, mais à la poursuite de quelque fin, et qu'on y réussit ; et ce qui fait aussi qu'on se tue, c'est qu'on désespère du succès. Le détachement de soi est donc, en un certain sens, plutôt une condition qui éloigne du suicide, et ce que le suicide révèle, c'est la plupart du temps l'absurdité de l'égoïsme, le contre-sens qu'il y a à considérer le bonheur personnel comme une fin, alors que le bonheur est immanent à toute activité qui réussit.

C'est pourquoi aussi l'idée de Guyau, quand il propose à ceux qui sont las de la vie de substituer un utile dévouement à un suicide stérile, appelle quelques réserves. Sans doute, c'est une belle et large idée qui tend à concilier le devoir social et le droit de la personne sur elle-même, l'un et l'autre poussés à leur extrême limite. On utiliserait ainsi dans sa direction normale la force morale réelle que nous avons vu être impliquée dans le suicide. Malheureusement une telle solution, sans être impossible, est nécessairement et par nature tout à fait exceptionnelle. Elle supposerait chez celui qui l'adopterait un brusque changement de la *finalité* de la vie, et c'est la difficulté de ce même changement qui le mène à souhaiter la mort. Si nous pouvions substituer ainsi à l'idéal qui nous échappe un idéal nouveau, oublier ce qui faisait pour nous le prix de la vie en nous absorbant dans la poursuite d'un nouvel

---

œuvre ayant ce caractère. Il n'y a d'altruiste ou d'égoïste que les sentiments dont la violente inhibition détermine le suicide. Mais le suicide lui-même est négatif de toute action, aussi bien égoïste qu'altruiste. D'ailleurs parler de *suicide altruiste* comme le fait M. Durkheim, n'est-ce pas de nouveau faire intervenir la considération de l'état d'esprit du sujet, ce qu'on refuse de faire pour distinguer le suicide du dévouement?

1. Durkheim, *op. cit.*, p. 416.

objet, nous cesserions de vouloir la mort. Nous reprendrions intérêt à l'existence. Ce serait là, comme l'indiquait Rousseau, un remède au suicide plutôt qu'un équivalent plus fécond du suicide. Mais de même qu'une grande tristesse, ou simplement une contrariété un peu vive, nous empêche de tourner notre pensée vers les sujets de joie les plus réels que nous pourrions avoir, il est bien rare qu'un désespoir qui nous conduit au seuil du suicide nous laisse la liberté de songer aux dévouements utiles, si ce n'est peut-être dans le cas où une conviction morale ou religieuse intime nous interdit de porter matériellement la main sur nous-mêmes.

II

Nous croyons savoir quelle est la nature intime et générale du suicide. Peut-être sommes-nous en état de le juger, ou, mieux encore, d'apprécier le véritable caractère et de critiquer le sens de la réprobation sociale qui l'atteint en général dans notre civilisation.

Cette réprobation est un phénomène tardif [1]. Il l'est d'abord par ce seul fait que le suicide est lui-même tardif ; mais aussi parce que des coutumes qui, comme nous l'avons vu, ordonnaient souvent une sorte de suicide, ne laissaient guère de place à l'idée d'interdire une mort proprement volontaire et de la considérer comme criminelle. Les législations anciennes ne condamnaient le suicide — plusieurs le faisaient — qu'à un point de vue de droit civil, par exemple quand il était un moyen de se soustraire à une dette ou au service militaire. Mises à part quelques

1. V. Lasch, d'après l'*Année sociologique*, IV, 462.

réserves de Platon et même de certains stoïciens (qui ne redoutaient là qu'un abus de leur propre doctrine) le suicide paraît avoir été dans l'antiquité considéré comme un acte au moins moralement indifférent, et parfois admirable [1]. On peut donc dire que la condamnation du suicide, chez les peuples européens est un fait directement lié à l'apparition du christianisme. Il importe de savoir, par conséquent, comment et pourquoi le christianisme a condamné le suicide.

Il n'est pas facile de préciser la manière dont cette doctrine est arrivée à se former et à s'affirmer aussi énergiquement, d'autant que la question ne semble nulle part ni résolue ni même posée par l'Ancien ni par le Nouveau Testament. La doctrine est déjà nettement arrêtée chez Augustin chez qui l'on voit apparaître les arguments devenus courants contre le suicide [2]. Le principal c'est que le suicide est un homicide et que l'homicide est interdit par le Décalogue. Ce n'est pas le moment d'examiner ce que vaut l'argument en lui-même, car ce qu'il y a d'intéressant ici, c'est de comprendre comment on a pu avoir cette idée nouvelle d'étendre au suicide la condamnation de l'homicide. Cette extension, qui est très loin d'aller de soi en effet, prouve simplement que, le suicide étant condamné, on avait besoin d'appuyer cette condamnation de quelque

---

1. V. quelques textes sur ce point chez Schopenhauer, *Parerga et paral.*, *Sur la religion*, trad. Dietrich, p. 189. Paris, F. Alcan.

2. *Cité de Dieu*, XX-XXVII. Il critique Caton et lui préfère Régulus. Il blâme même le suicide de Lucrèce qu'il considère comme relevant moins de la vertu vraie que du point d'honneur, *pudoris infirmitas*. Ce dernier trait est intéressant en ce que le cas était fréquent de vierges chrétiennes qui échappaient au lupanar par la mort volontaire (Cf. Eusèbe, *Hist. Ecclés.*, VIII, 12). Elles étaient en général fort honorées ; saint Chrysostome a fait le panégyrique de plusieurs d'entre elles. Cf. saint Ambroise, *de Virginitate* III. 7 et *Lettre* XXXVII (Apologie de Pélagie).

raison plausible ; cette raison, on essayait naturellement de la tirer de la doctrine, et d'une vérité morale incontestée. Mais quelles causes conduisaient donc à proscrire le suicide et à chercher de telles raisons ? La question s'impose d'autant plus que à beaucoup d'égards le christianisme semblait pousser au suicide, loin d'en détourner.

Or, c'est précisément cela même qui nous paraît expliquer le mieux l'interdiction nouvelle : Si le christianisme a été amené à proscrire le suicide d'une manière expresse, c'est qu'une bonne partie de ses doctrines y aurait conduit tout droit des fidèles plus ardents que subtils. Or une religion qui était déjà populaire et qui allait devenir officielle ne pouvait sans danger s'exposer au discrédit que n'aurait pas manqué de lui attirer une pareille application de ses enseignements. En outre, il était dangereux pour elle, dans sa période de lutte et de conquête, de perdre un trop grand nombre de ses soldats. Dans l'argument courant renouvelé de Platon, qui compare l'homme sur la terre à un soldat qui doit rester à son poste, il ne faut pas voir une simple métaphore, mais la traduction très directe de ce sentiment.

Que le christianisme pût sans contre-sens trop manifeste, conduire beaucoup d'esprits simples au seuil du suicide, c'est ce que l'on ne peut guère contester. « Celui qui hait son âme dans ce monde, écrit Jean[1], la gardera pour la vie éternelle. » Chrysostome compose une homélie sur les délices de la vie future. Augustin développe à plusieurs reprises ce thème du désir de la mort, de l'aspiration à l'autre vie, des joies assurées au Paradis[2]. C'est

---

1. Jean, 12, 25.
2. Augustin, *Meditationes*, XXV ; *Manuale*, VI et suivants.

là un courant d'idées continu, où nous ne marquons que quelques moments.

Comment des affirmations aussi réitérées aussi ardentes, aussi précises, aussi autorisées n'auraient-elles pas produit les effets qu'on attribuait déjà aux conjectures si flottantes du *Phédon*?

Et les faits répondaient parfois aux impulsions que la doctrine fournissait. De très bonne heure les martyres volontairement provoqués se multiplièrent ; les hérésiarques Donatistes, surnommés par leurs adversaires *Circoncellions*, qui furent si nombreux et si puissants en Afrique au IVe siècle, et se maintinrent au delà même de la conquête vandale, passent pour avoir pratiqué le suicide, comme substitut au martyre qui se faisait attendre.

Des analogies évidentes sont enfin là pour confirmer ces indications. Le Christianisme encourageait sous toutes ses formes la mort au monde, la virginité, le monachisme ; et son enseignement aboutissait également sur ces points à des abus. On voit Jean Chrysostome obligé de défendre le monachisme contre les attaques que ses excès avaient provoquées, non seulement de la part d'adversaires païens, mais de la part d'adversaires chrétiens. Le monde laïque et officiel voyait d'un mauvais œil le développement de l'ascète, mais plus d'un chrétien aussi trouvait mauvaise et offensante une conception et une pratique qui accréditaient l'idée d'une vertu monacale différente de la vertu accessible au commun des chrétiens, et de qualité supérieure [1]. Le cas d'Origène n'est que trop notoire, et l'on sait qu'il a eu des imitateurs modernes dans la secte russe des Skoptsy. Saint Augustin examine aussi le fait des chré-

---

1. V. Puech, *Saint Jean Chrysostome et son temps*, en particulier p. 133 et 261.

tiens qui veulent se tuer pour fuir par la mort le péché (et il s'agit surtout du péché de la chair) [1] et la faiblesse de son argumentation sur ce point montre combien le bon sens avait ici de peine à échapper à la logique de la doctrine. Le christianisme a donc condamné le suicide comme il a condamné le martyre volontaire ou la mutilation sexuelle, parce qu'il risquait de les provoquer.

Ainsi de quelques raisons théologiques qu'elle s'enveloppât, la condamnation chrétienne du suicide n'était rien autre chose que la revanche de la morale courante contre la morale théologique, et du bon sens social contre la doctrine de l'au-delà. On a d'ailleurs des preuves que la société païenne était en effet très hostile à toutes ces formes chrétiennes de désertion sociale, de suicide réel ou moral. Pourquoi maintenant cette revanche s'est-elle trouvée possible, et pourquoi la proscription énergique du suicide est-elle venue faire équilibre aux impulsions d'une doctrine qui faisait rayonner aux regards de ses fidèles les espérances de la vie céleste, en même temps qu'elle restreignait les joies de la vie présente et défendait de les goûter sans arrière-pensée ? Pourquoi le pessimisme chrétien n'a-t-il pas eu à cet égard les mêmes effets qu'a eus fréquemment le pessimisme bouddhique ? C'est que le christianisme se développait dans une société politique fortement organisée, aspirait lui-même, contrairement aux tendances évidentes du fondateur, à devenir une force sociale et à s'organiser politiquement ; il s'était enfin laissé, dans l'esprit de ses interprètes grecs et latins, si intimement pénétrer par l'idée de la cité, que cette idée mettait son empreinte jusque sur les représentations qu'ils imaginaient du

---

1. *De Civitate Dei*, XXV.

« royaume des cieux [1] ». Ainsi, dans le christianisme même, tout comme au temps d'Hégésias Πεισιθάνατος, c'est la conscience sociale normale, bien loin que ce soit la doctrine nouvelle, qui a condamné le suicide ; et, hors du christianisme, elle l'a condamné avec une vigueur particulière précisément parce que, pour la première fois peut-être, elle se trouvait en présence d'une doctrine populaire qui risquait de l'encourager.

III

Mais si ces conclusions sont exactes, la question que nous posions reste en suspens ; il reste toujours à comprendre pourquoi à cette époque la conscience sociale commune a condamné le suicide, et si elle aurait encore aujourd'hui des raisons suffisantes de le faire condamner. Nous avons vu qu'à certains égards on pourrait être porté à en douter. Examinons cependant les choses de plus près.

Ce qui tout d'abord obscurcit la question, c'est que, suivant la direction indiquée par le christianisme, on persiste à se demander seulement si, à un point de vue tout individuel, le suicide est *coupable* : l'idée du *péché* domine la discussion. On s'évertue à démontrer que le suicide est lâche, qu'il est une manifestation d'égoïsme, d'un amour désordonné de jouissances ou de luxe, etc. Tout cela peut être vrai dans certains cas, mais devient visiblement faux dans d'autres. En tout cas il n'en résulterait qu'une condamnation morale, bien vague et bien faible, surtout, quand elle vient, comme dans la conscience

---

[1]. Qu'on pense au titre même du livre de saint Augustin ; on trouvera également dans le livre déjà cité de A. Puech, p. 208, le développement d'une idée toute « sociomorphique » du Ciel, chez Chrysostome.

moderne, se heurter à l'affirmation si forte de l'autonomie de la personne et à cette conviction grandissante du « droit au bonheur » qui est incontestablement un des ressorts du progrès social, voire même un des éléments de notre idée de la justice. Se placer, dans une telle question, au point de vue individuel, c'est donc non seulement rendre impossible toute solution précise, mais compromettre la solution traditionnelle à laquelle on prétend aboutir. Aussi voit-on qu'en fait, comme nous l'avons dit, le blâme moral attaché au suicide s'affaiblit, tandis que, pris en lui-même, le suicide continue à être combattu par tous les moyens dont on dispose.

Dans le blâme infligé par une société, il y a toujours deux aspects à considérer : d'une part la réaction naturelle des intérêts ou des convictions qui se défendent; d'autre part la pression éducative exercée sur le coupable (actuel ou possible) pour l'amener à s'amender. Or dans le cas du suicide ce second élément fait presque entièrement défaut. D'abord parce que la réprobation morale est presque toujours émoussée par la pitié ; comment se montrer bien sévère pour celui que l'on commence par plaindre ? Ensuite et surtout parce que l'on ne peut attendre de cette réprobation aucune réforme de la volonté chez un homme qui s'en va et qui croit échapper pour toujours à la censure sociale. Dans tous les autres cas, le souvenir du blâme pèsera sur les décisions ultérieures de l'individu ; ici, plus rien de semblable. Ce qui d'ailleurs complète le sentiment d'une faute morale, c'est le besoin de punir, et ce besoin ne peut ici se satisfaire[1]. Dès

---

1. Les sanctions purement spirituelles sont devenues inefficaces et d'ailleurs elles peuvent difficilement aujourd'hui rentrer dans le droit commun parce qu'il n'appartiendrait pas à l'État laïque de les appliquer. Quant aux sanctions civiles qui ont été ou sont même encore édictées par certaines législations, elles choquent la plupart du temps,

lors, puisque tout sentiment s'avive dans ses manifestations et s'éteint quand elles disparaissent, comment continuer à censurer celui qu'on est impuissant à punir?

Laissons donc de côté la personne du suicidé pour considérer le fait même du suicide et voir si ce fait peut paraître normal et satisfaisant pour la société; cessons de nous demander si le suicide est un mal *moral*, au vieux sens de ce mot, pour nous demander simplement si c'est un mal. Ce déplacement si simple de la question, qui la fait passer du plan de la subjectivité à celui de la société, rend la solution aussi claire et aussi évidente qu'elle était tout à l'heure incertaine et embarrassée. Personne, et pas même un pur pessimiste[1], n'imaginera que la société puisse en règle générale se réjouir des suicides qui se produisent dans son sein, ni souhaiter qu'ils se multiplient : on n'en verrait pas la raison. Nous ne devons pas cependant nous contenter de cette intuition, encore qu'elle puisse paraître claire et satisfaisante, et nous devons l'analyser.

Dirons-nous d'abord que la société a un intérêt direct à empêcher les suicides? Il serait impossible de le démontrer, et difficile même de le prétendre. Sans doute on pourrait alléguer nombre de cas où une crise qui aurait dû être passagère, voire un chagrin futile, a abouti à cet acte irrémédiable, et privé la société d'énergies plus ou moins utiles dans le présent ou dans l'avenir. Mais il semble pourtant que, en moyenne, il y ait plutôt élimination d'êtres faibles, de caractères médiocrement trempés, de volontés mal adaptées aux exigences de la vie sociale.

---

non seulement nos sentiments de sympathie, mais aussi notre conception de la justice, car elles frappent non le prétendu coupable, mais les survivants. Aussi tombent-elles partout en désuétude.

1. Cf. Schopenhauer, *Le monde comme volonté*, etc. Liv. IV, § 69 (trad. fr. I, 149, Paris, F. Alcan). *Parerga, Sur la religion*, trad. Dietrich, p. 192.

Si les suicides sont regrettables, on hésite à dire que les suicidés le soient beaucoup. Mais on voit cependant des raisons indirectes qui expliquent que la société ne puisse pas, sans résistance, laisser le suicide se propager.

Tout d'abord cette absolue possession de soi dont le suicide serait l'affirmation de la part de l'individu, la société ne peut la lui reconnaître. On peut soutenir que la collectivité outrepasse elle-même son droit en obligeant l'individu à vivre, et cela, nous le verrons, parce qu'un tel droit suppose, de sa part à elle, l'accomplissement de devoirs correspondants qu'elle est loin de remplir. Elle n'en est pas moins obligée de protester contre le suicide, si elle veut sauvegarder le principe fondamental de la discipline sociale ; et à cet égard le sentiment dont le christianisme, — peut-être assez illogiquement — s'est fait le défenseur, est sans doute en progrès sur l'individualisme stoïque. En sa personne, c'est seulement l'homme abstrait que le sage stoïcien respecte ; mais il prétend à la pleine possession de sa propre existence comme individu. Le christianisme, quoique — ou peut-être parce que — suspect lui-même de soustraire ses adeptes à la vie normale de la cité, est venu opposer à cette prétention excessive un veto utile, et, en se faisant l'interprète des droits de Dieu, s'est trouvé maintenir, dans son principe, le droit de la société. De fait n'y a-t-il pas bien des cas (les criminels, les gros financiers qui provoquent un krach, etc.) où le suicide est un moyen de se soustraire à l'obligation de rendre ses comptes à la société ? Le sentiment public est fondé quand il proteste alors ; sa protestation témoigne du besoin qu'il éprouve de voir résoudre expressément une question juridique que le coupable avait soulevée et que sa mort ne tranche point.

En second lieu, la société a également un intérêt manifeste à ne pas laisser se développer le sentiment du mépris de la vie humaine, et en ce sens, le christianisme a vu juste encore, quand il a assimilé le suicide et l'homicide. Mais ceci même implique la substitution du point de vue social au point de vue moral subjectif. Personne ne songerait sérieusement à juger ni à traiter l'auteur d'une tentative de suicide manquée comme un assassin. Psychologiquement ou moralement ils ne se ressemblent point; et l'on a été induit en erreur quand, de cette assimilation, on a été amené à conjecturer que le suicide et les meurtres devaient suivre une marche parallèle[1]. Mais cette assimilation qui n'est vraie ni au point de vue psychologique, ni au point de vue moral, ni au point de vue démographique, reste vraie à un point de vue qu'on pourrait appeler celui de l'éducation sociale : il s'agit de maintenir et de fortifier le sentiment fondamental du prix infini de la vie humaine. Le suicide comme l'homicide y portent presque également atteinte et c'est parce que ce sentiment s'est développé et constitue une des bases de notre moralité, que la société, en principe, ne peut pas plus admettre l'un que l'autre[2].

Enfin, et si cette raison paraît plus subtile, ce n'est pourtant pas la moins réelle, si le suicide semble insupportable à la société, c'est peut-être parce qu'il constitue un reproche à son adresse. Elle condamne le suicide, parce que le suicide la condamne. « Le zèle extraordinairement vif des religions monothéistes contre le suicide, dit Schopenhauer[3], semble reposer sur une raison cachée. Celle-ci ne serait-

---

1. Lacassagne, critiqué par Durkheim, *op. cit.*, p. 388.
2. Ce point a été bien vu par M. Durkheim et il nous paraît inutile d'y insister davantage.
3. *Op. cit.*, p. 192.

elle pas que l'abandon volontaire de la vie est un mauvais compliment pour celui qui a dit : πάντα καλὰ λίαν? Ce serait donc, cas si fréquent, l'optimisme obligatoire de ces religions qui attaque le suicide, pour ne pas être attaqué par lui ». Cette « raison cachée » est bien en effet celle que Calvin formulait : le suicide offense Dieu, parce qu'il marque un défaut de confiance dans sa providence et sa bonté ; c'est un manque de foi. Mais ici, comme sur tant d'autres points, nous pouvons transporter à la société ce que les théologiens nous disent de la Divinité. Le désespoir du suicidé lui fait injure. Elle sent que c'est elle surtout qui constitue ce monde qu'il semble, par son acte, déclarer mauvais et inhabitable. Cet « optimisme obligatoire des religions monothéistes », d'où en serait donc venue l'idée si ce n'est d'un optimisme social que toute société doit en effet professer, si elle veut vivre, et qu'elle doit par conséquent s'efforcer d'inspirer à ses membres?

Mais en replaçant au plan social la conception théologique, nous lui rendons sa relativité. Si la société répugne à accepter le suicide, ce n'est pas seulement parce qu'elle en est offensée. Elle en est du même coup instruite ; elle sent ses imperfections. Son optimisme n'est pas nécessairement celui de l'orgueil satisfait, qu'on prête à Dieu, et qu'imitent — ou suggèrent — les sociétés autoritaires et immobilisées. Ce peut être l'optimisme de l'effort et du progrès, et cet optimisme implique l'aveu du mal présent[1]. En empêchant autant qu'il est en elle le suicide, ce ne sont donc pas seulement ses droits que la société

---

1. N'est-ce pas d'ailleurs d'une certaine manière la situation même du christianisme : pessimisme par rapport au « siècle », optimisme par rapport à « l'autre monde ». Seulement nous déplaçons cet « autre monde » et ce déplacement n'est pas sans changer la gravitation de toute la vie morale.

proclame, ce sont aussi ses obligations. Car idéalement, dans une société normale, il ne devrait pas y avoir place pour le désespoir. L'individu y trouverait un usage adéquat de ses activités ; il y trouverait assez de liberté pour s'intéresser à des fins originales, assez de régularité pour n'être pas abandonné à ses fantaisies, assez de moyens d'action pour se rendre utile, assez de réconfort contre les souffrances qui l'empêcheraient de remplir sa fonction. Alors, la « finalité » de son existence étant assurée dans la mesure du possible, il gardera le goût de la vie, et, du même coup, il cessera de craindre la mort[1] ; il saura laisser venir le terme imposé par la nature et, sa tâche accomplie, mourra simplement d'avoir vécu.

Mais tout en avouant ses obligations, la société nous demande crédit. Elle nous demande de ne pas opposer nos impatiences à ses inévitables lenteurs, de ne pas objecter la brièveté de nos existences individuelles aux siècles dont elle a besoin. Ainsi, parce que le rôle et le devoir de la société est de nous élever à la vie, de nous maintenir à la vie, il est aussi tout naturel qu'elle en exige d'abord de nous-mêmes le respect.

La réponse à la question du suicide n'est donc pas dans une qualification d'innocence ou de culpabilité intérieure, dans une vitupération stérile ou une justification bien aventureuse. Elle n'est pas non plus dans le « Droit à la mort », solution toute négative et pessimiste, qui ne paraît pas plus satisfaisante pour l'individu au nom duquel on affirme un tel droit, que pour la société contre qui on la revendique. Cette réponse est dans le « Droit à la vie » dont l'idée, bien comprise, implique aussi bien les obligations

1. Comme l'a admirablement senti Proudhon, *La Justice dans la Révolution et dans l'Eglise*, 5ᵉ étude Ch. VI, T. II. p. 98 et suiv.

que les droits respectifs de l'individu et de la collectivité. Et plus la société réalise au profit de l'individu le droit à la vie, plus, naturellement, disparaît pour lui le droit à la mort. Les sociétés antiques exigeaient beaucoup de l'individu, mais n'exerçaient en sa faveur qu'un minimum de fonctions de protection, d'assistance ou d'éducation. Aussi le laissaient-elles partir sans difficulté. C'est l'inverse dans les sociétés actuelles ; elles aident l'individu, et elles le retiennent.

Mais le droit à la vie, ce n'est surtout pas le droit à une vie toute faite, à un bonheur tout fait. Le bonheur n'est pas une chose, et il est contradictoire avec sa nature de supposer qu'il puisse nous être *donné*; car alors il n'aurait plus pour nous aucun prix. Si, comme nous l'avons montré au début, la vie qu'il reçoit de la nature ne suffit pas à l'homme et si elle ne lui apparaît que comme un moyen, la vie qu'il recevrait de la société ne lui suffirait pas davantage. Ce qui confirme cette vue, c'est que ce ne sont pas les difficultés de vivre qui mesurent la tendance au suicide, mais la disparition de tout intérêt à vivre. En temps de guerre et de révolution, la difficulté de la vie ne diminue pas, tant s'en faut, mais la vie devient plus active, plus tendue, à bien des égards plus intéressante : le taux des suicides diminue[1]. Les militaires en temps de paix fournissent au contraire un contingent partout considérable de suicides, proportionnellement plus fort que celui de la population civile et plus fort chez les officiers que chez les soldats. L'existence leur est pourtant facile et assurée, mais ils se sentent inutiles ; ils sont comme un organe qui ne peut accomplir sa fonction[2].

1. V. Durkheim, *op. cit.*, p. 216, 219 et le tableau statistique p. 247.
2. V. les tableaux statistiques chez Durkheim, *op. cit.*, p. 253 et 256.

Ainsi le droit à la vie c'est le droit à une raison de vivre et à des moyens de vivre, à une suffisante possibilité d'agir. Comme le socialisme démocratique demande pour tous non le revenu oisif contre lequel il combat, mais au contraire les instruments de travail, et la certitude pour tous de trouver un emploi de son activité, de même nous ne devons souhaiter, si nous voulons enrayer le suicide, ni l'aumône sociale ni l'enrégimentation qui suppriment, l'une et l'autre, l'intérêt que nous pouvons prendre à la vie. Il faut que l'individu se sente soutenu, sans se sentir opprimé[1], il faut qu'une carrière soit ouverte à ses ambitions, sans que ses désirs soient surexcités d'une façon disproportionnée avec les facultés dont il dispose. Il faut qu'il sache s'attacher à une fin sans en être esclave, qu'il sache s'encadrer dans un tout sans perdre son individualité. C'est ce double équilibre psychologique et social qui constitue tout le problème du suicide, et il se résout ainsi sans aucun appel aux illusoires arguments métaphysiques dont on l'encombre d'ordinaire. Ici, comme ailleurs,

---

Ce qui confirme notre explication, c'est que le coefficient d'aggravation du taux des suicides dans une armée est d'autant plus élevé que ce taux est moindre pour la population civile (Angleterre). C'est que le contraste est alors plus fort entre l'activité, l'esprit d'entreprise de cette dernière et le désœuvrement dont souffre la première. On voit combien est inadéquate et même sans doute inexacte l'explication que M. Durkheim donne de ce fait, lorsque classant les suicides militaires parmi les suicides « altruistes », il les attribue à l'esprit de sacrifice, aux habitudes d'impersonnalité du militaire. L'argument tiré des suicides chez les engagés et réengagés — ceux qui auraient donc la vocation militaire — est bien peu probant. Qui ne sait que ce sont là dans bien des cas des « ratés » qui ont moins le goût de l'armée pour elle-même que d'impuissance à s'ouvrir une autre carrière, et que d'ailleurs on provoque les réengagements par des avantages artificiels dont l'espérance n'a rien à voir avec le goût de la vie militaire ?

1. M. Durkheim indique bien (p. 311, note) que l'excès de réglementation aboutit au suicide (qu'il appelle alors *fataliste*) comme l'insuffisance des attaches sociales et l'isolement moral de l'individu (suicide *anomique*).

BELOT.

au lieu de se livrer à l'indignation ou à l'apologie, il faut étudier les faits ; il faut comprendre le double phénomène du suicide lui-même, et du sentiment social qui l'atteint. L'appréciation morale ira alors presque d'elle-même, et l'on saura même dans quelle direction il est possible de trouver le remède au mal[1].

1. Il n'entre pas dans notre plan d'étudier dans le détail les remèdes au suicide. On trouvera dans les conclusions du livre de M. Durkheim d'excellentes indications sur ce point, quoique la solution qu'il tire de l'association professionnelle ne constitue qu'un fragment d'un système général de remèdes relevant du même principe. Proudhon (*op. cit.*, t. II, p. 130) fournit à cet égard de bonnes indications, lorsqu'il reconnaît, comme conditions d'une vie normale et pleine, à côté de l'Amour et de la Famille, le Travail et la Communion sociale. Il suffisait à notre but de faire comprendre comment le point de vue social s'applique au problème, le transforme et aide à le résoudre d'une manière positive.

V

JUSTICE ET SOCIALISME

Le monde des idées ressemble à la société réelle ; ni dans l'un ni dans l'autre il n'est possible d'opérer d'un coup les multiples réadaptations qu'appellerait une modification apportée sur un point particulier. C'est ainsi que dans une société donnée coexistent des institutions hétérogènes, issues de systèmes politiques d'âge et d'inspiration différents, et dont l'inharmonie suscitent, en certains points d'intersection, des problèmes et des conflits. De même il est commun de voir un penseur raisonner non sur les concepts cohérents à sa doctrine propre, mais sur ceux que lui fournit une tradition qu'il rejette ou une croyance qu'il répudie.

Dans sa théorie des fonctions de l'État, sa prétention à les limiter à la réalisation de la justice et sa polémique connexe contre le socialisme, l'individualisme spencérien nous donne un exemple notable de cette dualité, dans un même système, des idées personnelles et des idées traditionnelles, de la pensée qui se fait et de la pensée faite. Il semble en effet juxtaposer deux conceptions contraires de l'État et de la justice.

Tout d'abord, en ce qui concerne l'État, M. Spencer raisonne d'un côté comme si l'État, dans sa mission juridique, opérait sur un terrain entièrement neuf, où tous les hommes — comme en un « état de nature » idéal, — ne présenteraient d'autres inégalités que celles qui sont dues à leur effort personnel ; comme si enfin l'adoption du régime du « contract » abolissait en fait toutes les inégalités produites par le régime du « status ». Autrement, comment l' « égale liberté » définirait-elle la justice ? Comment fonderait-elle des situations juridiques réellement égales ?

Et en même temps M. Spencer continue à traiter l'État en ennemi, à le poser comme une entité extérieure aux individus, indépendante d'eux, et sujette par suite, ou même disposée à les opprimer. Or quand et à quel point de vue l'État se présente-t-il en effet sous cet aspect, sinon lorsqu'il n'est pas lui-même intégré au système *contractuel* et pénétré par la forme juridique que ce droit comporte ? L'État platonicien qui plane au-dessus des volontés individuelles, qui ne leur doit pas son existence, et par suite ne leur doit pas non plus ses services, n'est nulle part mieux réalisé que dans l'État historique traditionnel, qui correspond au système du « status » et possède lui aussi un droit inné, indépendant, en apparence, de tout consentement. Cet État réel, antérieur en fait à toutes les associations particulières, cette société globale et non spécialisée qu'on appelle la société politique, apparaît naturellement, à ce point de vue historique, comme hétérogène aux groupements spéciaux, religieux, commerciaux, industriels, artistiques qu'on voit éclore dans son sein et se constituer, de plus en plus, par le libre accord des individus. Mais dès qu'on se place au point de vue du droit (et ce n'est pas M. Spencer qui refusera de le faire) pourquoi n'étendrait-on pas l'idée contractuelle à l'association politique elle-même, à l'État ? En fait on constate qu'à peine apparue, et longtemps avant d'avoir porté tous ses fruits dans les régions moyennes de la vie sociale, cette idée se propage et rayonne à l'autre extrémité du point où elle semble éclore et qu'elle tend à s'appliquer à la société même dans laquelle toutes les autres sont comprises, à la société politique. L'État serait alors considéré comme le terme suprême de la libre association, et le groupement qui achève, englobe et garantit tous les autres, ne leur serait pas, à la limite du moins, absolument hétérogène. Ne voit-on pas le droit divin céder de plus en plus le terrain au droit populaire, l'autorité politique perdre sa transcendance et son indépendance pour devenir une émanation de la collectivité ; ne voit-on pas le principe du contrôle des gouvernants par les gouvernés, principe issu à la fois de la sagesse pratique de l'Angleterre et de la philosophie rationaliste de la France, se réaliser de mieux en mieux dans les institutions ? Nous savons, il est vrai, le peu de cas que fait M. Spencer des droits politiques proprement dits. Mais n'est-ce pas précisément le résultat de cette inconséquence grâce à laquelle posant le régime du contrat comme la base du droit, il se refuse à en étendre l'idée jusqu'à l'État ? Une bonne partie de la polémique spencérienne ne tomberait-elle pas si l'on rétablissait ainsi l'homogénéité de la pensée juridique et de la pensée politique ?

Même inconsistance dans la conception de la justice, conception mi-partie idéaliste, mi-partie naturaliste. Si l'on croit que la justice est le triomphe des supériorités et que le principe biologique de la concurrence peut seul définir sans arbitraire ce qui est supérieur et ce qui est inférieur, pourquoi admettre que l'État intervienne artificiellement pour réglementer cette concurrence ? En quoi cette première intervention et cette première réglementation est-elle moins oppressive que les autres pour les énergies qu'elle comprime ? Si au contraire cette intervention est nécessaire n'est-ce pas qu'une idée supérieure au critère purement biologique y préside, et que finalement la société reste juge des supériorités qu'elle entend laisser triompher ? Confier la réalisation de la justice à l'État n'est-ce pas admettre enfin qu'il existe une règle de justice autre que celle du simple triomphe... de ce qui triomphe, c'est-à-dire, de quelque manière qu'on l'interprète, qu'il y a un droit au-dessus du fait?

Rapprochons enfin ces deux questions des fonctions de l'État et de la nature de la Justice. Pourquoi faire intervenir l'État dans l'œuvre de justice ? Est-ce par ce que l'État ne doit de compte à personne et parce que c'est sa volonté souveraine qui *définit* ce qui est juste ? M. Spencer qui réfute Bentham dans sa négation du droit naturel serait moins que personne disposé à l'admettre. Est-ce donc parce que l'État, la puissance souveraine, est naturellement juste ? Mais cela n'approcherait de la vérité que dans la mesure même où serait réalisé l'État contractuel, coalescence des volontés conscientes et libres, et ce serait au contraire trop évidemment faux de cet État transcendant dont M. Spencer se défie et devrait se défier ici plus que partout ailleurs. Ce n'est donc pas la justice-règle, mais seulement la justice-fonction qui appartient à l'État ; et si l'on fait appel à lui, c'est parce qu'il paraît capable de mieux accomplir cette fonction qui, à tout prendre, pourrait être remplie et a été en effet historiquement remplie par d'autres organes ; c'est qu'on trouve avantage à mettre en mouvement pour l'exercer ce pouvoir supérieur qui représente la forme ultime de la coopération sociale. Pourquoi dès lors cette même forme de coopération, force collective toute préparée, constituée d'ailleurs en vue d'autres fins, ou du moins sous la pression de toutes sortes d'autres nécessités, ne serait-elle pas mise à profit pour d'autres œuvres intéressant l'ensemble de la collectivité ?

Nous avons donc deux problèmes essentiels à nous poser : 1° Pourquoi l'État doit-il intervenir pour exercer la justice et cette intervention peut-elle se réduire à la garantie de la liberté individuelle, au maintien du *fair play* de la concurrence ? 2° l'État peut-il travailler à quelque autre œuvre au delà de celle de la justice, et compromet-il sa fonction essentielle en prétendant la dépasser. [1] ?

I. — JUSTICE ET CONCURRENCE

Il y a deux éléments dans la notion que M. Spencer se fait de la justice : un élément purement formel, l'égale liberté que l'État aurait pour fonction, et pour fonction unique, de maintenir ; un élément réel, la compétition entre les individus sous cette seule condition de ne pas s'entraver mutuellement [2]. Dans la détermination *des droits*, le premier élément, justement parce qu'il s'agit de formuler une règle, apparaît presque seul. Mais dans la notion qu'il se fait *du droit*, le second est certainement le plus essentiel. Pourquoi la liberté ? Parce qu'il y a, et surtout pour qu'il y ait concurrence. Si les hommes ne luttaient qu'avec la nature, il n'y aurait pas lieu de parler

---

1. Les pages qu'on va lire ont été écrites à propos de l'apparition à peu près simultanée (1892) de *Justice* de Spencer. Paris, F. Alcan, et du 2ᵉ volume du *Socialisme intégral* de B. Malon. C'est ce qui explique pourquoi d'une part l'individualisme un peu démodé de M. Spencer se trouve ici en cause et pourquoi d'autre part dans le socialisme nous n'avons guère envisagé que l'intervention de l'État ou de la commune. Notre propre notion du socialisme serait évidemment plus large. V. sur ce point nos articles de la *Revue philosophique*, août 1893, sur *la définition du socialisme*, et nov. 1896 : *Le Socialisme, dogme ou méthode ?*

2. Comparant sa formule au *Grundgesetz* de Kant, M. Spencer remarque : 1° Que Kant prétend poser *a priori* ce que lui-même pose *a posteriori* ; 2° Que Kant fait précéder et prévaloir l'élément négatif : un individu a le droit d'agir parce qu'on n'a pas celui de l'empêcher ; tandis que lui-même considère le droit d'agir, l'élément positif, comme primordial et existant par lui-même.

d'égale liberté, et la « justice » serait satisfaite par le fonctionnement des « châtiments et des récompenses naturels ». Mais les hommes luttent aussi entre eux ; dès lors il faut que cette lutte soit loyale pour assurer le triomphe des supériorités. Car c'est ce triomphe qui est le grand résultat à obtenir, c'est là l'essentiel de la justice. L'égale liberté n'en est que la forme. Examinons donc si l'égale liberté suffit dans la société telle qu'elle est à rendre la concurrence loyale, et si par suite la concurrence est la vraie forme de la justice. Nous sommes certains de rencontrer sur ce terrain l'opposition des théories socialistes qui ont déclaré la guerre à la concurrence, et en particulier à la loi de l'offre et de la demande qui en est la principale forme économique.

1° *Les bases de la concurrence.* — La première, la plus grave objection à une telle conception de la justice, on la connaît de reste. M. Secrétan, M. Fouillée l'ont exposée avec une force particulière, les socialistes la clament à tout venant et par-dessus les toits, comme W.-K. Clifford veut que soit criée la vérité. C'est que la liberté pure et simple ne serait aujourd'hui que le libre cours laissé aux injustices du passé. Etant données les inégalités qu'elles ont créées, la liberté du faible vis-à-vis du fort n'est plus qu'une liberté nominale. C'est qu'enfin la société est déjà faite d'une certaine manière et non à faire de toutes pièces, et que la concurrence ne pourrait ressembler à la justice que si tout était remis en question. Voilà bien pourquoi les anarchistes peuvent être considérés, malgré leur querelle avec le socialisme proprement dit, comme les fanatiques, les désespérés du même parti. Malheureusement on sait *par expérience* où peuvent conduire ces retours à l'« état de nature » et la « concurrence absolue » qui en résulterait; car ils nous ont conduits, et à travers quelles péripéties, précisément au point où nous sommes; et le cercle serait étrangement vicieux de réclamer comme le remède précisément ce qui a causé le mal. Qu'on remettre donc tout en question, si l'on veut, *excepté ceci* : l'organisation d'un État constitué en puissance juridique et capable d'éliminer de la concurrence le facteur de force brutale, pour faire régner la paix et la justice. De l'évolution antérieure il faudrait conserver au moins ce produit : l'État justicier, tout en éliminant cet autre produit : les inégalités injustes issues de la violence. Mais aucune force ne peut surgir du dehors pour faire ainsi un départ entre deux produits également naturels de l'évolution. Reste donc que l'un des deux élimine l'autre, qui lui est contraire, c'est-à-dire que l'État, puisqu'il représente l'idée de justice, intervienne pour réduire progressivement les iniquités du passé. Dira-t-on que c'est vouloir violenter l'évolution? Non, répondrons-nous, c'est la continuer. Mais alors le rôle de l'État ne peut plus consister dans une simple abstention. D'ailleurs voulût-il s'y confiner qu'il ne le pourrait pas. Chose singulière ! M. Spencer qui ne croit pas à l'efficacité des décrets artificiels, s'irrite contre les interventions de l'État, comme si l'État pouvait décréter qu'il ne décréterait plus et proclamer sa propre déchéance. Mais la résolution de s'abstenir serait pour l'État la plus grosse entreprise. M. Spencer constate lui-même que la manie de réglementation est un héritage du passé, et il fait un crime à l'État de ne pas abdiquer au moment même où il constate qu'on refuse son abdication ! Quel gouvernement serait donc assez fort pour obliger les citoyens à se passer de gouvernement? Celui qui le tenterait serait immédiatement « rappelé à ses devoirs. » Et suivant nous, on n'aurait pas absolument tort, car, sur certains points, il y manquerait en effet. Non seulement il ne peut pas, mais il ne doit pas se soustraire à la nécessité d'intervenir en certaines matières. Comment pourrait-il, et cela au nom du principe même de la justice qu'il représente, laisser libre cours à ceux des produits du passé qui en sont la négation? et se croiser les bras devant le fait accompli, quand il s'est accompli sans son aveu? Ne serait-ce pas une étrange contradiction que la justice pût dire à la violence : Jouis de ta conquête, car mon rôle est de garantir ; ou la liberté de dire à la tyrannie : Poursuis ton œuvre, car mon principe est de laisser faire ? M. Spencer ne reconnaît-il donc rien de ce que M. Fouillée a si bien appelé la justice réparative ? M. de Laveleye [1] a très bien répondu à M. Spencer que, dans la société humaine, la concurrence n'a plus pour seuls facteurs les facultés de l'individu, mais se trouve profondément modifiée par l'hérédité. Ce qu'on demande pour qu'une lutte soit loyale, c'est que les conditions *objectives* en soient égales, de sorte que l'issue n'en soit décidée que par la valeur des *personnes*. Or actuellement dans les compétitions sociales, et spécialement économiques, c'est au contraire l'inégalité des armes qui assure le plus souvent le succès. Comme on fait son lit on se couche, répète M. Spencer ; mais d'autres aussi ont contribué à nous le faire, et pour beaucoup c'est un triste grabat. Ainsi M. Spencer paraît croire que les socialistes parlent seulement au nom de la charité, alors qu'ils parlent surtout au nom de la justice [2] ; lorsqu'ils réclament l'assistance, la protection des faibles,

---

1. *Le Socialisme contemporain*, 5ᵉ édit., Appendice II, p. 384, Paris, F. Alcan.
2. Cf. Laveleye, *ibid.*, p. 388.

ils ne croient demander que l'équité. M. Spencer et les socialistes se séparent non sur la question de savoir si la justice doit régner avant tout, ni même sur l'idée qu'il convient de se faire de son essence, mais sur l'étendue qu'il convient de lui attribuer et sur la portée pratique de sa définition. Vous voulez que chacun jouisse strictement des avantages que lui méritent ses aptitudes ; mais il faudrait d'abord que toutes les aptitudes pussent s'employer. Or dans l'état actuel des choses cette condition n'est pas remplie. La lutte économique est comme un combat des Thermopyles ; le front de bataille est artificiellement rétréci et nombre de combattants, malgré la meilleure volonté du monde, ne trouvent pas place dans la lutte. Est-ce leur faute, si par suite d'un véritable paradoxe de l'organisation sociale, il arrive que beaucoup de facultés utiles ne trouvent pas à s'utiliser, tandis qu'en même temps le travail accablant de quelques-uns laisse tant de besoins sans satisfaction ? Si un tel fait dérive d'un vice de distribution qui assure de fortes rémunérations à l'oisiveté, ou de nécessités d'ordre général qui imposent de coûteux travaux improductifs, la société entière ne contracte-t-elle pas envers les bonnes volontés sans emploi une dette qu'il est dangereux d'exagérer, difficile de définir, mais qu'en principe il n'est guère possible de nier ? Et alors le socialiste affirmera le droit au travail comme lié indissolublement à l'idée même de justice. Malheureusement ce n'est qu'un idéal et si l'on peut reprocher quelque chose aux socialistes, c'est seulement d'avoir parfois méconnu ici la différence entre l'ordre abstrait qui commence par l'idéal et l'ordre concret qui s'y achève. Le droit au travail n'a de sens comme formule pratique que s'il a d'abord été rendu applicable par toute une réorganisation économique dont il ne serait tout d'abord que le principe directeur. Il ne manque pas de travail utile à faire, mais d'argent pour le payer ; on se plaint déjà de la surproduction et le travail fait ou faisable dépasse, non les besoins, mais les ressources de la consommation. Les économistes ont beau jeu de montrer que l'État ne peut fournir un travail qui n'est pas demandé, puisqu'il ne pourrait le payer qu'en prélevant le salaire par l'impôt sur ce même public, qui comme collection de particuliers, ne trouve pas assez d'argent dans sa poche pour le payer. Si nous considérons de même l'assurance obligatoire par l'État, nous voyons encore que dans l'état présent des choses, elle n'aurait guère d'autre effet que de diminuer le salaire soit directement, partout où il peut être diminué, soit indirectement par le renchérissement des produits.

Ainsi les socialistes ne se trompent pratiquement sur plusieurs points, que dans la mesure où ils oublient combien l'état social présent accumule d'obstacles à la réalisation de la justice dans ses formes spéciales et dérivées. Mais M. Spencer, se trompe en principe, quand il veut appliquer à cette même société telle quelle une formule générale vraie seulement dans l'idéal.

2° *Les modes de la concurrence.* — Sous un autre rapport encore, on peut trouver que M. Spencer ne tient pas assez de compte de la distance qu'il y a entre le principe abstrait et les conditions pratiques de la justice. Toute concurrence, excepté la concurrence brutale où tout est permis, mais que la justice exclut, s'exerce suivant certaines formes et conventions. Ce sont comme les règles du jeu. Ici, ces règles sont des lois. Qu'on livre la piste aux coureurs, c'est bien ; mais il y a une piste qu'il faut suivre, et l'on ne peut prendre la traverse. Or il s'agit justement de savoir si cette piste est bien disposée, ou si elle n'est pas tracée de manière à favoriser artificiellement les uns au détriment des autres. Il est juste, en principe, que chacun bénéficie de ses talents. Mais de quels talents? quelles seront les applications laissées à son activité? dans quelles limites seront-elles restreintes ou élargies par les institutions? Le financier qui fait un beau coup de bourse bénéficie de son savoir, de son expérience, de son audace, de son manque même de scrupules ; ce sont autant de forces ; la bourse existe, l'opération est légale. Mais l'institution qui la rend légale ne la rend pas juste. Le notaire qui a acheté son étude très cher est bien obligé de faire payer ses actes à un taux souvent sans proportion avec sa peine ou sa responsabilité, et ne se fait pas faute d'exploiter cet excellent prétexte. Mais devrait-on vendre les offices ? M. Spencer, qui reconnaît que le droit n'est pas créé, mais seulement garanti par l'État, devra bien avouer qu'il y a nécessairement une part énorme de convention dans toutes les conditions auxquelles la loi soumet la concurrence sociale[1] ; et précisément parce qu'il admet la notion de droit naturel, il doit songer combien il faut de temps et d'expérience sociale pour que les détails de la loi civile se conforment aux exigences de la justice. En attendant, ces détails qu'il a bien fallu régler créent un droit conventionnel ou traditionnel, comme on voudra, conformément auquel se déploient les activités. Suffit-il dès lors de leur donner libre carrière pour que la justice soit satisfaite ? L'État n'a donc pas seulement à

---

1. « Ce marché sur lequel vendeurs et acheteurs se rencontrent, écrit justement M. Halévy, dans un article récent, c'est une institution politique : pour qu'il existe... il faut des règlements, il faut une police, bref une intervention de l'État ». *Rev. de Métaphysique et de Morale*, juillet 1906. p. 567.

garantir la libre action de l'individu. Il faut qu'il se préoccupe avant tout de rectifier constamment les règles de cette concurrence, pour les rapprocher du droit « naturel »; il faut même qu'il détermine des règles nouvelles là où précédemment il n'y en avait aucune. Il interviendra donc, il limitera apparemment la liberté des individus, puisque là où précédemment régnait l'indétermination, il y aura maintenant une détermination nouvelle.

Mais la liberté exige pratiquement, avant tout, que nous sachions *sur quoi compter*, en particulier de la part des autres. Comment donc y aurait-il liberté véritable là où subsiste l'arbitraire, là où nous ignorons jusqu'où notre propre activité peut s'étendre, sans autres risques que ceux qui proviennent de la nature ? Cette liberté-là ne serait liberté que pour ceux qui auraient assez de chance ou assez de force.

Mais est-ce faire « trop de lois », pour emprunter le titre caractéristique d'un *Essai* bien connu de M. Spencer, que d'essayer de faire pénétrer plus profondément la justice dans les rapports sociaux? Il n'y a pas lieu de s'étonner que la loi devienne de plus en plus minutieuse et détaillée, qu'elle crée juridiquement de nouveaux délits. Car elle découvre à tout instant des injustices à réprimer dans les rapports existants, elle en trouve à prévenir dans les rapports nouveaux. M. Spencer nous montre la sphère d'expansion de l'individu sans cesse étendue par les progrès du droit, de nouveaux champs ouverts à son activité, la parole, la presse, le culte, l'industrie, le commerce, affranchis peu à peu des restrictions primitives. Comment des activités nouvelles ne donneraient-elles pas lieu à des délits nouveaux et à des règles nouvelles?

Mais ce n'est là qu'un seul aspect de l'évolution. En

même temps que certains débouchés s'ouvrent à l'action, d'autres se ferment sans cesse. La justice empêche autant qu'elle protège, et parce qu'elle protège. Ce qu'on appelle la manie actuelle de réglementation n'est pas d'une autre essence que toutes les autres répressions impliquées dans la loi ; seulement elle s'exerce sur des matières de plus en plus délicates, où l'erreur est plus aisée de la part du législateur, et où l'injustice qu'il combat est moins évidente. Entre les cas extrêmes, celui où l'empiètement mutuel est certain et revêt la forme violente, et celui où l'usage libre de nos facultés est visiblement légitime parce qu'il ne gêne personne, comme dans le choix de nos vêtements, de nos aliments, de notre résidence, il y a une foule de cas moyens où il est difficile de distinguer la vraie interprétation du principe d'égale liberté de la fausse interprétation signalée par M. Spencer lui-même. Dès lors, ce qui apparaît aux uns comme une réglementation tracassière, apparaît aux autres comme une protection indispensable ; là où les uns voient une tutelle bénévolement octroyée, les autres voient une garantie exigible. Demandera-t-on à chacun d'être chimiste pour savoir si son marchand de vin l'empoisonne, architecte pour contrôler la solidité d'une maison, ingénieur pour vérifier la résistance d'une chaudière ? En tout cela cependant la vie d'autrui est engagée. Voilà la loi obligée d'intervenir, de contrôler, de réglementer ; puisqu'il s'agit de chercher les fraudeurs, il faudra bien que tout le monde subisse le contrôle. Ou bien dira-t-on qu'il sera temps de sévir quand le mal sera fait, qu'on ne poursuit pas une possibilité de crime ni même une intention de crime, et qu'en attendant il faut laisser le public victime de son ignorance, puisqu'elle le met certainement en état d'infériorité vis-à-vis de ses savants empoisonneurs ? Mais outre que ce serait faire assez bon marché de la vie et des intérêts des hommes, autant vaudrait dire qu'il ne faut pas de police dans la rue tant qu'un vol ou un assassinat n'est pas commis. Prévenir l'injustice est une fonction de la justice aussi bien que la réprimer. M. Spencer en veut particulièrement[1] aux lois contre l'ivrognerie. Mais l'ivrogne n'est-il pas de toutes sortes de manières un danger public ? Ce n'est pas lui qu'on protège contre son vice, ce sont les autres. Les mesures sanitaires sont sans cesse traitées comme vexatoires. Mais si j'ai le droit d'être malade, ai-je celui d'infecter autrui ? Dénoncera-t-on comme oppressive la loi projetée qui obligerait à déclarer les maladies infectieuses et à imposer la désinfection ? Mais n'est-elle pas une conséquence naturelle et nécessaire du « droit à l'intégrité physique » ? Les maisons des villes poussaient autrefois en désordre, se disputant le terrain et le jour, se bouchant mutuellement leurs ouvertures, surplombant à qui mieux mieux la voie publique. Maintenant on élargit les rues, on aligne les bâtiments, on redresse les façades. On réglemente; fait-on beaucoup autre chose qu'assurer le droit des passants et des locataires eux-mêmes à l'air et à la lumière ? M. Spencer proteste contre les sonneries trop matinales des cloches et du clairon. Et je n'aurais pas le droit d'être garanti contre l'économie d'un propriétaire qui m'empoisonne avec ses fosses d'aisances mal établies, ou menace ma vie avec ses constructions chancelantes[2] ! En un autre passage[3] M. Spencer remarquant que dans les rues de Londres il

1. *L'Individu contre l'État*, p. 11, Paris. F. Alcan.
2. *Essais de morale et de politique*, Tr. fr., p. 17, Paris, F. Alcan.
3. *Ibid.*, p. 90.

arrive à quelques lourds camions d'arrêter la course d'une longue file de voitures légères, propose lui-même de réglementer les heures où les voitures lourdes auraient le droit de circuler. Trop de lois! répondrait à M. Spencer, au nom de ses propres principes, un individualiste encore plus radical; pourquoi sacrifier l'intérêt du commerçant qui a besoin de ses marchandises à celui du coulissier qui court de banque en banque pour prendre des ordres? Ce cas est bien le symbole des difficultés que présente une exacte délimitation des droits de chacun, et de la nécessité de restreindre dans nombre de circonstances la liberté des uns pour la mettre d'accord avec celle des autres.

Nous nous rendrons mieux compte encore de ce qu'il peut y avoir de contraire à la justice dans la concurrence telle qu'elle existe en la considérant sous sa forme économique, dans cette loi de l'offre et de la demande si souvent prise à partie par les socialistes. Le jeu de cette loi comporte trois facteurs : 1° La lutte des vendeurs entre eux ; 2° la lutte des acheteurs entre eux ; 3° la lutte entre l'acheteur et le vendeur.

1° Considérons d'abord la lutte entre vendeurs. Au premier abord on en voit aisément le bon côté. Elle abaisse les prix et les ramène aussi près que possible du prix de revient obtenu par le producteur le plus intelligent, le plus habile, etc. ; le public y gagne et les « supériorités » ont leur récompense.

Mais en sera-t-il toujours ainsi? L'expérience répond négativement. D'abord un producteur riche peut vendre momentanément à perte pour ruiner un concurrent moins résistant. Actuellement rien ne peut l'en empêcher. Est-ce juste cependant? Qu'exploite-t-il en agissant ainsi? La supériorité de ses forces productives? Nullement, puisqu'il perd ; c'est seulement la détresse relative de ses rivaux qui ne peuvent supporter aussi aisément les mêmes pertes.

Mais il y a pire. Cette lutte entre les vendeurs, quel en est le terme naturel? C'est la suppression même de la concurrence dans ce qu'elle pouvait avoir de plus utile. Spencer lui-même ne souhaitait-il pas, dès 1854, qu'on empêchât les grandes lignes de chemins de fer d'absorber les petites ? Mais au nom de quels principes l'aurait-il empêché, quand sa doctrine donne libre carrière à la concurrence ? La dialectique sociale, suivant la remarque générale de M. Tarde, conduit donc fatalement chaque terme à son contraire, et la concurrence mène au monopole. Lorsque les plus forts auront évincé les plus faibles, et resteront en petit nombre sur le terrain, il est visible qu'ils trouveront avantage à s'associer plutôt qu'à continuer la lutte, et qu'ils tiendront ainsi tout le monde à leur merci. Il est facile de montrer le commerce et l'industrie oscillant sans cesse, sous le régime actuel, entre la concurrence anarchique et le monopole. De ces monopoles par coalition de producteurs tout-puissants, l'histoire économique contemporaine offre des exemples dont les principaux, comme la *Standard Oil* et la fameuse opération des cuivres arrivent seuls à la connaissance du vulgaire, mais dont le nombre est énorme et les conséquences incalculables. La conséquence est claire. Il faudra que l'État, c'est-à-dire en définitive le public injustement taxé, intervienne pour couper court à ces conséquences ultimes du principe de liberté qui suppriment la liberté; il y a plus, il opposera, naturellement, « une concurrence réductive » au monopole. Si par exemple les bouchers ou les boulangers d'une ville se syndiquent pour régler à leur fantaisie le prix du pain ou de la viande, il faudra bien à cette suppression du principe de concurrence répondre par cette négation du principe : la taxe ; ou par cette restauration du principe : une boucherie ou une boulangerie coopératives. Et si une municipalité s'avise alors de fonder une boulangerie ou une boucherie municipales, qu'est-ce alors sinon une forme limite du même procédé : le public, représenté ici par ses élus, par les pouvoirs qui émanent de lui, se défendant contre un petit nombre d'individus en situation de l'exploiter ?

Les mêmes raisons justifieraient dans bien des cas d'autres entreprises nationales ou municipales. On criera au socialisme ; et cependant le socialisme dans ces limites ne ferait pas autre chose que maintenir le principe même dont partent ses adversaires. Ainsi se trouverait confirmée la formule de M. Booth[1] : « Notre individualisme pèche, parce que notre socialisme est insuffisant. ». Il faut que la société, comme total, soit très forte pour que ses membres soient très libres.

D'ailleurs il n'est pas besoin de considérer ces conséquences extrêmes de la concurrence pour voir que la concurrence parfaite n'existe pas. Les économistes ont une tendance à raisonner comme si elle pouvait être complète, comme si toute l'offre et toute la demande étaient concentrées en un même point. Mais un fournisseur de mon quartier jouit d'un monopole relatif, puisque je ne puis pas *aussi bien* me fournir ailleurs. Je ne puis d'ailleurs explorer tous les magasins pour comparer les prix ; et il serait injuste de m'obliger à le faire et à y perdre mon temps. On me doit le prix normal sans qu'on puisse me

---

1. Citée par Graham, *Socialism new and old*. London. Kegan, Paul, 1891.

requérir de le rechercher. Une Compagnie de chemins de fer détient un privilège partiel puisqu'on ne peut multiplier indéfiniment les tracés d'une ville à l'autre. Ainsi le temps et surtout l'espace suffisent à maintenir infailliblement sous les formes de la liberté une certaine dose de monopole.

2° La concurrence entre les acheteurs conduit à son tour également à des résultats dont la justice n'est guère plus satisfaite. Sans doute, ici encore, il y a une justice relative : si dans une enchère j'offre 50 là où vous offrez 40, je trouverai injuste et il sera illégal qu'on vous adjuge l'objet. Au premier abord, on ne voit pas trop comment il y aurait injustice de ma part à vous évincer, puisque je suis libre apparemment de donner ce qu'il me plaît. Mais regardons-y de plus près. De même que tout à l'heure nous voyions un vendeur vendre son produit au-dessous de sa valeur pour évincer un concurrent, un acheteur pourra être amené à l'acheter bien au-dessus de sa valeur pour écarter les acheteurs moins fortunés. On ne saurait prétendre que s'il paye davantage, c'est que son besoin est plus intense et sa satisfaction plus grande. Car, au contraire, le plus riche est le plus blasé. Non ; il donne plus, simplement parce qu'il a plus ; ni sa satisfaction ni son désir ne sont plus grands, mais la privation qu'il s'impose est relativement moindre. On peut dire dès lors qu'il encourage le vendeur à demander et l'habitue à obtenir une rémunération disproportionnée avec ses efforts et son travail propres. Dans nombre de cas on remarque que la prodigalité des plus riches éloigne la partie la moins fortunée du public de certaines consommations qui lui resteraient accessibles, si l'on considérait seulement les frais de la production, et qui le restent en effet dans les centres moins luxueux. Tous ceux qui par ostentation payent sans marchander des prix qu'ils savent excessifs, ou qui, par négligence, laissent exploiter leur libéralité, font indirectement tort aux autres et gâtent pour ainsi parler le métier d'acheteur. C'est ainsi que dans certains milieux l'usage de pourboires exagérés finit par s'imposer à tous. C'est ainsi encore que le luxe des villes d'eaux et l'indifférence des gens qui les fréquentent aux intérêts de leur propre bourse, en ont pour ainsi dire exclu les bourses moyennes ; ceux qui y cherchent surtout le plaisir privent ainsi d'un bienfait de la nature ceux qui voudraient y retrouver la santé. Quiconque se laisse sciemment extorquer ce qu'il ne doit pas et dédaigne la défense de ses intérêts contribue à compromettre ceux d'autrui.

Une autre forme de cette éviction du plus pauvre par le plus riche est le révoltant usage de certains prétendus amateurs qui font détruire les planches d'une œuvre d'art pour s'en réserver l'exclusive possession, privant ainsi la société entière d'une noble source de jouissances, d'une richesse facile à multiplier, pour la satisfaction d'une mesquine vanité. Autrement grave encore est le résultat de cette concurrence entre les acheteurs, lorsqu'elle provoque, non plus dans l'ordre des objets de luxe, mais dans l'ordre des produits de première nécessité, l'odieuse pratique de la dissimulation des stocks. On a vu certaines contrées de la Russie exposées à une famine artificielle greffée sur la famine réelle, et le gouvernement avoir toutes les peines du monde à constater le véritable état des existences en céréales[1]. C'est qu'on est toujours certain de trouver des gens capables de s'assurer leur subsistance aux prix les

---

1. C'était la situation à la date où ont été écrites ces pages (janvier 1892).

plus extravagants. Périsse le reste pourvu que le détenteur de la marchandise obtienne non pas seulement ce que comporte, dans notre régime, la rareté réelle de la marchandise, mais ce que comporte l'idée fausse d'une rareté plus grande encore ! Contre de tels abus, ne faut-il pas encore que l'État intervienne, et que fait-il en intervenant sinon rétablir la justice ?

3° Nous voilà amenés à considérer les rapports du vendeur et de l'acheteur.

Si une Compagnie de chemin de fer, sachant que mon voyage a pour moi la plus grande importance, qu'il y va de ma fortune, de ma position, de mon honneur, prétendait me faire payer mon billet au-dessus du tarif, on crierait justement à l'iniquité. Si un boulanger, me sachant affamé, exigeait de moi plus que le prix courant du pain, sa spéculation soulèverait une réprobation immédiate. Vous l'avouez ? Prenez garde de commettre une erreur qu'un économiste devrait relever. Votre raisonnement sous-entendu est à peu près celui-ci : les frais de mon transport, ceux de la fabrication du pain ne sont pas plus élevés parce que mon besoin est plus urgent. La faim d'Ésaü n'ajoute rien au mérite ni aux peines de Jacob préparant son plat de lentilles, et dans leur marché l'un est dupe et l'autre escroc. Eh bien ! économiquement, ce raisonnement est une hérésie. Car ce que vous condamnez sans hésitation dans les exemples précédents, c'est toute la théorie du *profit* ; c'est le principe même de la loi de l'offre et de la demande, qui fait résulter la valeur non pas seulement des frais de production, mais aussi de l'intensité des besoins à satisfaire et de l'étendue des sacrifices que tel ou tel peut consentir pour les satisfaire. — Et le raisonnement de tout à l'heure est la base même de la théorie ricardienne et marxiste de la valeur. Car cette théorie signifie essentiellement que la valeur résulte seulement du travail incorporé à l'objet ; qu'elle ne saurait résulter d'un fait qui lui est entièrement extérieur, le besoin à satisfaire ; qu'enfin elle lui est intrinsèque et non extrinsèque [1]. Certains auteurs n'ont peut-être pas assez nettement aperçu que la tentative de Marx a été de distinguer la *valeur de droit* de la *valeur de fait*, d'exclure de la valeur d'un objet tout ce qui a un caractère extrinsèque, tout ce qui ne provient pas du fait de la production et du travail par lequel le producteur a incorporé l'utilité dans le produit. Aussi ne nous paraît-on pas suffisamment répondre à cette théorie lorsqu'on montre simplement qu'*en fait* le besoin du consommateur contribue à déterminer la valeur des objets [2]. C'est bien évident. Mais ce que demande le socialiste, c'est une organisation sociale où

---

1. Il faudrait corriger ces formules pour tenir compte de la critique faite récemment de cette théorie par M. Otto Effertz, qui montre que tout produit exige à la fois *terre* et *travail*, dans des proportions variées, et que la valeur *absolue* (intrinsèque, disons-nous) des produits est déterminée par la double consommation de terre et de travail exigée par leur production. Les économistes avaient souvent indiqué cette double condition de la production ; mais, outre qu'ils l'oubliaient souvent, ils n'en tiraient pas toutes les conséquences qu'elle comporte et surtout leur tendance était constante : 1° à ramener la valeur même de la terre à celle du travail qui s'y incorpore plus ou moins ; 2° à considérer par suite la terre comme susceptible d'une appropriation individuelle, à la façon de toute valeur due au travail lui-même.

Toutefois comme nous ne considérons pas ici la détermination intégrale de la valeur des produits, mais seulement la question de savoir ce qu'il est *juste* que le producteur en reçoive dans l'échange, nos conclusions ne s'en trouvent pas altérées. Il reste qu'au delà de la part afférente dans le produit total, à la *terre*, (part qu'il a dû lui-même recevoir puisqu'il n'a pas pu la créer), il ne peut prétendre qu'à ce qui dérive de son travail, et surtout qu'en aucun cas il ne peut prétendre à un excédent résultant de l'intensité des besoins des consommateurs ou de leurs inégales facultés. V. sur la théorie d'O. Effertz, Ch. Andler, *Un système nouveau de socialisme scientifique*, Rev. de *Métaphysique et de Morale*, juillet 1906.

2. Cf. p. ex. Laveleye. *Socialisme contemporain*, p. 39 et suiv. ; M. Block, *les Théoriciens du socialisme en Allemagne*, p. 29, note 2.

l'échange ne créerait pas au vendeur un avantage dont il ne saurait s'attribuer la production. On peut douter de l'efficacité et même de la justesse des correctifs que propose le marxisme, et spécialement de son projet de monnaie fiduciaire réduisant toute valeur en heures de travail, et tout échange à un échange d'heures de travail ; on peut trouver cette mesure aussi inexacte qu'incertaine, puisque, d'après Marx lui-même, il faudrait distinguer le travail simple du travail supposant l'habileté ou le talent, et qu'on ne nous dit pas le moyen de déterminer avec précision combien une heure de ce dernier vaut d'heures du premier ni comment apprécier les degrés infiniment variés de ce travail « potentialisé », *potenzirte Arbeit*. Il faut surtout se souvenir que le travail ne peut créer de *valeur* que s'il répond à un *besoin* (ce qui explique l'erreur de l'économie classique), en sorte que l'on ne peut sans absurdité prétendre que « toute peine mérite salaire ». Mais si *tout* travail, indifféremment, ne peut être payé, n'est-il pas soutenable que le travail *seul* peut y prétendre ? Or, ce dont on ne peut douter, c'est que dans le régime actuel le public paye, outre les services qu'on lui rend, l'habileté qu'on déploie à exploiter ses besoins.

Une des preuves les plus frappantes de cette détermination vicieuse de la valeur sous le régime de l'offre et de la demande est ce fait bien frappant : que toujours le dernier intermédiaire, celui qui est en contact immédiat avec les besoins du public, gagne plus que le producteur. Qui fait les plus beaux bénéfices ? Est-ce l'éleveur ? Non, mais le marchand de bestiaux et surtout le boucher. — Est-ce l'agriculteur ? Non, mais le minotier et surtout le boulanger. Le pêcheur ? Non, mais le *mareyeur* ou le commissionnaire aux Halles. Le cultivateur de betteraves ? Non, mais le raffineur. D'une manière générale le taux du profit atteint son maximum dans la vente du produit immédiatement consommable. Ainsi ce ne sont pas les travaux les plus réellement *productifs,* ni les efforts les plus utiles qui sont le mieux rémunérés. M. Spencer redoute que le suffrage universel et la démocratie ne créent une injustice inverse aux privilèges d'autrefois : désormais la majorité des incapables tendrait à vivre aux dépens de la minorité des plus capables ; les gains plus élevés que devraient assurer aux supérieurs leur activité plus productive ne leur seraient plus réservés, mais subiraient un prélèvement direct ou indirect au profit des moins travailleurs et des moins habiles. Sans nier que des faits regrettables et certaines fâcheuses tendances au nivellement puissent parfois provoquer cette appréhension, on doit reconnaître que c'est souvent, comme nous venons de le montrer, la concurrence elle-même qui détermine cette exploitation des plus utiles par les moins utiles. Généralisons et nous nous demanderons avec les socialistes si vraiment les plus grands bénéfices sont assurés par le régime actuel aux activités les plus productives (*more efficient actions*). Plus productive l'activité du boyard, du financier, du brasseur d'affaires ? A commencer par la sinécure royale qui absorbe sans compter les millions de la nation, pour s'arrêter au petit banquier ou à l'agent d'affaires de campagne, en passant par le commerçant qui gagne plus que l'industriel le concessionnaire qui gagne plus que l'inventeur, le libraire plus que l'auteur, l'actionnaire plus que l'ouvrier, on peut trouver que le régime actuel assure bien mal les plus fortes rémunérations aux activités les plus fécondes.

Ajoutons que le public lui-même est bien mauvais juge des services qu'on lui rend, et tirons-en seulement cette conclusion qu'ici on a une confiance exagérée dans la concurrence lorsqu'on prétend qu'elle encourage toujours les agents du progrès, lorsqu'on objecte au socialisme qu'il les découragerait. Le public ne payera guère l'homme de génie qui fait faire un pas de géant à la civilisation ; ses services lui sont inintelligibles ; ils sont trop immatériels et trop lointains. Les plus grands serviteurs de la société dans l'art, dans la science, dans la politique, dans l'industrie même, le sont non par calcul, mais par nature, et par amour désintéressé de leur œuvre. Ils produisent, ils découvrent, ils inventent, surtout parce que c'est leur vie même ; cela leur est naturel comme de manger et de respirer. Et cela est bien heureux ; car leur activité ne s'exercerait guère si elle devait attendre le stimulant de l'intérêt personnel. S'ils reçoivent quelque récompense, elle ne leur vient guère du public, mais de l'État. En revanche le public trouve aisément des salaires élevés pour des danseuses, des ténors de café-concert, des montreurs de monstruosités, et l'on a vu deux hommes se disputer devant les tribunaux, comme une source de revenus, le titre d'artiste-tronc. Si, comme nous l'avons montré *tout* travail ne mérite pas rémunération, c'est une question, aussi importante qu'épineuse, de savoir suivant quelle loi et quels principes pourrait se déterminer la hiérarchie des travaux qui méritent d'être faits et auxquels la société peut assurer un salaire [1]. Mais ce qu'on peut assurer, c'est que le régime actuel aboutit dans nombre de cas à remplacer la rémunération du travail par le rançonnement des besoins, dans nombre d'autres à rémunérer le travail et l'habileté en raison de leur rareté et non en raison de leur utilité véritable.

En conclusion, la libre concurrence ne saurait suffire à

1. Sur ce point, v. plus loin notre étude sur *le Luxe*.

réaliser la justice. Elle est un pis aller, souvent nécessaire à accepter, mais non un idéal. Ses bases et ses conditions actuelles ont besoin d'être rectifiées. L'important est que cette rectification soit opérée par la réforme des institutions et non par des interventions exceptionnelles dans les cas particuliers. La justice, comme le Dieu de Malebranche, ne doit agir que par volontés générales. Vouloir la rétablir en corrigeant les résultats du régime existant sans corriger, progressivement d'ailleurs, le régime lui-même, ce n'est pas seulement faire une œuvre instable et sans fondement, c'est ruiner le principe même de la justice sous prétexte d'y conformer les événements. Les interventions purement accidentelles sont comme la monnaie d'une révolution. Quiconque aspire à fonder un ordre social nouveau ne peut sans contradiction ébranler le fondement d'un ordre social quelconque, c'est-à-dire le respect de la légalité. Dès que la loi n'est plus uniquement fondée sur la force, ses imperfections n'appellent plus l'emploi de la force ; reposant sur le principe de la justice, elle ouvre elle-même la porte à une plus haute justice.

II. — CONCURRENCE ET COOPÉRATION SOCIALE

Toutes les observations précédentes aboutissent à cette conclusion, que pour sortir des difficultés signalées, il serait nécessaire de substituer progressivement la collaboration à la concurrence. La concurrence, étant un combat, n'est peut-être qu'un régime de barbarie économique comme la guerre est un régime de barbarie politique. A la lutte des hommes entre eux, il faudrait substituer la lutte en commun des hommes contre la nature, ou, suivant la formule saint-simonienne, l'exploitation collective du globe à l'exploitation de l'homme par l'homme. M. Spencer semble considérer la société comme un fait essentiellement négatif : étant donné que l'homme est bien forcé de vivre en société, quelles sont les exigences auxquelles il faut qu'il se plie, et comment les réduire à leur minimum? Pour les socialistes, elle est au contraire un fait essentiellement positif : l'homme étant heureusement un être sociable, quels sont les moyens de tirer le meilleur parti possible de l'état de société et, à la limite, de mettre à profit cette grande association qui s'appelle l'État. Sans doute, en sacrifiant beaucoup d'individus, la nature peut obtenir une sélection des « meilleurs ». Mais peut-on comparer sans erreur l'animalité où la vie n'a pas d'autre fin que de se maintenir et de se propager, à l'humanité où elle ne vaut précisément que par les fins auxquelles elle est consacrée? Il ne s'agit plus ici d'une simple amélioration biologique des individus. Il s'agit de savoir comment on arrivera le mieux à la réalisation de ces fins, et si c'est en mettant constamment les individus aux prises les uns avec les autres, ou si ce n'est pas au contraire en les associant pour une œuvre commune. N'est-ce pas en effet cette association qui de deux manières conditionne le perfectionnement humain, puisque d'une part c'est le meilleur moyen d'assurer à la vie le milieu extérieur le plus favorable, puisque d'autre part cette collaboration est précisément ce qui constitue la vraie éducation de l'individu, et le procédé normal de son perfectionnement? Il faut donc que tous aient accès à l'œuvre même et tous aux résultats. Si l'on ne s'en tient pas aux formes et aux moyens, il nous semble que c'est même dans cette idée de coopération, de mise en commun des forces et des ressources qu'il faut chercher la véritable idée du socialisme.

Doit-on en effet le définir comme on le fait quelquefois par l'idée d'égalité? Assurément, il y a un mauvais égalitarisme qui trouble quelquefois l'esprit de certains socialistes. Mais l'égalitarisme n'est qu'une forme et un aspect plus ou moins accidentel du socialisme. Si ses partisans combattent les inégalités actuelles, c'est d'abord au point de vue du droit, dans la mesure où ils les trouvent en désaccord avec la justice¹. Si, d'autre part, ils ne croient pas que le retour a d'aussi grandes inégalités, même mieux fondées, soit désirable, c'est qu'ils remarquent non sans raison qu'elles sont peu favorables à la bonne utilisation des choses et au bonheur commun. Ils voient que des inégalités trop accentuées dévient une trop grande partie des forces productives vers les productions les moins nécessaires, ce qui renchérit relativement l'existence des moins fortunés; ils voient aussi qu'elles sont un obstacle à l'entente morale comme à l'harmonie économique.

Doit-on davantage définir le socialisme par la théorie de l'État-Providence, de l'intervention à outrance, de la réglementation autoritaire, de l'absorption de l'individu par la collectivité? C'est l'idée que s'en font avant tout les représentants du libéralisme économique et avec eux M. Spencer²; et ils ont pour eux, il faut l'avouer, plus

1. M. Spencer. *Justice*, § 72, remarque qu'en France la notion de liberté a toujours été subordonnée à l'idée d'égalité. Peut-être, mais en ce sens seulement que la liberté étant la fin, l'égalité en serait le moyen. L'idée chère aux socialistes est qu'en dehors d'une certaine égalité, la liberté reste purement nominale. La liberté du mineur en face de la compagnie d'Anzin ! s'écriait naguère, ironiquement, un député dans une discussion à la Chambre.

2. Il n'est pas jusqu'à l'école catholique qui n'ait la prétention de représenter la cause de la liberté contre le socialisme. C'est ainsi que M. Ch. Périn (*le Socialisme chrétien*, Lecoffre, 1879) prétend que le socialisme chrétien ne peut vraiment s'appeler socialisme, parce que l'idéal catholique serait la liberté et non la réglementation (p. 17) ; seulement deux lignes plus haut, il dénonce « la révolte contre l'autorité

d'une vraisemblance [1]. Il faut reconnaître que le socialisme n'a pas en général cette superstition de la liberté, prise comme une sorte de fin en soi, qui caractérise le « libéralisme » ordinaire. Ou, pour mieux dire, il a contribué à mieux faire sentir que la liberté n'est pas seulement faculté, *pouvoir de choisir*, mais qu'elle est surtout force et *pouvoir de faire*. Que ceux qui possèdent par ailleurs la force économique et sociale se bornent à revendiquer la liberté sous la première forme et lui vouent un culte, cela se comprend assez, car elle leur suffit pour mettre à profit leurs avantages. Mais ce n'est pas une raison pour oublier qu'à tout prendre c'est la seconde espèce de liberté qui importe le plus au plus grand nombre des individus et surtout à l'ensemble de la société. En réalité, le plus souvent, surtout en France, le socialisme contemporain se réclame du principe de liberté. Sa prétention (justifiée ou non) est de rendre réelle une liberté qui ne serait guère que nominale. Il n'y a plus que dans les polémiques d'une presse pédante qu'on persiste à le confondre avec les conceptions de Platon. Pas plus que M. Spencer, il ne croit que l'État

bienfaisante de l'Eglise », révolte qui nous « rend incapables et indignes de liberté ». Ainsi on est indigne et incapable de liberté, tant qu'on reste en dehors de cette même Eglise, dont le principe est celui d'une obéissance passive à sa « bienfaisante autorité ». On se fait le défenseur de la liberté ; mais on excepte les « libertés de perdition condamnées par le *Syllabus* ». La liberté étant ainsi entendue, il est possible de dire que « l'Eglise a manifesté une tendance constante vers la liberté » (p. 14). Le malheur est que la société moderne ne paraît guère disposée à se contenter des libertés que ne condamne pas le *Syllabus*.

1. Un écrivain socialiste, qui, depuis que ces pages ont été écrites, s'est acquis une grande autorité, M. A. Menger, incline à résoudre bien des questions par la réglementation et croit à la réduction croissante du régime contractuel. V. A. Menger, *l'Etat Socialiste*, en particulier ch. III, IV, V. M. Andler, dans la préface qu'il a écrite pour la traduction française de cet ouvrage (p. XXVIII et suiv.) fait sur ce point des réserves auxquelles nous souscririons pleinement. On peut voir, dans d'autres parties de ces études, combien le principe contractuel nous paraît essentiel à maintenir et à développer.

existe en soi et pour soi. Autant que lui, il pense que l'individu est l'être réel dont le salut et le bonheur sont la raison et le but de l'État. La conception mystique et abstraite de l'unité pour l'unité, de la centralisation pour la centralisation, lui est, en principe, étrangère, quoiqu'elle ait pu accidentellement séduire l'esprit français, essentiellement rationaliste, passionné pour l'ordre, la logique et la régularité. Pour le socialisme, l'État, lorsqu'il y fait appel, est plutôt un centre tout indiqué, un cadre tout fait d'association, qu'une autorité qui s'exerce. Lorsqu'il le fait intervenir, il sous-entend toujours que « l'État, c'est nous » ; c'est pourquoi la liberté politique rejetée au second plan par M. Spencer, parce qu'il restreint le rôle de l'État, revient au premier plan dans la préoccupation des socialistes parce qu'ils aspirent à tirer de l'organisation de l'État tout le parti possible. Si dans leur politique l'État enfin ressemble un peu à une Providence, dans leur théorie cette Providence signifie moins « le ciel t'aidera » qu'elle ne veut dire : « aidons-nous ».

Nous avons dit par où pèche le régime de concurrence au point de vue de la justice ; mais il est facile de voir ce qui lui manque au point de vue de l'utilité. On a pu faire sans peine l'apologie de ce régime tant qu'on l'a comparé comme l'ont fait les économistes au régime de la réglementation autoritaire et artificielle. Mais ses inconvénients apparaissent dès qu'on le compare à un régime de coopération. On voit alors qu'il n'est pas le moyen d'obtenir des forces productives de la société le maximum d'effet, et l'on en vient à croire que la communauté, prenant en main elle-même la poursuite du bien commun, l'atteindrait plus sûrement que ne le peut la poussée incohérente des intérêts privés. Il est bien établi aujourd'hui que, développée au delà d'un certain point, la concurrence des vendeurs, loin d'abaisser les prix et de les rapprocher du coût de production, ne fait que les accroître. Elle augmente en effet le taux des frais généraux, exagère les dépenses de réclame et d'ostentation, multiplie le nombre des personnes qui devront vivre sur une clientèle limitée. Et bien qu'il arrive que ces intermédiaires en nombre excessif soient réduits à d'assez maigres profits, le plus souvent, et surtout lorsqu'ils réussissent à se liguer contre le public qu'ils rançonnent, c'est le consommateur qui est atteint. D'un autre côté les intérêts privés, soit par l'avarice, soit par le luxe, qui ont plus d'un effet semblable, immobilisent et stérilisent une masse excessive de richesses qui, mises en circulation, profiteraient à tous. On laisse en friche des terrains acquis pour attendre le moment de les vendre cher sans avoir à s'imposer les frais de l'exploitation. Tantôt on limite volontairement la production pour faire hausser le prix, ou l'on achète des mines qu'on ne peut exploiter, pour supprimer la concurrence; tantôt, au contraire, au gré des circonstances, on se livre à une exploitation à outrance qui compromet les intérêts de l'avenir[1]. Ne parlons que pour mémoire du débordement de la réclame, des promesses des prospectus qui frisent l'escroquerie, de l'émulation dans le concours de camelote.

[1]. « Si l'on se rend compte que la valeur absolue et exacte des choses est supplantée, dans le régime bourgeois, par une valeur d'échange, qui est influencée par la quantité de l'offre, on conçoit qu'il n'y ait pas toujours avantage à offrir, c'est-à-dire à produire beaucoup. On n'essaye pas de couvrir le besoin, mais la demande, suivant la remarque de Rodbertus. Au point de vue de la « rentabilité » capitaliste on peut donc avoir intérêt à sous-produire. Les récoltes médiocres sont plus rentables pour le paysan. La destruction de beaucoup de produits est donc fréquente dans un intérêt de rentabilité. Il y a intérêt souvent à limiter la force productrice du travail. » Andler, *Un système nouveau de socialisme scientifique*; *M. Otto Effertz. Rev. de Métaph. et de Morale*, juillet 1906, p. 609.

On se plaît à railler les bévues de l'État, et l'on fait l'apothéose de l'initiative privée. Certes il ne faut ni la dédaigner ni la décourager. Mais enfin l'initiative publique a ses bons côtés et tout n'est pas à admirer dans l'entreprise privée. N'y a-t-il que les locomotives de l'État qui déraillent, que les vaisseaux de l'État qui sombrent, que les ponts construits par l'État qui s'écroulent? Faites donc aussi le bilan des mécomptes privés et des ruines dues à l'ignorance des individus. Est-ce l'État qui a englouti les milliards à Panama? On ne veut pas mettre en ligne de compte les désastres privés sous prétexte apparemment qu'ils ne frappent que ceux qui s'y sont exposés. Comme si finalement ils ne se répercutaient pas aussi bien sur la société entière, et cela même avec plus de dommage au total, parce que le choc ne se répartit pas aussi uniformément dans la masse et qu'il se produit dans toute la machine sociale des à-coups qui peuvent la disloquer gravement? A tout prendre, l'État peut mal faire, mais il n'est pas intéressé à mal faire comme le sont souvent les particuliers. Pourquoi emploierait-il à ses voies des rails de mauvaise qualité? Pourquoi ferait-il des ponts sans résistance? Il ne craint pas la concurrence, et n'a aucun avantage à tromper sur la qualité de sa marchandise. On sait au contraire quelle est la réputation des chemins de fer américains construits et exploités avec la constante préoccupation de gagner le voisin en vitesse et en bon marché.

Il est vrai que pour les mêmes raisons on accuse l'État de produire à des conditions onéreuses, justement parce que ses agents ne sont pas intéressés. Mais d'abord on ne voit pas que le stimulant de l'intérêt privé agisse beaucoup davantage sur les agents d'une grande compagnie, sur un chef de gare, sur un ingénieur, sur un employé de chemins de fer. Se privera-t-on pour cela des avantages des grandes associations de capitaux ? Pour voir l'intérêt privé agir dans toute sa force, il faudrait en revenir à la production purement individuelle, c'est-à-dire en somme, presque à la barbarie économique. D'autre part, l'Etat peut, comme les grandes compagnies, combiner un système de primes, d'avancement, etc., qui maintienne dans la mesure nécessaire l'excitation de l'intérêt personnel. Pour être juste, d'ailleurs, lorsqu'on accuse le système socialiste d'être dispendieux, il faudrait tenir un compte exact de ce que coûte le régime présent. On calcule ce qu'il faudrait d'impôts pour alimenter les services publics rêvés par les socialistes. Mais on ne calcule pas ce que prélèvent, sur la bourse de presque tous, les kracks financiers ou industriels, les déloyautés commerciales, les monopoles particuliers et les concessions, le protectionnisme qui fait rentrer dans les caisses d'un petit nombre de producteurs privilégiés une sorte d'*impôt privé*, etc. Tout cela ne paraît dans aucun budget public et pourrait même difficilement se chiffrer dans les budgets individuels. Mais qui sait si cela ne forme pas au total une taxe beaucoup plus lourde et surtout plus incertaine, plus inique, plus infructueuse que toutes celles que nous payons au percepteur ?

On peut même remarquer enfin que l'État obtient à très bon marché des services très distingués que les particuliers sont obligés de payer beaucoup plus cher. On l'a accusé de « couper des bûches avec des rasoirs »; cela prouve au moins qu'il trouve des rasoirs à bon compte. Et remarquons-le, cela n'est pas vrai seulement dans l'ordre administratif, mais dans l'ordre technique. Ajoutons que plus l'État est puissant, plus large est le rôle qui lui est assigné, et plus il obtient facilement ces services, tandis qu'un État qui s'efface devant l'initiative privée doit les payer très cher. C'est ainsi que l'Angleterre et l'Amérique, toujours cités comme les pays d'élection de l'individualisme, payent en général leurs fonctionnaires beaucoup plus cher que nous. Sont-ils pour cela beaucoup mieux servis ? Un juge américain reçoit jusqu'à 50 et 75 000 francs de traitement. La justice est-elle mieux rendue, la magistrature plus indépendante et plus digne qu'en France où un conseiller de Cour d'Appel touche entre 7.000 et 11.000 francs ?

Il faut bien admettre que la conscience d'une responsabilité sociale élève l'esprit, que la recherche de l'estime et de la gloire, que le sentiment de l'honneur et du devoir accompli ont une bien plus forte prise sur celui qui remplit une fonction publique que chez celui dont les pensées ne vont pas au delà du souci de sa propre fortune. Quel mal y aurait-il à ce que ces mobiles plus nobles de zèle et d'activité vinssent remplacer dans une proportion croissante les mobiles intéressés, puisque aussi bien on peut continuer à utiliser ces derniers dans la mesure indispensable ?

L'intérêt privé n'a pas toutes les vertus, ni moralement, ni socialement. Initiatives privées, intérêts inférieurs, voilà une relation aisée à constater dans nombre d'exemples. C'est l'intérêt particulier qui ameute les bateliers du Wéser contre le bateau à vapeur de Papin. C'est l'intérêt particulier des tisserands à la main qui, en 1848, arrête les premiers métiers mécaniques montés à Roubaix. Le chef d'une institution libre ne vise guère à élever le niveau de l'instruction ; car qui le lui demanderait ? Ce ne sont ni les élèves, ni même les parents ; c'est seulement l'intérêt du pays. Félicitons-le s'il ne va pas jusqu'à attirer sa clientèle par le relâchement de la discipline et la mollesse du travail.

On craint souvent que le socialisme n'abaisse le niveau moral et intellectuel, et ne tende en particulier à supprimer toute espèce d'art et de culture désintéressée. Ces craintes trouvent un prétexte trop facile dans ce fait que nécessairement et légitimement les besoins matériels sont les premiers à réclamer satisfaction. Mais elles seraient plutôt motivées par la démocratie en général que par le socialisme en particulier; on pourrait même soutenir que de toutes les formes que peut revêtir la démocratie, c'est encore la forme socialiste qui a le plus de chances d'écarter ce danger, précisément pour toutes les raisons qui précèdent. S'il est vrai qu'il doive rendre le travail plus fécond en le plaçant sous le régime de l'association et non sous celui de la rivalité et de l'exploitation mutuelle, qu'il étende ainsi *à la fois la nécessité du travail et la possibilité du loisir*, comment la culture générale et désintéressée en souffrirait-elle? S'il est vrai qu'il repose sur la coopération, ne prépare-t-il pas plus de fraternité? S'il comporte plus d'égalité, ne rendrait-il pas la sympathie, aujourd'hui si difficile entre des classes qui n'ont ni les mêmes besoins, ni la même culture, plus naturelle, plus profitable et plus attrayante? Là où l'État occupe une situation élevée et domine les petitesses de l'intérêt particulier, où en même temps il ne reste pas extérieur aux individus, mais les emploie et leur demande sa vie même, les hommes qui le représentent sont grandis par la noblesse de leur tâche; ils sont amenés par la force des choses à prendre pour règles des idées universelles, seules adéquates à l'intérêt vraiment général. Le désintéressement, c'est de l'intérêt universalisé. Les socialistes auraient beau jeu à rejeter précisément sur l'individualisme excessif, et sur l'égoïsme qu'il exalte, une déchéance déjà très avancée dans le sens que l'on redoute. Car il n'est guère facile de concevoir le règne de la médiocrité plus complet qu'il ne l'est devenu dans notre régime de concurrence, avec ses chromolithographies, ses statues de zinc, sa musique d'opérette, son feuilleton à un sou et tout son luxe de bazar. Où trouve-t-on moins d'art, et même moins de science pure, que dans cette société américaine représentée par M. Spencer comme le meilleur modèle actuellement existant de l'individualisme et du laisser-faire ? Il n'y manque cependant pas de milliardaires pour y encourager les arts ! Mais c'est chez nous qu'ils viennent chercher leurs tableaux et leur musique, chez nous, pauvres victimes d'une administration tracassière et entreprenante, qui organise des écoles de peinture et des conservatoires, et qui, héritière impénitente du droit divin d'un Louis XIV, continue de loin ses errements en achetant quelques œuvres, en décernant quelques prix et en payant quelques pensions ! Pourquoi donc, en somme, l'État socialiste ne serait-il pas un Mécène aussi passable qu'un *beefpacker* de Chicago ?

D'un autre côté, l'initiative privée, c'est aussi l'incohérence et l'anarchie. Initiatives particulières, les trains qui ne correspondent pas, les tarifs discordants et inextricables, où le public se perd et perd son argent. Produit spontané, l'absurde système des mesures et monnaies anglaises, dont M. Spencer se plaint lui-même, et aussi le fouillis indéchiffrable des lois anglaises, qui le révolte. A l'intervention officielle et artificielle au contraire sont dus le net et méthodique système métrique auquel les nations accèdent une à une, les codes clairs et définis grâce auxquels la loi régit la jurisprudence, au lieu que les précédents de la jurisprudence servent la loi. Produit spontané encore, la croissance des vieilles cités aux ruelles étroites et obscures, sales et tortueuses, où les maisons empêchent de voir la ville; entreprise publique au contraire l'ouverture de voies larges aérées et salubres, bien ménagées pour l'utilité des communications comme pour le plaisir des yeux. D'une manière générale, M. Spencer semble exagérer la distance qui sépare le naturel de l'artificiel. L'artificiel, lui aussi, est un produit de l'évolution. La direction du cerveau est aussi naturelle que le mouvement réflexe. Les arrêtés d'un ministre, les votes d'un parlement, les décisions d'un conseil d'administration sont naturelles en un sens aussi bien que les agitations sans direction d'une masse sociale dépourvue de tête. L'entreprise privée elle-même n'obéit guère à cette règle qui serait, suivant M. Spencer, celle du développement naturel des organismes : que les organes naissent, grandissent et disparaissent avec les besoins. Est-il vrai qu'elle attende toujours les besoins pour les satisfaire et ne crée par suite aucun organe ni aucune fonction superflus? Une banque crée des agences pour avoir des clients plutôt que parce qu'elle en a. Un commerçant fait pour cent mille francs de réclame à un produit pour en faire naître le besoin, alors qu'il ne préexistait pas. Qu'arriverait-il d'ailleurs si l'on attendait que le public ait besoin d'instruction et d'hygiène, pour les lui offrir ou même les lui imposer? C'est un peu comme si on attendait qu'un enfant obligeât ses parents à le débarbouiller. Si l'État devance les besoins, on voit qu'en cela il ne fait guère autrement que l'initiative privée, mais il y a des chances de le faire mieux parce qu'il s'attache à des besoins plus généraux. M. Spencer, professe au fond, en politique une théorie analogue à celle qu'il admet en psychologie. Penser que l'adaptation sociale doit toujours suivre les événements sans que jamais la volonté humaine puisse les prévenir et les dominer, sans que jamais l'idée les dirige, c'est revenir à la thèse qui fait de la pensée un simple reflet, un épiphénomène. M. Spencer ne serait-il pas l'homme du monde qui finalement croit le moins à l'initiative?

Mais c'est peut-être trop parler de l'utilité (quoique M. Spencer l'invoque également) alors qu'il s'agit surtout de justice. L'État a-t-il le *droit* d'intervenir, et de poursuivre, lors même qu'il pourrait réussir à les atteindre, des fins d'utilité au lieu de restreindre son rôle aux fins de justice?

Il faut d'abord faire, avec M. Spencer lui-même, la part du militarisme nécessaire. Mais le souci de la défense qui, de son aveu, rentre au premier chef dans les attributions de l'État, s'étend plus loin qu'il ne semble le penser. Toutes les forces nationales n'importent-elles pas plus ou moins directement à la défense? L'État sera obligé de s'assurer la disposition des chemins de fer, des mines; il devra se ménager des approvisionnements et garantir une certaine indépendance économique à la nation; il faudra qu'il se préoccupe de l'instruction, qu'il veille autant qu'il est en lui au maintien du nombre et de la solidité physique des citoyens et que pour cela il réglemente le travail des femmes et des enfants, qu'il impose l'observation d'un minimum d'exigences hygiéniques[1]. Le voilà au nom de

---

1. On lit dans un rapport du Dr Worms à l'Académie de médecine (commission des épidémies), à la date du 4 nov. 1891 : « Il faut que la loi sanitaire qui obligera à faire connaître les maladies épidémiques et à subir la désinfection, comme on est obligé de recevoir le secours des pompiers en cas d'incendie, soit votée le plus tôt possible. Il faudra ensuite que l'application des moyens prophylactiques soit considérée. au point de vue de la défense, comme une mesure d'armement. puisqu'ils garantiront l'existence de jeunes générations plus nombreuses ».

la seule sécurité nationale, engagé dans une foule de réglementations et d'entreprises.

Mais laissons là les effets du militarisme, car nous sommes tout prêts à reconnaître avec Spencer que le militarisme dans son essence est en somme un obstacle à l'avènement de la parfaite justice, et que paix et justice sont solidaires. Considérons en elles-mêmes les conditions de cette fonction de justice dévolue à l'État. L'argumentation de M. Spencer implique tout d'abord qu'au moins jusqu'au moment où la justice aurait été pleinement réalisée par l'État il n'aurait pas le droit d'assumer d'autres devoirs. Mais cela même est spécieux. Car on ne voit nulle part l'évolution naturelle suivre une telle loi. La nature ébauche toujours une œuvre avant d'avoir achevé la précédente. Les racines poussent encore pendant que la fleur éclôt. L'industrie n'attend pas d'avoir créé un instrument parfait pour s'en servir, quitte à le perfectionner ensuite à l'aide même des produits de l'instrument imparfait. La science n'attend pas d'avoir achevé les mathématiques pour aborder la physique. Dans l'ordre biologique comme dans l'ordre social un certain luxe anticipe toujours sur quelques utilités. Pourquoi en politique attendrait-on d'avoir obtenu de l'État toute la justice pour en obtenir un peu de bien-être ? Est-ce que d'ailleurs il n'est pas constant que des organes créés en vue de certaines fins rendent des services tout à fait inattendus dans d'autres domaines ?

Mais nous prenons mal la pensée de M. Spencer : la poursuite de l'utile, à ses yeux, n'est pas seulement prématurée pour l'État en raison de l'insuffisante réalisation du juste; elle est par elle-même compromettante pour la justice.

Elle l'est d'abord indirectement, dit-on, car plus l'État

s'occupe de ce qui ne le regarde pas, plus il néglige ce qui le regarde. Les faits ne justifient absolument pas, pensons-nous, cette induction en apparence si rationnelle. C'est que l'habitude de l'initiative de la part de l'État, même dans les fonctions qui lui appartiennent moins spécialement, favorise aussi son initiative dans ses fonctions propres. Les codes les plus méthodiques ont été élaborés par des gouvernements autoritaires dans des pays de militarisme, à Rome ou sous Napoléon. La France, pays d'ingérence gouvernementale, jouit d'une justice relativement égale et peu onéreuse. L'Angleterre, pays d'élection de l'industrialisme et de l'initiative privée, souffre, de l'aveu de M. Spencer, non seulement de son chaos législatif, mais d'une justice odieusement coûteuse. Les États-Unis, terre d'individualisme également, déplorent l'impuissance de leur police, les défaillances de leur justice, la corruption de leur administration. A force de dire aux individus : débrouillez-vous, on est peut-être entraîné à les laisser se débrouiller en matière de droit et ils se débrouillent en effet à coups de revolver ou à coups de dollars.

Mais examinons si directement ces deux fonctions, la fonction d'entreprise et la fonction de justice, se nuisent entre elles. M. Spencer invoque une induction qui attesterait les tendances de l'évolution en faveur de la non-intervention de l'État et de l'affranchissement complet de l'individu. Mais c'est qu'il n'a considéré dans cette évolution que la diminution de l'autorité arbitraire, il n'a pas envisagé les progrès de l'esprit d'association, qui résultent simultanément des progrès de l'industrialisme. Pourquoi ne verrait-on pas dans l'État le terme de cette tendance associative, la plus ample et la plus puissante des associations? Au lieu de n'envisager dans l'État qu'un gouvernement qui règne sur la nation, ne peut-on y voir la nation se gouvernant elle-même ?

L'individu, nous dit quelque part M. Spencer, doit toujours se demander : quel type social ma conduite tend-elle à produire ? Mais si la passivité dans la discipline et l'insuffisante conscience de nos droits tendent à produire l'oppression gouvernementale, l'association, le régime de libre contrat, en même temps qu'ils aboutissent à la liberté politique, tendent à produire la coopération publique, l'« Etatisme ». Il restera sans doute à se demander quels genres de services cette grande association sera le plus apte à rendre ; il faudra beaucoup de prudence à mettre en mouvement une si vaste et si lourde machine, et les socialistes l'oublient parfois. Mais enfin nous ne voyons rien, en droit, qui en condamne absolument l'usage, et qui limite nécessairement le rôle de l'État (ou de la commune) comme puissance collective de production et d'entreprise.

Mais l'individu aliène alors sa liberté ! Assurément, en partie, comme dans toute association, comme dans tout contrat, allons plus loin, comme dans toute action, puisqu'il ne peut agir ni même acquérir un moyen d'action sans se fixer, sans prendre avec les choses, avec lui-même un engagement, sans enchaîner plus ou moins une partie à son avenir à un passé irrévocable. Mais nous avons déjà vu combien est ambiguë cette idée de liberté. Allons-nous renoncer à une force réelle pour nous réserver une faculté, souvent tout apparente, d'option et de changement ? D'ailleurs il faut reconnaître, si l'on quitte les déductions abstraites pour considérer les choses, que cette aliénation de la liberté ne serait pas aussi complète que quelques-uns le redoutent. C'est un point bien établi par Schäffle et par nombre de socialistes, que la liberté de la consommation resterait entière ; l'emploi par l'individu des produits de son travail ne subirait aucune restriction. J'achèterais dans une boulangerie municipale, dans un *wholesale* public avec la même liberté que je le fais aujourd'hui dans un magasin privé ; et de tels établissements, ni plus ni moins que le commerce actuel, régleraient sur les exigences du public le choix des articles qu'ils lui offriraient. Rien de tout cela n'est absurde ni oppressif. Je m'abonnerais au gaz, à l'eau, à l'électricité, fournis par des services municipaux [1] avec la même liberté qu'aux compagnies privées, de même que je voyage sur les chemins de fer appartenant à l'État avec la même liberté que sur les lignes de l'entreprise privée.

Mais cette liberté, répondra-t-on, est toute apparente et superficielle ; allez au fond, et vous verrez combien ma liberté réelle est compromise puisque pour organiser tous ces services on accroît sans cesse la portion de mon revenu que je ne puis dépenser à mon gré aux dépens de celle dont je puis faire usage à ma fantaisie.

L'objection est très forte. Elle serait irréfutable dans l'hypothèse d'un gouvernement autocratique ; mais l'hypothèse d'un régime de liberté politique ne suffit pas à l'écarter, car il reste toujours à savoir si la majorité n'imposerait pas à la minorité des charges correspondant à des services que celle-ci n'a pas demandés. Lorsque M. Spencer admet et veut que la société assume la fonction de justice, son motif est qu'elle correspond et correspond seule, suivant lui, à un besoin universel, à une demande unanime de la société,

---

[1]. On sait combien se sont multipliées en ces dernières années, en Angleterre et en Amérique, les entreprises municipales de transport, d'éclairage, de force motrice ; mais en France on nous a habitués à crier au socialisme dès que s'annonce une pareille tentative, et cette disposition d'esprit hostile n'est évidemment pas faite pour faciliter le succès.

les criminels, c'est-à-dire ceux qui ne font pas moralement partie de la société, faisant seuls exception [1]. C'est donc là une fin universelle par essence et en la poursuivant, on ne risque pas de satisfaire les uns aux dépens des autres. Il n'en est plus de même, semble-t-il, dès qu'il s'agit d'une entreprise positive ; les uns en usent, les autres non, l'unanimité est remplacée ici par une majorité et une minorité dont les vœux sont contraires. Je ne vais pas à l'Opéra ; pourquoi contribuerai-je à le subventionner? Je ne pratique aucun culte ; pourquoi participerai-je au budget des cultes ? Je préfère les établissements privés d'instruction ; — pourquoi contribuerai-je aux dépenses de l'instruction publique? Et l'on pourrait aller très loin dans cette voie, car on dirait aussi bien : Je ne passe jamais par cette rue ; pourquoi subirai-je ma part des dépenses qu'en exigent le pavage, l'éclairage, la surveillance.

Il serait sans doute facile de tirer de ces conséquences extrêmes du principe une réfutation par l'absurde. Mais le procédé serait, il faut l'avouer, abusif et peu convaincant, car aucun système n'y résisterait ; et de ce qu'un mal ne peut-être absolument évité, on n'en saurait conclure qu'on puisse l'accroître à plaisir. Au fond, l'objection reste très forte, en droit, contre les tentatives de « socialiser » indistinctement des services ou des productions quelconques. Nous sommes peut-être allé trop vite en opposant le principe de la coopération à celui de la concurrence pour trouver une base à la conception socialiste. Car en étendant à la commune ou à l'État l'idée de l'association, nous avons implicitement supposé que cette association ne renfermait

---

[1]. Encore faut-il remarquer que sur bien des points l'existence et le fonctionnement de l'appareil judiciaire n'intéresse qu'une minorité, la classe « possédante »

que des « intéressés », et cela se trouve inexact. On ne pourrait donc si aisément passer de la coopération privée, restreinte à certaines fins et n'embrassant que ceux qui les poursuivent, à la coopération dans et par l'État, qui s'étendrait à toutes sortes d'objets à la fois, et engloberait tout un groupe d'individus, non en raison de la communauté de leurs intérêts, mais en raison de leur répartition sur un territoire.

Mais en précisant l'objection, nous venons de la limiter, et de reconnaître qu'elle ne vaut que par deux considérations : la première est relative à l'étendue des fins poursuivies ; la seconde, au consentement des personnes. Elle cesserait donc de porter, si d'une part les fins poursuivies sont assez générales pour intéresser tout le groupe de population considéré, si d'autre part, même en dehors de cette condition, l'assentiment réel des citoyens est acquis à une entreprise publique.

Sur le premier point, nous ne faisons pas autre chose qu'appliquer le critérium de M. Spencer lui-même. Il ne justifie en effet la fonction juridique de l'État que par l'universalité du besoin auquel elle correspond. Ainsi, sans qu'il soit besoin aucunement de ramener la justice elle-même à l'utilité, c'est bien une considération d'utilité qui nous détermine à charger l'État de la justice ; c'est au nom d'un intérêt, l'intérêt même de la justice, qu'il est requis d'assumer cette tâche. Dès lors, tout intérêt général pourra, dans la mesure même de sa généralité, être confié à l'État pour des raisons exactement identiques. C'est cette règle qu'appliquent précisément les socialistes eux-mêmes lorsque par exemple ils protestent contre la subvention de l'Opéra ou le budget des cultes qui, suivant eux, répondent à des besoins trop particuliers. Mais personne ne songe à rendre les Postes à l'initiative privée, et tout le monde trouve naturel que l'État soit chargé de ce service. Il en est de même de la viabilité générale. On verrait sans doute favorablement la gestion des chemins de fer passer à l'État et, de fait, le retour des lignes à l'État à été prévu et assuré par des hommes peu suspects de socialisme. Il est difficile, dans un autre ordre d'idées, de ne pas reconnaître à l'instruction, au moins à l'instruction primaire, le caractère d'un intérêt universel et égal pour tous ; et ce n'est vraiment pas la faute de l'État si un certain nombre de citoyens refusent de profiter de son enseignement justement parce qu'il est neutre, par suite propre à satisfaire quiconque ne demande que la tolérance, c'est-à-dire la justice. On est mal venu à prétendre qu'on souffre une injustice quand on souffre seulement pour vouloir rejeter un principe de justice. Nombre d'autres services offrent un caractère d'utilité générale peu contestable, comme ceux qui ont pour objet la préservation de la santé publique, comme les avertissements donnés par les stations météorologiques, comme les renseignements des offices de statistiques, etc., tous services qui d'ailleurs ne peuvent guère être entrepris avec succès que par les pouvoirs publics. Sans chercher à déterminer la liste exacte des institutions qu'on peut ranger dans cette catégorie, il importe de remarquer que le nombre de celles auxquels ce caractère d'utilité générale peut être reconnu tend naturellement à s'accroître à mesure qu'on se rend mieux compte de la solidarité des intérêts dans la vie sociale et que cette solidarité s'accroît elle-même.

Mais si nous considérons maintenant le rôle du consentement des personnes, nous verrons qu'on peut aller plus loin encore. En dehors des services généraux dont je profite directement pour ma part, je puis en effet trouver avantage à accepter d'autres charges encore si je comprends l'intérêt qu'il y a pour la collectivité à faire masse de ses ressources, et s'il y a lieu d'espérer que la majorité fera le même raisonnement. Aucun usage de l'impôt n'est donc illégitime en soi, dès qu'il est connu et accepté par le contribuable. En vain M. Spencer essaye-t-il d'atténuer la différence qui existe quant à l'usage de l'impôt entre un gouvernement autocratique et un gouvernement représentatif [1], et prétend-il que le libéralisme contemporain en vient à donner un droit divin aux parlements. Son argumentation n'est justement valable que dans la mesure où la représentation de la nation est imparfaite et inexacte [2]. S'il est imprudent aujourd'hui de confier trop de fonctions et de pouvoirs à l'État, c'est en raison de l'insuffisance du contrôle. Ainsi le problème peut aussi bien se résoudre en accroissant les pouvoirs de l'individu qu'en limitant ceux de la communauté ; seulement dans le premier cas on conserve ou l'on accroît les bénéfices de l'association et dans le second on les restreint. S'il faut donc, suivant l'idée de M. Booth, un peu de socialisme pour permettre beaucoup d'individualisme, il faut aussi inversement beaucoup d'individualisme pour permettre un peu de socialisme, et s'en

---

1. *L'individu contre l'État*, p. 20.
2. Aussi voyons-nous nombre d'esprits libéraux préoccupés de l'insuffisance du parlementarisme actuel et soucieux de compléter et de parfaire cette liberté politique dont M. Spencer semble faire si peu de cas. C'est ainsi en particulier que B. Malon, frappé de l'insuffisance de la représentation et de l'incompétence technique des élus, voudrait, comme autrefois Saint-Simon, à côté d'une chambre politique, une chambre économique incarnant les intérêts de la nation et dont l'existence justifiât mieux que les assemblées actuelles l'action économique des gouvernements. V. *Socialisme intégral*, t. I, ch. VIII. M. A. Menger incline au contraire à développer le mécanisme administratif plutôt que l'organisme représentatif dans le domaine économique ; v. *L'État socialiste*, chap. V.

assurer les avantages. On comprend, dès lors pourquoi l'individualisme et le socialisme se développent parallèlement, et se fortifient l'un l'autre dans la politique moderne, et pourquoi les tendances socialistes qui s'y font jour et qui apparaissent aux yeux de M. Spencer comme une anomalie et une régression, font partie intégrante de cette évolution au lieu d'en être le démenti. Comment une tendance, dont il constate lui-même la généralité pour la déplorer, pourrait-elle, d'ailleurs, être considérée comme étrangère à la marche normale des événements ? De quel droit peut-on rejeter un ensemble de faits qu'on avoue considérable, en dehors de l'évolution, parce qu'ils contrarient l'idée qu'on s'est faite de cette évolution en les négligeant ?

Ainsi le socialisme moderne est bien loin d'exiger l'effacement complet de l'individu, et de concevoir l'État comme une entité se suffisant à elle-même ; il ne voue pas nécessairement à cette entité un culte fétichique. Seulement il voit dans l'État une forme d'organisation, un mode de combinaison des forces individuelles, qui pourrait en multiplier le rendement. A ce titre, quoiqu'il ne soit rien de réel en soi, il est une force, comme dans une machine le bon agencement des organes est une condition de puissance sans être une source de force, et détermine un bon rendement. La forme, l'ordre, l'organisation ont donc aussi leur réalité : il y a de l'idéalisme dans le socialisme. La confiance dans l'État cesse d'être un fétichisme dans la mesure où l'État, c'est-à-dire l'unité harmonique des individus, dont nous n'avons guère qu'une ébauche superficielle et une image plus ou moins trompeuse, est vraiment réalisé.

D'ailleurs au fétichisme de l'État il ne faudrait pas substituer le fétichisme de l'individualité. Car l'individualité pure n'est peut-être, elle aussi, qu'une abstraction. Où trouvera-t-on l'individu absolu ? Vous voulez que la vie sociale soit un concours où chacun ne lutterait qu'avec ses propres forces. Mais, prise à la lettre, cette condition n'est point réalisable, et peut-être l'individualisme tel que le comprend M. Spencer en serait-il plus éloigné qu'aucun régime. Les conditions sociales sont un facteur important du succès des individus, et M. Spencer ne semble pas en tenir compte. J'achète un terrain sans valeur ; une ville vient à s'y former, un chemin de fer à le traverser, et me voilà riche. La population augmente et voilà la rente créée [1]. C'est la société qui a fait pour moi cette richesse, je n'ai rien fait, je n'ai rien produit en échange. N'est-elle pas en droit d'en réclamer quelque chose ? L'instruction se développe, et mes ouvrages ont du débit, mon intelligence devient une source de revenus. La civilisation met en valeur nos aptitudes ; elle leur permet de naître en même temps qu'elle crée les besoins auxquels elles répondront. Les causes comme les fins de nos facultés sont essentiellement sociales. Virgile reçoit toute faite la forme de l'hexamètre et trouve des oreilles déjà préparées à son rythme. Aucune invention n'est absolue ; chaque individu bénéficie des travaux de millions d'hommes. Les générations collaborent avec lui. Notre industrie, notre science, notre art représentent des siècles d'efforts et de pensée de la race entière ; ses plus obscurs représentants

[1]. Il est piquant de remarquer que tandis que M. H. George justifie son socialisme agraire par la plus-value de la terre, qui ruinerait la société au profit de l'individu, M. Spencer appréhende au contraire l'avènement du socialisme parce que la multiplication des charges qui pèsent sur la propriété tendrait à ruiner dès aujourd'hui le propriétaire au profit de la société (*L'individu contre l'État*, p. 52 à 99). Vérité en deçà de l'Atlantique, erreur au delà.

y ont, même sans le savoir, apporté leur tribut. Depuis le plus modeste des objets qui m'entourent jusqu'aux plus belles œuvres du génie, depuis la lampe qui m'éclaire et le papier que je noircis jusqu'à la notion de justice et au système de l'évolution, il n'est rien à quoi l'humanité entière n'ait travaillé, rien qui ne doive éveiller en nos cœurs un sentiment de reconnaissance, rien qui ne nous parle autant de nos devoirs envers la société que de nos droits en face d'elle. « Nous sommes des êtres collectifs », dit Gœthe. Nous le sommes doublement : d'abord par la pluralité psychique qui est au-dessous du moi et que nous cherchons à unifier, mais surtout par la pluralité sociale qui est au-dessus et que nous reflétons en raccourci. Où donc est ce moi, haïssable pour s'ériger en absolu quand il est tout relatif ? Où commence l'œuvre qui est vraiment nôtre et celle qui ne nous appartient pas ? Véritablement, quand on y réfléchit, on se demande si dans le nombre des raisons qui rendent en pratique la propriété, par exemple, si absolue, il n'entre pas plus de motifs d'utilité que de motifs de justice. C'est qu'il est nécessaire au bien même de la société et de l'humanité d'encourager les activités les plus fécondes et pour cela, il faut leur accorder non pas le bénéfice le plus strictement juste, mais le plus grand bénéfice compatible avec le bien général. Il ne faut pas que la société regarde de trop près à ses droits sous peine de ne rien obtenir de l'individu. Mais elle peut bien les lui rappeler quand il les oublie, et tend à exagérer la part qui lui revient dans un travail où il n'est jamais que collaborateur.

CONCLUSION

C'est donc en vue de mieux réaliser la formule même de la justice : à chacun suivant ses œuvres, que le socialisme conçoit ses plans de réorganisation. Son individualisme est en ce sens plus absolu que celui de M. Spencer lui-même puisqu'il vise, en enlevant à l'individu tout ce qui est dû à la société, à ne lui laisser que les fruits de son seul travail. Toutes ses propositions y tendent : monnaie-travail, restriction de l'héritage, suppression de l'agiotage, et finalement socialisation de la terre et de tous les moyens de production. A ce point de vue, les socialistes professent donc le même principe que M. Spencer, et en poussent même beaucoup plus loin les conséquences puisqu'au lieu de l'appliquer simplement à la société telle qu'elle, ils veulent avant tout y conformer l'ordre social lui-même. Ils espèrent ainsi obtenir que les différences de condition entre les individus soient uniquement le résultat des différences de leurs facultés et de leur effort ; et ils veulent que l'usage de ces facultés leur soit assuré pour que cette justice soit une réalité et non un mot.

Mais en même temps les utilités communes seraient obtenues par la voie de l'association. Accomplie ainsi plus sûrement et avec moins de perte, cette œuvre garantirait à quiconque ne se mettrait pas hors la loi et satisferait aux exigences d'une telle association un fonds premier de bien-être. L'individu ne serait pas abandonné à ses seules forces en ce sens qu'il serait assuré de l'emploi de ces forces. Les bénéfices de son œuvre personnelle ne feraient que s'ajouter aux bénéfices communs de l'œuvre commune. Les inégalités seules seraient le fait de l'inégalité des personnes et cesseraient ainsi de choquer le sentiment de la justice. Chacun ne dépasserait la moyenne du bien-être que dans la mesure où il s'élèverait au-dessus de la moyenne des capacités. Mais un premier point d'appui serait donné à ses efforts. C'est ainsi, croyons-nous, que le socialisme espère concilier le droit avec l'utilité et obtenir à la fois et presque l'un par l'autre le maximum de justice et le maximum de satisfaction moyenne.

Les individualistes de leur côté sont bien obligés de limiter dans l'application les conséquences de leur principe. Autrement pourquoi restreindre la concurrence si elle est la base de la justice ? S'il faut que chacun concoure rigoureusement avec ses seules forces, comment pourrait-il exiger qu'on l'aide à se défendre ? Pourquoi mettre à sa disposition une police et un tribunal ? N'est-ce pas enlever au voleur, à l'escroc, au brigand le bénéfice de son habileté de son astuce, de son audace et me protéger indûment contre les inconvénients de mon imprudence, de ma crédulité ou de ma faiblesse [1] ? Si l'on refuse d'aller jusque-là, et personne ne s'y hasarde, si on limite le principe de concurrence par une intervention qui est en somme tout aussi « artificielle » que celles dont l'individualiste ne veut pas entendre parler, n'est-ce pas parce qu'on s'aperçoit

---

[1]. Même observation en ce qui concerne les rapports des peuples. M. Spencer est impitoyable pour les guerres offensives et, particulièrement même, pour les conquêtes coloniales qu'il appelle des « brigandages autorisés à Downing street ». Cette sévérité fait honneur au sentiment qu'il a de la justice et à l'impartialité avec laquelle il sait se dégager du « préjugé national ». Mais on peut douter qu'elle soit bien d'accord avec l'idée que la justice consiste dans le triomphe des supérieurs et la disparition des inférieurs. Aucune race n'a justement appliqué plus pleinement sur ce terrain le principe de sélection et n'a été plus spontanément darwinienne en face des peuples inférieurs, que la race anglaise. Partout où elle pénètre, les races indigènes disparaissent. Et il faut bien reconnaître, au grand scandale de la justice et de la charité, que cela ne lui a pas trop mal réussi jusqu'à présent.

que dans l'humanité la lutte n'aboutit pas nécessairement au triomphe des meilleurs et que la société elle-même proteste unanimement contre cette manière d'entendre ses intérêts ? N'est-ce pas parce qu'en définitive tous les genres de « supériorité » ne se valent pas au point de vue du bien général, et que la société reste juge de celles qu'elle doit laisser se déployer et laisser triompher ; qu'enfin les hommes les plus « forts » ne sont pas nécessairement ceux qui réalisent le type humain le plus élevé ?

C'est l'aveu que la notion de justice n'est pas une notion purement naturelle, au sens étroit du mot, mais une notion essentiellement humaine et morale, qui ne peut se ramener à la seule idée du succès. Le droit « naturel » n'est ni une abstraction de la raison ni un pur produit historique. Il est naturel sans doute, en un premier sens, par les *conditions* qui s'imposent à la réalisation d'un certain idéal social. Mais il est impossible de définir la justice autrement qu'en fonction des *fins* qu'une société déterminée s'est plus ou moins consciemment assignée ; et en ce sens le droit humainement le plus naturel, c'est le plus artificiel, celui qui abandonne la moindre part de la vie humaine à la fortuité, à la chance et à la fatalité. Le droit que s'impose une collectivité est un système d'ordre social en rapport avec les fins qu'elle se propose. Il est donc impossible de disjoindre absolument la justice de l'ensemble des fonctions que la collectivité peut exercer et des œuvres positives auxquelles elle peut travailler. La justice elle-même, nous l'avons montré, est, au premier chef, une de ces œuvres collectives. Comment supposer que la coopération et l'entente qu'elle exige restent possibles, si l'on prétend tirer le droit d'une formule de concurrence et de guerre, ou même d'une formule d'isolement et de division ? Mais comment demander que cette coopération, si elle existe reste inféconde au delà d'une simple entreprise de police ? Et puisqu'enfin il est si difficile de discerner dans l'œuvre et dans le bonheur de l'individu ce qu'il ne devrait qu'à lui-même de ce qu'il doit à la société, n'a-t-on pas d'autant plus de chances de se rapprocher de la justice qu'on aura réalisé une plus parfaite union, une coopération plus étendue ?

VI

CHARITÉ ET SÉLECTION

Il n'est peut-être pas de question plus propre à ramener la morale sur son terrain propre que la question de la charité. Aucune portion de la moralité n'a été en effet, au même degré, revendiquée, absorbée même par le sentiment religieux, aucune n'a, au même degré, été prise pour une véritable découverte de la pensée religieuse, au point d'être regardée comme inintelligible en dehors d'elle. Et le jour où les dogmes périclitent, quand ils se heurtent à la science, ou, ce qui est pour eux plus dangereux encore, à la certitude de notre ignorance, c'est cette prétendue découverte morale qu'on invoque à son tour en faveur de la religion qui l'aurait faite, comme une garantie de sa vérité et de son origine sublime.

Mais inversement, et peut-être en partie à cause de cela même, il n'est pas de vertu qui ait eu plus et plus vite à souffrir de l'application à la morale de l'esprit « scientifique ». Le nom même de la charité est devenu suspect, comme empreint d'un mysticisme incompatible avec toute positivité. Mais cette défiance ne se serait sans doute pas considérée comme justifiée si elle n'avait pu s'appuyer sur une raison plus directe et moins négative. Il ne suffisait pas que la charité apparût comme fondée uniquement sur des motifs que la science ignore, il fallait trouver dans la science même des motifs de la condamner. La théorie de la sélection naturelle les fournit, apparemment très précis, très forts et très décisifs, sinon faciles à agréer ; et la violence qu'ils faisaient au sentiment pouvait sembler une garantie de plus de leur origine purement intellectuelle et de leur valeur scientifique. La conscience trouvait dans sa répugnance même un contrôle de sa sincérité. Trop complaisante aux vieilles habitudes morales, la science eut été suspecte ; en les heurtant de front elle semblait presque gagner en autorité ce qu'elle perdait en sympathie.

Ainsi, précisément sans doute parce que la charité se trouve être le dernier fruit de la moralité, et qu'elle en présente presque à l'état pur l'essence paradoxale, la conscience semble s'être dessaisie. Les uns ont cru devoir faire de la charité une vertu « surnaturelle » dont l'absurdité même au point de vue humain aurait attesté l'origine divine. Ainsi conçue, elle ne devait plus de comptes à la raison, mais aussi, violemment et arbitrairement détachée de ses racines humaines, elle devenait sujette à des déformations qui devaient singulièrement en compromettre le sens et la valeur. Les autres, revendiquant les droits de la critique, se retrouvaient en face du fait, et du fait déjà altéré ; dès lors leur raison, pour comprendre la charité, n'avait guère à sa disposition que la science, seule un peu avancée, de la nature infra-humaine, et nécessairement cette science opposait une sorte de démenti à une forme supérieure de l'évolution. Ainsi, pour avoir, fort incomplètement d'ailleurs, consulté le monde animal en vue d'ordonner le monde humain, la science semblait à son tour renier l'humanité comme la théologie l'avait méconnue. De part et d'autre c'est son hétéronomie que la conscience morale laissait proclamer.

Nulle part on ne saisit mieux ces deux déplacements inverses du centre de gravité de la morale tantôt vers la métaphysique, tantôt vers la « physique », qui la compromettent presque également. Nulle part aussi, par suite, n'apparaît plus évidente la possibilité et la nécessité, pour retrouver l'équilibre de la morale, pour consolider la conscience tout en rectifiant la pratique, de rétablir la spécificité du point de vue moral, de replacer l'axe de la moralité en son vrai centre : la société humaine. Ainsi serait restaurée du même coup la positivité de la morale et l'autonomie de la conscience.

I

Puisque c'est là ce qui nous importe avant tout dans le différend entre la charité et la sélection (aussi bien n'est-ce pas une ébauche d'un traité pratique sur l'Assistance qu'on peut attendre ici), on nous permettra de mettre tout d'abord en lumière le double mécanisme dont nous venons de parler : celui par lequel la religion absorbe puis altère la charité, celui par lequel la science a au contraire prétendu la rejeter. Par là même sera mis en évidence le postulat très simple, mais capital, qui détermine l'attitude que nous appelons positive en morale. C'est si l'on veut un truisme. Mais il ne faut pas avoir peur des truismes : notre ignorance seule met une distance entre l'évidence et la vérité, et une intelligence parfaite ne devrait, en dehors de l'absurde et de l'impensable, trouver que de l'évidence. Ce postulat, c'est que la moralité est une chose proprement et purement humaine, progressivement constituée dans l'humanité par l'humanité, en vertu d'une finalité plus ou moins inconsciente.

Il l'a bien fallu. L'humanité n'a point eu de maître extérieur pour lui enseigner ses devoirs ; et ses règles de vie, l'expérience de la vie a seule pu les lui faire connaître, c'est-à-dire les imposer à sa volonté, plutôt encore que les découvrir à son intelligence. Et cette vérité subsiste pour celui-là même qui admet une révélation, car, en tout état de cause, une telle révélation n'eût pu être comprise si l'esprit humain eût été complètement étranger aux idées qu'elle proposait, et surtout elle eût été impuissante à faire accepter une règle de vie sans rapport avec les nécessités de la vie, à faire aimer un idéal qui n'eût pas été en harmonie avec des aspirations déjà ressenties de l'humanité. Un enseignement venu du dehors resterait donc forcément lettre morte, et si l'homme individu paraît avoir des maîtres extérieurs qui sont les autres hommes, la race humaine ne peut rien apprendre que par elle-même, et par son expérience propre, dans le domaine moral comme dans le domaine de la science. Comment peut-il être encore nécessaire d'appuyer sur des vérités aussi claires ?

Mais cette moralité qui se forme ainsi spontanément au contact même des conditions de l'existence, et en particulier de l'existence sociale, n'est pas un produit de l'intelligence pure, de la réflexion ; elle ne dérive pas d'une théorie, mais d'une adaptation plus ou moins instinctive. Dès lors, au moment où l'homme commence à s'observer lui-même et à réfléchir sur ce qu'il fait, il trouve déjà toute faite et fixée en lui cette moralité spontanée sous la forme d'une *conscience* plus ou moins rudimentaire, mais déjà forte et distincte ; il la trouve aussi consacrée au dehors par des règles et des traditions d'ordre social auxquelles il ne peut se soustraire. Qu'arrive-t-il dès lors ? Si l'homme est curieux de comprendre la nature qui l'enveloppe, il ne l'est pas moins, quoique plus tardivement, de se comprendre lui-même. Il cherchera une justification en même temps qu'une explication des principes de conduite qu'il sent s'imposer à lui du dedans et que la société lui impose du dehors. En essayant d'interpréter le fait moral, si clair à l'intuition et si obscur à l'intelligence, il s'exposera à le transformer et même à le fausser ; il le fausse en effet et il est vraiment étrange de voir combien il faut de temps à notre espèce pour remettre les choses au point, pour retrouver le fait moral dans sa réalité positive sous les interprétations aventureuses et arbitraires qui ont fini par la masquer et même par la transfigurer.

De même en effet, que l'homme des premiers âges, ignorant de la nature, trompe sa curiosité plus impatiente que scrupuleuse en divinisant les forces et les phénomènes du monde physique, de même en présence du mystère intérieur de la conscience morale il use d'un semblable expédient ; son imagination divinise la conscience et l'autorité sociale qui la sanctionne. La moralité se trouve-t-elle ainsi idéalisée ? On ne peut guère le prétendre ; car la divinité imaginée reflète naturellement toutes les imperfections de l'humanité même et l'autorité suprême qu'on lui prête n'est pas pour diminuer l'irrationalité ou la dureté des exigences que dès lors on lui attribue. La morale se détache de la vie ; des obligations toutes théologiques, indifférentes à la conduite réelle des hommes, étrangères ou même opposées aux conditions réelles de l'existence, se superposent aux devoirs véritables et arrivent même à les primer. L'individu, la société même ont perdu leur autonomie morale ; ils ne se sentent plus maîtres de leur destinée. Le symbole matérialisé de leur vie morale a d'ailleurs quelque chose d'immobile et de figé qui en arrête le développement normal ; la conscience, ainsi enchaînée aux conceptions du passé, est condamnée à rester en retard sur la vie, tandis que son vrai rôle serait de la devancer en fixant son regard sur l'idéal.

Sans doute la notion même de la divinité s'épure comme les notions morales elles-mêmes. Mais la moralité, rectifiée peut-être ainsi par la force des choses, quant à son contenu, n'en reste pas moins altérée dans son essence. La conscience continue à perdre de vue la réalité sociale dont elle est le produit, la vie collective dont elle est l'instrument et la raison d'être. Elle a pris l'habitude d'entrer directement en commerce avec Dieu ; et au fur et à mesure que Dieu s'est éloigné et s'est idéalisé, le sens moral est devenu *intérieur*, *subjectif*, *individuel* ; il méconnaît ainsi ses origines, et manque à sa destination.

L'idée de la charité n'a pas échappé à ces fluctuations. Mais leur histoire est plus spéciale et plus récente. Il semble que la charité ait été découverte le jour où la *crainte* de Dieu, commencement de la sagesse, a été remplacée par l'*amour* de Dieu ; le premier sentiment n'était que la traduction théologique de la soumission de l'individu à la contrainte sociale ; le second est au contraire l'expression de l'intégration réelle et intime de l'individu à l'être social dont il ne veut plus se séparer et qui lui apparaît comme identique à sa vie même. Aussi le commandement « Aimer Dieu » se traduit-il aussitôt par le second qui est identique au premier : « Aimez-vous les uns les autres », et qui est la « règle d'or » de la charité.

En quel sens est-elle nouvelle ? Si l'on n'en considère que le contenu, il est singulier qu'on n'ait pas consenti plus souvent à voir combien la chose est ancienne et contemporaine de toute moralité. Il n'est pas jusque dans l'animalité même que le principe sympathique n'apparaisse déjà comme une condition du maintien des groupements, et où inversement l'association ne produise déjà la sympathie comme un effet naturel. A plus forte raison s'est-il manifesté sous des formes multiples dans la société humaine qui n'aurait pu sans cela ni progresser ni même se maintenir. On peut même affirmer que les vertus de dévoûment, plus passionnées, plus ardentes sont à beaucoup d'égards plus primitives que les vertus de justice, plus calmes et plus intellectuelles[1]. Les affections familiales, l'amitié, les devoirs d'hospitalité, l'amour de la patrie sont en un sens des aspects de cette « charité » dont les origines n'ont pas de date. Le courage dans le sacrifice de soi, la bienfaisance, la bonté même, ont été de tout temps honorés par les sociétés les plus barbares. Et tous ces sentiments étaient efficaces, ils ont même eu leurs martyrs : ils ont inspiré des dévouements, des actes d'abnégation dont l'éclat et la valeur morale n'ont absolument rien à envier à ceux qu'a pu animer la charité chrétienne.

Qu'est-ce donc que celle-ci apportait de nouveau ? A peu près ceci :

D'abord aux affections limitées, aux sympathies de groupe, elle substituait un sentiment universel allant à l'homme en général et non plus aux membres de la famille, aux concitoyens ; à l'humanité et non plus à une collectivité particulière. Progrès sans doute, et que le sentiment moral en général avait déjà commencé à réaliser ; mais qui n'allait pas non plus sans l'inconvénient de remplacer des obligations précises par des devoirs beaucoup plus vagues et plus élastiques.

En second lieu en effet, la charité chrétienne formulait un principe général de moralité jusqu'alors diffus et dispersé dans toutes sortes de vertus particulières, souvent

---

[1] Cf. p. 205, n° 1.

presque instinctives ; et par là sans doute il contribuait à mettre la conscience morale en plus parfaite possession d'elle-même. Mais aussi isolait-elle non sans inconvénient le sentiment moral de ses objets normaux. Les moralistes anciens n'avaient guère séparé la *bonté* de la *bienfaisance* et n'avaient jamais perdu de vue l'activité pratique correspondant à cette forme du sentiment moral. Désormais les effets désirables du sentiment charitable passent au second plan ; c'est en lui-même qu'en réside le prix. « Quand je donnerais tout mon bien aux pauvres, *si je n'ai la charité*, je ne suis que l'airain sonore et la cymbale bruyante ».

On voit donc que s'il prenait conscience de lui-même dans la charité chrétienne, l'amour du prochain subissait du même coup une série de déviations.

D'abord tandis qu'il était jusqu'alors entièrement tourné vers le dehors, vers son objet et pour ainsi dire tout entier en action, il prend désormais un caractère tout intérieur ; il devient vertu de sentiment, élément de perfection *personnelle* et *subjective*. C'est un état d'âme auquel on attribue une valeur intrinsèque absolue, en perdant de vue ses applications, et les résultats pratiques qu'on pouvait en attendre. « *Ama et fac quod vis* ».

Par suite c'est sous une forme éminemment *négative* qu'apparait surtout cette vertu : c'est la vertu du renoncement, du sacrifice, qu'on élève au sommet de la vie morale, sans trop se demander en faveur de qui on renonce, à quel intérêt supérieur on se sacrifie. On ne croit triompher de l'égoïsme qu'en faisant l'apologie du sacrifice pour le sacrifice, faute de comprendre qu'on ne remédie à l'égoïsme qu'en le retournant, que pour ne pas trop s'intéresser à soi-même il faut s'intéresser à quelqu'un ou à quelque chose, et qu'on ne s'oublie qu'en s'absorbant dans un objet.

Ou bien encore c'est sous une forme *contemplative* que la charité vient à se présenter, parce que cet objet, on a cru pouvoir le découvrir en Dieu même; l'Infini seul a paru capable de remplir le cœur de l'homme, dès qu'on a isolé ainsi sa faculté d'aimer; et c'est en Dieu et pour Dieu qu'on nous demande d'aimer nos semblables, au lieu de les aimer directement en eux-mêmes et pour eux-mêmes. Ce sont là des formules décevantes et dangereuses. Elles me paraissent (et l'on pourrait le montrer par l'histoire même) fausser et stériliser la charité en la détournant de l'action pratique. Je n'ignore pas sans doute que ces formules comportent un sens métaphysique profond et même une interprétation morale satisfaisante [1]. Mais la morale est faite pour tous et la foule n'est pas composée de métaphysiciens. Elle ne comprend que ce qu'on lui dit expressément; elle prend les formules à la lettre et les sens cachés ne sont point sont affaire. Et si l'on veut quand même lui en dire plus qu'elle ne peut comprendre, mieux vaudraient peut-être des abstractions obscures qui du moins ne la tromperaient pas. Mais on ne voit pas ce qu'on peut gagner à sauver, par de subtiles explications, des formules que la masse prendra toujours à contre-sens. Celles dont j'ai parlé tendraient à détourner la charité de son objet véritable et de son œuvre pratique, et à rejeter sur Dieu le soin des résultats; c'est pourquoi je m'en défie.

Quelle sera maintenant l'attitude de la réflexion scientifique en présence de la conscience morale, du moins au premier abord? Son procédé naturel c'est d'assimiler, de faire rentrer l'inconnu dans les cadres du connu. Elle replongera l'homme dans la nature, elle le subordonnera au milieu. De plus elle déterminera les lois de la nature

---

[1] V. plus haut, p. 26, note 1.

humaine par analogie avec les lois les plus générales de la nature infra-humaine et de l'animalité en particulier. Car l'homme étant, en raison de sa complexité, le dernier objet que la pensée scientifique se propose, ce qu'elle connait déjà lorsqu'elle en aborde l'étude, ce qu'elle appelle *nature*, c'est tout le domaine de ce qui est au-dessous de l'homme. Cette tendance se voit déjà dans l'antique doctrine d'Aristippe, prouvant par l'exemple de l'animal que le plaisir est le vœu de la nature, et *par conséquent* la règle de la vie. Elle se retrouve sous une autre forme dans les théories modernes que nous avons à examiner ici. C'est donc à une régression que nous amènerait cette première application, incomplète et provisoire, je m'empresse de le dire, de la science à la morale. C'est encore comme tout à l'heure à une véritable hétéronomie qu'elle soumettrait la conduite humaine ; ou plutôt, si l'on allait à la limite, ce serait à une véritable *anomie* puisque l'homme n'aurait plus qu'à se laisser conduire par les lois du milieu, les lois de sa propre nature, les lois de la société même sans pouvoir se proposer un idéal de sa façon, une règle conçue par lui-même en vue de fins proprement humaines.

A plus forte raison quand la réflexion purement scientifique vient à rencontrer devant elle une notion morale aussi déformée, nous l'avons vu, que l'a été celle de la charité, la tiendra-t-elle comme suspecte. Elle osera demander des comptes à la vertu ; elle réclamera d'elle une justification non plus subjective ou mystique, mais objective, de son excellence ou mieux encore (puisqu'il s'agit de la science), une preuve de sa « vérité », de sa conformité à la nature. Or c'est à une condamnation que cette procédure nouvelle aboutit. On croit trouver que ce n'est pas par la bonté, par l'indulgence, par le sacrifice volontaire des forts aux faibles que la nature assure le progrès, mais au contraire par des moyens brutaux, par l'ignorance de toute pitié, par le sacrifice nécessaire et forcé des faibles aux forts. La *lutte pour la vie* aboutissant à la *sélection naturelle* c'est-à-dire à la disparition des êtres les moins bien doués, à la survivance des plus forts et des plus aptes, seuls appelés à la propagation de la race, voilà ce que la morale naturaliste oppose à la charité au nom de la biologie et même de la sociologie.

Ce sont là des idées tombées dans le domaine commun, que nous ne nous attarderons pas à exposer. Nous n'avons à examiner ici que la ligitimité des applications morales que l'on en fait et qu'on peut brièvement résumer ainsi :

Positivement : On doit chercher à être fort, à être le plus fort, à mettre le plus d'atouts possible dans son jeu, à s'armer le mieux possible dans la lutte pour la vie. De la nature des armes et de la loyauté du combat, il n'est plus guère question. Le triomphe est la seule justification requise. Travailler à son propre bonheur, voilà donc le premier devoir, puisque, aussi bien, c'est ainsi qu'on assurerait mieux le bonheur de tous et le progrès de la race.

Négativement : On doit éviter avec soin d'aider les faibles et de maintenir artificiellement à la vie les moins bien doués ; on infligerait ainsi à la race une régression ; on imposerait à la société une charge sans compensation, une perte sèche ; on perpétuerait des tares biologiques ou sociales. « Tous les arrangements sociaux, dit M. Spencer, qui empêchent à un haut degré la supériorité de produire les avantages de la supériorité, ou qui protègent l'infériorité contre les maux qu'elle produit, tous les arrangements qui tendent à effacer la différence entre le supérieur et l'inférieur sont des arrangements diamétralement opposés au progrès de l'organisation et à l'avènement d'une vie plus haute. »

On peut d'abord se demander jusqu'à quel point c'est vraiment la science qui, d'elle-même, a pris l'initiative de cette réaction contre la charité chrétienne et même la philanthropie si fort en honneur au siècle, bien peu chrétien, de Voltaire. Car dans ce genre de problèmes on peut toujours douter si c'est la transformation des idées et du savoir, qui a déterminé un changement dans la conscience, ou si ce n'est pas une transformation des mœurs et la poussée de quelque besoin pratique, qui ont déterminé une certaine interprétation morale de la science. Quant à nous, il nous semble qu'ici la science a plutôt fourni, à point nommé, des arguments dont on avait besoin, qu'elle ne les a vraiment suscités. Il serait facile de rappeler quels intérêts politiques, quels antagonismes économiques, quelles luttes de classes ont pu rendre la philanthropie inquiétante ou suspecte, et faire découvrir le parti avantageux qu'on pouvait tirer, à ce point de vue, de la doctrine sélectionniste. Suivant nous la science par elle-même n'a pas plus condamné la charité que la religion ne l'a proprement découverte. Il importait de le remarquer pour définir avec justesse les rapports de la morale et de la science. En tout état de cause celle-ci ne fournit d'arguments à une certaine morale que si cette dernière lui en demande. La théorie de la sélection a été connue avant qu'on ne songeât à en tirer argument contre telle ou telle conception morale ; et elle ne peut devenir un argument dans ce sens, que parce qu'on a pris d'avance un certain parti, par exemple celui de traiter l'humanité comme une espèce animale qu'il s'agit de perfectionner simplement au point de vue biologique. Or prendre un parti de ce genre, c'est adopter une attitude morale, c'est choisir une fin que la biologie par elle-même n'impose nullement. Stuart-Mill, par exemple, du spectacle des brutalités de la nature animale, de l'universel entre-dévorement des êtres vivants, ne tirait d'autre conclusion sinon que l'homme n'a pas à imiter la nature et que la nature n'est pas chargée de fournir à l'homme un modèle de moralité. A plus forte raison les conclusions morales que l'on prétendrait tirer de tel ou tel fait biologique (car il faut être ici très réservé dans l'emploi du mot *loi*), apparaissent bien caduques, si l'on remarque combien il est facile de trouver des faits allant en sens contraire, et, par exemple d'opposer comme on l'a fait maintes fois [1], à la lutte pour la vie, l'association pour la vie.

De cette double analyse on voit la commune conclusion : c'est que la conscience morale peut reprendre sa liberté et rester ferme dans son autonomie. La charité n'est point une invention gratuite et mystique d'une religion qui n'a pu, humaine elle-même, qu'emprunter, interpréter et orienter dans un certain sens un fait moral spontanément produit par la vie sociale dans l'humanité, et qu'il suffira de retrouver dans sa vraie nature; et la charité n'est pas non plus d'emblée condamnée par une science qui n'a ni la mission ni le pouvoir de nous fournir toute faite une règle de conduite.

La charité nous apparaît donc, en fait, sauf à être interprétée et rectifiée, comme une partie intégrante de notre nature morale spontanément développée. Nous avons d'ail-

---

1. V. en particulier C. Fages. *Lutte ou accord pour la vie*, Rev. socialiste. déc. 1898. Tout récemment encore, avec une grande abondance, dans le livre intitulé l'*Entre-aide*. Kropotkine a repris ce thème.

leurs le sentiment intime qu'aucun effort de volonté, ni aucune lumière scientifique n'en pourraient avoir raison ; les plus endurcis hésiteraient, les plus convaincus se prendraient à douter, si on leur proposait certaines applications de leur théorie. Imagine-t-on qu'on en puisse revenir à jeter au barathre les enfants mal constitués ou à rétablir l'épouvantable système de séquestration des lépreux? ou bien (car du laisser-aller anarchique de la sélection naturelle, on passerait aisément à la tyrannie de la sélection artificielle), consentirait-on à réaliser, au nom des théories modernes, ce que l'antiquité même n'a connu que comme un rêve d'utopiste : l'État, maître de faire ou d'empêcher les mariages selon l'intérêt présumé de la race, et disposant du bétail humain sans égard pour la liberté ou pour les sentiments de l'individu? Ne sont-ce pas alors la plupart des institutions sociales qu'il faudrait bouleverser ou supprimer puisque de ce point de vue elles paraîtraient un mal social, comme le montrait récemment un des plus vigoureux adversaires de ces théories[1], à commencer par l'institution même de la justice, protectrice attitrée des faibles contre les puissants, de la justice, première forme de la coopération des « inférieurs » pour s'assurer la supériorité, première œuvre d'amour et de charité, en définitive, contre les rigueurs de la concurrence !

Aussi bien les sociologues naturalistes eux-mêmes paraissent hésiter sur les conséquences pratiques à tirer de la loi de sélection. Comme nous l'avons déjà fait remarquer[2] les uns, en présence de l'opposition entre la charité et la sélection, concluent à la condamnation de la première au

1. Ch. Gide : *Si les institutions sociales sont un mal social*, Rev. d'économie politique, janvier 1899.
2. *L'Utilitarisme et ses nouveaux critiques*, p. 214.

profit de la seconde. Mais d'autres, remarquant que la charité aussi est un produit de l'évolution, admettent que la philanthropie est un mal inévitable qu'il faut se résigner à voir se développer, et en concluent simplement que le bien social ou le bien de la race est un critérium moral conventionnel et arbitraire, imaginé après coup par la réflexion, tandis que l'homme, par une sorte de fatalité, serait condamné à travailler sans cesse contre lui-même et à vouloir sa propre déchéance !

Cette divergence même des conclusions a de quoi nous rassurer. Si en effet la philanthropie se développe ainsi nécessairement, il est vraiment impossible d'admettre qu'elle soit, au fond et d'une manière générale, en opposition avec les intérêts de l'humanité. *Au nom même de la théorie de la sélection*, nous devrions admettre qu'une disposition mentale qui aurait été foncièrement malfaisante se serait éliminée d'elle-même et aurait dû disparaître ; ou bien c'est que la sélection naturelle n'a rien d'infaillible, et alors nous ne voyons pas pourquoi nous aurions confiance en elle partout ailleurs, quand nous la prendrions en faute sur un point aussi capital. Nous entrevoyons donc que la charité, comme force de résistance à certaines formes de sélection, doit être elle-même une forme de sélection. Elle aussi est en un certain sens naturelle et n'aurait guère pu se maintenir ni se développer, d'une manière si générale et si nécessaire, au cas où elle n'eût été pour l'humanité qu'une forme de lent suicide. Le naturaliste du moins n'a pas le droit, à ce point de vue de la renier.

Remarquons ici en quelle bonne posture se trouve pour invoquer le témoignage de la conscience morale, celui qui adopte en morale un point de vue positif. Si la conscience est un don primitif ou une révélation surnaturelle, l'autorité qu'on lui accorde dans la direction de la vie ne peut être que l'objet d'un acte de foi absolument injustifiable. Si, au contraire, la conscience est elle-même un produit de la vie, si elle s'est formée spontanément au contact même des conditions de l'existence, elle en résume forcément les exigences les plus fondamentales. Sans doute, elle n'est pas infaillible pour cela dans le détail, mais elle ne saurait non plus être erronée dans son ensemble et dans ses principes les plus généraux. Les adversaires de l'empirisme en morale l'accusent de détruire l'autorité de la conscience en en faisant une habitude inconsciemment acquise dont on se déferait dès qu'on s'en apercevrait. Nous ne pouvons comprendre ce raisonnement [1]; dans quel cas en effet la conscience serait-elle moins arbitraire que si elle est naturelle, dans quel cas serait-elle moins trompeuse que si elle est acquise? Faut-il donc qu'elle soit étrangère à la vie pour que j'en fasse le guide de ma vie?

Nous pouvons maintenant aborder le fond du débat.

II

« Il est incontestable, dit M. Durkheim, que nous entretenons dans nos hôpitaux toute une légion de crétins, d'idiots, d'aliénés, d'incurables de toutes sortes qui ne sont utilisables d'aucune manière et dont l'existence est ainsi prolongée grâce aux privations que s'imposent les travailleurs sains et normaux; il n'y a pas de subtilité dialectique qui puisse prévaloir contre l'évidence des faits. On objecte que ces infirmités irrémédiables sont l'exception ; mais que de tempéraments simplement débiles sont mis en état

1. On verra cependant p. 84 la part que nous faisons à cette idée et quelles distinctions sont ici nécessaires (*ibid.*, note 1). Cf. p. 201, note.

de durer grâce à cette même philanthropie et cela aux dépens de la santé moyenne et du bien-être collectif ! » M. Spencer admet de son côté que l'altruisme purement individuel a quelques bons effets qui en compensent suffisamment les mauvais résultats. « Mais, ajoute-t-il, tous les agents qui entreprennent de protéger les incapables pris en masse font un mal incontestable ; ils arrêtent ce travail d'élimination naturelle par lequel la société s'épure continuellement elle-même ». En un mot, la philanthropie organisée sous la forme d'une sorte d'entreprise, privée ou publique, serait absolument malfaisante, n'ayant plus pour excuse, comme la bienfaisance individuelle le développement, chez les plus favorisés, de sentiments sociaux de sympathie.

Les maux de la charité ne seraient pas moindres dans l'ordre intellectuel et moral. L'instruction répandue partout gratuitement, ou à très bas prix, multiplierait les déclassés qui répugnent aux travaux productifs, manuels ou industriels, sans dépasser dans le domaine de l'intelligence le niveau d'une médiocrité parfaitement stérile. Moralement enfin, c'est un lieu commun que l'assistance habitue ceux qui en sont l'objet à l'irresponsabilité, à l'imprévoyance, à la paresse et au vice. Quel embarras pour le législateur qui voudrait éviter l'infanticide, et qui hésite à rétablir les tours, à assister les malheureuses abandonnées par leur séducteur, de peur d'encourager le désordre des mœurs, ou de faire à des femmes perdues, comme cela s'est vu, une situation de faveur que puissent envier d'honnêtes mères de famille ! Qui n'a fait vœu de garder la main et la bourse impitoyablement fermée dans la rue, après avoir lu quelque histoire de mendiant mort sur une paillasse bourrée de titres de rente ? Et inversement, à côté de ces invraisemblables capitalistes du porche et du parapet, que de pauvres gens ayant à peu près, mais bien juste de quoi vivre, ne découragent pas moins la bienfaisance par leur insouciance et leur prodigalité relative !

Tant que la charité était considérée comme une vertu proprement intérieure et individuelle, tant que, par suite, on y envisageait surtout le mérite du sacrifice plutôt que l'efficacité du secours, la manière de donner et l'application du don importaient peu. La mendicité même, qui plus est, devenait sous la forme du vœu de pauvreté une vertu complémentaire de la charité. Il n'est plus possible, aujourd'hui de se placer à ce point de vue ; on demande des comptes à la charité ; et si dans son bilan le produit net n'apparaît pas satisfaisant, elle n'a aucun crédit à espérer.

Mais à tout prendre, que démontrent les observations que je viens de résumer, même si elles sont parfaitement exactes ? Simplement ceci, dont personne ne doute, qu'il y a de mauvaises manières d'exercer la charité. Mais cela n'empêcherait pas qu'il n'y en eût de bonnes, et que, dans son véritable principe, la charité ne fût bien innocente des maladresses qu'on peut commettre en son nom. Avant toutefois de la défendre, nous devons opposer à ses adversaires une demande reconventionnelle : La sélection a-t-elle tous les avantages qu'on lui prête, est-elle un sûr facteur du progrès ?

Une observation, même très rapide, de l'histoire du monde animal ou végétal montre avec évidence que toute force n'est pas une garantie de survie. Toutes les espèces gigantesques des âges préhistoriques ont disparu et ont été remplacées par des spécimens plus modestes. A la place des grandes fougères arborescentes de la période houillère, d'humbles plantes cachées sous les bois ; disparus le Mastodonte et le Mammouth, et ces dinosauriens plus fantastiques encore que nous a révélés l'Amérique et dont l'un, récemment découvert par M. Reed, au Colorado, aurait atteint 40 mètres de long et 8 de hauteur. Et nombre de grandes et fortes espèces se sont récemment éteintes ou sont en voie d'extinction : tels l'Æpyornis de Madagascar et le Dinornis de Nouvelle-Zélande, la baleine ou le lion. Ces faits nous montrent qu'à certains égards, *la force est une faiblesse.* La nécessité pour ces êtres puissants d'une nourriture abondante, l'isolement où, par suite, ils sont condamnés d'ordinaire à vivre, et qui les prive des avantages de l'association, leur faible fécondité sont autant d'inconvénients liés à leur force même. Et inversement *la faiblesse peut être une force,* et la fable du lion et du moucheron peut exprimer un fait biologique souvent vérifié autant qu'une allégorie morale. L'insaisissable microbe terrasse l'homme.

M. de Quatrefages rapporte que devant une invasion du gros rat de Russie, le rat gris succomba, tandis que la souris dut à sa petitesse même d'échapper à son puissant ennemi qui ne pouvait l'atteindre dans ses retraites exiguës.

Les organismes inférieurs doivent à leur simplicité même d'offrir une moindre prise aux atteintes mortelles. Que l'on compare, pour s'en convaincre les écarts de température que peut subir un microbe, la faculté de résurrection du rotifère desséché, à la fragilité de la vie chez les animaux supérieurs et chez l'homme !

Ainsi rien n'est plus ambigu que ces idées de supériorité et d'infériorité, de force ou de faiblesse, dont abusent sans assez les définir les partisans de la sélection. Ce qui constitue un *avantage* dans la lutte pour la vie est très loin de constituer toujours pour un être donné une *supé-*

riorité intrinsèque. Perfection et adaptation ne coïncident pas d'une façon constante. Darwin nous montre, par exemple, que la plupart des espèces de scarabées de l'île Madère sont presque dépourvues d'ailes, et il attribue ce fait à ce que les scarabées volants entraînés par les vents violents de la région ont dû être jetés à la mer et périr. Les moins bien doués sous le rapport du vol ont donc seuls dû survivre et propager l'espèce [1]. Le parasitisme en particulier est une forme, et une forme souvent compliquée d'adaptation. Il est, en un certain sens, très avantageux pour un animal de n'avoir aucun effort à faire pour chercher sa nourriture, ni presque pour la digérer, et de vivre aux dépens de l'animal dont il est l'hôte. Mais partout le parasitisme est accompagné de régression. Les organes devenus inutiles se simplifient ou disparaissent et tous les êtres parasitiques, dans le monde végétal ou dans le monde animal, sont des êtres incomplets.

Ainsi la sélection avec la lutte pour la vie a eu, en bien des cas, un effet tout contraire à celui du progrès de la structure et des fonctions.

A plus forte raison pourra-t-il en être de même dans l'humanité où la sélection est constamment traversée par toutes sortes de conditions absolument étrangères ou même contraires à la véritable supériorité de l'être humain [2]. Les

---

1. Cf. Des. Decamps, *Revue Socialiste*, mai 1898, p. 572-599.
2. Nous avons vu (p. 217) toutefois que même au point de vue physique la vitalité générale ne s'est pas affaiblie par la conservation artificielle des organismes les plus débiles, puisque la mortalité *à tous les âges* s'est abaissée sensiblement depuis les dates relativement récentes que nos statistiques nous permettent d'atteindre, et qu'une proportion croissante d'individus paraissent atteindre les limites extrêmes que la nature semble avoir assignées à la vie humaine. L'épuration qui serait due aux épidémies n'est pas moins illusoire. Admettons à la rigueur, ce qui est loin d'être exact, que toujours les plus forts soient respectés par des fléaux comme étaient les anciennes pestes ; encore ne subsistent-

plus importantes de ces conditions sont les conditions économiques. Les gens riches ne sont pas nécessairement les plus beaux spécimens de nature humaine, ni au point de vue physique, ni intellectuellement. Même au point de vue des services matériels rendus à la société il s'en faut bien, quoique puissent en penser les apologistes de la concurrence, que notre organisation économique assure la plus grande richesse aux hommes les plus utiles. Cela n'empêche pas qu'une certaine aisance, sinon une grande fortune, ne soit aujourd'hui une condition fondamentale de la survie des individus, du mariage, de la continuation de la famille. Ceux que la sélection économique favorise ne sont donc pas absolument ceux qui sont socialement ni humainement les meilleurs.

A cette sélection de la concurrence économique peuvent également être imputés les maux d'une trop grande inégalité de fortune, et ces maux, au point de vue de l'intérêt général de la société ne paraissent pas douteux. C'est d'abord la déviation de la production vers des industries de luxe pur et de coûteuses inutilités, le renchérissement par suite des produits les plus indispensables à la vie moyenne, en particulier comme l'expérience de tous les jours le montre pour les produits agricoles. Et ici encore on voit quelle faute c'est d'appliquer à l'humanité une loi biologique à peine

ils qu'affaiblis et viciés. « Ceux qui survivent à une grave épidémie de choléra, à la petite vérole, à la diphtérie, comme nous le voyons dans les pays non civilisés, ne sont, dit Kropotkine, ni les plus forts, ni les plus sains, ni les plus intelligents. Aucun progrès ne pourrait être basé sur ces survivants, d'autant plus que tous échappent à l'épreuve avec une santé ruinée comme les chevaux trans-baikaliens, comme les équipages des expéditions arctiques ou comme la garnison d'une forteresse qui a été obligée de vivre pendant quelques mois avec des demi-rations ; ils sortent de ces expériences la santé ruinée et subissent dans la suite une mortalité tout à fait anormale ». Cité par D. Decamps. *Rev. Socialiste*, juin 1898, p. 719.

vérifiée dans le monde animal. Car chez les animaux d'une même espèce, les besoins sont si limités que la différence des satisfactions qu'ils comportent d'un individu à l'autre est bien insignifiante ; entre les hommes cette différence peut être immense ; les animaux luttent pour un minimum, où ils s'arrêtent, alors que les besoins de l'homme se prolongent en désirs sans limites pour lesquels ils continuent à lutter. L'extrême inégalité économique est, d'autre part, fort peu favorable à la meilleure utilisation des ressources limitées dont l'homme dispose. Combien, dans notre régime, de biens soustraits, au moins pour un moment, à tout usage et dont personne ne jouit, pas même celui qui les possède ! Combien de richesses immobilisées et soustraites à la circulation, pour garantir à quelques-uns la sécurité d'une courte jouissance ! Combien, par suite d'une insuffisante pratique de l'association, d'utilités séquestrées, de privations sans compensation, de dépenses et d'efforts stériles ! Ce n'est point ici le lieu d'examiner comment on pourrait éviter ces maux, ni même s'il y a un moyen pratique de les éviter ; nous voulions seulement faire sentir que la lutte pour la vie, même sous cette forme humaine qui est la concurrence économique, n'a pas toutes les vertus, et qu'elle est loin d'assurer ni le triomphe des meilleurs, ni le plus grand bien de tous.

Pour résoudre d'une manière précise la question posée, il faudrait examiner spécifiquement chaque sorte d'opérations philanthropiques, pour voir si dans son essence la charité est condamnée à être inutile ou nuisible à la société ; car c'est ce que suppose la thèse que nous combattons. On s'apercevrait bien vite combien est sommaire la condamnation qu'elle prononce, et combien elle abuse de la généralité sans précision d'une théorie biologique et sociologique, au lieu d'analyser d'une manière concrète les différents cas de la question.

On devra tout d'abord mettre hors de cause les institutions par lesquelles nous avons expressément en vue de mettre en valeur des forces sociales qui risqueraient sans cela de se perdre, de rester stériles ou même de devenir positivement dangereuses : bourses scolaires, écoles d'apprentissage, établissements de sourds-muets et d'aveugles, assistance des enfants abandonnés ou moralement abandonnés. Évidemment l'application de la philanthropie, même sous cette forme, peut encore être maladroite ; mais le principe n'en saurait être contesté. Ajoutons-y toutes les fondations ou toutes les œuvres destinées à parer à des circonstances accidentelles ou passagères, où pourraient succomber des individualités encore aptes d'ailleurs, une fois le moment difficile passé, à remplir utilement leur rôle social. Voilà notre liste d'exceptions qui va s'allonger singulièrement, car il va falloir y comprendre la plupart des établissements hospitaliers, les maternités, etc., et dans une certaine mesure une multitude de formes d'assistance telles que secours de loyer, fournitures de vivres ou de vêtements, hospitalité nocturne. La charité, la pitié en sont sans doute le principal ressort, mais l'utilité sociale en reste la véritable règle dans l'application.

Dans une troisième catégorie on peut ranger les actes et les œuvres destinés non plus à préserver contre une perte prématurée, des forces sociales encore utilisables, mais à secourir les individus dont on ne peut plus rien attendre, lorsqu'ils ont épuisé leurs forces dans une vie sociale active et méritante. Ici, à la pitié, peut s'ajouter l'estime et la reconnaissance, à la charité un souci de justice, sans que pourtant la règle de l'utilité sociale soit nécessairement méconnue. Qui peut dire en effet jusqu'à quel point, en offrant une retraite à la vieillesse honnête et malheureuse, la société, qui pourtant n'en espère plus rien, ne prévient pas des désespoirs d'un exemple fâcheux et des mendicités déplorables ? Qui peut dire combien de tort ne fait pas à la société le spectacle démoralisant d'une vie loyale et laborieuse aboutissant, par suite de circonstances inéluctables, à une détresse imméritée ? Ce qu'on peut envisager avec M. Fouillée comme « justice réparative », ne peut-on pas aussi, sous un autre rapport, le considérer comme une *charité préventive ?* N'y a-t-il pas là encore, un moyen indirect de sauver un certain nombre d'énergies sociales [1] ?

On ne pourrait se lasser d'insister, au sujet de ces premières formes de l'assistance, sur ce qu'a de vague l'idée de sélection appliquée à la société humaine. C'est que ce qui fait la valeur humaine et sociale d'un individu n'est pas la force brutale qui lui permet de triompher. Le génie peut être pauvre et malade. Victor Hugo naissant eût été, à Sparte, jeté au Barathre. D'Alembert aurait dû périr sur les marches de Saint-Jean-le-Rond. Et il en est de même pour les peuples. Peut-on affirmer que l'humanité ait beaucoup gagné au triomphe des Barbares sur Rome, à la prise d'Alexandrie par les Arabes, ou de Constantinople par les Turcs, à la victoire des canons Krupp et du militarisme prussien ? Ce retour de la science positive au « jugement de Dieu » ne serait pas sans étonner. Et inversement ce qui fait la force de l'individu dans la société n'est pas non plus toujours ce qui est le plus conforme au bien social. « Le

---

1. Au reste, cette forme d'assistance tend à se restreindre, au fur et à mesure que l'assurance et le mutualisme se développent. Car à la place de l'assistance proprement dite, on a alors une sorte de self-assistance individuelle ou collective.

laissez faire absolu n'amènerait pas les bons résultats qu'en espère la sociologie... L'héritier d'un grand nom jouira de son opulence et fera souche, fût-il mal constitué et malingre, et si un Hercule ou un Apollon veut lui enlever ses écus ou sa femme, pour appliquer la loi spencérienne de la sélection et de la survie des mieux doués, il sera envoyé sur l'échafaud [1]. » On ne saurait vraiment admettre que la société humaine se résignât à s'appliquer à elle-même les règles d'une sélection anti-humaine. Quand nous savons dévier la sélection pour produire, dans l'intérêt de notre nourriture, des bœufs empâtés de chairs et de graisse, des oies au foie hypertrophié et des porcs incapables de se porter sur leurs jambes, quand pour l'agrément ou la fécondité de nos jardins nous créons des fleurs monstrueuses et tordons les arbres en espaliers symétriques, quand enfin nous dérangeons la nature entière pour la soumettre aux fins humaines, nous abandonnerions au contraire l'homme à la nature brute pour qu'elle en fasse ce qu'il lui plairait et nous lui demanderions docilement de déterminer les destinées de notre race ! Quelle contradiction !

On nous parle sans cesse de la « conservation artificielle » des plus faibles ; mais le premier qui a imaginé l'arc ou la massue pour se défendre contre les bêtes féroces, ou qui s'est protégé du froid par un vêtement, s'est aussi conservé artificiellement ; naturellement il était le plus faible. Où est la vraie *nature*, où est la vraie *force*, où est la vraie *supériorité* ? Voilà ce qu'il faudrait nous dire pour donner un sens à des idées soi-disant scientifiques, et en réalité très vagues de « sélection naturelle », de triomphe des plus « forts », « d'avantages naturels de la

---

[1]. De Laveleye. *Le gouvernement dans la démocratie*, I, 38, Paris, F. Alcan. Cf. *Socialisme contemporain*, 5ᵉ édit., p. 384.

supériorité ». Puisqu'on se plaît à faire rentrer l'homme dans la nature, il faudrait aussi s'habituer à regarder comme naturelles aussi les forces proprement humaines. Toutes les institutions et tous les actes sociaux qui contribuent à sauver ce qu'il y a d'humain dans l'homme, contre ce qu'il y a d'inhumain dans la nature, ou même dans l'humanité, l'intelligence contre la force, la bonne volonté contre la malchance, le génie contre la misère, tout cela c'est aussi de la sélection.

Resterait donc à examiner le cas des dégénérés, des infirmes, des êtres irrémédiablement inutiles et improductifs. Quoique les œuvres d'assistance qui y correspondent soient assez restreintes comparativement à celles que nous avons précédemment justifiées, comme c'est là que l'objection a le plus de force et paraît la plus décisive, il faut bien examiner ce cas à notre point de vue.

Tout d'abord on peut prétendre que presque toujours c'est la société qui se protège elle-même contre les dégénérés, bien plus qu'elle ne les protège contre eux-mêmes à ses dépens. Quand nous internons les fous, les névropathes, c'est surtout pour nous mettre nous-mêmes à l'abri de leurs imprévisibles et dangereux caprices. Les hôpitaux où l'on recueille les tuberculeux diminuent les chances de contagion ; ce n'était pas dans l'intérêt des lépreux qu'étaient autrefois organisées les léproseries [1]. Il est vraiment trop

---

1. On m'objectera peut-être qu'aussi les léproseries n'étaient guère « charitables ». Mais cela n'en valait pas mieux au point de vue où nous nous plaçons ici. Car d'un côté le foyer de la contagion devenait plus pestilentiel et plus dangereux par la négligence et le manque de soins ; d'autre part les malades atteints et leur famille étaient les plus portés à dissimuler le mal, pour le plus grand péril de leur entourage. La lèpre aurait plus vite disparu sans doute, si à l'isolement, qui était rationnel, se fussent ajoutés les soins. Ici ce n'est donc pas la pitié, c'est le manque de pitié qui a entretenu le mal. On pourrait faire des observations analogues sur l'ancien et le nouveau régime appliqué aux aliénés.

simpliste de nous proposer d'abandonner tous les malheureux à leurs chances naturelles de mort. Sans doute ils finiront par succomber ; mais ils commenceront par faire un bien plus grand nombre de victimes s'ils sont mêlés aux gens sains que s'ils en sont séparés. On voit ici déjà combien est illusoire la solution du « laissez faire, laissez passer » en pareille matière, et combien le résultat qu'on en obtiendrait serait éloigné de celui qu'on vise. D'ailleurs, si les institutions publiques ou les œuvres organisées par l'association privée abandonnent ces déshérités, autant dire qu'ils sont adressés à la charité des individus, qui est précisément la plus coûteuse, la moins bien informée, la plus aveugle, finalement la plus dangereuse de toutes. Par une singulière déviation de sa thèse sélectionniste, ou plutôt par suite d'un conflit assez piquant entre cette thèse et son individualisme qui a horreur de toute « machinery » gouvernementale ou administrative, c'est cette charité individuelle que M. Spencer préfère [1] ; c'est pourtant l'individu surtout qui fait ici obstacle à la sélection. Ainsi en comprenant les cas de ce genre dans le ressort de l'assistance organisée, privée ou publique, non seulement on limiterait les inconvénients sociaux de ces misères, mais on diminuerait du même coup les inconvénients de l'assistance diffuse et incohérente à laquelle elles auraient recours, et l'on sait trop avec quel succès [2]. Pour être vraiment conséquent dans le système de l'abandon, il faudrait y joindre une contrainte agissant dans le même sens ; il faudrait que la société intervînt par exemple pour interdire aux familles de prendre à leur charge leurs membres dégénérés ou infirmes. En d'autres termes, au lieu d'intervenir pour organiser et améliorer

---

1. *Ethics*. vol. II, part VI, ch. 7.
2. Cf. Fouillée, *La propriété sociale et la democratie*, p. 91, 377 (F. Alcan).

l'assistance, il faudrait qu'elle intervînt pour l'empêcher, tant il est vrai que le laisser faire est une solution plus verbale que réelle. Mais outre que personne n'ose aller jusque-là, les inconvénients de cette manière de faire l'emporteraient infiniment sur ses avantages. La liberté individuelle en souffrirait plus que du régime opposé. De plus, il faudrait en venir à violenter des sentiments de sympathie et de solidarité familiale dont le maintien est on ne peut plus nécessaire à la vie sociale [1]. Enfin, avec ces inconvénients indirects et généraux du système de l'abandon, il faut faire entrer en ligne de compte les avantages du système inverse. Qui peut affirmer que le trouble et l'affaiblissement résultant pour une famille de l'entretien d'un dégénéré ne fait pas finalement perdre à la société beaucoup plus que ne saurait lui coûter cet entretien obtenu par voie d'assistance organisée et collective ?

Ainsi, même au point de vue du « niveau de la vie », il est loin d'être si évident que l'assistance, jusque dans ces cas désespérés, ne soit pas le meilleur calcul. Mais nous pouvons aller plus loin et nous rapprocher sensiblement du point de vue ordinaire de la charité. Car une fois qu'on a bien circonscrit le champ de l'assistance, il ne semble pas y avoir de raison plausible pour ne pas comprendre à l'actif du bonheur social le soulagement même éprouvé par les malheureux qui en reçoivent les bienfaits. Assurément, tant qu'il s'agit de misères que l'individu s'est infligées à lui-même par la mauvaise conduite, la paresse ou même un excès d'imprévoyance, les adoucissements qu'on pourrait être tenté d'y apporter sont d'un mauvais exemple

---

1. On ne peut dire qu'elle le fasse aujourd'hui, quoiqu'elle intervienne, par exemple, pour enlever dans certains cas le fou à sa famille ; car elle intervient pour offrir l'assistance et non pour l'empêcher : elle ne s'oppose qu'à une certaine manière de l'exercer.

et constituent finalement une injustice plus ou moins désastreuse. Mais personne ne propose, comme M. Spencer semble à chaque instant le supposer, de protéger les criminels et les paresseux, qu'il range, sous la vague rubrique d'incapables, à côté des simples malheureux affligés soit par la nature, soit même par les vices de l'organisation sociale, d'une infortune qu'on ne saurait leur reprocher. Dès qu'on a exclu de l'assistance (et tout le monde est d'accord là-dessus, quelque délicat qu'il soit d'y parvenir en pratique) le vice et l'oisiveté, il nous paraît impossible de ne pas trouver un accroissement du bonheur moyen dans l'adoucissement apporté à certains maux. La plus grande prospérité économique d'un peuple ne se mesure pas au nombre des millionnaires ou des milliardaires qu'il renferme, si par ailleurs le paupérisme sévit davantage. La plus grande vitalité d'une nation ne consisterait pas à renfermer le plus grand nombre de centenaires si ce problématique avantage devait être acheté par une mortalité relativement forte aux âges inférieurs. Il faut mesurer la plus grande aisance moyenne, la plus grande durée moyenne de la vie. De même, pour le bonheur général, il est impossible de ne pas compter les souffrances comme quantités négatives. On me répondra, il est vrai, que la vie moyenne finirait par être prolongée sans l'être aux dépens de la longévité, et la race entière par devenir plus robuste, que l'aisance moyenne serait accrue grâce à la disparition des incapables, si l'on appliquait sans réserve le système de la sélection et de l'abandon. Mais, outre l'impossibilité déjà constatée d'appliquer rigoureusement ce système, il n'est pas certain que ce régime hypothétique produise les résultats qu'on en attend. Empêcherait-il mieux les incapables de faire souche, et le système de l'assistance bien entendue ne l'empêche-t-il pas au contraire dans une large mesure et d'autant mieux qu'il est mieux organisé ? Et quant à l'aisance, on sait que ce n'est pas l'incapacité qui crée le paupérisme autant que le paupérisme crée l'incapacité, que l'existence de fortunes démesurées coïncide avec celle des misères extrêmes ; qu'en d'autres termes, ni les unes ni les autres ne sont dues à des causes proprement naturelles, mais à des causes d'ordre social.

D'un autre côté, s'il est nombre de maux que la sélection la plus radicale ne supprimerait pas, il est certains avantages qu'elle ne développerait pas. « Il paraît certain, dit un anthropologiste qui est pourtant un sélectionniste [1], que la mortalité précoce des gros cerveaux est plus grande, et d'autre part, comme les classes élevées et intelligentes sont en voie d'extinction permanente, il n'y a pas beaucoup de chances d'aboutir par la sélection naturelle à la multiplication des gros cerveaux et au relèvement de la moyenne. » Le même anthropologiste écrit pourtant : « Il est probable que si, dans l'espèce humaine, la fonction de reproduire était réservée par privilège exclusif aux individus d'élite de la race supérieure, au bout d'un siècle ou deux, on coudoierait les hommes de génie dans la rue, et que les équivalents de nos plus illustres savants seraient utilisés aux travaux de terrassement. » Mais justement, comme on le sait, les hommes de génie sont d'ordinaire de mauvais reproducteurs et leurs rejetons, quand ils en ont, sont d'ordinaire des gens assez médiocres. La fécondité des hommes les plus remarquables, des hommes les plus utiles dans la société, n'est point en raison des aptitudes qui font leur supériorité. Certains

---

[1]. Vacher de Lapouge, *Revue intern. de sociologie*, mars 1895, p. 185.

hommes de talent ou de génie absorbés par le travail intellectuel rappellent assez le sage dont parle Renan « οὗ τὸ σπέρμα εἰς τὴν κεφαλὴν ἀνέβη » et ne propagent point leur race ou n'ont que des rejetons débiles. Raphaël, Pascal, Mozart, ont à peine atteint l'âge mur. Descartes n'a eu qu'une fille, morte en bas âge. Newton, Leibniz, qui ont vécu vieux, sont morts sans avoir fait souche, sans l'avoir voulu, d'aucuns disent plus encore. Fontenelle disait de Malebranche qu'il était appelé au célibat religieux également « par la nature et par la grâce ». Compter sur la sélection pour élever le niveau de la vie paraît donc décidément une singulière illusion pour une sociologie « scientifique » ; c'est en dépit de ses prétentions à la positivité être dupe de l'abstraction et de la séduction d'une formule générale ; c'est encore oublier que l'idée de la sélection ne détermine pas par elle-même le sens dans lequel opérera la sélection, parce que tout dépend des bases qu'on lui donne ; c'est méconnaître les conditions propres de la sélection humaine.

Au total, si une charité maladroite peut faire quelque mal à la société humaine, une sélection aveugle en ferait incontestablement beaucoup plus encore. N'entrevoyons-nous pas dès lors que la charité, du moins la charité bien exercée, pourrait-être en grande partie une œuvre de sélection rectifiée, humanisée, s'efforçant de défendre l'homme contre la nature brute, l'intelligence contre la maladie, la bonne volonté contre la malchance, le travail utile contre la pauvreté ; une œuvre de sélection positive travaillant à élever le niveau de la nature humaine, et s'opposant à la sélection toute négative qui procède, et quelquefois sans succès, par voie de sacrifice et au prix d'hécatombes humaines ? Au fond, notre profonde ignorance nous interdit d'admettre de tels sacrifices sans essayer d'y échapper. Tel enfant débile se fortifie et atteindra une extrême vieillesse. Tel jeune homme a paru médiocre qui révélera du talent et quelquefois du génie dans l'âge mûr. Napoléon étudiant passait pour un incapable ; Darwin fit le désespoir de son père par son peu d'assiduité au travail et remarque lui-même que l'événement qui détermina sa carrière scientifique, son voyage à bord du *Beagle*, dépendit de quelques circonstances tout à fait insignifiantes. Notre ignorance nous défend donc le désespoir, le pessimisme, l'abandon de nous-mêmes et des autres. Quelle maladie est incurable ? Quelle race est définitivement condamnée à la dégénérescence ? Quelle espèce humaine inférieure n'est susceptible de renfermer un germe inconnu d'originalité, quelque principe caché de régénération, qui ne demande pour se manifester que des circonstances favorables ? Nous sommes trop impuissants à créer pour ne pas tâcher de conserver.

Dans la lutte pour la vie il y a deux choses : La concurrence vitale proprement dite entre des êtres plus ou moins semblables et qui, vivant sur le même fonds, tendent à s'éliminer mutuellement ; puis l'effort pour améliorer les conditions même de la vie, pour résister aux difficultés qu'oppose le milieu, effort qui amène au contraire les êtres à s'associer et à s'aider mutuellement, au plus grand profit de tous. Nous avons vu que le premier de ces faits n'avait, quant au progrès, qu'une valeur bien incertaine et bien inégale ; le second, au contraire, qui est un des points de départ de l'action et du sentiment charitables, nous en voyons bien nettement les incontestables bénéfices. Les animaux mêmes les reconnaissent. C'est à cet ordre d'idées qu'il faut tout d'abord rattacher la charité humaine.

Et de même il y a deux choses dans l'adaptation : d'abord l'adaptation passive des êtres au milieu, avec toutes les souffrances et les morts qu'elle implique, adaptation d'ailleurs à la fois très lente et très limitée, et à laquelle un nombre relativement restreint d'individus peut atteindre ; puis l'adaptation active, par laquelle l'être s'efforce de modifier le milieu à son profit, d'écarter de lui les forces destructives qui le menacent, adaptation relativement rapide et susceptible d'être facilement généralisée, soit parmi les individus d'une même génération, soit d'une génération à l'autre. C'est cette forme d'adaptation, artificielle, inventive, sociale et éminemment collective, ou au moins communicable, qui domine dans l'humanité et qui fait sa force.

Si, en effet, nous nous demandons comment le progrès s'y produit, trois réponses sont possibles. Ou bien le progrès est dû à l'élimination sélective des plus faibles et la *transmission des caractères innés* des survivants ; mais cette sélection, nous l'avons vu, est tout à fait irrégulière et cette transmission, de l'aveu des biologistes les plus récents, très incertaine et en tout cas très limitée. Ou bien on comptera sur l'éducation et la *transmission héréditaire* des caractères *acquis* ; mais l'éducation n'a encore qu'un pouvoir assez restreint pour modifier le fond même de la nature et surtout l'hérédité de ses acquisitions est tout à fait précaire. Ou bien, enfin, on comptera sur la *transmission extérieure et sociale*, et sur la *participation* directe et également toute sociale des avantages obtenus par les efforts individuels ou collectifs ; et il semble bien que ce soit finalement le facteur le plus sûr et le plus considérable du progrès humain. Comparez ce qui peut se transmettre par voie purement biologique de la science d'un Cassini ou de l'art d'un Bach (pour prendre les exemples les plus favorables à l'hérédité) dans leurs descendants, à ce qui peut s'en communiquer socialement par l'étude de leurs œuvres et l'illumination diffuse due à leur génie! Ce qui se transmet et ce qui se partage, ce sont surtout les bienfaits des œuvres, inventions artistiques, inventions scientifiques et industrielles, institutions politiques ou sociales. Qu'est-ce à dire, sinon que le progrès vient de ce que la foule des médiocres jouit et bénéficie constamment, et presque sans délai, quelquefois même sans exception, de l'effort et de la supériorité des mieux doués? Or, qu'est-ce que cette loi, sinon la loi de la charité, non sans doute dans le sens moral et sentimental du mot, mais enfin la loi de charité quant à la réalité du fait ! Et dès lors quel mal y aurait-il à l'appliquer d'une manière voulue et consciente, à la faire passer dans le cœur même des hommes?

Mais, objecte-t-on, toutes les œuvres philanthropiques coûtent, et les sacrifices qu'elles exigent doivent être comptés à leur passif et n'en compensent peut-être pas les avantages incertains.

Remarquons d'abord que l'on établit souvent fort mal ce bilan ; on raisonne d'une façon toute matérialiste et pas assez psychologique en se représentant comme des valeurs égales les privations subies et les avantages reçus. Il est de règle, au contraire, que celui qui donne perd beaucoup moins, dans un bienfait bien ordonné, que ne gagne celui qui reçoit. La petite somme dont se prive l'homme aisé ne change pas sensiblement son train de vie, et bien employée, elle est quelquefois le salut pour le misérable aux prises avec la pressante nécessité. Je vais plus loin : l'abandon par les plus fortunés d'une partie de leur superflu est quelquefois un bien pour eux-mêmes ; je ne veux pas parler seulement de leur perfectionnement moral, de leur caractère rendu plus indépendant, et des joies qu'ils trouvent dans les œuvres mêmes auxquelles ils se consacrent. Mais je veux dire qu'à partir d'un certain point le superflu devient nuisible à celui-là même qui veut en jouir. Ne sait-on pas, par exemple, qu'une nourriture recherchée et surabondante, l'habitude de n'aller qu'en voiture, la fréquence des veillées mondaines ruinent constamment la santé des gens riches?

On craint que la charité n'encourage l'insouciance, la paresse et le vice. Mais ne voit-on pas que si le superflu de l'homme opulent ne se dépense en œuvres de bienfaisance sociale, il ira entretenir des vices fastueux, des industries artificielles, des arts futiles, de malhonnêtes parasites? L'aumône la plus maladroite ne fera jamais autant de mal que la prodigalité sans discernement, et j'aime encore mieux voir le riche secourir une misère peu méritante, que de le voir tolérer sciemment les grapillages éhontés d'une domesticité oisive ou les escroqueries reconnues d'un fournisseur sans vergogne.

Et puis, dans le bilan de la charité, on ne me paraît pas non plus compter à son prix le maintien même des sentiments sympathiques qui sont le fondement de toute vie sociale, de toute force et de tout progrès, et c'est par là que se justifient le mieux les œuvres de pure humanité. Quelle perte finale, si pour éviter une perte immédiate et partielle, on développe les sentiments contraires, si l'on encourage l'égoïsme étroit du *struggle for life !* Encore une fois si économiquement, s'enrichir n'est pas toujours rendre service, si la concurrence conduit souvent à la fraude et à la camelote, moralement parvenir n'est pas davantage un signe de supériorité, triompher n'est pas se perfectionner, et je crains que la morale de la concurrence ne nous fournisse aussi que des caractères de camelote. La culture des sentiments désintéressés, l'entretien du dévouement, valent bien des sacrifices et, au point de vue de la société, peut-il y avoir une œuvre plus utile, un placement plus avantageux ?

IV

Essayons de formuler brièvement les conclusions de ce débat.

Considérée en elle-même, indépendamment des règles et des conditions de son action, la charité est un simple sentiment, et à ce titre, elle est indispensable. La plupart du temps *elle est le mobile de la justice elle-même*. Nous ne saurions *vouloir* la justice, qui par nature, s'étend à tous, si nous n'avions l'amour de nos semblables. Le droit strict serait l'immobilité ; tout progrès dans l'organisation d'une plus parfaite justice sociale exige donc quelque sacrifice de la part de ceux qui bénéficient du droit présent pour établir un droit plus équitable. La *société* n'est peut-être que juste en secourant bien des misères dont elle est l'auteur anonyme et en réparant les conséquences de ses imperfections et de ses iniquités passées. Sans doute, dans l'avènement d'un nouveau droit, il faut faire la part des revendications intéressées de ceux qui en seront les bénéficiaires. Mais l'*individu* reste vraiment charitable lorsqu'il se fait volontairement l'instrument de cette justice sociale, et accepte quelque sacrifice personnel pour soulager un mal dont il n'est pas personnellement responsable.

Mais, par là même, on voit que la charité ne se suffit pas à elle-même ; réduite à l'état de pur sentiment, de vertu toute subjective, elle est exposée à toutes sortes de déviations. Elle a donc besoin d'une règle, et cette règle est une règle sociale : c'est la règle de l'utilité générale et de la justice elle-même. C'est pourquoi il n'y a entre la justice et la charité aucun conflit réel. Elles ne se partagent pas, comme on le croit généralement, le domaine de la morale. Car la charité exprimant l'amour de l'homme par l'homme, exprime en un certain sens toute la moralité, mais seulement quant à son ressort intérieur. Et la Justice exprime aussi la moralité dans toute son étendue, en tant qu'elle définit la règle à suivre et les résultats à obtenir. Que si maintenant la charité reste insouciante des résultats pratiques et des effets réels de son action, c'est vraiment alors qu'elle me paraît être « l'airain sonore et la cymbale retentissante » dont parle l'Apôtre. Sans doute, donner sans aimer, n'est rien moralement ; mais faire, par sensiblerie aveugle ou religiosité pure le mal de ceux qu'on prétend aimer, faire du bien à quelques-uns aux dépens de tous, se sacrifier sans profit pour personne, voilà qui est socialement pire encore.

La charité est donc bien délicate à exercer, puisque c'est en tous que nous devons aimer chacun ; elle est difficile à développer, puisque l'amour du prochain semble perdre en vivacité ce qu'il gagne en étendue et perdre en sûreté ce qu'il gagne en énergie. La force du mobile charitable semble presque en raison inverse de la sagesse de la règle. L'assistance anonyme, froide, administrative, de l'État ou d'une association, paraît bien peu séduisante tandis que l'exercice individuel de la charité paraît médiocrement efficace, exposé à toutes sortes d'erreurs et d'égarements. Mais cette difficulté toute psychologique n'a rien d'insoluble : c'est affaire d'éducation et d'habitude. Qui prétendrait que l'intérêt d'une œuvre soit incapable de susciter autant d'énergies, de dévouement, que l'intérêt d'une personne ? Qui oserait affirmer que les grandes causes impersonnelles du bien collectif et de l'idéal social, quand surtout elles prennent la forme concrète d'institutions à établir, de droits nouveaux à conquérir, soient moins capables d'émouvoir les âmes vraiment élevées, que les sympathies et les compassions tout individuelles ?

Nous sommes donc convaincus que la charité peut et doit devenir de plus en plus sociale. Sociale dans ses *objets* d'abord et dans ses *motifs*, puisque, dans le bien que nous voulons faire à quelques-uns, il faut toujours conserver le souci du bien de tous, puisqu'enfin le sentiment qui s'apitoie sur une misère particulière n'est que le commencement et le stimulant, mais non pas le terme ni la véritable perfection de la charité. Sociale ensuite dans ses *procédés*, puisque dans la charité bien organisée, il s'agira moins de procurer des satisfactions ou de dispenser d'un effort, que de réaliser les conditions où l'effort individuel est possible et n'est pas condamné à la stérilité, de fournir aux bonnes volontés un point d'appui, une première base d'opération sans lesquels il n'y a que découragement et abandon de soi, de restaurer enfin ou de créer des énergies (assistance par le travail), mais non de se substituer à elles et de les déshabituer de l'initiative. Sociale enfin par ses *moyens d'action*, puisque l'assistance organisée, soit sous forme d'œuvres privées, soit même dans une certaine mesure sous formes d'institutions publiques est, en principe, plus puissante et moins onéreuse, mieux informée, et par conséquent plus équilibrée, plus proportionnée aux vrais besoins, plus équitablement répartie dans toute la masse sociale que ne peuvent être les secours purement individuels.

C'est par là que la charité évitera les erreurs d'un subjectivisme plus ou moins mystique ; mais c'est par là aussi qu'elle pourra repousser l'assaut d'un naturalisme inhumain.

Comme les théologiens disent que Dieu s'aime lui-même d'un amour infini, la vraie charité a donc pour limite idéale l'amour éclairé de l'humanité par l'humanité. Les sacrifices qu'elle commande, pour définitifs, et par conséquent méritoires, qu'ils puissent être de la part de l'individu, ne doivent apparaitre que comme provisoires pour la société humaine. Moralement et pour la conscience de l'individu, la charité n'est peut-être que le dévouement au progrès de la justice, que l'anticipation voulue et spontanée, de la part des plus favorisés, d'un idéal supérieur de mutualité sociale, l'approximation d'une société limite, où le sacrifice et la lutte auraient l'un et l'autre disparu pour faire place à une coopération fraternelle.

VII

LE LUXE[1]

Les économistes, sans méconnaître le problème du luxe, ne l'ont guère résolu qu'en le supprimant, c'est-à-dire en effaçant autant qu'ils le pouvaient toute différence scientifiquement définissable entre le luxe, l'utile et le nécessaire. Dans une large mesure, on peut penser qu'ils en avaient le droit, non seulement parce qu'en effet toute distinction absolument précise est ici impossible, mais surtout parce qu'elle est moins d'ordre économique que d'ordre moral. Au point de vue d'une économie qui traite les besoins et le travail producteur comme de simples forces naturelles, tout ce qui, dans une société donnée se produit, se produit nécessairement en vertu du jeu de ces forces. Il y a lieu d'expliquer cette production plutôt que de la juger ; et le terme de luxe, employé pour caractériser certaines consommations, semble, non sans raison, renfermer un élément d'appréciation normative, plutôt que désigner une caractéristique objective.

La question est donc surtout morale, mais à ce point de vue il est impossible de l'éviter. Elle se pose non seulement dans la sphère de l'activité individuelle, mais aussi

---

1. On complétera utilement cette étude par la discussion à laquelle a donné lieu, à une date postérieure, notre exposition sur le même sujet devant la *Société française de philosophie* (*Bulletin* de juin 1902). Nous y avons ici repris quelques indications.

dans la sphère de la vie collective. Seulement, et surtout parce que les idées du luxe qu'on peut se faire à ces deux points de vue ne coïncident pas entre elles, la solution en reste singulièrement obscure. Nous avons d'ailleurs le sentiment que nos consommations individuelles influent si peu sur l'ensemble des productions et des consommations, que notre responsabilité s'efface ; nous renonçons vite à chercher sur ce point une règle de conduite, et nous nous contentons d'un équilibre tout empirique entre la coutume, nos désirs et nos facultés.

Notre demeure sociale n'est pas faite par nous, et, contraints de l'habiter telle qu'elle est, comme un locataire passager dont le bail incertain peut expirer bientôt, nous n'avons ni le pouvoir, ni parfois même le droit, ni surtout, avouons-le, le courage d'y entreprendre autre chose que de petites améliorations dans l'aménagement. Le gros œuvre échappe le plus souvent à notre contrôle ; et peut-être n'y faut-il toucher qu'avec quelque prudence ; car nous avons bien de la peine à savoir si nous ne compromettrions pas la stabilité d'un édifice si complexe et dont l'équilibre est si délicat.

Ce n'est donc pas seulement notre faiblesse qui nous excuse, mais aussi notre ignorance et l'incertitude où nous sommes des répercussions de notre conduite.

Il était relativement aisé aux moralistes d'autrefois d'aborder et même de résoudre la question du luxe. Ils se plaçaient généralement en effet à un point de vue tout individuel et tout subjectif. Les uns, comme les cyniques ou les stoïciens, ne considéraient, dans la multiplicité des besoins et le raffinement des satisfactions, que l'asservissement de l'âme à des biens extérieurs et incertains, l'amollissement du courage, les dangers courus par l'intelligence et la rectitude du jugement. D'autres, au nom de la religion, pour des raisons plus mystiques, condamnaient le plaisir en lui-même, érigeaient en vertus la pénitence, la pauvreté, et jusqu'à l'insouciance du lendemain. On posait doctoralement la question de savoir « si un riche pouvait faire son salut ». D'un côté comme de l'autre, on ne s'occupait que de la valeur morale de l'individu ; une conception abstraite de la perfection humaine, une croyance théologique sur la vie future, la volonté de Dieu ou le néant des biens temporels, tranchaient la question. Par un appel à des principes transcendants et sans rapport direct avec les conditions pratiques de l'existence humaine, on était dispensé de l'examen si délicat des faits complexes de la vie sociale, et de la discussion des résultats obscurs et éloignés que la conduite individuelle peut produire dans la vie collective. Il est toujours plus aisé de déduire une morale d'un postulat arbitraire que de l'adapter aux réalités.

Aussi les prédications fondées sur de purs principes n'ont pu avoir raison des tendances naturelles de l'homme. Dès lors les économistes se sont aujourd'hui emparés de la question du luxe, qui s'est trouvée presque abandonnée des moralistes ; et ceux-là ne la reprennent guère, nous l'avons dit, que pour la faire presque disparaître. La religion s'est faite moins rigoureuse et s'est accommodée au siècle ; la philosophie morale s'est faite volontiers plus théorique, et, trop longtemps, suivant nous, a renoncé au rôle qu'elle pouvait ambitionner de jouer dans l'éducation pratique de la conscience.

Plusieurs causes ont contribué à faire négliger par la morale le problème du luxe. C'est d'une part que nous nous abandonnons volontiers à une notion trop formaliste et trop simpliste du devoir. Nous le résumons en quelques règles très simples et très arrêtées, en un décalogue plus ou moins étroit. Cela flatte à la fois notre paresse d'esprit et notre faiblesse de caractère ; car nous aurons à bon compte la conscience tranquille pourvu que nous n'ayons pas expressément violé la formule du précepte. Une telle morale est à la fois trop rigide et trop élastique. Car d'un côté elle tend à trop définir la moralité par la matérialité de certains actes accomplis ou évités, mais, de l'autre, elle laisse par cela même la conduite flotter dans une excessive indétermination dès que l'on cesse de considérer les cas où le précepte s'applique à la lettre.

Cette étroite conception morale méconnaît la complexité de la vie, l'infinie subtilité du devoir réel, les multiples et lointaines répercussions de toute notre activité ; elle nous cache cette vérité essentielle, que le devoir social pénètre en réalité fort avant dans toute notre conduite privée, et ne laisse peut-être, en principe, aucun de nos actes en dehors de son contrôle. Comment, dans un pareil état d'esprit, pourrions-nous reconnaître que nos dépenses ne sauraient être moralement indifférentes, et qu'il existe, quant à la richesse, des devoirs que ne formule pas le seul précepte familier à notre conscience : le bien d'autrui tu ne prendras ?

Une autre raison qui aboutit plus directement encore au même résultat, c'est le développement d'une notion absolue et individualiste de la propriété. La morale dira bien son mot sur l'acquisition de la richesse ; mais une fois satisfaite sur ce point, il semble qu'elle n'ait pas grand'chose à dire de l'usage que nous en faisons. Si le code définit la propriété le droit d'user et d'abuser, on peut dire que cette définition n'est pas seulement l'expression d'une convention juridique plus ou moins nécessaire, mais qu'elle traduit dans une large mesure une conviction intime de la conscience morale du temps présent, telle que l'a formée en chacun de nous le régime juridique et économique où nous vivons. La richesse une fois acquise, nous sommes volontiers persuadés que notre intérêt et notre plaisir seuls en règlent l'usage, dans la mesure du moins où nous ne portons pas une atteinte expresse aux intérêts qui nous sont directement confiés.

Nous pensons qu'il y aurait grande utilité à apporter, dans les efforts tentés de toutes parts pour vivifier et réorganiser notre éducation morale, la préoccupation de rapprocher le sentiment moral de la réalité, d'établir un contact plus intime entre la morale et l'économie sociale, de faire pénétrer l'idée du devoir, sous une forme aussi concrète que possible, dans toutes les régions de notre vie extérieure et pratique, et de faire cesser ainsi le double contresens dont nous venons de parler. La vraie moralité pratique ne réside ni dans une sentimentalité vague qu'on décorerait du nom de vie intérieure, ni dans le respect purement littéral d'une formule toute matérielle. Elle réside dans une activité réelle et efficace, consciemment dirigée par une vivante notion des fins collectives. C'est la pensée qui nous a amené à examiner ici la question spéciale du luxe. Plus précisément encore nous voudrions faire ressortir, à cette occasion, que le problème moral ne se pose pas seulement pour chaque conscience en chaque circonstance, mais qu'il embrasse la vie collective dans son ensemble, et qu'il est des difficultés morales, insolubles au premier de ces points de vue, qui commencent à comporter une solution relativement sûre, sinon très précise, dès qu'on les pose sous cette forme : *Quel ordre social voulons-nous produire ou développer ?*

I

La première difficulté que l'on rencontre quand on veut juger le luxe, est celle de le définir. En présence de ce problème tout le monde est dès l'abord frappé de la relativité du luxe. Ce qui est luxe à une époque ne l'est plus à une autre, ce qui est luxe pour une personne ne l'est pas pour une autre. C'est une vérité si évidente que nous ne jugeons pas utile de nous y arrêter, ni de citer des exemples qui pourraient sans doute être instructifs ou piquants, mais que chacun trouvera sans peine [1]. Seulement, de cette relativité il ne faut pas conclure à l'impossibilité d'une définition. Il doit toujours être possible de fixer une idée, quelque délicate et incertaine qu'elle soit ; nos concepts doivent toujours être précis, et le peuvent, quelque confuses que soient les choses. Supposez que nous n'ayons pas un thermomètre pour mesurer avec précision la température du corps ; il n'en resterait pas moins vrai et utile à savoir que la fièvre s'apprécie à la température. De même nous devons pouvoir déterminer le critérium du luxe, quelque difficulté qu'il puisse y avoir à appliquer ce critérium aux faits concrets. C'est ce que l'on me paraît d'ordinaire avoir insuffisamment compris.

1. — On définit quelquefois le luxe comme un genre de dépense *improductive*. Si par dépense improductive on entend toute consommation qui n'est pas directement destinée à reproduire la richesse, comme la consommation du charbon dans une machine, il est clair qu'il y a beaucoup de dépenses improductives qui ne sont pas luxe. Par exemple, sans parler des capitaux engloutis dans des entreprises malheureuses, l'entretien d'une armée, d'une

---

1. Cf. P. Leroy-Beaulieu. *Revue des Deux Mondes*, 1894, VI, p. 73.

police, d'une magistrature, est souvent considéré comme une dépense improductive en elle-même, quoique nécessaire à la production. A plus forte raison en est-il de même des dépenses servant à l'entretien de personnes qui ne contribuent pas même indirectement à la production, comme un rentier, un retraité. Ce ne sont pourtant pas là des consommations de luxe. Il faudra donc, parmi les consommations improductives, distinguer les consommations de luxe par un caractère particulier. On les définira donc comme étant celles qui ne sont pas utiles à l'entretien d'une personne [1]. Mais ici commencera la difficulté ; car les consommations d'un homme qui ne boirait que du champagne, ne mangerait que des cailles truffées ou des mauviettes, seraient bien des consommations utiles à son entretien. Le luxe et le nécessaire seraient ici intimement confondus. Il y a plus : sans pousser jusqu'à cette hypothèse fantaisiste, il peut y avoir pour une personne donnée des dépenses utiles à son entretien, et qui pourtant seraient pour elle un luxe ; par exemple c'est encore un luxe pour la plupart d'entre nous d'avoir chez soi une salle de bains, quoique ce soit là une commodité précieuse, et favorable à la bonne santé ; seulement, nous ne pourrions l'obtenir qu'au préjudice de satisfactions plus urgentes encore.

Nous sommes donc amenés à remplacer, dans la définition, l'idée d'utilité par celle de nécessité.

Définira-t-on alors, comme on y est le plus immédiatement et le plus généralement porté, l'idée de luxe par les idées de *superflu* et de *strict nécessaire* ? Mais ce sont là des idées absolument vagues. De quoi ne peut-on véritablement se passer ? Diogène jetait son écuelle. On peut aller plus loin encore ; le fakir qui s'hypnotise, avale sa langue

---

1. Levasseur. *Précis d'Econ. pol.*, 407.

arrête sa respiration et se met enfin dans cet état de léthargie où il peut être impunément enterré pendant des semaines, prêt cependant à ressusciter moyennant certaines précautions, est arrivé à se passer de tout, même de nourriture et d'air respirable. Mais il est clair que dans ces conditions, ce qui lui reste de vie latente est sans usage et constitue encore un superflu. Si l'on s'engage dans cette voie, qui est celle du pessimisme, on arrive naturellement à cette conclusion, que la vie même est de trop. Inversement, si vous admettez que quelque chose soit nécessaire, c'est que vous commencez par supposer et par accepter le vouloir-vivre ; alors vous devez conclure au développement de la vie, et par conséquent justifier aussi le développement des besoins. La morale de la restriction des besoins ne saurait donc être admise en principe, ni d'une façon absolue, car ce serait alors simplement la morale du suicide. Elle n'est vraie que par rapport aux besoins qu'on aura pu déjà déclarer illégitimes ou intempestifs, et la question est précisément de savoir à quoi on les reconnaîtra tels, et au nom de quoi on les jugera tels. Mais les économistes ont bien raison en gros de reconnaître dans le développement des besoins à la fois un effet et une condition du progrès. M. Levasseur, par exemple, dans l'*Ouvrier Américain*, remarque que l'ouvrier américain a un *standard of life* sensiblement supérieur à celui de l'ouvrier européen, et loin d'y trouver un mal, il voit là un signe d'un état social supérieur et aussi un fait en corrélation avec une plus grande productivité du travail. Il est même à la fois inévitable et indispensable que le développement des besoins anticipe sur celui de notre pouvoir de les satisfaire pour que l'activité humaine reste en mouvement et que nos facultés de production s'accroissent.

Si l'idée du superflu est tout à fait insuffisante pour définir le luxe, suffira-t-il de la combiner avec celle de *cherté*, comme le veut M. de Laveleye ? Mais qu'est-ce qui est cher, ou pour mieux dire *trop* cher ? Un produit peut être trop cher de plusieurs façons :

1° D'une part un objet peut être trop cher par rapport à la satisfaction qu'il procure. Mais si un produit de luxe trouve acheteur à un prix très élevé, c'est qu'en définitive il n'est pas trop cher pour un certain nombre de personnes qui se le disputent ; souvent même cette cherté vient beaucoup plutôt de la concurrence des acheteurs entre eux que du travail que l'objet à coûté à produire. Suivant la juste remarque de M. Leroy-Beaulieu, une bouteille de Clos-Vougeot à sept ou huit francs n'a pas coûté beaucoup plus de travail qu'une bouteille de vin ordinaire à quinze sous. Elle doit donc sa valeur de fait presque uniquement à la concurrence des gourmets en présence d'une offre restreinte. A quoi jugerons-nous donc qu'un prix déterminé par l'abondance relative de la demande par rapport à l'offre est un prix excessif ? Rien n'est donc plus vague que cette notion de cherté, et en particulier de cherté excessive. Elle suppose évidemment, ici, un jugement porté non pas seulement sur l'intensité des besoins, mais sur leur valeur intrinsèque relative et l'opportunité qu'il peut y avoir à les satisfaire.

2° Un objet peut être trop cher en ce sens qu'il est surfait, et que ce qu'il coûte n'est pas en rapport avec le travail qu'il a exigé. Mais, d'abord, l'acheteur d'un produit de luxe ne tient pas plus à être exploité que n'importe quel acheteur. Quoique, en général, celui qui fait une dépense de luxe soit plutôt mauvais marchandeur, la vraie question n'est pas de savoir si l'objet de luxe a coûté beaucoup de travail, mais si ce travail vaut la peine qu'on le paye, mérite qu'on le provoque et qu'on l'entretienne. Or ce n'est pas évidemment l'acheteur d'un tel produit que nous laissons seul juge de la question. Par le fait même de son achat, il la résout dans le sens de l'affirmative, quoiqu'il ne se rende pas, à vrai dire, toujours bien compte de la chose, et nous posons cependant la question de savoir s'il n'a pas tort. C'est donc que, en dehors de la valeur de fait et purement économique d'un produit ou d'un travail, nous jugeons qu'il a une valeur proprement sociale, dont il s'agirait de trouver le critère.

Ainsi quand nous jugeons qu'une consommation, dans un cas donné, est un luxe, et que nous blâmons ce luxe, c'est toujours que nous supposons une distinction entre la valeur en fait et la valeur en droit des consommations. C'est, plus précisément, que nous nous croyons en état d'*apprécier la valeur des satisfactions indépendamment du plaisir obtenu par ceux mêmes qui les recherchent, et la valeur du travail indépendamment de l'effort même qu'il demande à celui qui l'accomplit*. Nous supposons implicitement, sans l'avoir bien nettement présente à l'esprit, une base d'appréciation objective, ou supra-individuelle, d'où il résulterait que certains besoins, même réellement éprouvés, ne devraient pas être satisfaits, et que certains travaux, même quand on peut les payer, ne devraient pas être accomplis ni provoqués.

2. — Sans pousser plus loin l'examen des définitions insuffisantes ou inexactes du luxe, essayons de découvrir ce qui caractérise le luxe comme tel. Une première remarque nous guidera. Ce qui obscurcit singulièrement tous les jugements que l'on porte sur le luxe, et l'idée même que l'on s'en fait, c'est que le point de vue où l'on se place

est mal déterminé, et change souvent d'un instant à l'autre. Non seulement ce qui est luxe pour un homme donné ou dans un état social donné ne l'est pas pour un autre homme ou dans une autre société, mais en réalité le terme de luxe implique deux idées distinctes, quoique souvent emmêlées l'une dans l'autre. Si le luxe est relatif, il implique une comparaison. Et nous allons voir que les termes qui entrent dans cette comparaison ne sont pas toujours de même sorte, lorsqu'on parle du luxe. Demandons-nous donc quels sont les termes que l'on compare pour qualifier une consommation comme un luxe.

On peut comparer, et intuitivement on compare en effet, tantôt les diverses satisfactions d'une même personne donnée, tantôt l'ensemble des satisfactions de personnes diverses, et l'on arrive par là à deux idées très différentes du luxe.

Si d'abord on compare les divers besoins ou satisfactions d'une même personne, on se place à un point de vue qu'on pourrait appeler biologique [1]. A ce point de vue, on admet tacitement ou expressément une hiérarchie des besoins allant de ceux dont la satisfaction est le plus immédiatement indispensable au maintien de la vie physique, à ceux qui correspondent au développement le plus complet

[1]. Dans la brillante discussion dont il a honoré notre exposé (*loc. cit.*), M. Tarde nous a objecté qu' « il n'y a pas de luxe biologique. *Rien de trop* est la devise de la vie ». Il y a ici une confusion. M. Tarde a peut-être raison s'il veut seulement dire par là que « les dépenses de luxe répondent toujours à des besoins d'origine sociale ». Quels sont d'ailleurs les besoins humains qui ne sont pas sociaux de quelque manière ? En employant, faute de mieux, le terme de biologique nous entendons indiquer, non l'origine des besoins, mais le fait qu'ici, le terme de luxe est employé pour caractériser un rapport entre les besoins et les satisfactions d'un seul et même individu. Ce qui justifie le mieux l'emploi de ce terme, c'est qu'en effet il existe un conditionnement biologique naturel des fonctions. Le cerveau fonctionne mal et les produits supérieurs de notre activité sont compromis, si la nourriture et l'exercice sont insuffisants ou excessifs, etc.

de nos facultés les plus élevées. On appellera luxe dans ce cas *l'interversion dans l'ordre de ces satisfactions*, le sacrifice d'un besoin de premier rang à un besoin de second rang. Sans doute il est extrêmement difficile dans le détail de déterminer cette hiérarchie ; cependant on sent bien qu'en gros elle existe, et l'on voit clairement qu'on la méconnaît, si, par exemple, n'ayant qu'une nourriture insuffisante ou malsaine, on dépense pour fumer ou même pour cultiver un art de pur agrément les ressources qui permettraient d'améliorer l'alimentation. En tout cas, la difficulté d'appliquer cette règle n'empêche pas de reconnaître là un sens distinct et spécial du terme de luxe. Le luxe, dans ce premier sens, tend à s'opposer au simple confortable avec lequel on le confond d'ordinaire. Et moralement le problème serait alors de savoir quel serait la répercussion sociale du déséquilibre des satisfactions individuelles.

Si maintenant nous comparons entre elles les satisfactions des différentes personnes, nous obtiendrons un résultat tout différent. Supposons, pour faciliter l'analyse, que la hiérarchie dont il vient d'être question soit aussi parfaitement que possible respectée par tous les membres d'une société, mais qu'en même temps il existe entre ces hommes, comme dans la réalité, une grande inégalité soit des fortunes, soit même simplement des facultés de travail et de production. Dans cette hypothèse il n'y aurait plus de luxe au sens individuel et biologique du mot, car chacun satisferait l'ensemble de ses besoins dans l'ordre voulu, selon ses ressources, obtenant ainsi le développement maximun de sa personne physique et morale ; mais il y aurait encore du luxe au sens social du mot. Serait en effet un luxe, à ce point de vue, *toute satisfaction qui serait inaccessible au revenu moyen* raisonnablement administré, selon l'hypothèse, d'une personne dans la société considérée. Un tel luxe n'est plus en opposition avec le confortable, mais au contraire il peut consister, pour une très grande part, en un confortable supérieur. Nous sommes donc en présence d'une idée toute différente de la précédente et d'un critérium très distinct du critérium biologique, quoique sans cesse combiné avec lui dans la pratique. Le problème qui se pose alors, et qui est connexe avec celui de l'inégalité des fortunes, sera de savoir quel est l'effet social de cette inégalité des satisfactions, quelle est la répercussion que peuvent avoir sur le bien-être social général le développement de besoins et de satisfactions exceptionnels, même si ce développement est très fondé au point de vue des individus qui en jouissent. Ce qui serait parfaitement légitime par rapport au bien de l'individu, ne devient-il pas, du fait de certaines conséquences souvent fort indirectes, en partie fâcheux et illégitime socialement ? Et c'est de beaucoup la question la plus difficile.

II

La première question, celle du luxe au sens biologique du mot, de l'interversion dans la hiérarchie normale des besoins, se présente, en effet, comme beaucoup plus simple.

1. — En fait, tout d'abord, quelque difficulté qu'il y ait à déterminer cette hiérarchie, qui est d'ailleurs assez variable avec les temps et les races, il est impossible de nier qu'il en existe une et que tous les besoins ne sont pas sur le même plan. L'organisation de l'impôt dans tous les pays est une manifestation économique plus ou moins

accentuée de la reconnaissance de cette vérité. Après avoir pesé, comme la Gabelle, sur des consommations de première nécessité, l'impôt indirect s'est porté de plus en plus sur les produits jugés moins immédiatement nécessaires à la vie et constituant à un degré quelconque un superflu. Au moyen, soit de monopoles, soit de droits de douane, soit de taxes ordinaires, c'est l'alcool, le thé, le café, le sucre, ce sont les chevaux et les voitures, les chiens, les billards et les bicyclettes qui sont frappés, à peu près dans tous les pays, et ainsi une bonne part des impôts de consommation offre un caractère somptuaire ; non sans doute qu'ils visent expressément à réprimer le luxe, mais du moins en ce sens qu'ils le distinguent pourtant du nécessaire, et semblent présumer par conséquent que dans une économie individuelle bien réglée, les besoins ainsi frappés doivent être en moyenne les derniers satisfaits. A plus forte raison la conception de l'impôt progressif ou dégressif repose-t-elle sur une idée du même genre.

Si donc, en fait, la réalité d'une telle hiérarchie ne semble pas contestable, en droit on n'hésitera guère à condamner dans la vie individuelle la fantaisie ou l'imprudence qui sacrifie le confortable au plaisir, la sécurité de la vie à l'intensité des satisfactions momentanées, l'ampleur de l'existence à quelques raffinements capables de séduire les sens, l'imagination, la vanité, ou même l'intelligence.

Pourtant, quoique dans les cas extrêmes on aperçoive bien les maux qu'entraîne, pour l'individu comme pour la société, le défaut d'équilibre, de proportion et d'ordre dans les satisfactions, il faut se garder, même ici, d'une sévérité hâtive et excessive. Elle pourrait nous amener trop logiquement à regretter que les poètes aient paru avant les ingénieurs, et que les temples aient précédé les maisons de rapport. Il a sans doute été bon pour l'humanité, en même temps qu'inévitable, qu'il y ait eu dans le développement de ses besoins une certaine irrégularité et une certaine fantaisie, apparentes du moins. Une positivité comme celle dont nous faisons volontiers aujourd'hui la mesure et la règle de la valeur des besoins, ne pouvait guère se développer de bonne heure, puisque aussi bien les moyens mêmes de la satisfaire n'existaient pas encore. Et l'humanité y a peut-être gagné une floraison plus précoce de sentiments héroïques ou délicats, une certaine habitude du désintéressement et un certain goût de la beauté qu'un souci prématuré du bien-être eût étouffés et qui n'auraient pu sans doute germer plus tard, dans une humanité plus savante et plus industrieuse, plus soucieuse enfin d'améliorer pratiquement conditions de l'existence matérielle. On ne saurait sans doute ériger en règle absolue cette insouciance primitive, mais on n'ose davantage la regretter en fait. Je n'aurais pas le courage de blâmer le vieillard de Tarente, qui n'était d'ailleurs probablement qu'un vieux pirate cilicien déporté, de n'avoir pas arraché de son jardin les lis et les verveines pour étendre ses carrés de légumes. L'imagination représente peut-être, parmi les facultés de l'esprit, le luxe par excellence, et cependant elle s'est développée la première, et il n'a pu en être autrement. La science aussi a commencé par être un véritable luxe aussi bien que le sont à notre point de vue la religion et l'art primitifs ; et l'esprit grec se complaisait aux spéculations géométriques et aux subtilités de la dialectique, tandis que l'on continuait à moudre le blé à bras d'hommes et à quêter son feu chez le voisin. Mais, comme le dit Condorcet, « le matelot qu'une exacte observation de longitude préserve du naufrage doit la vie à une théorie conçue deux mille ans auparavant par des hommes de génie, qui avaient en vue de simples spéculations géométriques [1] ».

Il n'est pas jusqu'à l'industrie dont les premières tentatives proprement scientifiques n'aient eu souvent pour objet des mécanismes ingénieux, comme la fontaine de Héron, plus comparables à des jouets intéressants, qu'à des machines vraiment utiles. De nos jours même l'industrie a des fantaisies un peu plus grosses, mais du même genre. Je vois un éminent penseur, M. Secrétan [2], désigner la Tour Eiffel comme un spécimen de luxe bête et de travail sans valeur. On peut croire qu'en effet il aurait mieux valu construire un pont ; et pourtant c'est peut-être cette étrange expérience, qui, indépendamment de quelques services directs possibles, déterminera d'autres constructions utiles, qu'on n'eût pas osé entreprendre auparavant.

Ainsi, dans l'ensemble de l'humanité, il est bien difficile de déterminer ce qui a été, ou ce qui eût été le plus utile. A bien des égards, la hiérarchie que nous établissons aujourd'hui dans nos besoins, et d'après laquelle nous sommes trop tentés de juger le passé, et même l'avenir, a quelque chose de fort contingent. Ce qui, peut-être simplement en vertu d'une habitude acquise, nous apparait comme l'utile et même le nécessaire, pourrait bien n'être souvent que le superflu ; et inversement, suivant le mot de Voltaire un peu librement interprété, ce que nous qualifions de superflu pourrait bien avoir pour l'avenir humain une valeur autrement importante. « On n'imagine pas, nous dit par exemple M. Richet [3], à quel point notre ali-

---

1. Cité par A. Comte. *Cours de Phil. pos.*, 3e. éd. 1, 53.
2. *Etudes sociales.* p. 282.
3. *Revue Rose,* 12 mars 1892.

mentation est affaire de luxe. Que l'on compare la nourriture d'un bourgeois de Paris aisé à celle d'un paysan français du xviie siècle ou d'un moujick contemporain, et l'on verra que, dans la nourriture d'un bourgeois, tout ou presque tout est affaire de luxe. Le pain blanc, la viande, les légumes frais, le vin, le café, ce sont des aliments dont il pourrait se passer sans être exposé à mourir de faim. Mais il est habitué à ce luxe et cette alimentation si recherchée lui est devenue indispensable. »

M. Richet définit vraiment le luxe d'une manière un peu étroite, s'il qualifie ainsi tout ce qui n'est pas indispensable pour nous empêcher de mourir de faim, mais on sent néanmoins ici que nos besoins sont en grande partie un produit historique et social assez variable, qu'il faut se garder d'ériger en règle absolue. D'autre part, on voit inversement que l'histoire, et l'ordre dans lequel l'humanité a vu ses besoins se développer, ne sauraient non plus nous renseigner d'une manière rigoureuse sur leur hiérarchie véritable.

Ces réserves faites, si la valeur respective des besoins peut changer notablement avec les conditions du milieu physique ou social, il reste pourtant que pour un milieu donné, pour un état de civilisation donné, elle comporte une certaine règle d'appréciation, elle est déterminée par une certaine idée du maximum de vie. Je vois très bien par exemple qu'un ancien eût sacrifié beaucoup en sacrifiant la poésie et l'art de la parole, parce que la science était alors rudimentaire et incertaine ; tandis qu'aujourd'hui la même règle implique de la part d'un moderne une conduite bien opposée ; il doit faire passer l'imagination et la rhétorique au second plan, la science au premier.

C'est un lieu commun de la morale qu'il y a progrès

pour la conduite individuelle dans la mesure même où l'agent subordonne plus complètement le détail de la vie au bien de la vie totale. Et cela peut s'entendre de deux manières, soit que l'on considère la systématisation de toutes les fonctions diverses de notre être, et leur harmonie en une organisation aussi complète que possible ; soit qu'il s'agisse d'embrasser aussi la durée de notre existence et d'en régler le plan avec la plus lointaine prévoyance, de manière à subordonner chaque moment à la totalité. Ne pas laisser s'hypertrophier un besoin particulier aux dépens de l'être entier, ne pas sacrifier un avenir plus ou moins étendu à un présent fugitif, voilà la double règle d'une conduite vraiment raisonnable pour un être qui est à la fois organisé en lui-même et destiné à faire partie d'une organisation plus vaste, la société.

Aussi le vrai progrès du sauvage au civilisé, de l'homme inculte et inconscient à l'homme réfléchi, réside-t-il dans le progrès de cette double coordination. L'épargne et l'assurance, par exemple, c'est-à-dire l'organisation économique de la prévoyance, caractérisent à ce point de vue spécial les civilisations les plus avancées. Inversement, on remarquera que le luxe, au sens biologique du mot, est quelque chose de très naturel et de très primitif. Dès que sont satisfaits les besoins les plus pressants, ceux que sans cela la nature même transformerait bien vite en un danger ou en un supplice, le sauvage songe immédiatement à l'ornement ou à la gloire, aux parures ou aux belles armes. Paresseux pour tout ce qui tient au bien-être, sans exigences en fait de vêtements, de logement, de commodité, il dépensera une somme d'efforts énorme pour des verroteries, du tabac, de l'alcool. Dans l'histoire même de la civilisation, nous trouvons nombre de faits qui confirment la même idée. « Versailles était magnifique, nous dit M. Rambaud, mais sentait mauvais. » Visitez ces galeries étincelantes de glaces et de dorures, ces salles ornées de meuble de prix et d'objets d'art. Essayez de reconstituer par la pensée cette cour luxueuse, s'il en fût, dans le décor de ce palais somptueux. Si votre imagination est celle d'un fidèle historien, au milieu de la foule brillante des courtisans chamarrés de broderies, tout bouillonnés de dentelles et de rubans, elle devra vous représenter un grand seigneur, le roi peut-être, naïvement assis sur certain fauteuil dont la commodité impose aujourd'hui plus de discrétion.

Mais restons plus près de nous. Nous pouvons voir qu'une sage ordonnance des satisfactions n'est pas ce qui caractérise les classes les moins fortunées, où elle semblerait le plus nécessaire. M. Gide remarque avec raison qu'il y a malheureusement un luxe du pauvre. Examinez le budget de l'ouvrier ou du petit employé ; vous verrez que si le logement et la nourriture en absorbent, pour des raisons sociales malheureuses, une part relativement énorme, les accessoires de la vie, souvent nuisibles même, y tiennent une place tout à fait disproportionnée : le cabaret ou le café, la pipe ou le cigare, le feuilleton ou le roman, et même le jeu et le théâtre. Les besoins intermédiaires, la propreté du corps, des vêtements et de la maison, la commodité des meubles, le chauffage, les livres simples et instructifs, se trouvent presque sacrifiés aux satisfactions extrêmes de la série.

M. Marcellin Pellet observe [1] que dans la classe pauvre de Naples le jeu de lotto passe avant tout et que la diminution des recettes de l'impôt du lotto, à l'époque où il

1. *Le lotto en Italie*, Rev. Bleue. 26 mars 1892.

écrivait, était considérée comme un symptôme particulièrement grave de la crise que traversait alors l'Italie. A la même époque, au milieu d'une crise qui jetait sur le pavé de Vienne une multitude d'ouvriers sans travail, la municipalité dut arrêter les distributions de pain parce que les victimes du chômage allaient chez les marchands de vin vendre leur part pour un petit verre, et échanger le pain de vie contre l'eau de mort. Observez dans la rue quels sont les acheteurs ordinaires de ces primeurs séduisantes pour la vue ou l'odorat, qu'avril fait apparaître aux étalages des épiceries. Ce sont sans doute en majorité des personnes riches, ou plutôt leurs domestiques ; mais ce sont aussi en grand nombre de toutes modestes ménagères, qui ont peine à joindre les deux bouts. Le locataire du premier recule encore à se payer des fraises que déjà son concierge s'en est régalé. Dans bien des mariages populaires, les fêtes de la noce absorbent une bonne partie de la dot de la mariée.

On assure que les ouvriers horlogers de Besançon, assez grassement payés, et qui pourraient se faire une situation satisfaisante, en profitent souvent pour ne travailler que deux ou trois jours par semaine, et dépensent les autres jours ce qu'ils ont gagné, vont au théâtre, se nourrissent délicatement, achètent des diamants, sauf à les mettre plus tard au mont-de-piété ; et les pauvres pêcheurs de Bretagne, moins fortunés, moins raffinés aussi dans leur luxe, n'ont pas une vie beaucoup mieux ordonnée. Vienne une bonne pêche, ils feront bombance, ils fêteront joyeusement le Pardon, mais bientôt ce seront les privations et la misère.

Du reste, ce qui arrive aux individus se voit dans la vie des collectivités, et l'on constate encore sous ce rapport que la notion du confortable, et l'utilitarisme légitime que ce terme résume, sont choses très tardives dans l'humanité. Les hommes bâtissent des temples somptueux à leurs divinités, alors qu'ils se contentent encore d'habitations qui nous sembleraient des masures. Ils s'imposent de coûteux sacrifices en l'honneur de leurs dieux, quand ils auraient à peine assez de toutes leurs ressources pour suffire à leurs propres besoins. Nos villes ont des théâtres avant d'avoir une bonne voirie et une bonne police. Nous bâtissons fiévreusement une Exposition pour le plaisir de quelques mois, mais Paris manque d'eau potable et de moyens de transports ; bienheureux encore que les nécessités de la fête aient entraîné la création d'un métropolitain et de meilleurs quais, comme une pétillante et inutile limonade fait passer une médecine salutaire.

2. — Il est aisé de voir quelles sont les deux principales causes qui provoquent cette irrégularité dans l'ordonnance des satisfactions, ce besoin d'avoir le plus avant le moins. Elles ont été remarquées par tous ceux qui ont écrit sur la question. C'est la sensualité et l'ostentation ; l'une tout intérieure et essentiellement individuelle, l'autre extérieure et de nature sociale.

La sensualité n'est guère plus aisée à définir exactement au premier abord que le luxe lui-même. Ainsi, aimer à être assis sur un fauteuil rembourré plutôt que sur un banc de bois, c'est bien de la sensualité. Et pourtant, si le moraliste se montrait sévère pour ce genre de sensualité, il s'engagerait dans une voie qu'il ne pourrait suivre longtemps. Car il serait amené à condamner le bien-être même, indice d'une vie normale et bien équilibrée. Pour parler d'une façon plus précise et d'un point de vue plus élevé, il est visible que le bon état du corps et la satisfaction des organes est une condition de l'exercice des facultés supérieures. Je travaille mal dans une position par trop incommode, qui m'empêche *d'oublier mon corps.* L'artiste et le savant ne peuvent pas déployer toutes les forces de leur génie, s'ils sont réduits à lutter quotidiennement contre la misère et à s'inquiéter du pot-au-feu.

On dira peut-être que dans bien des cas la misère semble avoir été un stimulant utile des facultés les plus élevées, tandis qu'elles se sont endormies dans l'aisance, comme je risque de m'endormir aussi dans un trop bon fauteuil. Mais cette remarque n'est guère concluante, car il y aurait là, comme disent les logiciens, un sophisme d'observation incomplète. On remarque bien tous les génies qui ont été aiguillonnés par la misère, mais on les remarque seulement quand ils sont parvenus à en triompher ; on ignorera toujours combien de réels talents ont été réduits à l'impuissance par les nécessités pressantes de la vie.

Il faudrait donc tout d'abord distinguer une sensualité négative, qui vise au simple bien-être et dont l'objet est précisément ce qu'on appelle le confortable, de la sensualité positive, qui vise au plaisir. Tandis que le terme naturel de la première est une sorte d'insensibilité, qui, comme nous le disions, nous permet seule d'oublier un peu notre corps, la seconde surexcite au contraire le désir et implique que la pensée de notre corps prend une place exagérée dans notre conscience. C'est surtout à cette dernière espèce de sensualité que nous pouvons nous attaquer.

Et malheureusement, si la fortune et l'oisiveté la favorisent, il faut reconnaître que la pauvreté non seulement ne tend pas à la restreindre, mais tend, pour d'autres raisons, à la provoquer aussi. Là où le plus élémentaire confort est difficilement accessible, et où le corps se rappelle constamment à la pensée par le besoin et par la souffrance, on demande assez naturellement au plaisir une sorte de revanche ; un équilibre éminemment instable tend à s'établir sous la forme d'une compensation de la peine par la jouissance et remplace l'équilibre stable qui serait le simple bien-être. Mais cette apparente compensation est absolument trompeuse. L'alcoolique par exemple paye deux fois l'excitation artificielle qu'il recherche, d'abord en argent, puis en santé et en force. Elle est prélevée à la fois sur son travail passé et sur son travail à venir.

C'est ici surtout qu'il est aisé de voir que la véritable notion du superflu s'identifie peut-être avec celle du nuisible. Si cette notion du superflu est vague et obscure, c'est peut-être parce qu'elle a la prétention illogique de se tenir à égale distance de deux opposés. Comme notre ignorance place du possible entre le vrai et le faux, comme l'imperfection de nos lois laisse subsister la tolérance entre ce qui est défendu et ce que le droit garantit, de même c'est peut-être parce que nous ne poussons pas assez loin notre observation et notre analyse, que nous concevons l'idée d'un superflu qui ne serait ni utile, ni nuisible, ou qui serait tantôt l'un, tantôt l'autre. La vérité doit être qu'on ne peut reconnaître rigoureusement le superflu qu'au dommage qu'il cause. Seulement, ce dommage peut être direct et en quelque sorte absolu, comme il arrive pour l'alcoolisme, et pour toutes les formes de la sensualité qui seraient mauvaises *alors même qu'elles ne coûteraient rien*. Ou bien ce dommage est simplement indirect et extrinsèque, quand il s'agit de satisfactions dont le seul tort est d'en empêcher d'autres plus essentielles, et d'abaisser par simple contre-coup le niveau de la vie. C'est ce qu'on pourrait soutenir sans grande chance d'erreur de l'usage, même modéré, du tabac. C'est ainsi encore que des satisfactions très légitimes en elles-mêmes, et qui relèvent plutôt du bien-être que de la sensualité, peuvent devenir condamnables dans un cas donné.

Ne quittons pas ce sujet sans remarquer que la sensualité n'est à tout prendre qu'un cas particulier, le plus grave et le plus ordinaire sans doute, mais enfin un cas particulier de l'hypertrophie d'un besoin aux dépens d'un autre. Chaque faculté comporte son luxe. Je ne pense pas sans effroi à ce qui s'imprime de livres dans le monde civilisé, et je crains que de ces montagnes de papier qui montent sans cesse, de ces Pélion et de ces Ossa que nous entassons, et sous le poids desquels nous finissons par être étouffés, il subsiste bien peu de feuillets répondant à un sérieux besoin et vraiment propres à faire faire un progrès à l'humanité. Il est donc bon de songer un peu qu'il y a une véritable intempérance intellectuelle comme il y a une intempérance des sens, et que l'ordre normal des besoins peut être par là encore gravement méconnu. Certes, c'est là une intempérance moins redoutable que l'autre, parce qu'elle n'est pas, comme l'autre, à la portée de tous. Entre la parcimonie d'A. Comte qui paraissait disposé à nous réduire aux cent cinquante volumes de sa bibliothèque positiviste, et le débordement dont nous sommes témoins, il y a pourtant, ce semble, un milieu à garder. On se demande si l'on a vraiment le droit de s'épuiser à éclaircir le mystère du Masque de fer, ou la chronologie des Pharaons, lorsque tant de problèmes scientifiques et sociaux nous obsèdent, d'où dépendent directement le maintien de la vie et le salut de la société. Je ne voudrais pas savoir quelle est la Métrique de Plaute, tant que je pourrai douter où est la justice. Je parle de l'érudition ; mais que dirai-je de la fiction et de ces milliers de romans qui nous inondent annuellement ? Que de temps mal employé par les auteurs et les lecteurs ! On me dira que la nature procède ainsi, qu'elle prodigue les germes pour assurer un nombre minime d'existences développées, et qu'ainsi il faut peut-être que l'humanité répande à profusion sa substance intellectuelle pour arriver à faire éclore une œuvre viable et capable de transmettre la vie elle-même. Mais la nature peut dépenser sans compter ; le temps et la matière ne lui coûtent rien [1] ; l'humanité a ses raisons d'en être un peu plus avare ; et nous lui devons des comptes que la nature ne doit à personne.

Il est aisé de voir par là que déjà la règle selon laquelle devront s'ordonner nos propres satisfactions n'est pas une règle purement individuelle ; autrement on ne verrait guère, au delà des besoins les plus élémentaires, et qui seuls ont un caractère strictement vital, quelle direction doit prendre notre activité. Toutes nos dépenses intellectuelles, au point de vue de l'individu, se vaudraient. Mais en réalité notre vie morale a aussi sa mesure, et cette mesure est essentiellement sociale. C'est par sa participa-

1. Cette idée du *coût*, du *sacrifice* à faire pour obtenir un certain résultat est essentielle dans l'idée biologique du luxe. C'est pourquoi, répondrai-je à M. Tarde (*Bulletin de la Soc. Fr. de Phil*, 2º Année, Nº 6), je ne puis voir de *luxe* dans le coloris et le parfum des fleurs, dans les chants et le « riche » plumage des oiseaux ; c'est par pur anthropomorphisme que nous croyons en trouver là. Car ces beautés ne *coûtent* rien à la nature ni à l'animal, et ne sont pour elle que des moyens subtils d'atteindre des fins essentielles, sans en sacrifier de plus essentielles encore. Sexuellement en particulier, l'animal est évidemment moins prodigue que l'homme.

tion seule à la vie collective qu'elle peut s'amplifier, par elle aussi qu'elle peut s'ordonner.

C'est ainsi que pour une nation l'art n'est un luxe, au sens fâcheux du mot, que s'il flatte les passions grossières du peuple, ou la curiosité blasée de quelques raffinés ; mais l'art véritable est supérieur à la fois à cette corruption, qui est au fond une méprisable industrie, et à ce dilettantisme qui est une vanité ; et comme il s'adresse ainsi à l'homme tout entier et par conséquent aussi à tout homme, comme il ne s'isole pas de la vraie réalité humaine tout en songeant toujours à l'humanité idéale, cet art n'est pas proprement un luxe; il répond à un besoin universel.

Toute œuvre qui n'a pas un caractère vraiment humain, qui ne paraît pas avoir sa place naturelle et nécessaire dans le système total de la vie de l'humanité, peut être estimée un luxe nuisible. Nous vivons, dans la mesure même où nous nous sentons incorporés à ce que Comte, passant un peu rapidement à la limite, appelait le Grand-Être.

Et c'est bien là que nous trouvons la règle que nous cherchions. Si elle ne paraît pas s'imposer quand il s'agit des fonctions inférieures, elle devient de plus en plus évidente à mesure que nous en considérons de plus élevées. Et en effet elle domine finalement toute la question.

La sensualité nous isole et nous sépare. On a souvent remarqué combien est peu propre à éveiller la sympathie le spectacle de la gloutonnerie, de l'appétit satisfait. Le luxe du gourmet nous paraît déjà plus excusable dans la mesure où il tend quelquefois à un certain partage, et à une satisfaction goûtée en commun ; mais il est pourtant, par essence, égoïste, exclusif.

Le bien-être et le confortable ne paraissent pas encore

avoir une valeur propre. Ils assurent une vie normale, équilibrée, mais ne déterminent pas l'usage de cette vie. Ils ne sont qu'un moyen et non une fin. Prend-on le confortable pour fin, il tend à acquérir le caractère d'un luxe, et nous le reconnaissons justement à ce qu'il devient alors plus nuisible qu'utile [1]. Ce qui devait être un instrument et une garantie devient une charge, et un danger. Telle la variété bizarre de ces petits ustensiles de table qu'on invente soi-disant pour la commodité, telle la multiciplicité excessive des domestiques. Nous finissons par être esclaves de tout le mécanisme des choses et des personnes que nous agençons autour de nous pour nous mieux servir. Et je ne puis m'empêcher de soupçonner que jusqu'ici, notre industrialisme si vanté paraît malheureusement avoir eu, dans la vie collective, un effet en grande partie analogue. Les inventions, qui semblaient devoir accroître dans de fortes proportions le loisir humain, ont beaucoup plus contribué à multiplier les besoins ; la société industrielle ressemble trop, la comparaison est devenue classique chez les économistes, à un Sisyphe dont le travail est sans cesse à recommencer [2], et qui ne gagne rien pour l'avenir aux efforts déjà accomplis.

1. Nous sommes d'accord, en ce sens, avec M. Tarde, lorsqu'il montre peu de sympathie pour l'idée du *Comfort*. « luxe égoïste, dit-il, qui affecte un faux air hygiénique et moral et qui n'est que plus insolemment aristocratique en s'affirmant comme un droit... J'aime le seigneur italien de la Renaissance qui vit frugalement pour bâtir de beaux palais et les remplir de chefs-d'œuvre esthétiques. La satisfaction raffinée de besoins grossiers, la satisfaction supérieure de besoins inférieurs empêche de naître les besoins élevés de nature morale, artistique, désintéressée ». *Bulletin* etc., p. 127.

2. Voir sur ce point la discussion très serrée de M. Leroy-Beaulieu dans son chapitre intitulé *Du sisyphisme et du paupérisme* (*Essai sur la répartition des richesses*, ch. xv, Paris, F. Alcan). M. L.-B. d'ailleurs tend à montrer qu'on exagère cette critique de notre civilisation économique.

Enfin la vie intellectuelle par elle-même, nous l'avons montré, n'est pas non plus exempte d'un faux luxe. C'est que, si elle s'individualise, elle dégénère en un vain dilettantisme littéraire ou même scientifique. Ceux qui s'y livrent ressemblent alors à cette aristocratie dégénérée de courtisans qui ne remplit plus aucune fonction sociale et qui n'a plus aucune communion avec l'âme du peuple.

C'est donc la vie morale seule qui peut être un but véritable. Et par vie morale nous entendons précisément non une vie toute intérieure et contemplative, mais la volonté manifestée de collaborer à une œuvre généralement humaine, s'il se peut, collective tout au moins. C'est à cette vie morale qu'il convient de mesurer la valeur de toutes nos activités. Tout ce qui tend à la favoriser, voilà le nécessaire et l'utile, tout ce qui en entrave le développement, voilà le luxe blâmable.

Seulement là encore il faut se souvenir de la relativité humaine et de la relativité du luxe. Qui veut faire l'ange fait la bête, et qui se hâte trop vers cette fin élevée, qui anticipe sans mesure sur la réalisation des conditions capables de l'assurer, qui ne commence pas par poser les moyens nécessaires, fait aussi du luxe, d'après la définition que nous donnions au début. Et la sagesse pratique, à ce point de vue élevé comme dans l'humble détail de la vie journalière, réside dans un progrès prudemment gradué.

3. — L'ostentation, la seconde des causes principales de l'interversion de nos satisfactions, et qu'il nous faut maintenant considérer, ne nous montre que trop quelle déviation comportent les meilleurs principes. Nous venons de poser, comme limite et comme règle au luxe individuel l'idée d'une sociabilité supérieure, de notre intégration à l'être collectif de la société ou de l'humanité. Mais la sociabilité réelle,

avec ses conditions élémentaires et immédiates, oppose elle-même des obstacles à nos efforts vers cet idéal. Admettons-nous cette règle morale que A. Comte énonce : *Vivre pour autrui ?* A peine l'avons-nous formulée que nous la voyons tourner à contre-sens. Il y a, en effet, une certaine manière de vivre pour autrui, qui est la plus répandue, et qui est comme la caricature de ce principe. Vivre pour autrui, c'est pour bien des gens flatter l'opinion de ceux qui vous entourent, se régler sur leur jugement, et non sur les besoins véritables de l'individu ou de la société, chercher à plaire plutôt qu'à être utile, solliciter l'admiration des autres plutôt que travailler à mériter leur estime ou leur reconnaissance.

Il est relativement aisé de distinguer et de définir le luxe d'ostentation, et aussi d'en voir le côté faible. C'est celui dont les satisfactions sont de simples satisfactions d'opinion et dont nous cesserions immédiatement de tirer aucune jouissance, si nous en restions seuls témoins. Les objets que recherche ce genre de luxe constituent si peu une amélioration réelle de notre condition, ont si peu de valeur intrinsèque, qu'ils nous seraient plutôt à charge sans les regards qu'ils nous attirent. J'ai ouï parler d'une dame, qui, possédant une parure de perles d'une valeur énorme, s'en était fait fabriquer une toute semblable en perles fausses et qui valait encore plusieurs milliers de francs. Elle ne portait que la fausse. Sa vanité et l'admiration des autres y trouvaient absolument le même compte. Ici la réalité n'est rien, c'est le paraître qui est tout.

On se récrie sur le luxe de Cléopâtre faisant dissoudre dans le vinaigre une perle de 200.000 sesterces. Je vois bien ce que Cléopâtre y a perdu, puisqu'elle l'avait achetée. Mais j'avoue n'avoir jamais pu saisir ce que l'humanité y a bien pu perdre. Elle y a même peut-être gagné, en perdant une occasion de commettre une folie. C'est une leçon de haute philosophie morale (la seule, sans doute) que nous a donnée ce jour-là la belle Égyptienne. Une leçon si retentissante valait bien ses 200.000 sesterces, et c'est le professeur qui les a payés. De quoi se plaindrait-on ?

Mais l'ostentation n'est pas toujours aussi inoffensive dans ses destructions. Elle est jalouse et exclusive par essence. Priver les autres d'un bien réel est pour elle un moyen courant d'accroître le plaisir de la possession. Limiter, sans autre motif, la reproduction d'œuvres d'art véritable, est déjà de l'orgueil et de l'égoïsme ; mais détruire les planches ou les moules est, à mon sens, un crime public, que la conscience vulgaire commence à réprouver vivement, et qu'une législation, moins pénétrée de l'idée que de tels droits puissent s'acquérir à prix d'argent, finira bien aussi par atteindre. Il y a deux ou trois siècles, il arrivait encore que certains savants, au lieu de mettre leur honneur à publier leurs découvertes, cédaient, au contraire, à la singulière vanité d'en conserver le monopole. Un tel sentiment nous est devenu à peu près inintelligible. On aime à penser qu'il en sera de même dans un autre domaine, et qu'une plus vive conscience des droits de la société et de l'humanité parviendra et suffira à faire disparaître le vandalisme des dilettanti.

Mais l'ostentation cause indirectement d'autres maux encore. On pourrait, en effet, distinguer en face de l'*ostentation active*, qui consiste à vouloir se montrer ou se faire croire riche, et plus riche que les autres, une *ostentation passive*, celle que l'usage et des convenances plus ou moins artificielles imposent souvent, bien malgré lui, à quiconque veut tenir son rang, se mettre en règle avec l'opinion, aussi sévère que mal fondée, le plus souvent, des personnes de sa classe. Ce luxe-là est souvent odieux à ceux mêmes qui le pratiquent, et pourtant ils ne peuvent pas toujours s'y soustraire. Pour quelques femmes dont c'est toute l'occupation et le plaisir de lancer une mode, combien n'en est-il pas qui souffrent vraiment, dans leurs intérêts les plus sérieux, de la nécessité conventionnelle de mettre au rebut une toilette encore fraîche et convenable ? M. de Laveleye remarque avec raison qu'il y a eu grand progrès dans la simplicité et, par suite, dans la fixité et l'uniformité de la toilette masculine. Avec le temps, et grâce à une culture plus sérieuse de l'esprit et du caractère, non seulement chez la femme elle-même, mais aussi chez l'homme, on peut espérer un progrès semblable dans la toilette féminine. Mais nous sommes loin de compte. Si la toilette des femmes n'était pas, tant s'en faut, moins coûteuse ni moins compliquée aux siècles passés, du moins la mode était peut-être plus durable. Une mère pouvait transmettre ses robes à sa fille ; et il y avait moins de travail et d'argent gâché. Peut-être surtout l'influence de la mode était-elle moins étendue, et ses ravages bornés à une classe restreinte et riche. Il faut reconnaître que sur ce point comme sur d'autres le progrès social, qui a fait disparaître les classes, n'a pas été tout entier au bénéfice des classes moyennes ou inférieures. L'existence reconnue de certaines divisions dans la société dispensait les gens de certaines dépenses, en leur interdisant de sortir de leur sphère. C'est ce qu'on peut voir encore aujourd'hui assez nettement pour la catégorie sociale qui est restée chez nous la plus distincte, celle des paysans. La traditionnelle blouse bleue du campagnard français l'exonère de bien des frais sans bénéfice qui, à revenu égal, s'imposent au citadin. Elle le signale comme paysan, elle ne le signale pas comme pauvre, car elle est commune à tous ceux de sa classe, et cette heureuse uniformité dans la différenciation est tout profit pour lui, tant qu'il aura la sagesse de ne pas rougir de sa condition.

Il importe donc bien de nous rendre compte que souvent, sans faire directement aucun tort à personne, sans dépasser dans notre mise ou nos habitudes extérieures ce que notre fortune nous permet, nous pouvons causer à autrui un dommage très réel, quoique indirect, en pesant sur ses dépenses par nos jugements et par notre exemple. C'est exercer inversement une véritable bienfaisance que de donner l'exemple d'une vie simple et de façon d'agir peu dispendieuse. C'est, en bien des cas, une forme délicate de la charité, capable d'équivaloir à bien des dons et à bien des services, et qui pourtant ne nous coûte qu'un peu de courage et un léger sacrifice de vanité.

Un jeune lieutenant d'un corps d'élite, nous raconte-t-on, avait traversé Saint-Pétersbourg en tramway. Ses riches et aristocratiques camarades furent indignés de ce qu'ils appelaient une manque de tenue ; ils se réunirent et parlèrent d'exiger la démission du coupable. L'empereur Nicolas II en est informé, prend le tram, en descend ostensiblement à la porte même de la caserne. « Je suis votre colonel, dit-il aux officiers accourus à sa rencontre, et je viens du palais en tramway ; vous faut-il ma démission ? »

Gardons-nous, d'ailleurs, de faire retomber tout le mal sur les initiateurs de la mode, sur ceux qui se livrent à l'ostentation active. Si nous souffrons de l'ostentation passive, nous y avons bien notre part de responsabilité. Nous encourageons le luxe dont nous nous plaignons, par notre faiblesse à réagir contre les usages que nous réprouvons, sans savoir même nous associer pour avoir contre la société le courage de notre opinion, comme l'ont fait en Angleterre les fondatrices de la ligue pour le costume rationnel (*Rational dress*). Nous nous laissons séduire par les marbres et les dorures d'un magasin, sans songer que tout ce luxe, c'est nous qui le payons dans le prix de notre pain ou de nos vêtements. Les coopératives sont, à cet égard, une excellente école ; une de leurs forces, au point de vue économique, est justement d'être dispensées de tout ce luxe tapageur qui constitue une réclame inévitable de la part du commerce ordinaire, et, moralement, de faire sentir à leurs adhérents, par les avantages mêmes qu'ils en retirent, le prix de cette simplicité. Si enfin nous ne conservions trop souvent, pour la richesse, cette sorte de respect et d'admiration déraisonnables que nous a transmis un passé aristocratique, en y superposant la convoitise ou même l'envie qu'a développées la démocratie présente, la vanité du luxe provocateur perdrait toute sa raison d'être, et une grande partie de ce faux éclat disparaîtrait comme a déjà disparu, par exemple, chez les peuples les plus sérieux, l'usage conservé ailleurs par les hommes, de se charger les doigts de pierreries.

Malheureusement la honte de la pauvreté n'est pas moins développée que l'orgueil de la richesse, et l'encourage. On peut en rappeler un exemple bien singulier et bien frappant. Lorsque fut agitée à la Chambre la question de savoir si les fabricants et marchands de margarine seraient autorisés à la colorer pour lui donner l'aspect du beurre, un homme de bon sens pouvait avoir la naïveté de croire qu'il n'y aurait qu'une voix pour repousser une pareille prétention. Quand nous, contribuables, nous payons tout un service d'inspection et d'expertise pour dépister la fraude, il paraissait absurde que, par la bouche de nos représentants, nous proclamions aussi crûment le droit à la fraude. Sait-on pourtant qui se leva, entre autres, pour réclamer en faveur de ses électeurs le droit d'être volés ? Ce fut un député socialiste. Il ne voulait pas qu'à l'école l'enfant de l'ouvrier pût rougir de sa tartine de margarine, devant ses camarades plus fortunés! Mais cet ennemi des exploiteurs voulait bien que le budget du père fût grevé d'une exploitation de plus. Qu'aurait-il dit si l'on eût proposé d'allonger, sans supplément de paye, sa journée de travail? Et cela revenait pourtant au même.

Il y a donc, comme l'indiquait Proudhon, une sorte de paupérisme moral qui s'ajoute au paupérisme matériel. Ce paupérisme moral est fait de nos vanités qui nous coûtent par elles-mêmes bien des sacrifices, et de notre faiblesse, qui encourage l'orgueil des autres. Il frappe toutes les classes, même celles qui ne souffriraient pas de la vraie pauvreté. Et en ce sens il serait juste de dire avec le même écrivain que « le plus heureux des hommes est celui qui sait le mieux être pauvre ».

III

La question de l'ostentation nous a amenés à la deuxième partie de notre question. Il s'agit de savoir maintenant quels sont les effets sociaux, et plus particulièrement les effets économiques des dépenses de luxe que font les personnes les plus riches, alors même que ces dépenses ne seraient pas disproportionnées avec leur fortune.

1. — Si chacun produisait lui-même tous les objets dont il éprouve le besoin, il ne se poserait d'autre question que celle du juste équilibre individuel des satisfactions. Il est clair que le plus actif et le plus intelligent obtiendrait une

somme de satisfaction supérieure, et personne n'hésiterait à trouver la chose aussi juste que naturelle.

Mais la division du travail et l'échange modifient entièrement l'aspect de la question ; car tel produit qui, dans la première hypothèse, exigerait une somme de travail supérieure à celle dont le plus laborieux pourrait disposer, sera au contraire très facile à produire pour un travail industrialisé et deviendra objet de consommation absolument courante ; d'autres produits au contraire continueront à exiger presque la même somme de travail, comme c'est en grande partie le cas pour les produits agricoles.

Il est impossible de ne pas relever ici la singulière règle que nous propose M. de Laveleye[1]. « Un objet vaut-il la peine que je prendrais et le temps que j'emploierais à le confectionner moi-même ? Si oui, ce n'est pas du luxe. » Mais il est visible qu'il n'est presque pas d'objet d'usage absolument commun qui satisfasse à cette condition. Considérons le moindre tissu, le moindre ustensile, et demandons-nous s'il nous serait possible de les produire avec nos seuls moyens, et nous reconnaîtrons qu'il n'en est pas un que nous puissions raisonnablement entreprendre de nous procurer dans ces conditions. Ainsi le travail divisé et industrialisé, combiné avec l'échange et le salariat *non seulement accroît en général la production, mais aussi modifie radicalement l'ordre des facilités de production*, et par conséquent le caractère luxueux ou non des produits.

Imaginons, maintenant, un état social dans lequel tous les revenus individuels seraient sensiblement égaux. A moins de supposer dans cette société des déviations bien extrêmes des goûts particuliers, des excès de sensualité

Le *Luxe*, p. 29.

ou d'ostentation que cette égalité même tendrait sans cesse à réprimer, la production se développerait vraisemblablement sur chaque point d'une façon à peu près proportionnée aux besoins de chacun, tous les produits étant dans la même mesure demandés par tous et accessibles à tous. Au sens social du mot, il n'y aurait pas de luxe dans une semblable société.

Mais considérez au contraire, ce qui est la réalité, une société où règne une grande inégalité de revenus ; deux conséquences opposées en résulteront, et vous rendront perplexe. Vous croirez entrevoir d'un côté qu'une portion plus ou moins considérable du travail social va être attirée vers des productions qu'un petit nombre de personnes peuvent seules consommer, et au contraire enlevée à la production des objets que tous, ou que le plus grand nombre exigent comme objets de première nécessité. D'où il suivrait, semble-t-il, que ces derniers devront renchérir. Mais inversement il semble que, par le salariat, l'argent dépensé en consommations de luxe par les plus riches retourne alimenter chez l'ouvrier des besoins plus immédiats et plus simples, et qu'ainsi le luxe même, en fournissant du travail nouveau et rémunérateur, contribue à accroître l'aisance moyenne et à rétablir en quelque mesure l'égalité.

Et ainsi, en considérant avec Rousseau que « le luxe est peut-être nécessaire pour donner du pain aux pauvres », on peut se demander *si, étant donné que l'inégalité des fortunes existe, le luxe n'est pas un bien.* Mais en même temps, on peut se demander, toujours avec Rousseau, *si ce n'est pas en partie le luxe qui fait qu'il y a des pauvres* et s'il n'accroît pas, sinon l'inégalité même des fortunes, du moins l'inégalité des satisfactions.

On voit donc que rien n'est plus obscur de prime abord que la question des répercussions sociales du luxe, dès qu'on se place dans l'hypothèse qui correspond à la réalité, dans l'hypothèse de la division du travail, de l'échange, du salariat et de l'inégalité des revenus. Le pour et le contre sont ici constamment à côté l'un de l'autre.

Nous essayerons de déblayer progressivement le terrain de toutes sortes d'assertions hasardeuses, qui n'ont pas manqué dans l'espèce.

2. — Faut-il d'abord rappeler le fameux adage, tant de fois écarté par les économistes, que le luxe fait aller le commerce ? Say rapporte que son père, quand il avait bu du champagne, cassait son verre, parce qu'il fallait que tout le monde vive. M. Baudrillart nous signale l'opinion d'un M. de Saint-Chamans, qui, supposant qu'un cataclysme détruise Paris, déclarait que comme homme et comme Français, il déplorerait l'événement, mais que comme économiste il ne pourrait éviter de s'en réjouir. Il est trop évident que la destruction pure et simple d'une richesse existante (nous disons destruction et non consommation) ne peut être finalement qu'une perte pour l'ensemble de la société : que les salaires payés pour recréer la richesse détruite eussent été plus utilement employés pour payer un travail nouveau et ajouter une richesse à celle qui existait déjà. De même, et pour abandonner ces exemples excessifs, lorsqu'un homme fait une dépense de luxe, on voit bien qu'il paye un travail, mais « ce qu'on ne voit pas », pour parler comme Bastiat, c'est que, s'il avait évité cette dépense, il aurait employé vraisemblablement cette même somme d'une autre manière et encouragé ainsi une autre industrie de son capital. A moins de supposer que l'homme riche enfouisse ses revenus dans la terre au fur

et à mesure qu'il les perçoit, il faut bien admettre qu'il les emploie soit en consommations, soit en placements et que d'une façon ou de l'autre par conséquent il fait « marcher le commerce ». Le luxe n'a sous ce rapport aucun privilège.

Remarquons pourtant combien est limitée la portée de cette conclusion. Dès qu'au lieu de considérer comme tout à l'heure la pure et simple destruction de richesse nous considérons des productions et des consommations de luxe, la question s'obscurcit. On établit par l'observation qui précède que le luxe n'est pas plus avantageux qu'une autre forme de dépense ; mais on n'établit pas qu'il soit plus nuisible. Bastiat, dans son pamphlet intitulé *Épargne et Luxe*, nous montre deux frères, Ariste et Mondor, qui ont hérité de la même fortune. Ariste épargne et accroît son capital ; Mondor se ruine en bijoux, en chevaux, en châteaux. Au bout de dix ans, il a tout dissipé, il ne fait plus travailler personne, il ne fait plus « marcher aucun commerce », tandis que son frère continue à susciter et à payer du travail. Bastiat en tire conclusion contre le luxe et en faveur de l'épargne. A notre tour, il faut lui montrer qu'il y a quelque chose qu'il ne voit pas. C'est que le capital de Mondor s'est simplement déplacé, à supposer, ce qui est l'hypothèse, qu'il n'y ait pas eu pure destruction. Si ce n'est plus Mondor ruiné qui fait marcher le commerce, ce sera son marchand de chevaux, son architecte, ou son bijoutier, qu'il a enrichis. On n'a donc pas établi que l'épargne eût provoqué plus de production que le luxe, quoique vraisemblablement elle n'ait pas encouragé le même genre de productions. Mais la vraie question, qui reste entière, est précisément de savoir s'il n'y a pas des productions qui méritent mieux que d'autres d'être encouragées.

Dans le même ordre d'idées, certains, comme Sismondi, se demandent ce qu'il adviendrait si l'on venait tout à coup à renoncer aux productions de luxe, et ils voient la ruine de toute une classe de producteurs. On peut leur répondre avec M. de Laveleye que sans doute il y aurait une crise momentanée, mais que le capital disponible irait au bout d'un certain temps alimenter une autre production, et ferait hausser les salaires. Oui, répondrons-nous à notre tour à M. de Laveleye, il ferait hausser les salaires si le capital seul était ainsi jeté sur le marché, mais une certaine quantité de travail serait aussi disponible du même coup et il n'est pas évident qu'il n'y ait pas compensation. Il faudrait pour cela que la proportion du travail fût ici relativement faible par rapport au capital. Cela arrive en effet dans certains cas, mais M. de Laveleye ne l'établit pas.

Il semble même supposer le contraire, et cela précisément dans un cas où la main-d'œuvre et les salaires par conséquent ne jouent qu'un faible rôle dans la valeur de l'objet. Il nous déclare en effet que celui qui boit du Johannisberg à quarante francs la bouteille consomme l'équivalent de vingt jours de travail. Cela est tout à fait inexact. Le prix d'un semblable produit, nous l'avons déjà montré, ne tient nullement à ce qu'il aurait coûté quarante fois plus de travail, ou un travail beaucoup plus difficile qu'une bouteille de vin à un franc; il n'est donc pas évident que tout produit de luxe corresponde à un gaspillage de forces humaines et représente du temps mal employé [1]. Cela est vrai d'un certain nombre de produits, comme les dentelles, mais justement n'est pas vrai dans le cas présent. Pour la même raison, nous ne saurions admettre avec

1. Cf. Leroy-Beaulieu, *Revue des Deux Mondes*, 1894, VI, p. 92.

M. Secrétan [1] que « celui qui dîne à trente francs empêche quelqu'un je ne sais où de manger à quinze sous ». Cette assertion, si spécieuse dans la netteté de sa forme, ne résiste pas à l'examen. Sans doute, celui qui dîne à trente francs mange probablement trop et, en même temps qu'il nuit à sa santé, il gâche en effet une nourriture capable de suffire à trois ou quatre personnes. Pourtant il serait absurde de soutenir qu'il mange comme quarante, ni surtout que le travail incorporé à sa nourriture eût pu produire de quoi nourrir quarante convives. La vérité est que les produits qu'il consomme sont surtout plus rares, plus recherchés des gourmets ses concurrents, que par cette somme de trente francs il paye aussi, outre sa nourriture, la réputation du restaurant, la vanité de s'y montrer, l'élégance du service, etc. J'inclinerais plutôt à croire que celui qui dîne à trente francs permet à pas mal de gens de manger à quinze sous.

Ainsi, il ne faut pas imaginer qu'une même somme représente la même quantité de travail en produits de luxe qu'en produits de première nécessité, parce que la cherté résulte ici le plus souvent, non du travail, mais de la rivalité des acheteurs et de la vanité, parce qu'enfin, dans le travail même, c'est la qualité beaucoup plutôt que la quantité qui est en cause.

C'est en particulier le cas du travail artistique. La quantité supplémentaire de produits utiles qu'on obtiendrait en transformant en agriculteurs ou en terrassiers nos peintres et nos musiciens, pourtant si nombreux, serait évidemment insignifiante, et sans même parler de ce que perdrait dans cette odieuse hypothèse la culture générale du peuple entier, on ne voit guère ce que les plus humbles besoins y

---

1. *Etudes sociales*, 1889, p. 260.

gagneraient. C'est même là une des raisons pour lesquelles nous avons pris le parti de laisser entièrement de côté ce luxe supérieur qui est l'art.

Mais il faut aller plus loin : considérons même les produits dont le haut prix est dû en bonne partie à une somme de travail plus ou moins considérable ; étoffes de luxe, meubles riches, carrosserie, et même l'or et les pierres précieuses dont l'extraction et la taille absorbent une main-d'œuvre assez importante. On aurait tort d'imaginer que cette main-d'œuvre, répartie sur les productions les plus nécessaires, augmenterait proportionnellement la quantité des produits. Par exemple, ce n'est pas en doublant le nombre des agriculteurs qu'on doublera la quantité de blé recueillie, ni en doublant le nombre des bergers, bouviers, et gardeuses d'oies que vous accroîtrez en proportion la quantité de laine et de viande produite. Sans doute on pourrait défricher quelques terres nouvelles, mais ce sont peut-être les moins bonnes, puisque jusqu'ici elles étaient négligées. Le prix du blé se réglant sur les frais de cette culture désavantagée, le pain ne baissera probablement guère. Ici, l'accroissement de la production, et il sera toujours relativement lent, dépendra beaucoup plutôt de progrès scientifiques que de la multiplication du travail employé. M. P. Leroy-Beaulieu [1] a donc raison de remarquer que le superflu s'accroît avec beaucoup plus de facilité que le nécessaire ; et ainsi l'abandon des consommations de luxe n'aurait pas pour résultat un accroissement bien important des produits de première nécessité.

En revanche il ferait très certainement diminuer la somme totale consacrée aux salaires ; car ces travaux de luxe

---

1. *Essai sur la répartition des richesses*, p. 424.

sont les plus fortement rémunérés, d'abord parce qu'ils sont commandés justement par les plus riches, sur la libéralité desquels la production spécule toujours plus ou moins, et ensuite parce qu'en effet ils exigent le plus souvent une habileté, une intelligence, enfin un ensemble de facultés mentales ou manuelles qui sont relativement rares. Les travaux qui correspondent aux produits les plus nécessaires sont soumis à des conditions justement inverses : d'une part ils doivent pouvoir être payés par les plus pauvres comme par les plus riches, et les salaires correspondants tendent par conséquent à s'abaisser à un taux minimum ; et, d'autre part, ils ne requièrent en général aucune habileté exceptionnelle et sont à la portée de tous.

Il y a donc quelque chose de vrai encore dans l'argument suivant lequel le luxe fait marcher l'industrie, si l'on veut dire par là que le luxe, suscitant des besoins nouveaux, paye une somme de travail qui sans cela ne se produirait pas, et surtout paye pour ce travail une somme de salaires vraisemblablement très supérieure à celle que les travailleurs, pris dans leur ensemble, recevraient dans une société sans luxe.

On dit encore souvent que le luxe met les produits au rebut avant l'heure, et aboutit par conséquent à gâcher du travail. Ce n'est encore là qu'une demi-vérité. On voit bien que si une mondaine est forcée par la mode à abandonner une toilette démodée, son budget personnel en souffre. Mais si elle en fait cadeau à sa femme de chambre, on voit aussi qu'une satisfaction sans cela inaccessible s'est produite à côté. Le luxe des gens qui changent tous les ans leur bicyclette, pour avoir le dernier modèle, a jeté sur le marché une masse d'instruments capables de faire encore très bon usage, et cependant abordables à des bourses très modestes. La construction même de maisons somptueuses a fait baisser dans de sensibles proportions les loyers des maisons bâties à l'ancienne mode. On a remarqué, en effet[1], que dans les marchés très denses une très faible différence de qualité crée une divergence énorme de prix. Ainsi le luxe fait sans doute monter le prix des objets de première qualité, mais il peut aussi dans bien des cas faire baisser le prix des produits du second ordre.

Cette loi n'est d'ailleurs qu'un aspect particulier d'un fait qu'ont souvent allégué les apologistes du luxe. C'est que le luxe tend à rétablir une certaine égalité des biens. On a été jusqu'à soutenir la thèse de la fonction sociale du prodigue, dont les dépenses folles feraient retourner au peuple l'or qu'a produit le travail du peuple. La thèse est bien risquée au point de vue moral, car il resterait à savoir si l'or ainsi répandu n'est pas corrupteur, et l'on sait qu'il l'est presque toujours à un haut degré. Mais au point de vue économique il ne semble pas douteux que le luxe, sous quelque forme que ce soit, joue dans la société individualiste une fonction égalitaire. L'épargne à outrance n'aboutirait dans une telle société qu'à une formidable concentration de capitaux entre les mains de ceux qui détiennent déjà les richesses. Quand on songe à ce que sont les revenus d'un Vanderbilt, d'un Astor ou d'un Rockefeller, on frémit à la pensée de cet afflux d'or qu'aucune dépense ne semble pouvoir tarir. Il semble que l'homme en soit comme submergé ; il faut bien qu'il le fasse déborder autour de lui.

2. — Ainsi, tant qu'on se place au point de vue strictement

---

1. Barone. *Giornale degli Economisti*, 1894, d'après *Revue socialiste*, octobre 1894. p. 467.

économique, et dans l'hypothèse du régime économique réellement donné, on voit qu'il est extrêmement difficile de condamner le luxe d'une manière vraiment décisive. On peut cependant faire valoir certains arguments applicables au moins à certains cas.

1° D'abord certaines formes du luxe immobilisent et stérilisent une quantité relativement excessive de capital. Celui qui possède plusieurs maisons ou châteaux, dont chacun ne lui sert que quelques mois et peut-être quelques jours par an, détient une possibilité de jouissances dont personne ne profite. Un mécanisme social ainsi monté a évidemment un rendement très faible. Il ressemble à une usine qui aurait deux ou trois fois plus d'immeubles et de machines que sa production n'en peut utiliser. De même, si l'on enlève à la culture des étendues considérables de terre pour les consacrer à des parcs d'agrément ou à des réserves de chasse, il paraît clair qu'on restreint la production des objets de première nécessité, de la nourriture, au profit de satisfactions égoïstes, qui pour l'individu même sont tout à fait à l'arrière-plan, et qui sont surtout sans portée sociale. On a fait renchérir la vie du pauvre. Le luxe à donc à cet égard des effets très analogues à ceux de l'avarice. Encore l'avarice a-t-elle cet avantage qu'elle se cache, et n'irrite pas les moins fortunés par le spectacle d'une richesse dont ils seraient si heureux de jouir quand elle ne profite à personne. Moralement, l'avarice, que nous n'avons d'ailleurs l'intention de défendre, ni au point de vue moral, ni au point de vue économique, est peut-être moins féconde en mauvais sentiments que certaines formes ou un certain degré de luxe.

2° Ce qu'on dit du capital, on peut aussi sur certains points l'appliquer au travail. C'est au gaspillage de travail que M. Gide rapporte avec raison les principaux méfaits du luxe. « Le mauvais luxe ou la prodigalité, écrit-il, consiste dans une disproportion entre la quantité de travail social consommé et le degré de satisfaction individuelle obtenue [1]. » La question, remarque-t-il, n'est pas dans la quantité d'argent dépensée pour une satisfaction donnée, mais dans la matière ou le travail consommés. Celui qui se paye le luxe d'une domesticité surabondante, par exemple, immobilise des forces humaines plutôt qu'il ne les emploie. Un valet de pied, qui passe des heures à attendre des visites dans une antichambre, est du capital humain bien mal employé, sans parler de l'exemple immoral d'une oisiveté grassement payée.

En outre, il y a tel travail que nous ne voudrions jamais commander nous-mêmes, de quelque argent que nous puissions disposer pour le payer. Nous souffrons de penser à l'existence des mineurs accroupis dans la noire galerie, nous tremblons pour le couvreur qui s'expose tous les jours à des chutes mortelles. Le sentiment d'une inéluctable nécessité rassure pourtant ici notre conscience. Mais qui voudrait envoyer un homme chercher au péril de sa vie les nids d'hirondelles au creux des rochers abrupts des îles de la Sonde, comme le font les Chinois, pour la simple satisfaction d'une curiosité bizarre de leur palais blasé? Qui voudrait, pour son compte, envoyer au fond de l'Océan le pêcheur de perles malais, le filet à la main, pour les coquilles, le poignard aux dents, pour les requins? Au point de vue économique, des cas de ce genre sont peut-être assez insignifiants, mais ils sont bien propres à mettre en lumière un côté moral de la question, je veux dire l'inconscience avec laquelle, grâce à la com-

---

[1]. *Principes d'économie politique.* 6⁰ édit., p, 671,

plexité des phénomènes de l'échange, nous assumons des responsabilités lointaines, mais réelles pourtant.

Il faut enfin accorder, malgré les réserves que nous avons dû faire plus haut, que beaucoup de productions de luxe absorbent une quantité notable de travail qu'on pourrait souhaiter de voir employer autrement, et qui serait susceptible d'être transporté à des industries utiles. L'extraction des diamants emploie à Kimberley, et dans des conditions particulièrement dangereuses, une main-d'œuvre considérable, qui suffirait à l'exploitation de bien des mines de fer ou de charbon délaissées. Il n'est pas possible de n'être pas frappé du médiocre rendement humain d'un travail où l'on retire deux grammes d'une pierre sans usage réel pour cinquante mètres cubes de minerai exploité, sans parler bien entendu de la masse de terre qu'il a fallu remuer pour atteindre ce minerai [1]. Mais ici on se demande immédiatement si ce travail utile trouverait un débouché, alors que dès à présent on voit les mines de charbon et de plusieurs métaux amenées à limiter volontairement leur production, pour maintenir les prix.

IV

Et ici nous touchons peut-être le vrai fond de la question. Pourquoi arrivons-nous si difficilement à une conclusion dès que nous nous plaçons sur le terrain économique, alors que le sens commun semble si peu embarrassé de conclure, au moins dans des cas aussi caractérisés que celui des

---

1. En particulier dans les mines exploitées à ciel ouvert, comme elles le furent toutes à l'origine, et où pour maintenir l'inclinaison nécessaire du talus on est obligé d'enlever jusqu'à quinze fois autant de terre stérile qu'on extrait de minerai (v. Chaper, *Revue Rose*, 5 mars 1892, p. 294).

bijoux ? Car il est difficile de récuser purement et simplement les raisonnements approfondis de l'économiste au profit des intuitions vives sans doute, mais vagues du sens commun ; mais il n'est pas non plus possible de faire taire les scrupules de la conscience morale au nom des scrupules de la science, puisque aussi bien il y a plutôt, en effet, de la part de l'économiste des scrupules et des incertitudes que des décisions bien arrêtées. Il doit y avoir une raison profonde à un désaccord aussi choquant et aussi insoluble. Cette raison, nous croyons la découvrir dans le malentendu suivant. Ce que la conscience juge en réalité et ce qu'elle condamne dans les excès du luxe, c'est moins le luxe lui-même que l'état social dont il est le signe, l'extrême inégalité économique qu'il met en évidence, et les causes souvent bien accidentelles de cette inégalité. L'économie politique, au contraire, prenant cette inégalité et l'ensemble du régime présent pour point de départ et pour hypothèse, constate que, dans un tel état social, le luxe est d'abord inévitable, ce que l'on considère déjà comme une excuse, et que d'ailleurs il est moins malfaisant qu'on ne croit ; ou plutôt encore que, dans un tel état social, la renonciation au luxe ne produirait probablement pas grand bien. Le sens commun s'attaque à un symptôme parce que c'est ce qui se voit et ce qui frappe. L'économiste se rend compte que c'est simplement un symptôme, et il établit doctement qu'il ne produit pas la maladie, qu'en supprimant le symptôme on n'aboutirait à aucune amélioration dans l'état du malade. Seulement, il n'ose pas aller jusqu'au bout et reconnaître que l'état présent du corps social, tel qu'il le suppose dans sa discussion, n'est vraiment pas un état normal. Si vous avez affaire à un bossu, il lui faut un vêtement de bossu. Le sens commun, qui voit avant tout le vêtement, déclare le vêtement difforme et sent vaguement la difformité du corps. L'homme de science analyse, raisonne, et nous montre que le vêtement est très bien fait pour l'homme qui doit le porter et que cet homme ne gagnerait rien à prendre au magasin de confection un habit fait à la forme commune. Voilà comment ils ont raison tous deux et comment la conscience morale, qui semble prononcer un jugement plus superficiel, va en réalité plus au fond des choses. Notre société, avec le luxe, porte peut-être le vêtement qui lui va le mieux, mais il est bien possible que notre société soit bossue.

Il est évident qu'il ne manque pas de choses utiles à produire, ni de besoins à satisfaire. Mais ceux qui éprouvent ces besoins ne sont pas ceux qui pourraient payer les produits. Et ceux qui pourraient le mieux payer les produits en sont dès longtemps pourvus, et n'ont aucunement besoin qu'on en accroisse la quantité. On aurait beau fabriquer deux fois plus de chaussures et de chemises, comme il y a un minimum au-dessous duquel ne peut descendre le prix de revient, vous n'aurez pas pour cela mis les chemises et les chaussures à la portée d'un nombre double de personnes. Et cela est encore bien plus vrai du pain, dont j'ai montré combien il était difficile d'accroître la quantité et de diminuer les frais de production [1].

1. M. Pécaut (*Bulletin* précité, p. 146) s'inspirant sans doute des théories d'O. Effertz, introduit ici une distinction fort utile et que nous avions entrevue sans la discerner nettement. « 1° Il y a un luxe *qui ne consomme pas de travail, mais qui accapare de la terre* (Parcs d'agrément, etc.)... ce luxe est dommageable socialement, sans compensation, car il n'ajoute rien au fond des salaires et diminue le fond des subsistances... 2° Il y a un autre luxe *qui n'accapare pas de terre, mais qui consomme du travail...* Ce luxe devient de plus en plus considérable par rapport au luxe-terre. Il ne coûte pas de subsistances, mais il gaspille des forces humaines dans la production d'objets d'une valeur sociale infime. Or il est vrai, *malheureusement*, que ce luxe ne peut être toujours supprimé sans dommage... Il y a dommage social dans

Un surcroît de production, qui ne serait pas accompagné d'un développement correspondant des facultés de consommation, ne se produira donc pas normalement, et quand il se produira par accident, il n'en résultera qu'une inutile pléthore et une crise économique. Pour beaucoup de produits de première nécessité notre industrie approche du minimum du prix de revient, et elle n'approche de ce minimum qu'aux dépens mêmes, en grande partie, de l'accroissement des salaires, et par conséquent en restreignant par un côté les facultés de consommation qu'elle accroît de l'autre. La production s'accroît donc de plus en plus difficilement par en bas, et se trouve naturellement refoulée vers le haut, vers l'industrie de luxe.

Beaucoup de travaux utiles que le capital pourrait alimenter n'ont d'ailleurs pas le caractère d'entreprises immédiatement rémunératrices comme le capital les recherche. Tels les grands travaux publics, qui, utiles à toute une nation, ne sollicitent pas l'intérêt individuel et n'attirent guère les capitaux en quête d'emploi ; car ils sont souvent peu rémunérateurs, comme on le voit par les chemins de fer. Ce sont des organes généraux de la vie économique d'une nation, et dont il est désirable que les services soient fournis, comme celui des postes, presque au prix de revient.

Enfin, tant qu'il y a une classe distincte qui ne vit que du travail à faire, quelle qu'en soit la nature, et une autre classe qui paye ce travail, toute simplification réelle des besoins et de la vie apparaîtra comme préjudiciable à cette classe salariée.

la suppression du luxe *toutes les fois qu'elle entraîne une diminution des salaires non compensée par une baisse de prix dans les denrées de consommation commune.* »

Mais le sens commun et la conscience morale, surtout, raisonnent presque instinctivement comme si tout devait profiter à tous, comme si le surcroît de jouissance des uns était prélevé sur le bonheur des autres, comme si toute invention propre à améliorer la condition de l'homme et sa puissance sur la nature était une conquête impersonnelle de l'humanité, et comme si inversement toute richesse détruite ou immobilisée était perdue pour tous. En d'autres termes, il semble bien que notre sens moral juge ici, dès que le problème lui est posé, au nom d'un idéal très éloigné de la réalité. Pour tout dire en un mot et un peu brutalement, notre sens moral est ici naïvement socialiste. Et presque toutes les fois que les économistes se rapprochent de son jugement, c'est qu'inconsciemment ils adoptent eux-mêmes son point de vue. Lorsque Bastiat raille le père de Say cassant son verre de Champagne, il oublie en partie qu'en effet il y a une classe de salariés qui a besoin qu'il y ait du travail immédiat à accomplir, fut-ce un travail socialement inutile. Et l'on pourrait citer des crises de chômage industriel provenant de ce que les progrès mêmes de l'industrie ont permis de doubler ou de tripler la durée des services d'un produit [1]. M. Baudrillart, combattant ceux qui parlent de surproduction, s'écrie : « Qu'est-ce donc qu'elle produit de trop, cette France bienheureuse ? Ce n'est pas l'ensemble des choses utiles ou agréables à la vie quand il y a tant de pauvres... Est-ce la laine quand il y a tant de gens qui ont froid ? Est-ce le blé quand il y a tant de gens qui manquent de pain ?.... » Mais il oublie ce que nous rappellions tout à l'heure : que la multipli-

---

[1]. Ainsi l'industrie des cardes employées dans le peignage des substances textiles a été singulièrement réduite par la substitution aux fils de fer des fils d'acier, qui font un usage environ neuf fois plus long.

cation de ces produits n'en assurerait nullement la consommation par ceux qui en manquent, et il semble supposer que les pauvres n'auraient qu'à les prendre, si seulement ces produits existaient en quantité suffisante. M. Baudrillart a raisonné ici comme un pur communiste.

En résumé, le luxe est parfois un bien relatif et en tout cas n'est d'ordinaire qu'un faible mal, si l'on accepte les imperfections mêmes que comporte la société présente, et c'est pourquoi l'économiste hésite à le condamner; mais il apparaît comme un mal réel, si l'on se place, pour en juger, dans l'hypothèse d'une société normale, où l'égalité et la solidarité seraient plus parfaites.

Quelles sont donc les conclusions que le moraliste paraît en état de formuler?

Il me semble qu'il y en a deux séries superposées et correspondant à peu près aux deux parties de cette étude.

D'une part, pour tout ce qui concerne le luxe au sens biologique du mot, nous avons pu arriver à une condamnation relativement certaine et précise du déséquilibre et de l'interversion des satisfactions dans l'individu. Les formes les plus caractérisées de la sensualité et de l'ostentation sont des maux, presque sans restriction; et la morale, qui dès longtemps s'est crue en droit de les condamner pour des raisons plus ou moins abstraites ou même illusoires, les condamnera encore au nom des raisons plus positives que nous préférons invoquer.

Mais dès que nous passons au sens proprement social du mot luxe, nous devenons plus hésitants, parce que nous ne savons s'il faut raisonner par rapport à la société présente ou par rapport à une société plus parfaite. La morale toutefois ne saurait nous laisser sans règle générale même pour cet ordre de questions. Et, en effet, dès que le problème est formulé comme nous avons essayé de le formuler, notre devoir apparaît encore, quoique sous une autre forme. Il est plus indirect, mais il n'est pas moins certain, il est moins précis, mais il n'est pas moins impérieux ; il est moins immédiat et moins spécial, mais il n'en est que plus considérable et plus propre à stimuler notre initiative morale. Il sera de travailler constamment à nous approcher de cet état social où le luxe ne pourrait se produire tant qu'il y aurait place pour la misère, où la justice ne se mesurerait plus à l'âpre revendication du droit individuel de propriété, mais aux exigences générales du bien collectif, où s'établirait une réelle solidarité des hommes pour lutter en commun contre les maux communs, au lieu de lutter les uns contre les autres, où enfin, tous ayant coopéré à l'œuvre sociale, tous aussi jouiraient d'une part plus équitable dans les conquêtes accomplies par l'humanité sur la nature.

VIII

CONCLUSION

ESQUISSE D'UNE MORALE POSITIVE

C'est une épreuve nécessaire de la valeur des idées que d'en opérer une synthèse aussi serrée, aussi précise que possible. C'est pourquoi nous avons voulu rassembler et mettre en ordre logique, sous la forme d'un petit nombre de propositions, les éléments dispersés dans les études précédentes. Ce travail qui nous a été utile à nous-même pour prendre pleine possession de notre propre doctrine morale, permettra aussi au lecteur d'en obtenir une vue d'ensemble. Peut-être aussi pourra-t-il rendre quelques services dans l'enseignement de la morale, auquel dès longtemps nous avons consacré le meilleur de nos efforts et que nous serions heureux d'aider encore à prendre plus de consistance, plus de vie et plus de liberté.

C'est ce qui excusera, nous l'espérons, la sécheresse et l'apparence dogmatique de la forme adoptée à laquelle, sans les développements fournis par le reste du livre, on pourrait reprocher l'excès voulu de concision et de densité.

I. — POSITION DU PROBLÈME. — CONDITIONS FONDAMENTALES D'UNE MORALE POSITIVE. — LEUR ANTINOMIE

1. — *L'idée d'une morale positive, ou d'une morale vraie et démontrable, est une idée obscure dans sa forme*

même. Car l'idée d'une morale est, en tout état de cause, l'idée d'une norme pratique qui se propose à la volonté, tandis que l'idée d'une vérité n'a de sens que par rapport à un entendement dont la fonction est essentiellement spéculative. L'entendement, absolument parlant, ne crée pas son objet et ne peut correctement accomplir sa fonction que s'il s'affranchit de tout désir et de tout vouloir. Une morale donne au contraire quelque chose à faire et perdrait tout sens, si l'on s'en tenait à ce qui est donné.

Il faut donc une interprétation pour donner un sens à l'idée d'une morale vraie, et plus précisément d'une morale positive, c'est-à-dire susceptible d'être justifiée à l'aide des méthodes générales de l'expérience et de la raison.

Cette idée peut être définie (comme la vérité elle-même) par deux conditions suivant qu'on se place :

A. — Au point de vue du sujet qui juge moralement, en définissant son attitude par analogie avec l'attitude scientifique (Rationalité);

B. — Au point de vue de l'objet du jugement moral, en déterminant, d'après l'observation des faits, ce qui en constitue le contenu véritable (Réalité).

L'idée même d'une morale implique l'idée qu'il y a dans le domaine de l'action *quelque chose comme une vérité*, c'est-à-dire une préférence justifiable de quelque manière, et une méthode de justification susceptible d'être agréée par tous les esprits. Autrement on retomberait dans un οὐδὲν μᾶλλον qui est la négation de toute morale comme de toute vérité. Si donc il n'y avait eu historiquement, dans ce domaine, des tentatives sans méthode et sans critique, on ne dirait rien de plus en parlant d'une morale positive, si non qu'*il y a une morale*, comme, en parlant d'une science positive, on énoncerait simplement qu'il y a une vérité scientifique.

On peut, il est vrai, essayer d'éluder la difficulté d'appliquer à l'action l'idée de vérité, en maintenant entre elles une radicale séparation, en répondant, au fond : il n'y a pas de morale, il y a la science, et celle-ci entre autres objets, peut étudier *les morales* existantes, comme tout autre fait.

Nous avons reconnu l'impossibilité de s'en tenir à cette fin de non recevoir (I⁰ Étude, 2ᵉ partie, § 4, p. 112). Elle équivaudrait à méconnaître précisément la caractéristique spécifique du fait même qu'on prétendrait étudier, puisque s'il y a quelque part *une morale quelconque*, c'est qu'on croit à une règle qui doit primer toute autre règle.

Il faut donc maintenir, comme la donnée même du problème, et comme point de départ au moins, l'idée d'une morale vraie, sauf à en reconnaître l'obscurité, et à en chercher le sens possible.

A. — Rationalité

2. — *Un jugement moral n'existe valablement que s'il comporte l'acceptation réfléchie du sujet.* Une valeur *n'existe que pour celui qui la reconnaît.* L'attitude *du sujet moral est, à cet égard, comparable à celle du sujet pensant, qui cherche la vérité. Il n'y a de pensée véritable que là où il y a critique des raisons d'affirmer ; il n'y a de conscience véritable que celle qui requiert une justification de ses décisions et la tire, non de l'opinion d'autrui, mais de la considération directe des choses.*

L'esprit de sincérité et de véracité est commun à la

science et à la moralité. Il implique l'autonomie du jugement et de la volonté.

Si nous commençons ici par le caractère que nous appelons *rationalité*, c'est qu'il ne s'agit pas de l'origine ni de l'évolution des idées morales (elles n'ont certes pas commencé par là), mais de l'interprétation positive possible de la conscience actuelle, de *notre* conscience, où cette caractéristique domine au point que, faute de trouver une justification rationnelle de la moralité, on en vient à douter si même il y a aucune morale (amoralisme). D'ailleurs il n'y aurait pas de recherche philosophique ni scientifique sur ce point, si l'on ne débutait, dans le domaine moral même, par une sorte de doute méthodique. Mais, en le faisant, on pose déjà un des caractères de la moralité même.

La Raison ou faculté critique, en tant que pouvoir de dire *non*, est encore plus évidemment supposée par le jugement moral que par le jugement de connaissance, puisqu'il s'agira ici d'opposer le possible au donné, l'idéal au réel (v. p. 149, 290 et suiv.). En cela l'idée de Kant, qui pose en somme la *Raison* comme faculté de nier la *Nature* donnée, reste défendable. Mais il y a confusion à assimiler cette fonction d'*affranchissement* avec la fonction d'*obligation*, dont l'idée est empruntée à la conscience commune, sociale, et à donner la Raison pratique comme une faculté immédiatement *morale*.

A elle seule, cette autonomie du jugement ne saurait donc pas plus définir la moralité qu'elle ne pourrait définir la vérité. Mais elle est cependant impliquée par l'idée d'une morale positive, puisque celle-ci présuppose la possibilité d'obtenir, non par la contrainte, mais par une sorte de démonstration, l'assentiment des autres esprits.

2 *bis*. — Corollaire. — *L'idée de foi morale est un concept bâtard et obscur dans lequel sont confondues des connaissances obtenues par l'esprit et des aspirations de la volonté ; mais ni la volonté ne peut se substituer à l'intelligence dans l'affirmation du vrai, ni l'intelligence à la volonté dans la détermination du bien ou du désirable.*

Cf. p. 5 et 6.

3. — *Aucun* donné, *comme tel, ne peut être un principe suffisant du jugement moral. C'est l'erreur commun du Théologisme, du Naturalisme et même de certaines formes de Rationalisme dogmatique, d'Intuitionnisme sentimental et de Sociologisme d'allure scientifique, de se figurer fonder un* devoir *sur une* existence.

Cf. p. 123, 272.

3 *bis*. — Corollaire. — *On ne pourra jamais démontrer un précepte ou* devoir (*conclusion*) *que si l'on s'appuie sur un* vouloir *préexistant* (*majeure*), *en le déterminant par une* condition *ou un* moyen *que révèle la connaissance du réel* (*mineure*).

Cf. p. 6, 53, 57.

4. — *L'autorité, la tradition, l'habitude, l'impulsion instinctive ne sauraient être,* par elles-mêmes, *des principes de moralité.*

Cf. p. 184.

5. — *La véritable rationalité pratique, coïncidant avec l'autonomie de la volonté* (§ 2), *ne saurait être obtenue si l'on cherche dans l'origine ou dans la source des règles proposées le principe de leur valeur et de leur*

respectabilité (erreur commune des doctrines critiquées § 3), mais seulement si on le cherche dans les fins de ces règles ou les résultats où elles tendent. Car c'est alors seulement que se rencontre la forme de finalité caractéristique d'une volonté véritable (p. 101 et p. 182.) *Déclarer une règle valable parce qu'elle émane d'une Divinité, d'une Nature ou même d'une Société ou d'une Raison, c'est reproduire en morale le commandement du Roi qui commande parce qu'il est roi. Dans une morale réfléchie, comme dans une technique intelligente, il s'agit de savoir* non pas *d'où sortent,* mais *où tendent les prescriptions proposées.*

(V. plus loin § 31 sur le fondement du pouvoir dans la théorie du contrat).

Trois brèves remarques sur cette forme de finalité qui nous paraît chose si essentielle :

1° Elle caractérise d'une manière générale toute intervention de l'esprit. Même dans sa fonction scientifique, elle se retrouve. La Raison n'est autre chose que la finalité de la pensée spéculative (Cf. p. 183, note.) Toute la vie réfléchie de l'esprit présente le même caractère. Ce sont toujours nos conclusions, par exemple, qui à titre d'*hypothèses*, suscitent les preuves. L'induction dite baconienne, qui procéderait d'une manière strictement progressive, *a tergo*, est peut-être rigoureusement impossible. A plus forte raison dans le domaine de l'activité, le progrès des facultés pratiques consiste-t-il toujours à passer de la simple impulsion qui constitue un *parce que*, à une action véritable déterminée par un *pour que* (passage du réflexe à la volonté, de l'entraînement de la mode ou de la coutume à l'initiative réfléchie, de la crainte des puissances « établies » à la revendication du droit, etc.)

2° Le point de vue de la finalité est le seul qui permette une démonstration dans l'ordre pratique en s'appuyant sur le rapport des moyens aux fins, et c'est ce qui fait que l'impératif catégorique, de quelque manière qu'on le défende, a toujours l'air d'être arbitraire et suspendu en l'air. (Cf. § 27. V. aussi p. 50-53.)

3° Enfin et surtout cette finalité, cette considération des résultats ne se ramène en aucune façon, comme Kant essaye sophistiquement de le démontrer, à l'égoïsme. Le désintéressement consiste précisément en ce que l'agent s'attache à sa fin au lieu de se prendre, lui-même et son état subjectif, pour fin. Kant confond ici bien faussement l'action faite *par* plaisir (simple impulsion instinctive différant également de l'égoïsme et du désintéressement), l'action faite *en vue* du plaisir (égoïste) et l'action faite simplement *avec* plaisir.

6. — *La conscience réfléchie, ou raison pratique recherche essentiellement des règles générales, et implique la décision de se placer dans les cas particuliers au point de vue de la règle générale, et non au point de vue de l'accident. Car si le fondement de la règle réside dans certaines fins objectives, la règle vaut pour la raison tant que ce fondement subsiste. Les exceptions légitimes à l'application d'une règle se reconnaissent précisément à ce qu'elles sont motivées par les fins mêmes qui la fondent, et non par une considération subjective.*

Si, par exemple, la règle de la fidélité conjugale est fondée sur ce qu'elle est nécessaire au bon ordre de la famille, celle de la fidélité aux engagements contractés sur ce qu'elle conditionne la vie sociale, fins que je persiste à maintenir, la valeur des règles ainsi justifiées ne change pas, parce que, accidentellement, elles tournent au détriment de mon plaisir ou de mon intérêt. Le rapport de ces règles et de ces fins subsiste et ne dépend pas de ma fantaisie.

Si au contraire ce sont les fins mêmes de la règle qui doivent être compromises par l'observation stricte d'une formule, l'exception sera reconnue légitime ; si, par exemple, je ne puis dire la vérité sans risquer la vie d'autrui, exprimer toute ma pensée sans la voir prise à contresens, la règle de ne pas mentir, la règle de la franchise peuvent subir une exception, puisque, fondées sur le respect du droit d'autrui à la vie, à la vérité, elles tourneraient au détriment de ces fins mêmes.

Nous arrivons, comme on le voit, à un principe analogue au *Grundgesetz* de Kant, mais précisément par une voie toute opposée, c'est-à-dire en nous attachant, comme dans la science, non à la forme, mais à la matière des règles (Cf. p. 50-53) ; et du même coup nous évitons la rigidité pratiquement inacceptable de son formalisme (Cf. § 37).

Il s'agit d'ailleurs ici d'une règle générale en tant que l'agent l'appliquera à *tous les actes* de même espèce dans les mêmes conditions, et non d'une règle universelle au sens kantien, c'est-à-dire valable pour *tous les sujets*. Cette dernière notion est en réalité une notion sociale (v. p. 303) qui n'a aucun rapport direct avec l'usage que chaque sujet fait de sa propre réflexion morale, surtout si l'on fait entrer dans cette idée de l'universalité de la règle, l'idée du rapport de ces sujets entre eux et de l'extension de ces rapports, rendue possible ou impossible par l'adoption d'une certaine règle. Cette idée de règle fixe côtoie d'ailleurs constamment chez Kant l'idée de règle universelle. Il importe pourtant de distinguer ces deux idées, puisque la première seule peut être considérée comme directement immanente à la réflexion pratique. Elle est pour celle-ci le corrélatif de ce qu'est pour la réflexion théorique l'effort même pour *démontrer* et pour *comprendre*; travail qui, bien que parallèle, n'est pas identique a celui par lequel s'établit la communication des esprits.

Ce n'est pas à dire que la fixité (relative) des règles adoptées n'acquière elle aussi une valeur sociale, en rendant notre conduite plus aisément prévisible pour autrui (v. p. 188); les engagements que les autres pourront prendre avec nous seront facilités par ceux que nous prenons pour ainsi dire avec nous-mêmes (Cf. § 22).

7. — *Si la morale ne peut être fondée sur aucun donné extérieur, l'homme comme être moral s'appartient à lui-même, et toute morale positive disparaît si l'on cesse d'admettre que l'homme n'est responsable que vis-à-vis de lui-même de sa destinée. Son devoir ultime ne peut être que son vouloir le plus fondamental (en vertu du § 3 bis).*

En disant l'homme, nous ne savons encore ici s'il s'agit de l'homme individuel ou de l'humanité. Cela dépendra des conditions de fait que la réalité posera au vouloir.

Proposition capitale et qu'il aurait fallu mettre en tête, si nous avions voulu seulement définir ce qui marque l'avènement de l'esprit positif en morale. Mais il nous fallait d'abord faire comprendre comment cette proposition, ce *principe de l'autonomie humaine* dérivait de la simple application à la morale de la réflexion et de l'attitude critique.

Bien des philosophes, il est à peine utile de le remarquer, ont aperçu cette vérité de l'autonomie, ce fait que l'homme s'appartient, mais l'ont presque toujours masquée sous des apparences contraires (par exemple les sophistes, mais en consultant la Nature ; les Stoïciens, mais avec une sorte de respect pour l'Εἱμαρμένη, et une teinte de résignation fataliste ; Kant, mais en insistant sur l'assujettissement à une loi, etc.)

Quand une fois cette idée est apparue à la conscience dans toute sa clarté, il lui devient impossible de la renier, et de ne pas sentir ce qu'il y a de conventionnel, de scolastique, d'asservissant dans la plupart des formules dont on revêt d'ordinaire la moralité, comme d'une livrée.

Ainsi la morale positive se caractérise par une démarche d'affranchissement, tandis que dans la réalité, et dans les systèmes, elle semble débuter par une déclaration de servitude.

Mais ceci même, il importe de le comprendre. C'est qu'en fait, il était nécessaire que l'homme commençât par acquérir l'habitude de la discipline, le gouvernement de soi-même, sans lesquels sa liberté ne serait que fantaisie et impuissance. Et il ne pouvait d'abord acquérir ce pouvoir sur lui-même qu'en subissant le pouvoir d'autrui, en se soumettant à une discipline d'origine extérieure. C'est ce qui explique l'aspect hétéronome de la moralité ; mais il ne faudrait pas transformer en une fin en soi, en une valeur positive, cette hétéronomie qui n'a été historiquement qu'un moyen, une condition (Cf. 266). C'est ce qui explique également que l'homme individuel ne puisse se prétendre autonome que dans la mesure où il s'est intégré à la société humaine, où il a socialisé sa volonté. C'est par là que se résout, comme nous l'indiquons § 27, la difficulté soulevée à la fin de ce paragraphe.

B. — Réalité

8. — *Mais la moralité est elle-même un donné. Elle est une fonction spontanément éclose dans la vie ; nous n'avons ni à l'imaginer ni à l'inventer. Toute définition que nous donnerions a priori de la moralité serait arbitraire, inadéquate, et pécherait, presque toujours, par excès de généralité.*

Il semble donc qu'une morale, pour être positive, pour éviter de s'égarer dans une conception arbitraire de la moralité, doit scientifiquement s'en tenir à la détermination de la norme qui est donnée en fait comme norme morale.

Cf. p. 13-16; p. 300.

Aussi toutes les déterminations précédentes, tout en nous faisant connaître des conditions qui s'imposeront au jugement moral, nous laissent-elles encore ignorer ce qui fait qu'un jugement est caractérisé comme jugement moral.

9. — *Le jugement moral, comme tel, a un caractère nettement spécifique en même temps que son contenu est déterminé ; ce caractère et ce contenu ne peuvent être définis séparément.*

Il ne suffirait pas, même si cela est faisable, de définir la fin ultime ou la règle la plus absolue pour qu'on ait le droit de dire que c'est la fin morale ou la règle morale. Il serait arbitraire de définir la moralité par un terme quelconque, sous prétexte que ce terme présente un caractère suprême ou absolu.

Cette spécificité du jugement moral, nous l'avons fait souvent remarquer au cours de ces études, est également méconnue par des systèmes très opposés : par exemple par l'Eudémonisme qui n'établit pas que la recherche du bonheur soit *moralité*, par le naturalisme (ou encore l'évolutionnisme spencérien) qui n'établit pas l'autorité *morale* de la nature et de ses lois, par le Kantisme qui ne prouve pas que la Raison pratique pose un impératif *moral* (Cf. p. 39 et suiv. et p. 300). Aussi le conflit de ces systèmes est-il sans issue. Car chacun d'eux peut faire valoir des raisons plausibles en faveur de la règle ou de l'autorité qu'il soutient; mais l'expérience seule peut fournir un moyen de les départager en montrant *ce que c'est* que la moralité.

En disant d'autre part que le caractère et le contenu de la moralité ne doivent pas être définis séparément, nous visons la théorie sociologique qui définit encore la moralité par des caractères tout formels, comme d'être une règle soumise à des sanctions sociales. Ce qui est instructif, c'est de savoir pourquoi telle société a reconnu *telles* ou *telles* règles pour morales; autrement ce serait reproduire, dans l'ordre empirique et social la théorie du « décret absolu » : le saint est saint parce que Dieu le veut. Ces règles sont donc morales, non parce qu'elles sont reconnues et sanctionnées, mais elles sont reconnues et sanctionnées, parce qu'on leur attribue, à tort ou à raison, une valeur d'un certain genre, qu'il s'agit précisément de déterminer (v. II° Etude; Cf. § 11).

C'est par là d'ailleurs que s'ouvre une issue pour résoudre l'antinomie qui va suivre et qui résulte surtout de l'oubli, dans l'*Antithèse* (§ 18), de la vérité que nous venons d'indiquer. Si *ce qui fait* pour moi la moralité d'une règle, c'est simplement d'être prescrite et sanctionnée par la société dont je fais partie, il me sera, à priori, impossible de la juger ni de m'en affranchir. Si ce qui constitue cette moralité, c'est au contraire un certain rapport de la règle à l'intérêt de la société qui la prescrit, une certaine finalité de cette règle, je reste libre, et je puis être en état, de juger si ce rapport est réel ou illusoire, si cette finalité est satisfaite ou non par la règle.

C'est donc en rétablissant l'importance de la considération du *contenu* des règles morales et par suite de leur *finalité* qu'on rétablira l'autonomie du jugement moral, et qu'on y conciliera une certaine *liberté* avec une certaine *vérité*, ce qui constitue la difficulté initiale.

10. — *Une analyse subjective et directe du jugement moral ne peut en déterminer avec sûreté la nature ni le contenu, et nous exposerait à substituer à ce qu'est réellement la moralité des interprétations hâtives et sans fondement.*

C'est ce qui est arrivé à la plupart des philosophies morales, édifiées sur la simple indication brute de l'existence des règles morales, sans analyse méthodique de leur nature réelle. La méthode antique du *souverain bien*, mais aussi dans une certaine mesure la méthode kantienne, et même les différentes formes de l'eudémonisme tombent sous cette critique (Cf. p. 13 et suiv.).

11. — *Nous sommes donc obligés de procéder par une* induction régulière *portant sur l'ensemble des jugements unanimement caractérisés comme moraux dans le milieu où ils sont admis. Cette induction aura pour objet de déterminer d'une manière générale la* nature du contenu *des règles qui constituent pour chaque société sa morale. Car leur forme (par ex. l'obligation, le bien) aurait évi-*

demment une généralité abstraite qui laisserait entièrement échapper ce qu'il y a de spécifique dans le jugement moral.

Cf. § 9 et le commentaire. V. aussi p. 207 et 234.

12. — *Cette induction peut porter :*

A. — Sur nos jugements actuels ; *et elle montre que le jugement moral n'intervient qu'à l'égard d'un agent conscient, et cela dès lors seulement que sa conduite est considérée comme engageant l'intérêt des autres, et finalement celui du groupe social auquel il appartient.*

B. — Sur l'ensemble des données historiques ou ethnologiques ; *et elle établit de même :* 1° *statiquement (par voie de coïncidence) ;* 2° *dynamiquement (c'est-à-dire par la concordance de l'apparition ou de la disparition des deux faits), que les règles morales sont, pour une société donnée, les règles que la collectivité impose à l'individu dans l'intérêt discerné ou seulement senti, réel ou seulement imaginé, de la collectivité même, qui les sanctionne.*

La formation de ces règles trouve son explication, en dehors de la fiction d'un être social distinct, dans la pression exercée par tous sur chacun, dans la prépondérance progressive des volontés et des intérêts concordants sur les volontés et les intérêts inharmoniques.

13. — *Les exceptions apparentes à cette inférence générale s'expliquent suffisamment soit par les erreurs et illusions inévitables des sociétés sur leur réel intérêt, — soit par des survivances, — soit par l'extension et la végétation plus ou moins indépendantes des règles déjà admises et des institutions déjà établies.*

14. — *Cette conclusion inductive* se confirme déductivement, *si, en la prenant comme hypothèse, on constate qu'elle peut fournir une explication facile et satisfaisante de l'ensemble des phénomènes moraux, et plus précisément des idées et des sentiments de la conscience morale.*

Or aucune théorie générale de la moralité n'en rend compte d'une manière aussi complète; et dans chacune d'elles on voit s'introduire tacitement l'idée du fait social au fur et à mesure que se révèle l'inadéquation de ses hypothèses trop générales et arbitraires à la complexité des faits.

Rien, en particulier, n'est plus aisé ni plus conforme aux faits que d'expliquer les devoirs dits individuels par la morale sociale; tandis qu'il paraît impossible ou tout à fait factice de déduire une morale sociale des devoirs individuels supposés premiers; — sans parler de ce qu'il y a peut-être de contradictoire à supposer l'idée même d'un devoir moral chez un individu qui ne connaîtrait, en dehors de son individualité propre, aucun être plus ou moins semblable à lui par la sensibilité, la pensée ou la volonté, avec lequel il soit en rapport.

On est étonné d'avoir encore à répondre à l'objection tirée, contre une morale à base sociale, des devoirs individuels; mais nous savons par expérience que cette objection renaît constamment. Distinguons ici le point de vue de la causalité et celui de la finalité.

1° Au point de vue de la causalité, c'est-à-dire de l'origine de ces devoirs, la remarque essentielle est que l'idée même d'un devoir *moral* ne peut s'acquérir que dans le rapport des personnes entre elles (§ 12). Nous ne pouvons nous sentir d'abord obligés qu'à l'égard d'autrui; la notion même des devoirs *envers* Dieu à laquelle *toute* moralité est si communément rapportée suffirait à le prouver. Ce ne peut être que grâce à un processus psychologiquement tardif que, nous plaçant au point de vue des autres, nous pouvons nous considérer nous-mêmes comme un *autre* à l'égard de qui nous sommes tenus à des obligations analogues. Par exemple, il serait absurde et contraire aux faits de dire que l'homicide est défendu parce que le suicide l'est. Nous ne découvrons que le suicide peut être immoral que lorsque nous sommes arrivés à l'assimiler à un homicide (Cf. IV⁰ Étude). Toute l'histoire montre que la notion de devoirs envers soi-même est une notion toujours tardive et toute corrélative, dans son contenu, à l'idée qu'on se fait des devoirs envers autrui.

2° Au point de vue de la finalité que sont les devoirs dits personnels? Ce sont des devoirs *sociaux indirects*. Ils consistent à nous préparer, dans notre manière d'être personnelle, à l'ensemble des exigences de la vie sociale, à faire de nous-mêmes des êtres sociables, à accroître la valeur que nous pouvons avoir pour la société. C'est ce qui fait que ces devoirs ont un caractère extrêmement général, et même en partie formel; nos *vertus* personnelles ne seraient guère que des facultés, des forces (ἀρεταί, *virtutes*) indifférentes au bien et au mal moral (par exemple le courage) si l'on n'en supposait un emploi socialement bon (p. 233). C'est donc parce qu'il y a des devoirs sociaux qu'il y a des devoirs individuels, et ce sont les premiers qui déterminent ce que seront les seconds; l'inverse est faux en fait et presque impensable. Kant dit, il est vrai : « S'il n'y avait pas de devoirs de cette espèce (envers soi-même), il n'y en aurait d'aucune espèce. » Pur sophisme, qui confond le *sujet* du devoir (évidemment c'est toujours nous) et son *objet*, par suite la raison, la fin du devoir.

De ce que c'est *nous* qui sommes obligés, on ne peut en conclure que nous le soyons *envers* nous.

15. — *La moralité, considérée dans sa réalité, comme fait naturel et comme objet d'expérience, serait donc essentiellement un ensemble de règles imposées par chaque collectivité à ses membres en vue du bien présumé de cette collectivité, et, par suite, subjectivement, elle consisterait dans l'obéissance à ces règles, et la disposition à y obéir.*

C. — ANTINOMIE

16. — *Les deux conditions que nous avons posées, — celles qui déterminent l'attitude du sujet dans un jugement moral valable, — celles qui déterminent le contenu réel et par conséquent la vérité d'un tel jugement, sont déduites l'une et l'autre de l'idée même d'une morale positive, c'est-à-dire valable pour tous et justifiable à l'aide des seules méthodes, rationnelle et expérimentale, qui réussissent dans la science.*

Cependant, tandis que dans l'ordre scientifique ces exigences semblent concordantes (la vérité est d'autant mieux atteinte que l'esprit est plus exempt des préjugés et qu'il raisonne plus exactement, l'expérience à son tour se rationalise d'autant mieux que la synthèse en est plus vaste et l'analyse poussée plus loin), au contraire dans l'ordre moral ces deux conditions, du moins si on les considère séparément et si l'on pousse à la limite dans les deux directions qu'elles définissent, suscitent une véritable antinomie :

17. — Thèse. — ***Il n'y a pas de moralité dans l'ac-***

ceptation passive d'une règle extérieure toute faite et sanctionnée par une contrainte sociale.

Un doute est légitime sur le bien-fondé des exigences sociales, et précisément par cela seul qu'elles sont expliquées par des causes non soumises à la réflexion.

Une révolte est légitime contre la volonté sociale donnée, puisque la société, en tant que réalité donnée n'a pas plus d'autorité morale que n'importe quelle réalité de fait, que la pure nature, par exemple (§ 3).

Le changement autonome des « tables de valeur » est légitime, et s'il apparaît comme immoralisme au second point de vue (B), cet immoralisme n'est peut-être qu'une forme supérieure de la moralité.

18. — ANTITHÈSE. — **La moralité consiste dans le fait d'accepter telles quelles les règles émanées de la volonté collective.**

La moralité est essentiellement discipline, subordination de la volonté individuelle à la volonté collective.

Toute dissidence, tout écart, de la part de l'individu, est crime *par définition, et toute distinction est arbitraire et subjective, sociologiquement injustifiable, entre des écarts criminels et des écarts légitimes ou louables. Le crime, ainsi défini objectivement, est peut-être inévitable, parfois même désirable, et par conséquent normal, sans que cela autorise à changer sa qualification de* crime.

Toute moralité est conformisme et tout conformisme est moralité.

Par conséquent la critique, dissolvante du lien social, serait elle-même immorale par nature.

En ce point se rejoindraient donc, par une coïncidence

assez singulière, une sociologie objective, guidée par un motif scientifique, et un catholicisme positiviste qui subordonne l'intérêt de la vérité à un besoin pratique d'ordre social.

Au reste y a-t-il vraiment plus d'objectivité à définir le crime par l'*opinion* de la société où il se produit, que par la nôtre ? C'est substituer une subjectivité à une autre, et pour éviter une erreur possible de notre conscience, accueillir les jugements d'une autre conscience, dont les erreurs n'ont d'autre avantage, n'étant plus à commettre, que d'être des faits réels de l'*histoire*. Est-ce qu'on dit que, objectivement, Galilée a commis une erreur ? Pourquoi dirait-on que, objectivement, Socrate a commis un crime ? La vraie objectivité scientifique ne serait-elle pas de savoir *quels effets sociaux tendaient réellement à produire* les maximes ou les actes mêmes de l'homme jugé criminel par son groupe, absous peut-être par nous ? C'est ce que la sociologie serait en état de dire si elle était en possession de lois véritables des faits sociaux. En l'absence d'un telle science, peut-être du moins reconnaîtrait-on que si les motifs de dissidence d'un Socrate, d'un Jésus, d'un Luther sont de ceux que la vie sociale a toujours comporté ou exigé (§ 29), il a pu y avoir crime de leur part *historiquement*, mais non *sociologiquement*. Transportez au contraire au milieu de nous l'âme d'un Ephialte ou d'un Judas, sa pratique criminelle changera peut-être avec les conditions du milieu, mais ce sera toujours une âme de criminel.

19. — *L'idée même de constituer une morale positive se trouverait condamnée de part et d'autre :*

Au point de vue de la thèse (Rationalité) *qui, avec l'idée d'une autonomie absolue du jugement individuel, supprime toute idée d'une norme justifiable et présentant, en un sens quelconque, un caractère de* vérité. On ne ferait qu'abuser des mots et méconnaître la spécificité du jugement moral (§ 9) en appliquant le terme de morale à une table de valeur arbitraire (§ 17).

Au point de vue de l'antithèse (Réalité), *puisqu'il serait inutile et même déjà immoral de soumettre la moralité à la critique scientifique et que la moralité ne consisterait qu'à conserver la morale existant en fait dans la société.*

L'antinomie présentée ici est si réellement fondée que l'on trouve, en fait, les doctrines limites auxquelles on arrive lorsqu'on méconnaît entièrement l'une des deux conditions que nous avons définies au profit de l'autre.

D'une part un certain Pragmatisme [1] tendrait à sacrifier tout donné, toute vérité objective à la liberté du jugement, qui devient simple acte de volonté ; il n'y aurait plus, à la limite, de vérité à trouver ; il y aurait seulement le jugement que l'on prononce. Mais alors tout se vaut, et il n'y a plus aucune raison de juger ni de préférer : l'idée même d'une moralité disparaît. Même tendance chez Nietzsche, qui, par haine de « l'esprit de lourdeur », haine si suggestive d'ailleurs et si vivifiante, finit par enlever tout lest à la pensée comme à la volonté. Il deviendrait impossible de dire pourquoi la « volonté de puissance » par exemple vaudrait mieux que n'importe quoi d'autre ; et plus Nietzsche aurait raison de supprimer toute vérité, plus on aurait aussi raison contre lui.

Ou bien inversement les règles morales ne sont elles-mêmes que des faits ; elles n'existent que tant qu'elles sont

---

1. V. sur cette doctrine A. Lalande, *Rev. Phil.*, février 1906.

observées, ou tout au moins admises. « Leur autorité est toujours assurée, tant qu'elles existent. » Toute distinction serait supprimée entre le droit et le fait, entre le réel et l'idéal; c'est la doctrine limite à laquelle tendrait la « *Science des mœurs* ». Mais alors nous nous demandons ce qu'on chercherait en cherchant une morale, ou, puisqu'on reconnaît qu'on ne cherche plus une morale, nous nous demandons *à quoi servirait* une science des mœurs, que l'on cherche (Cf. I[e] Etude, p. 120 et suiv.).

Et ici, comme dans toute antinomie, les extrêmes se touchent; car si les règles morales ne sont que des faits, il suffit de les violer pour qu'elles cessent d'exister et nous retombons dans l'anarchie du pragmatisme. Dira-t-on qu'il est *impossible* de les violer tant qu'elles existent? Mais alors de nouveau que cherche-t-on?

Si comme nous l'avons montré § 5 la *finalité* est ici essentielle, il nous faut à la fois une base, un point d'appui (peu importe qu'il soit lui-même relativement mobile), et une force qui s'y applique pour opérer un changement. La Thèse méconnaît la première condition et réduit l'activité à l'état de « *bomba bombinans in vacuo* ». L'Antithèse supprimerait la seconde en se bornant à poser une existence (Cf §§ 3 et 4).

II. — SOLUTION : CONCEPTION THÉORIQUE ET VALEUR PRATIQUE D'UNE MORALE POSITIVE

A. — VALEUR ET ROLE DE L'IDÉE SOCIALE DANS LA CONSTITUTION DE LA MORALE

20. — *L'antinomie précédente n'est sans doute pas entièrement artificielle, puisque d'une part elle résulte de l'analyse des conditions du problème, puisque d'autre* *part ses termes extrêmes sont approximés par des doctrines réellement existantes.*

Cependant elle ne se produit et n'aboutit à l'échec radical indiqué (§ 19) que parce qu'on a isolé et poussé à leur limite deux conditions, distinctes sans doute, mais en réalité inséparables (§ 3 bis), et dont aucune, à elle seule, ne définit complètement la moralité.

21. — *Le droit de la raison à juger tout donné n'implique pas qu'il le condamne ; un donné peut se justifier.*

D'ailleurs la réalité sociale n'est pas un pur donné ; car elle est, en quelque mesure, à chaque moment de son développement, le produit de volontés, plus ou moins conscientes ; et elle est, dans une proportion croissante, le produit de volontés de plus en plus conscientes (Cf. p. 242-254).

Nos jugements ne sont pas seulement un produit, mais un facteur de la vie sociale (Cf. p. 123 et suiv.). *Il est donc impossible de constituer une sociologie sans faire intervenir la finalité (§ 12, B) et ainsi il n'y a pas hétérogénéité absolue entre les principes de l'explication sociologique et ceux de la détermination morale (§ 5).*

22. — *L'attitude définie sous le nom de rationalité (§ 2) est déjà essentiellement sociale ; et c'est pourquoi, bien qu'elle ne soit proprement morale que par ce caractère (§ 9), on la considère si volontiers comme morale en elle-même.*

Le besoin d'une morale « vraie » est avant tout le besoin d'une morale sur laquelle on puisse s'entendre, qui fournisse un moyen de convaincre sans contraindre.

L'adoption de règles générales quant aux actes (§ 6) tend vers *l'adoption de règles générales quant aux personnes (universalité kantienne) ; et c'est déjà une condition par elle-même favorable à la socialité, puisqu'elle permet à chacun de savoir sur quoi compter de la part des autres.*

23. — *Inversement, dans l'hypothèse admise* (§§ 11-14) *il y a déjà pour la réflexion une présomption de validité partielle en faveur de la morale donnée en fait, et de la conscience spontanée qui en est le reflet subjectif. Car si elles sont le produit de la vie, elles doivent, dans l'essentiel, lui être adaptées, quelles que soient les interprétations, plus ou moins illusoires, par lesquelles on a pu essayer, après coup, de se les expliquer, au risque de les faire dévier* (Cf. p. 84, 201, 406). *Déjà imprégnées de finalité* (§ 21) *elles doivent bien présenter quelque chose d'acceptable pour la Raison pratique* (§ 5).

24. — *Cependant, à ce point de vue même, les droits de la critique se trouvent réservés ; car dans la moralité existante, en vertu même de sa formation spontanée* (§ 13) *comme en raison des théories hâtives qui s'y sont surajoutées* (§ 10) *il y a certainement place pour des erreurs des déviations et des incohérences qui appellent corrections ; et la raison n'est pas réduite à la fonction stérile et toute spéculative de justifier tout ce qui est. L'empirisme moral* (§ 8) *assure ainsi également la part de la conservation et celle du progrès, les droits relatifs de la conscience spontanée, et ceux de la critique sur la conscience.*

25. — *Nous ne sommes donc nullement conduits à*

diviniser la société, ni à *faire reposer sur cette divinisation, même si elle était constatée comme fait historique, l'autorité morale de la société* (§ 5).

En fondant, d'ailleurs, la morale sur une théorie sociologique de ce genre, aussi inutile qu'incertaine, nous risquerions de renouveler la faute commise par les théologies et les métaphysiques, de compromettre la morale en la faisant dépendre de dogmes caducs, qui d'ailleurs ne lui fournissaient aucun appui réel (en vertu du § 3).

26. — *L'induction sociologique telle que nous l'avons présentée n'avait d'autre but ni d'autre portée que de mettre en évidence le* vouloir essentiel de l'humanité (§ 7), *et non, chose impossible* (§ 5), *de nous révéler une autorité. Ce vouloir essentiel peut, en effet, quand il se considère subjectivement, s'ignorer ou se méconnaître lui-même* (§ 10)

Le maintien et le progrès de la vie sociale semble bien constituer l'objet de ce vouloir essentiel pour la satisfaction duquel l'humanité s'est imposé les plus dures épreuves et s'est soumise aux plus douloureux sacrifices. Pourquoi donc sans cela l'aurait-elle fait? (§ 21. Cf. p. 180, 266).

27. — *Ce vouloir, une fois reconnu, se fait-il donc accepter par la raison, c'est-à-dire* (§ 5) *se justifie-t-il par ses conséquences?*

Il le semble, en tant que la vie en société apparaît, non comme une fin supérieure en soi (ce qui serait indémontrable, § 3 bis), *mais comme la condition commune et globale de toutes les activités et de toutes les fins humaines quelles qu'elles soient.*

Ainsi s'explique que le jugement moral ait un caractère

spécifique (§ 9) *et qu'il ait cependant un caractère souverain, en sorte qu'aucune partie de la conduite ne se trouve soustraite à sa juridiction, souvent muette, mais toujours possible.*

La vie en société non seulement conditionne, mais coordonne et organise architectoniquement *tous les vouloirs. Elle est donc bien, et cette fois de par la réflexion et la finalité consciente, l'objet d'un vouloir essentiel.*

*Mais ce vouloir ne domine pas tous les autres simplement au point de vue abstrait de la généralité ou de l'*extension (*comme les principes illusoires du bien, du bonheur ou du devoir*), *mais au point de vue concret du conditionnement ou de la* compréhension. *Dès qu'on veut quelque chose, on veut en principe* (§ 6) *la société, et il est possible de montrer qu'on doit la vouloir si l'on peut établir qu'elle conditionne toute autre fin plus immédiatement voulue. Nous avons donc ainsi l'équivalent de la démonstration d'un idéal, qui, absolument parlant, serait impossible* (§ 3 bis) *et sur ce point la difficulté initiale* (§ 1) *se trouve résolue ou du moins tournée.*

La société devient fin suprême parce qu'elle est moyen universel. Par là aussi se résoudrait la difficulté indiquée au § 7, qui est toute apparente.

C'est par là que se résout la question, à laquelle tant de moralistes se sont heurtés, celle de la *commensurabilité* des diverses tendances ou des diverses fins humaines. S'il y a plusieurs *ordres* de valeurs absolument hétérogènes et incommunicables (Cf. Pascal), comment établira-t-on entre eux une comparaison, et comment justifier la préférence de l'un à l'autre ? Par exemple dans une philosophie et une psychologie à compartiments, comme celle de Kant, le bonheur seul aura de la valeur pour la sensibilité, la vérité seule en aura pour la raison. Toute option entre les deux est impossible si l'on ne trouve pas un point de vue commun supérieur; or on exprime précisément qu'on ne le trouve pas, en se réfugiant dans un *jugement synthétique a priori* et dans un postulat corrélatif, qui attestent à la fois ce désir et cette impuissance.

Mais la difficulté vient de ce que, au fond, on continue à se placer au point de vue aristotélicien d'une *logique de la qualité* au lieu d'adopter le point de vue moderne d'une *science de la causalité*. Je n'ai pas besoin d'établir une commune mesure qualitative entre mes divers plaisirs intellectuels ou physiques, pour reconnaître par exemple que si par mépris ascétique de mon corps, je compromets ma santé, mon activité intellectuelle elle-même en souffrira. Toute option pratique suppose bien qui l'on arrive à justifier une préférence entre des fins que la plupart du temps seraient *en elles-mêmes* incomparables. On se décide pourtant; c'est que l'on *compare* moins ces fins, au point de vue de leur qualité intrinsèque, qu'on n'examine la possibilité de les poursuivre ensemble et de les *organiser réellement* entre elles, ce qui oblige à sacrifier totalement ou partiellement telle ou telle d'entre elles.

Par là se résout aussi la question de l'existence d'une fin unique et suprême. La plupart des moralistes ont postulé une telle fin. Mais c'est se placer encore au point de vue hétéronome que de supposer *qu'il y a* une telle fin, qui serait à découvrir comme si elle était posée d'avance par un pouvoir supérieur (Dieu, Nature, ou Raison transcendante). En réalité il y en *aura* une dans la mesure même où notre vie individuelle ou sociale s'organisera; c'est notre action même qui lui donnera l'existence.

28. — *Seul un pessimisme qui prétendrait renoncer à toute activité, à toute vie réelle pourrait donc logiquement écarter le principe social, mais il ne le fait qu'en supprimant le problème moral lui-même, qui disparaît évidemment si l'on cesse de vouloir et d'agir. Et cela même confirme la coïncidence de la moralité du caractère social par lequel nous avons défini ce qu'elle a de spécifique* (§§ 9 et 12).

L'individualisme de la sensibilité (hédonisme) ou de la volonté (Nietzsche) se placent en dehors des conditions de la réalité et ne sont que des moyens d'analyse ou des chimères poétiques.

29. — *La société n'est donc pas seulement un fait, mais une idée, pas seulement une donnée mais une fin. C'est par là que peuvent être déterminées les corrections que requiert la société réelle et qu'une distinction devient possible, en principe entre la dissidence criminelle et celle qui ne l'est pas* (Cf. § 18 et p. 176 et 181).

Faire exister la société *est la formule générale de la moralité pratique, soit que nous considérions le régime de l'automatisme social par lequel s'impose simplement la discipline sociale* (p. 266), *soit que nous considérions le régime de la contractualité et de la finalité sociale consciente* (p. 130 et 144). *Aussi les problèmes particuliers de la morale consistent-ils le plus souvent à harmoniser des besoins, des intérêts ou des institutions qui préexistent. C'est pourquoi par rapport au présent elle apparaît surtout comme une* technique sociale (Cf. 1ʳᵉ étude, 2ᵉ partie, § 3).

L'idée d'un accord, d'un système social des fins implique un principe qu'il importe de faire ressortir, d'autant qu'il complète l'idée de la Rationalité en rapprochant encore la forme du savoir et celle de l'action (§ 2). C'est ce que nous appellerons le *principe de détermination*. Beaucoup de règles de la vie sociale semblent motivées uniquement par la nécessité de supprimer autant que possible l'indétermination, le *n'importe quoi* dans les rapports sociaux, l'impossibilité de les ramener à une formule claire et générale. Par exemple, quand on se pose cette question si obscure et si singulière de l'interdiction de l'inceste, on est porté à penser que cette interdiction a pour raison fondamentale l'impossibilité où aboutirait l'inceste généralisé de définir un système quelconque de parenté, de constituer aucune famille (qu'on veuille bien considérer par exemple l'inextricable confusion qui se produit dans une lignée de chiens, où un individu peut être père de ses frères, grand-père de ses enfants, etc.). Plusieurs travaux fort intéressants de M. Durkheim sur les clans australiens, ont montré combien était pressant, chez les primitifs, le besoin de classification sociale. Ce qui confirme cette interprétation c'est qu'on voit les restrictions matrimoniales non pas gagner, mais au contraire perdre en étendue, et les limites de l'inceste devenir plus étroites, quand, en vertu d'autres conditions, la classification sociale est mieux assurée. La polygamie, si naturelle à certains égards, a dû également céder en grande partie sous l'influence de cette cause générale, parce qu'elle introduisait encore mainte indétermination dans les rapports familiaux, les droits de la femme, des enfants.

Le système de la propriété est de même en partie fondé sur la nécessité de pouvoir définir ce qui revient à chacun, suivant une règle qui laisse le moins de place possible à un flottement, à une indétermination du mien et du tien. Et ici encore, on pourrait présumer que la rigidité des règles de l'appropriation pourra faire place à plus d'élasticité, quand celle-ci ne constituera plus un danger pour la solidité de l'organisation sociale. Tout corps de droit est en ce sens un système de définitions non pas verbalement, mais dynamiquement posées, une *méthode* pour préciser, classer, répartir.

Ainsi une société tend à devenir de plus en plus *pensable*, en même temps qu'elle se prête de plus en plus pratiquement à la prévision. Par là elle offre la *forme* d'une vérité, ou celle d'une *nature* dans laquelle il n'y a pas de vide, non plus que de hasard.

30. — *La notion de l'Être social doit être transportée du terrain de la réalité sur celui de l'idéalité. Le réalisme social exprime beaucoup plutôt le point de vue de l'action et de la finalité qu'il ne se justifie au point de vue de l'existence, de la causalité et de l'explication.*

L'amour ou charité est la traduction affective de cet idéal et le stimulant intérieur de l'action morale, comme la justice en est la règle. Et ainsi toute moralité est charité et toute moralité est justice.

De même que la science travaille à la fois à distinguer et à unir, et tend à lier les choses, sans les confondre, dans un ordre défini, de même la moralité travaille à construire la société suivant une méthode toute semblable. Elle tend à constituer des personnalités fortes et autonomes, elle veut que les personnes soient nettement distinguées, pour permettre entre elles une répartition précise des choses et des fonctions; elle tend enfin à supprimer toute indistinction, toute indétermination (§ 29), et en cela elle est Justice. Mais c'est par là aussi que l'union est possible. Il semble d'abord que la charité tende à confondre les personnes (*tat twam asi*), comme une science rudimentaire tend à tout identifier. Mais c'est là un moment purement provisoire, un simple aspect de son action : nous abandonnons notre droit actuel pour établir une plus parfaite justice. Ceux dont le droit n'est pas encore reconnu étant d'autant plus impuissants à l'obtenir, nous nous substituons à eux en partie, et un instant. Mais la justice doit être l'objet même de cet effort dont la sympathie et le sacrifice ne sont que la condition. Vouloir le bien d'autrui c'est avant tout vouloir qu'autrui *soit ;* et l'existence sociale d'une personne, c'est son droit. C'est pourquoi la forme caractéristique de la charité rationnelle qui semble convenir à la conscience moderne et s'y développer, c'est la défense et la conquête du droit, œuvre dont les revendications intéressées sont loin d'être le facteur exclusif. A la limite c'est seulement dans une société juste que l'amour mutuel des hommes atteindrait son terme le plus élevé.

31. — *Il n'y a vraiment société qu'entre des consciences qui se pensent les unes les autres. La société est donc d'autant mieux réalisée qu'elle repose davantage, d'une part, sur le libre examen, qui unit les esprits dans la vérité, — d'autre part, sur le contrat, sur la législation expresse et consentie, qui unit les volontés dans la liberté. La domination de conditions purement matérielles ou extérieures, — ou même de traditions irréfléchies, imposées par la contrainte sociale ou docilement acceptées par voie d'imitation contagieuse, ne lui fournit qu'un fondement précaire. La véritable société est celle qui ressemble enfin à une œuvre voulue plutôt qu'à un produit de la nature.*

Nous ne voulons pas examiner ici les multiples objections que peut-susciter la théorie du contrat. Mais on pourrait nous demander comment elle cadre avec le § 5. Ne semble-t-il pas en effet que dans cette théorie le fondement de l'autorité de la loi ou du pouvoir politique réside dans son *origine*, en ce qu'elle *émane* de la nation tandis que d'après le § 5 cette origine devrait être indifférente?

Mais en réalité ce n'est pas son origine, c'est seulement le consentement qu'elle implique, et par conséquent sa finalité qui rend cette autorité respectable. C'est pourquoi l'autorité qui est sociale seulement en ce sens qu'elle réside dans une tradition collective et qui par conséquent apparaît à la volonté réfléchie comme une *vis a tergo*, reste sujette à la critique, qui peut la rejeter. Son origine peut sans doute créer en sa faveur une présomption partielle (§ 23), mais qui demande cependant à être contrôlée. Il faut donc bien distinguer, quand on parle de société, de volonté collective, etc., si l'on parle de la société en tant qu'elle est antérieure à la conscience claire que l'individu peut avoir et à la manifestation qu'il peut donner de sa personnalité et de son vouloir essentiel, ou si c'est au contraire de la société en tant qu'elle résulte de cette personnalité et de ce vouloir même. Dans le réel, il est clair que les deux choses sont toujours intimement mêlées ; nous avons cependant montré qu'il y a progrès constant de la première situation à la seconde et il importe moralement de les distinguer.

31 bis. — *Ainsi s'achève la jonction de la rationalité qui définit la forme de la moralité, et de la socialité qui en définit la matière : la rationalité est virtuellement sociale* (§ 22) *et la société n'est vraiment réalisée que* *dans la mesure où elle devient rationnelle (au sens défini en I, A).*

Aucune des thèses initiales (§§ 1-15) n'est donc absolument abandonnée.

B. — Valeur pratique et pédagogique de la morale ainsi définie

32. — *Il est absolument vain et même dépourvu de sens de se demander si cette morale a une force obligatoire. L'obligation n'est pas une chose qui existe et qui aurait la vertu de faire vouloir un homme malgré lui (§§ 2 et 3 bis). Mais à toute morale incombe la tâche de faire exister chez l'homme auquel elle s'adresse l'état d'âme qui le rendra sensible à l'idéal qu'elle lui propose. C'est grâce à cet assentiment seul qu'il se sentira obligé. La seule question légitime est donc de savoir si la morale que nous avons définie est apte à créer ce sentiment d'obligation intérieure, dont aucun système ne peut revendiquer la propriété exclusive. Or*

33. — *Elle en semble capable autant et plus que toute autre et par là est efficace au plus haut point. Car elle est quant à son contenu l'expression la plus adéquate et la plus directe des conditions de la vie, alors que les autres principes moraux n'en expriment qu'une partie ou un aspect indirect. Elle utilise d'autre part les sentiments formés au contact de la vie sociale, et auxquels aucune doctrine ne peut plus légitimement faire appel, que celle qui, à la fois, les explique et les rectifie.*

Cette considération pratique a un lien direct avec le § 5. Plus l'esprit se développe, moins il se contente d'affirmations autoritaires et plus il faut lui donner de raisons tirées des fins mêmes des règles proposées. Aussi est-il inconcevable que l'on s'achoppe toujours à cette objection réellement absurde : cette morale est excellente, mais qu'est-ce qui m'oblige à l'observer ? En dehors du consentement de la volonté à ce qui par elle est reconnu bon, il ne saurait y avoir place que pour une contrainte. On parle trop souvent comme si tels ou tels systèmes avaient « par privilège du Roi » le monopole de l'obligation, dont il faudrait aller faire provision à leur boutique. C'est toujours l'esprit d'hétéronomie.

Plus le *motif* moral sera au contraire intimement identifié au *contenu* même de la moralité et plus celle-ci a naturellement de chances d'être réalisée aussi bien subjectivement qu'objectivement. Le bon ouvrier n'est pas celui qui, en accomplissant sa tâche, n'obéit qu'à des motifs *extrinsèques*, mais celui qu'elle intéresse en elle-même ; alors, objectivement la tâche sera bien faite, et subjectivement il y aura, pour la personne, progrès de ses facultés et satisfaction intérieure.

Je ne puis m'empêcher de remarquer combien pèche sur ce point l'éducation morale ordinaire. Je lis dans un catéchisme : « Quels sont les motifs (de détester ses péchés) ? Les principaux motifs sont : 1° que le péché offense Dieu... 2° qu'il a causé la mort de Jésus-Christ ; 3° qu'il nous prive du bonheur du ciel et nous rend dignes des peines de l'enfer. » Le seul motif *spécifiquement moral* de regretter nos fautes, la pensée du mal que nous avons fait à autrui ou à la société, est précisément celui qu'on ne songe pas à énoncer.

34. — *Cette morale est en outre d'une efficacité durable.*

elle est sûre, en ce qu'elle ne s'appuie sur aucun dogme incertain, sur aucune croyance arbitraire, ni même sur aucune doctrine scientifique contestable (§ 25) *dont la chute ou l'instabilité pourrait entraîner la ruine de la doctrine morale et, qui pis est, compromettre les résultats de l'éducation morale elle-même.*

Ici la doctrine et l'éducation sont aussi voisines que possible ; et notre pédagogie morale n'est pas réduite à commencer par l'une ou l'autre de ces deux immoralités radicales, ou d'enseigner ce que nous ne croyons pas (§ 2), *ou d'affirmer ce que nous ne savons pas* (§ 2 bis). *Nous n'avons ni à opprimer la raison d'autrui ni à abdiquer la nôtre.*

Dans toute morale religieuse ou métaphysique le rapport entre la doctrine et l'éducation est nécessairement tout à fait indirect. Qu'on ouvre encore le catéchisme : il débute par toute une théorie sur Dieu, sur la Création, etc. ; et la morale n'occupe que le second plan. Il a donc fallu faire d'abord connaître et accepter à l'enfant tout un système de croyances dont — sans même nous demander s'il peut en comprendre la portée — on peut assurer qu'elles n'ont avec les exigences de la vie réelle aucune espèce de rapport intrinsèque. Il est vraiment heureux que l'hérédité, l'habitude, l'imitation, le sentiment, l'adaptation pratique consolident alors la conscience naissante de l'enfant. Car si la théorie était vraie, si la *moralité* n'était vraiment fondée *en fait*, comme on le prétend de la *morale*, que sur la doctrine métaphysique qu'on prétend lui donner pour base, on se demande vraiment comment jamais on en tirerait une éducation, comment jamais on pourrait faire surgir la moralité. Ce serait à désespérer du problème de l'éducation morale, si vraiment la moralité ne pouvait pénétrer que par de telles voies, si, pour la susciter, il fallait vraiment que le dogme fût d'abord connu, compris et accepté, puis que la morale en fût déduite. Heureusement que, dans ce sens encore, « la vraie morale se moque de la morale ». La vie réelle fait son œuvre indépendamment et même en dépit des irrationnels procédés par lesquels on croit l'aider ou la remplacer.

Seulement, loin d'avoir consolidé cette œuvre, on l'a rendue singulièrement caduque en prétendant la faire reposer sur des bases aussi précaires. On se plaint que la morale chancelle parce que la foi tombe. Si même cela était, à qui s'en prendre, sinon à ceux qui, sans être en état de garantir les dogmes contre les inévitables assauts du doute, ont si longtemps travaillé à persuader l'enfant que la morale dépend des dogmes. Si cette dépendance était vraie, une telle vérité serait si dangereuse qu'on serait bien tenté de la dissimuler par prudence ; et l'on crée artificiellement ce danger, on suscite de propos délibéré la conviction d'une telle solidarité du dogme et de la morale, quand il est aussi conforme à la vérité des choses qu'aux intérêts de la pratique de rendre à la morale son autonomie !

Ici au contraire, il n'y a pour ainsi dire rien de plus dans la doctrine que ce qui est utilisable dans l'éducation. Ce n'est plus par des chemins indirects ni incertains que procède l'éducation morale. Les secours que l'éducation tire, nécessairement, de l'habitude, du sentiment, etc., sont cohérents avec l'origine et la nature que la doctrine attribue à la moralité. On ne fait qu'imiter et perfectionner par une pédagogie consciente, à l'égard de l'individu, les causes et les conditions qui ont présidé à l'éclosion spontanée de la moralité dans l'espèce ; les raisons auxquelles on fait appel pour justifier la règle morale et éveiller la conscience sont au fond identiques à celles qui les ont réellement suscitées ; on se contente d'en éliminer précisément toutes les interprétations arbitraires ou erronées superposées à la réalité, par l'imagination primitive ou la spéculation métaphysique, pour en laisser clairement transparaître le contenu vrai.

35. — *Cette morale est* pratique *sans diminuer le rôle de la* vie intérieure. *Car elle propose à l'activité une œuvre extérieure à réaliser, condition nécessaire pour exciter et soutenir toute volonté ; et elle ne lui permet pas de se confiner dans une spiritualité inactive et dans un mysticisme stérile. Mais elle sait que la société repose avant tout sur des relations conscientes entre des libertés réfléchies* (§ 31). *Elle reconnaît donc à la fois le prix des institutions extérieures consciemment établies et celui du développement de la personnalité* (Cf. § 14).

36. — *Elle est* prudente *et pourtant* progressive. *Conservatrice et non utopique puisqu'elle exige que l'action prenne un point d'appui dans la réalité donnée, dont elle veut qu'on soit informé, elle n'exclut aucune hardiesse dans la conception des fins ni aucune confiance dans la volonté créatrice de l'homme social* (§§ 20 *et* 31). *L'esprit, libre et novateur en tant qu'il juge et propose des fins* (rationalité)*, est prudent et réservé en tant qu'il connaît* (réalité)*, et qu'il cherche ses moyens d'action dans le présent, qui est donné.*

37. — *Elle est* souple *et cependant* rigoureuse. *Par l'objectivité de ses principes directeurs elle évite en effet le* rigorisme, souvent factice et nuisible à la justesse et à la spontanéité de l'action, qui fait consister le devoir dans l'observance de certaines formules (Cf. p. 133).

Par cela même elle permet l'extension des règles morales à des cas et à des problèmes que l'étroitesse de ces formules simples du devoir laisse ordinairement en dehors de ces règles. La moralité gagne donc déjà en pénétration pratiquement utile ce qu'elle perd en vaine rigidité de forme.

Mais cette souplesse n'est qu'adaptation à la complexité du réel ; elle n'est pas déformabilité arbitraire des règles au gré de fantaisies subjectives. Les sophismes de l'intention, les déviations du sens moral, auxquels les systèmes à principes abstraits sont si exposés, ont relativement peu de prise sur une conscience décidée à se déterminer essentiellement d'après la valeur des résultats poursuivis, et à estimer cette valeur au point de vue du bien social ; car cette estimation a, elle-même, une base sociale ordinairement réelle, souvent aussi idéale en partie ; et par suite elle ne dépend pas, même dans ce second cas, d'une préférence purement individuelle.

38. — *Elle est à la fois* précise *et* élevée.

Elle comporte en effet toute l'étendue qu'on voudra lui donner ou que du moins comportera la représentation d'un système possible de rapports sociaux ; et pourtant elle commence en réalité dès le point où entrent en contact deux sphères d'activité humaine. A chaque niveau elle permet de définir des devoirs correspondants d'une manière relativement précise et concrète.

Elle pénètre donc le détail de la vie, sans cesser de les comprendre, par une synthèse graduellement étendue, *mais sans discontinuité, sous des fins de plus en plus vastes (§ 27).*

Les principes les plus élevés n'y sont donc pas, comme dans la plupart des systèmes, des abstractions hétérogènes aux applications les plus particulières et sans communication définissable avec elles.

39. — *C'est une morale graduelle, qui prend l'homme tel qu'il est, sans utopie sur sa nature et lui permet de s'élever progressivement.*

Certaines morales semblent supposer que la moralité préexiste, dans son essence et sa perfection, en un point de l'âme humaine, d'où il s'agirait de la faire rayonner sur tout le reste. C'est ce qu'impliquerait, par exemple, la conception kantienne de la conscience (v. p. 39-41 et p. 157). On est alors conduit, au point de vue anthropologique, à considérer la conscience comme primitive et éternelle dans l'humanité; au point de vue pédagogique, à lui donner des ordres au lieu de lui fournir des forces. L'erreur scientifique et l'erreur pratique sont ici équivalentes et corrélatives. Suivant nous, au contraire, la faculté morale, historiquement, se forme peu à peu dans l'humanité, qui a dû la découvrir autrement que dans la table du Sinaï, et de même il est nécessaire et possible, pédagogiquement, de la susciter et de la réaliser chez l'enfant au lieu de se borner à l'accabler d'impératifs. (Cf. §§ 32 et 34.)

40. — *C'est une morale intégrale en ce sens qu'elle englobe l'activité humaine sous tous ses aspects, qu'elle coordonne. Elle explique d'une part et détermine les devoirs appelés individuels (§ 14). Elle fait ensuite com-*

muniquer entre eux et participer à la moralité les différents domaines de l'activité extérieure.

La plupart des conceptions morales régnantes séparent l'homme moral de l'homme physique, de l'homme économique, de l'homme professionnel, etc., en sorte que la moralité semble planer dans une sphère de plus en plus séparée de la vie réelle, et que celle-ci se trouve, en effet, abandonnée sur bien des points à l'impulsion des passions, au gouvernement des traditions, à la lutte des intérêts. La morale y perd en autorité réelle ce qu'on a voulu lui faire gagner en sublimité apparente (Cf. p. 63).

C'est évidemment le contraire qui arrive ici (en vertu du § 27).

41. — C'est la morale la plus capable d'obtenir l'unanimité, de rallier les esprits et les volontés ; car en même temps qu'elle repose sur des méthodes rationnelles et des bases positives, on peut dire que sa fin consiste essentiellement dans la réalisation même de cette entente et de ce ralliement (§§ 30 et 31).

Mais il ne s'agit pas de cette unanimité abstraite et vide, qu'on prétend trouver dans la raison pure, mais d'un accord réel impliquant coopération ; il s'agit de rallier les hommes à un idéal qui serait le même pour tous, non en ce sens qu'il serait identique pour chacun (morale de l'extension), mais en ce sens qu'il leur propose une œuvre commune (morale de la compréhension). C'est, dans la pratique, le résultat de la synthèse de la « rationalité » et de la « réalité ».

Sur l'opposition de la morale de l'extension et de la morale de la compréhension, voir p. 20, 143, 303.

A elle seule la « Rationalité » ne pourrait produire que l'*homogénéité des esprits*, et encore une homogénéité plutôt formelle que réelle, la similitude d'une méthode, d'une attitude. C'est déjà beaucoup sans doute (Cf. Ire Etude, Conclusion, p. 183). Mais cela serait insuffisant à produire l'*union des volontés* s'il ne s'y joignait une coopération à une œuvre sociale réelle. Or celle-ci requiert une certaine diversité de fonctions, une « Division du Travail » qui demande à son tour une certaine spécialisation. Mais inversement cette division du travail et cette spécialisation perdraient socialement leur efficacité pratique, moralement toute valeur pour le développement de la personnalité (Cf. §§ 34 et 35), si, poussées à l'excès, elles absorbaient la vie individuelle, si par là elles amenaient l'individu à perdre de vue l'ensemble de la vie sociale et par conséquent aussi à ne plus sentir l'intérêt de sa tâche. Il est faux, et, quand on considère certaines réalités économiques, amèrement dérisoire, de nous dire que l'on regagne en profondeur, dans la spécialisation, ce que l'on perd en étendue. Cela n'est vrai et non encore sans fortes réserves que de certains travaux privilégiés comportant un vaste domaine et une grande variété intrinsèque [1]. Mais quelle « profondeur » peut acquérir le travail machinal d'un puddleur, d'un tisserand, d'une brocheuse ? C'est pourquoi le monde ouvrier réclame avec tant de force et

---

1. Par exemple les travaux scientifiques et artistiques. Encore le savant et l'artiste gagnent-ils souvent en originalité et en force, par suite en profondeur, quand ils possèdent plusieurs arts, plusieurs sciences ; seule leur habileté technique peut y perdre. C'est toujours sur les confins des spécialités classées que se trouvent les nouveautés intéressantes. Des classifications sociales trop rigides sont dangereuses pour tout progrès. Or comment pourraient-elles s'assouplir et se transformer sans les esprits plus ou moins encyclopédiques, ou du moins capables d'embrasser des ensembles étendus ?

de raison, pour le loisir, la vie sociale complète, et la culture générale, un temps au moins égal à celui du travail professionnel. Ainsi une conciliation est nécessaire entre la différenciation et l'homogénéité. La coopération sociale suppose et doit produire également l'une et l'autre.

On voit par là combien il serait erroné de considérer comme tout individualiste notre conception morale, en raison de la part qu'elle fait à l'esprit critique d'une part et au contrat, de l'autre (§§ 1 et 31, contre-sens déjà prévenu d'ailleurs § 30). Elle est à égale distance d'un humanitarisme vague et d'un personnalisme étroit. Elle tient l'unité d'un groupe social défini pour le milieu naturel de la personne morale et pour la condition nécessaire de la moralité ; aussi bien dans l'ordre de la finalité que dans celui de la causalité, un ordre n'est possible que dans un système fini. Par là, cette morale fait à la Patrie une place précise et nécessaire entre l'individu et l'humanité. Celle-ci ne peut vraiment se réaliser que moyennant des groupements limités, et ces derniers doivent être consolidés pour que l'Humanité acquière une existence vraiment organique, de même que les personnes doivent être solidement constituées pour que l'État présente de l'ordre et de la stabilité. Ainsi la Critique et le Contrat, que l'on présente si volontiers comme des principes anarchiques, nous paraissent au contraire, plus que la contrainte, plus même que l'histoire et la tradition, les principes organisateurs les plus sûrs (Cf. p. 71, 184, 308).

42. — *Par ces deux caractères surtout la morale que nous avons décrite, à la fois rationnelle et positive, apparaît bien comme la morale propre d'une* démocratie

(Cf. § 31) sans doute en ce sens déjà qu'elle en dérive, mais surtout en ce sens qu'elle en prépare l'achèvement (§ 21). Elle organise en effet les fonctions de l'individu (§§ 27 et 40) comme elle organise entre eux les individus (§ 41). Elle forme la personne, suivant les belles vues de Comte, par le même travail qu'elle ordonne la collectivité (§ 30 et 35) et elle tend à réaliser l'unité et la vie de la collectivité, non par l'asservissement, mais par la liberté des individus.

Elle le peut : car elle fait vivre la représentation de la collectivité dans chaque conscience individuelle, que cette représentation, à l'état clair, remplirait de plus en plus, — et elle fait de plus en plus consister la vie propre et la volonté de cette collectivité dans les rapports conscients et consentis des individus. En sorte que cette société serait comme un monde de monades à la fois différentes et semblables, où le tout serait représenté dans chaque élément et chaque élément manifesté dans le tout.

TABLE DES MATIÈRES

Avant-propos. . . . .

I. — En quête d'une morale positive 1
    I. — La métaphysique. 8
    II. — La science : morale et sociologie. 53
    III. — La conscience 147
II. — L'utilitarisme et ses nouveaux critiques. 190
    I. — Au point de vue statique 202
    II. — Au point de vue dynamique. 239
III. — La véracité 271
IV. — Le suicide. 311
V. — Justice et socialisme 339
    I. — Justice et concurrence 343
    II. — Concurrence et coopération sociale 363
VI. — Charité et sélection 394
VII. — Le luxe. 430
VIII. — Conclusion : Esquisse d'une morale positive. 482
    I. — Position du problème. — Conditions fondamentales d'une morale positive. — Leur antinomie. 482
    II. — Solution : conception théorique et valeur pratique d'une morale positive. 502

BIBLIOTHÈQUE DE PHILOSOPHIE CONTEMPORAINE
Volumes in-8, brochés, à 3 fr. 75, 5 fr., 7 fr. 50 et 10 fr.

EXTRAIT DU CATALOGUE

Stuart Mill. — Mes mémoires, 3ᵉ éd. 5 fr.
— Système de logique. 2 vol. 20 fr.
— Essais sur la religion, 2ᵉ éd. 5 fr.
Herbert Spencer. Prem. principes. 11ᵉ éd. 10 fr.
— Principes de psychologie. 2 vol. 20 fr.
— Principes de biologie. 5ᵉ édit. 2 vol. 20 fr.
— Principes de sociologie. 5 vol. 43 fr. 75
— Essais sur le progrès. 5ᵉ éd. 7 fr. 50
— Essais de politique. 4ᵉ éd. 7 fr. 50
— Essais scientifiques. 3ᵉ éd. 7 fr. 50
— De l'éducation. 10ᵉ éd. 5 fr.
— Justice. 7 fr. 50
— Le rôle moral de la bienfaisance. 7 fr. 50
— Morale des différents peuples. 7 fr. 50
— Problèmes de morale. 7 fr. 50
Paul Janet. — Causes finales. 4ᵉ édit. 10 fr.
— Œuvres phil. de Leibniz. 2ᵉ éd. 2 vol. 20 fr.
Th. Ribot. — Hérédité psychologique. 7 fr. 50
— La psychologie anglaise contemp. 7 fr. 50
— La psychologie allemande contemp. 7 fr. 50
— Psychologie des sentiments. 6ᵉ éd. 7 fr. 50
— L'évolution des idées génér. 2ᵉ éd. 5 fr.
— L'imagination créatrice. 2ᵉ éd. 5 fr.
— La logique des sentiments. 3ᵉ éd. 3 fr. 75
— Essai sur les passions. 3 fr. 75
A. Fouillée. — Liberté et déterminisme. 7 fr. 50
— Systèmes de morale contemporains. 7 fr. 50
— Morale, art et religion, d'ap. Guyau. 3 fr. 75
— L'avenir de la métaphysique. 2ᵉ éd. 5 fr.
— L'évolut. des idées-forces. 2ᵉ éd. 7 fr. 50
— Psychologie des idées-forces. 2 vol. 15 fr.
— Tempérament et caractère. 2ᵉ éd. 7 fr. 50
— Le mouvement positiviste. 2ᵉ éd. 7 fr. 50
— Le mouvement idéaliste. 2ᵉ éd. 7 fr. 50
— Psychologie du peuple français. 7 fr. 50
— La France au point de vue moral. 7 fr. 50
— Esquisse psych. des peuples europ. 10 fr.
— Nietzsche et l'immoralisme. 5 fr.
— Le moralisme de Kant. 7 fr. 50
— Élém. sociol. de la morale. 7 fr. 50
Lombroso. — Le crime. 2ᵉ édit. 10 fr.
— L'homme criminel. 2 vol. et atlas. 36 fr.
— et Laschi. Le crime politique et les révolutions. 2 vol. 15 fr.
— et Ferrero. La femme criminelle et la prostituée. 15 fr.
Bain. — Logique déd. et ind. 2 vol. 20 fr.
— Les sens et l'intelligence. 3ᵉ édit. 10 fr.
— Les émotions et la volonté. 10 fr.
— L'esprit et le corps. 4ᵉ édit. 6 fr.
— La science de l'éducation. 6ᵉ édit. 6 fr.
Liard. — Descartes. 2ᵉ édit. 5 fr.
— Science positive et métaph. 5ᵉ éd. 7 fr. 50
Guyau. — Morale anglaise contemp. 5ᵉ éd. 7 fr. 50
— Probl. de l'esthétique cont. 3ᵉ éd. 7 fr. 50
— Morale sans obligation ni sanction. 5 fr.
— L'art au point de vue sociol. 2ᵉ éd. 5 fr.
— Hérédité et éducation. 3ᵉ édit. 5 fr.
— L'irréligion de l'avenir. 5ᵉ édit. 7 fr. 50
H. Marion. — Solidarité morale. 8ᵉ éd. 5 fr.
Schopenhauer. — Sagesse dans la vie. 5 fr.
— Le monde comme volonté. 3 vol. 22 fr. 50
James Sully. — Le pessimisme. 2ᵉ édit. 7 fr. 50
— Études sur l'enfance. 10 fr.
— Essai sur le rire. 7 fr. 50
Garofalo. — La criminologie. 5ᵉ édit. 7 fr. 50
P. Souriau. — L'esthét. du mouvement. 5 fr.
— La beauté rationnelle. 10 fr.
F. Paulhan. — L'activité mentale. 10 fr.
— Esprits logiques et esprits faux. 7 fr. 50
— Les caractères. 2ᵉ éd. 5 fr.
— Les mensonges du caractère. 5 fr.
— Le mensonge de l'art. 5 fr.
Pierre Janet. — L'autom. psych. 4ᵉ édit. 7 fr. 50
H. Bergson. — Matière et mémoire. 4ᵉ éd. 5 fr.
— Données imméd. de la conscience. 3 fr. 75
Pillon. — L'année philos. 1890 à 1904, chac. 5 fr.
Collins. — Résumé de la phil. de Spencer. 10 fr.
Novicow. — Luttes entre sociétés hum. 10 fr.
— Les gaspillages des sociétés modernes. 3 fr.
— La justice et l'expansion de la vie. 7 fr. 50
J. Payot. — Éduc. de la volonté. 20ᵉ éd. 10 fr.

— Le suicide, étude sociologique. 7 fr. 50
— L'année sociolog. Années 1896-97, 1897-98, 1898-99, 1899-1900, 1900-1901, chacune. 10 fr.
Années 1901-2, 1902-3, 1903-4, 1904-5. 12 fr. 50
Lévy-Bruhl. — Philosophie de Jacobi. 5 fr.
— Philos. d'Aug. Comte. 2ᵉ édit. 7 fr. 50
— La morale et la science des mœurs. 3ᵉ éd. 5 fr.
G. Tarde. — La logique sociale. 3ᵉ éd. 7 fr. 50
— Les lois de l'imitation. 4ᵉ éd. 7 fr. 50
— L'opposition universelle. 7 fr. 50
— L'opinion et la foule. 2ᵉ édit. 5 fr.
— Psychologie économique. 2 vol. 15 fr.
Foucault. — La psychophysique. 7 fr. 50
— Le rêve. 5 fr.
G. de Greef. — Transform. social. 2ᵉ éd. 7 fr. 50
— La sociologie économique. 3 fr.
Séailles. — Essai sur le génie dans l'art. 2ᵉ éd. 5 fr.
— La philosophie de Renouvier. 7 fr. 50
V. Brochard. — De l'erreur. 2ᵉ éd. 5 fr.
E. Boutroux. — Études d'histoire de la philosophie. 2ᵉ éd. 7 fr. 50
H. Lichtenberger. — Richard Wagner. 10 fr.
— Henri Heine penseur. 3 fr. 75
Thomas. — L'éduc. des sentiments. 3ᵉ éd. 5 fr.
Bauch. — La méthode dans la psych. 5 fr.
— L'expérience morale. 3 fr.
Bouglé. — Les idées égalitaires. 3 fr. 75
Dumas. — La tristesse et la joie. 7 fr. 50
— Psychol. de deux Messies positivistes. 5 fr.
G. Renard. — La méthode scientifique de l'histoire littéraire. 10 fr.
Renouvier. — Dilemmes de la métaphys. 5 fr.
— Hist. et solut. des probl. métaphys. 10 fr.
— Le personnalisme. 10 fr.
— La doctrine de Kant. 10 fr.
Sollier. — Le problème de la mémoire. 5 fr.
— Psychologie de l'idiot. 2ᵉ éd. 5 fr.
— Le mécanisme des émotions. 5 fr.
Hartenberg. — Les timides et la timidité. 5 fr.
Le Dantec. — L'unité dans l'être vivant. 7 fr. 50
— Les limites du connaissable. 2ᵉ éd. 3 fr. 75
Ossip-Lourié. — Philos. russe cont. 2ᵉ éd. 5 fr.
— Psychol. des romanciers russes. 7 fr. 50
Lapie. — Logique de la volonté. 7 fr. 50
Xavier Léon. — Philosophie de Fichte. 10 fr.
Oldenberg. — La religion du Véda. 10 fr.
— Le Bouddha. 2ᵉ éd. 7 fr. 50
Weber. — Vers le positivisme absolu par l'idéalisme. 7 fr. 50
Tardieu. — L'ennui. 5 fr.
Gley. — Psychologie physiol. et pathol. 5 fr.
Saint-Paul. — Le langage intérieur. 5 fr.
Lubac. — Psychologie rationnelle. 3 fr. 75
Halévy. — Radical. philos. 3 vol. 22 fr. 50
V. Egger. — La parole intérieure. 2ᵉ éd. 5 fr.
Palante. — Combat pour l'individu. 3 fr. 75
Fournière. — Théories socialistes. 7 fr. 50
Dauriac. — L'esprit musical. 5 fr.
Lauvrière. — Edgar Poe. 10 fr.
Jacoby. — La sélection chez l'homme. 10 fr.
Ruyssen. — Évolution du jugement. 7 fr. 50
Myers. — La personnalité humaine. 7 fr. 50
Cosentini. — La sociologie génétique. 3 fr. 75
Bazaillas. — La vie personnelle. 5 fr.
Hébert. — L'évolution de la foi catholique. 5 fr.
— Le divin. 5 fr.
Sully Prudhomme. — La vraie religion selon Pascal. 7 fr. 50
Isambert. — Idées socialistes. 7 fr. 50
Finot. — Le préjugé des races. 2ᵉ éd. 7 fr. 50
E.-Bernard Leroy. — Le langage. 5 fr.
Landry. — Morale rationnelle. 5 fr.
Hoffding. — Philosophie moderne. 2 vol. 20 fr.
— Psychologie. 3ᵉ éd. 7 fr. 50
Rageot. — Le succès. 3 fr. 75
Luquet. — Idées génér. de psychologie. 5 fr.
Bardoux. — Psych. de l'Angleterre cont. 7 fr. 50
Lacombe. — Individus et soc. chez Taine. 7.50
Riemann. — L'esthétique musicale. 5 fr.
Binet. — Les révélations de l'écriture. 5 fr.
Nayrac. — L'attention. 3 fr. 75
Delvaille. — Vie sociale et éducation. 3 fr. 75

www.ingramcontent.com/pod-product-compliance
Lightning Source LLC
Chambersburg PA
CBHW071410230426
43669CB00010B/1508